高等职业院校财经类专业“十二五”规划教材

经济学基础

上海财经大学出版社

主　编　蔡传柏

副主编　余志斌　周　嘉

编　委　罗小放　陈云端　龙春娥　李布凡　程春晓

FOUNDATIONS OF ECONOMICS

图书在版编目(CIP)数据

经济学基础/蔡传柏主编．余志斌，周嘉副主编．—上海：上海财经大学出版社，2015.2
（高等职业院校财经类专业“十二五”规划教材）
ISBN 978-7-5642-2101-0/F·2101

Ⅰ.①经… Ⅱ.①蔡… Ⅲ.①经济学-高等职业教育-教材 Ⅳ.①F0

中国版本图书馆 CIP 数据核字(2015)第 018225 号

□ 责任编辑 台啸天
□ 封面设计 钱宇辰
□ 责任校对 胡 芸 卓 妍

JINGJIXUE JICHU
经济学基础

蔡传柏 主 编
余志斌 周 嘉 副主编

上海财经大学出版社出版发行
（上海市武东路 321 号乙 邮编 200434）
网 址：http://www.sufep.com
电子邮箱：webmaster @ sufep.com
全国新华书店经销
同济大学印刷厂印刷
上海景条印刷有限公司装订
2015 年 2 月第 1 版 2015 年 2 月第 1 次印刷

787mm×1092mm 1/16 16.25 印张 416 千字
印数：0 001—4 000 定价：35.00 元

高等职业院校财经类专业“十二五”规划教材

编写委员会

前　言

经济学基础是一门理论体系完整、思想内容丰富的学科。对初学者来说，最重要的是学习和掌握其中最基本、最重要的原理和方法，为以后深入学习及学习其他经济理论打下扎实的基础。本书编写以市场经济为基础，并融入编者多年教学经验。本书具有如下特点：

(1) 知识系统，结构合理。内容包括微观经济学和宏观经济学两大部分。全书内容丰富，基本包括了经济学的主要内容，其结构合理，符合人们思维习惯和逻辑关系。教师可以根据学时多少与专业特点与要求进行灵活选择。

(2) 简明扼要，通俗易懂。本书用简明扼要的语言介绍了经济学的主要理论，突出了通俗易懂和实用性。书中的案例生动有趣、贴近生活，能使西方经济学的教与学变得轻松和愉快。

(3) 体例新颖，讲练结合。教材的基本体例：学习目标、导入案例、理论主体、本章小结、案例分析、实训等。体例新颖，能够让学生运用所学到的知识进行实训，课后练习类型多，题量适中，能帮助学生培养分析问题、解决问题的能力。

本书共 14 章，主要内容包括：西方经济学导论、需求与供给、消费者行为理论、生产理论、成本理论、市场理论、分配理论、市场失灵与政府干预、国民经济核算、国民收入决定、产品市场和货币市场的一般均衡、失业与通货膨胀、经济增长与经济周期、宏观经济政策。

本书由湖北三峡职业技术学院蔡传柏担任主编，负责全书写作大纲拟定和总纂定稿，武汉商贸职业学院余志斌、湖北省枝江市人力资源和社会保障局周嘉担任副主编，参编人员有：罗小放、陈云端、龙春娥、李布凡、程春晓。

本书可以作为金融、贸易、商务、营销和经济管理等应用类经济专业的教材，也可以用于其他相关专业的教学，同时适合广大社会读者自学。

在教材的编写过程中，参考了国内外一些专家、学者的研究成果，具体书目列在参考文献中，在此一并致谢。

编　者

目　录

第一章

导 论

学习目标

了解经济学家思考问题的基本方法——成本收益分析、实证方法和规范方法。掌握稀缺性、理性选择、微观经济学和宏观经济学、机会成本与生产可能性边界、经济模型等概念。理解不同经济体制下资源配置的方式,并认识我国进行经济体制改革的必要性。

导入案例

严重匮乏的水资源

水,一个沉重的话题。我国是世界上13个贫水国家之一,人均水资源拥有量为2 300吨,为全球人均水资源拥有量的1/4。城市贫水状况更为严峻:全国660多座城市中有380座城市缺水,128座城市严重缺水,每年城市缺水量达58亿立方米,由此损失的工业产值达2 300亿元。随着城市人口的增加,水资源的缺口也越来越大。据测算,到2010年,我国的城市年缺水量将达200亿立方米。几乎全世界所有主要城市在进入21世纪时都将面临水危机。

素有"东方水都"之称的上海,三面临水,头上还顶着"一盘"太湖水,其人均水资源拥有量大大高于全国平均水平。可近些年由于苏州河和黄浦江一些河段受污染,导致该城市水厂取水口"节节败退"。每到枯水季节,太湖流入黄浦江的水减少,加上受潮水顶托,黄浦江下游的污水和东海咸潮上溯,造成向江浙两省"借水"吃的窘境。

资料来源:中国城镇水网,http://www.cuwa.org.cn。

第一节　经济学的研究对象

一、经济资源的稀缺性与经济学的产生

（一）稀缺性

经济学作为一门独立的科学，其诞生已有200多年的历史。为什么会产生经济学呢？西方经济学家普遍认为是由于资源的稀缺性。人类进行生产活动是为了满足自身的欲望。假如人们的欲望以及由此产生的对物品和劳务的需要是有限的，而满足需要的资源又是取之不尽、用之不竭的，就不会产生稀缺性问题，也就不会产生经济学。然而，人类的欲望是无限的，而生产资源以及用它们生产出来的产品却是有限的，由此便产生了稀缺性问题。

西方经济学家把满足人类欲望的物品分为自由物品和经济物品两类。所谓自由物品，是指人类不需要付出任何代价就能自由取用的物品，其数量无限，如阳光、空气等。由于自由物品在满足人类消费欲望过程中所占的比例非常低，所以，满足人类消费欲望的主要是经济物品。所谓经济物品，是指人类必须付出代价方可得到的物品，即人类借助生产资源加工出来的物品，其数量有限。

相对于人类社会的无穷欲望而言，经济物品或者说生产这些物品的资源总是不足的。这种资源的相对有限性就是稀缺性。

经济学上所说的稀缺性，不是指物品或资源绝对数量的多少，而是指相对于人类欲望的无限性而言，再多的物品和资源也是不足的，所以，稀缺性是相对的。但同时稀缺性的存在又是绝对的，它存在于人类社会的任何时期和任何地方。从历史上看，无论是原始社会还是当今社会，都存在着稀缺性。从现实来看，无论是贫穷的非洲还是富裕的欧美，都存在稀缺性。所以稀缺性是人类社会面临的永恒问题。

（二）选择

由于资源是稀缺的，所以如何利用有限的资源在有限的时间内去满足人们最重要、最迫切的欲望，便成为人类经济生活的首要课题。要解决这个问题，人类社会就必须进行选择。所谓选择，就是如何利用既定的资源去生产经济物品，以便更好地满足人类的欲望。它要解决的问题主要有以下几点：

1. 生产什么

生产什么的问题，就是要解决生产什么物品与生产多少物品的问题。由于生产资源的用途是多方面的，并可以相互替代，如一定量生产要素的组合既可以用来生产小麦、棉花、蔬菜，也可以用来生产机器、建造厂房、机场等。因此，人们在从事经济活动时就有必要进行合理而有效的选择，将稀缺的资源以最优的方式用于某些物品的生产，同时决定某种物品的生产数量。

2. 如何生产

如何生产就是用什么方法来生产的问题。生产方法实际上就是如何对各种生产要素进行组合。生产物品通常可以采用不同的技术和不同的生产方法。例如生产一定数量的衣服可以采用劳动密集型的生产方法，也可以采用资本密集型的方法。不同的生产方法可以达到相同的产量，但在不同的情况下，其经济效率并不相同。因此，在生产什么、生产多少已定的情况

下，人们就有必要选择合适的生产方法，以达到高效率地利用现有资源。

3. 为谁生产

为谁生产的问题，就是如何把生产出来的产品分配给社会各成员的问题。即社会成员按什么原则从社会产品中获得他应得的部分。产品在社会成员之间如何分配，将影响生产要素的流向和配置。在一般情况下，优质的劳动、资金、土地总是流向回报率较高的部门和企业。为了合理配置各种生产要素，人们就要研究社会产品如何分配的问题。

稀缺性是人类社会所面临的永恒的问题，所以"生产什么"、"如何生产"和"为谁生产"的问题，也就是人类社会所必须解决的基本问题。这三个问题被称为资源配置问题。经济学正是为了解决稀缺性问题而产生的，经济学的研究对象也是由稀缺性问题而引起的。

二、机会成本与生产可能性边界

资源的稀缺性，决定了在一定的时期内，可供人们选择的生产要素资源是一个定量。人们用于生产某种产品的数量增加，生产另一种产品的数量必然减少。为了比较各种选择的优势，西方经济学家提出了机会成本和生产可能性边界两个概念。

（一）机会成本

机会成本是指当生产者把一定资源用于生产某种产品时所放弃的在其他生产用途中可能得到的最大产量或最高收入。例如，某人拥有一块土地，如果投入一定量的劳动和资金生产粮食，每年能得到600美元的收入。如果他用同样的投入种植棉花，每年可得到500美元的收入。如果用它来种植蔬菜，每年可得到700美元的收入。现在假定他选择了种植棉花，则他放弃的其他可供选择的用途为生产粮食和种植蔬菜。在他所放弃的生产用途中，最好的用途是种植蔬菜（能带来700美元的收入）。所以，他种植棉花的机会成本就是他所放弃的种植蔬菜时可能获得的700美元收入。

在经济活动中，由于存在着资源的稀缺性，决定了任何商品的生产都是有机会成本的。机会成本这一概念，为人们正确合理地进行选择提供了一个数量上可供比较的工具。当把一定量资源投入某种产品的生产时，只有当投资者的实际收入大于或等于机会成本时，其资源配置才是最优的。上例中，生产者种植棉花所获得的收入小于机会成本，表明他的资源配置没有达到最优状态。从收入最大化的角度讲，他应该在这块土地改种蔬菜。因此，人们在生产经营活动中，有必要进行机会成本的计算和比较，科学决策、合理选择，使资源配置达到最优状态。

（二）生产可能性边界

在资源既定的条件下，一个社会所能生产出来的产品数量与技术水平有关。技术水平低，用一定的资源生产出来的产品就少。技术水平高，一定的资源就能生产出较多的产品。当资源条件和技术水平既定时，社会产品的总量势必受到约束。为了增加某种产品的数量，就不得不减少另一种产品的数量。为了简化起见，假定这个社会用既定的经济资源和生产技术只生产两种产品：食品和机器，多生产食品就必然减少机器的生产；反之亦然。假定全部经济资源用来生产食品，可生产5万吨。全部用来生产机器，可生产15万台。在这两个极端的可能性之间，还存在着各种可能性。假定共有A、B、C、D、E、F六种可能性，如表1－1所示，并根据表1－1作图1－1。

在图1－1中，纵轴表示机器，横轴表示食品。根据表1－1中的数据找出坐标点，然后连接各点便得到一条曲线，这条曲线就称为生产可能性边界或生产可能线（见图1－1）。它表明在既定的经济资源和生产技术条件下所能达到的各种产品最大产量的不同组合。这条线还表明了多生产 1 单位食品，就要放弃多少单位机器，或者相反，多生产 1 单位机器，就要放弃多少单位食品，因此，又被称为生产转换线。从图 1－1 中还可以看出，在生产可能线内的任何一点（例如 G 点）上，食品与机器的组合（2 万吨食品和 6 万台机器），也是资源既定条件下所能达到的，但这个产量组合却不是最大的，也就是说，资源没有得到充分利用：在生产可能线以外的任何一点（例如 H 点）上，食品与机器的产量组合（4 万吨食品和 12 万台机器），却是现有技术水平和资源既定条件下无法实现的。但随着技术的进步或新的资源的发现，生产可能性边界会逐步向外移动。

表 1－1　**可供选择的生产可能性**

可能性	食品（万吨）	机器（万台）
A	0	15
B	1	14
C	2	12
D	3	9
E	4	5
F	5	0

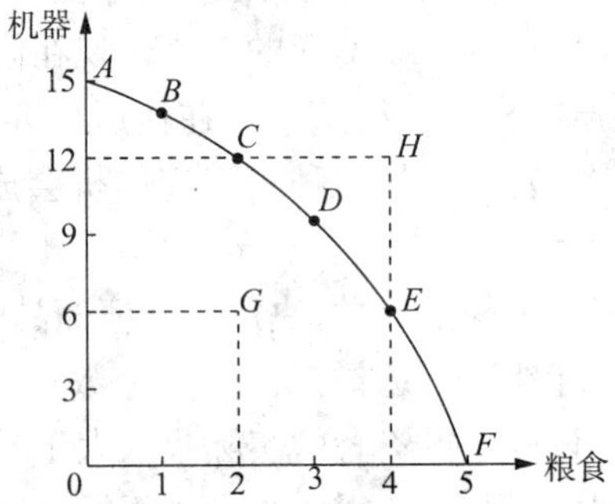

图 1－1　生产可能性边界

三、资源配置、资源利用和经济体制

（一）资源配置和资源利用

前面所说的人类社会必须解决的三大基本问题，实质上都是研究稀缺资源如何在各种不同用途之间分配的问题，即资源的合理配置问题。但在现实中，人类社会往往面临这样一种矛盾：一方面资源是稀缺的，另一方面稀缺的资源又没有得到充分地利用，如劳动者失业、生产设备和自然资源经常处于闲置状态等。也就是说，当生活中的资源没有得到充分利用时，社会所生产的产品的数量组合绝不可能位于生产可能线上，而是处于生产可能线以内。如图 1－1 中处于生产可能性边界以内的点就是这种情况。这样，资源的稀缺性又引出了另一个需要研究的问题，即资源利用。所谓资源利用，就是人类社会如何更好地利用现有的稀缺资源，使之生产更多的物品。

也就是说，由于资源是稀缺的，所以人们在从事经济活动时，不仅要合理配置资源，而且还应考虑这样几个相关的问题：

(1) 在资源既定的情况下，如何使稀缺的资源得到充分利用，使产量达到最大，使产量处于生产可能线上，实现充分就业。

(2) 一国的产量为什么不能始终处于生产可能线上，而是时高时低。也就是说，经济为什么会发生周期性波动，如何促进经济增长。

(3) 在以货币为交换媒介的商品社会，货币购买力的变动对资源配置和资源利用所引起的各种问题的解决都影响很大。如何做到既无通货紧缩，又无通货膨胀，实现物价稳定。

（二）经济体制

资源配置和资源利用是在一定的经济制度下进行的，但是在不同的经济制度下，其资源配置和资源利用的方式是不同的。西方经济学家将目前世界上的经济体制大体上分为以下三种类型：

1. 计划经济或指令经济

计划经济的基本特征是生产资料归国家所有，经济决策高度集中。它通过中央计划来解决生产什么、如何生产和为谁生产的问题。具体来说，就是产品的数量、品种、价格、投资、消费、就业、工资水平和经济增长速度等，均由中央计划机构做出决策，然后按一种垂直的等级体系传达下去，各经济单位按上级的指令进行经济活动。生产的产品也由国家统一分配，货币和价格在经济活动中仅仅起核算的作用。实践证明，这种体制配置资源的效率较低。

2. 市场经济

市场经济的基本特征是产权明晰，经济决策高度分散。它通过市场上价格机制的调节来解决生产什么、如何生产和为谁生产的问题。具体来说，就是市场上什么产品的价格高就生产什么产品，用什么方法生产成本低就用什么方法生产，谁为生产出来的产品付的价格高就为谁生产，资源配置和资源利用依靠“看不见的手”和利益刺激来实现。这种体制从总体上看比计划经济效率高，但它却不能解决资源利用及公平问题。

3. 混合经济

混合经济的基本特征是生产资料私人所有和国家所有相结合，自由竞争和国家干预相结合，是兼有计划经济和市场经济两种特征的经济体制。这种体制依靠价格机制的调节来解决资源配置问题，依靠国家干预来解决资源利用问题。该体制被认为是最好的，它能较好地协调效率与公平。

西方经济学家认为，当前世界上完全的市场经济或完全的计划经济并不存在。除一些自给自足的国家外，绝大多数国家采取的是混合经济体制，其差别只在于计划和市场在这一体制中谁为主、谁为辅的问题。

综上所述，可以看出，资源的稀缺性不仅引起了资源配置问题，而且还引起了资源利用问题，而资源配置和资源利用又与经济体制有关，所以，经济学就是研究在一定体制下资源配置和资源利用的科学。而现代西方经济学则是研究在混合经济体制下稀缺资源配置和利用的科学。

第二节　经济学的内容

经济学的内容相当广泛，就经济学研究的对象来划分，现代西方经济学从总体上可分为微观经济学与宏观经济学两部分。前者研究资源配置问题，后者研究资源利用问题。它们既互相联系又互相区别。

一、微观经济学

（一）什么是微观经济学

微观经济学以单个经济单位为研究对象，通过研究单个经济单位的经济行为和相应的经济变量单项数值的决定来说明价格机制如何解决社会的资源配置问题。

微观经济学的定义包含了以下几个方面的内容：

1. 研究的对象是单个经济单位的经济行为

单个经济单位是指组成经济的最基本的单位：居民户（消费者）与厂商（生产者）。居民户与厂商经济行为的目标是实现最大化，即作为消费者的居民户要实现满足程度（即效用）的最大化，作为生产者的厂商要实现利润的最大化。微观经济学就是要研究居民户如何把有限的收入分配于各种商品的消费，以实现满足程度的最大化；厂商如何把有限的资源用于各种商品的生产，以实现利润的最大化。

2. 解决的问题是资源配置

资源配置就是要解决生产什么、如何生产和为谁生产的问题。资源的最优配置会给社会带来最大的经济福利。微观经济学从研究单个经济单位的最大化行为入手，来解决社会资源的最优配置问题。因为如果每个经济单位都实现了最大化，则整个社会的资源配置也就实现了最优化。

3. 核心理论是价格理论

在市场经济中，引导和支配居民户与厂商行为的是价格。生产什么、如何生产和为谁生产都由价格决定。价格像“一只看不见的手”，调节着整个社会的经济活动。微观经济学就是要说明价格如何使资源配置达到最优化，因此，价格理论是微观经济学的中心，其他内容是围绕这一中心问题展开的。也正因为这样，微观经济学也被称为价格理论。

4. 研究方法是个量分析

个量分析是研究经济变量的单项数值怎样决定。微观经济学中所涉及的单个经济变量包括单个商品的供给量、需求量、价格、成本、收益、利润、效用等。个量分析就是考察个量的决定、变动及其相互间的关系。例如对某种产品的产量、价格的决定的分析就属于个量分析。

（二）微观经济学的基本内容

1. 均衡价格理论

均衡价格理论也称价格理论。它研究单个商品的价格如何决定，以及价格如何调节整个经济的运行。它是微观经济学的核心内容，其他内容都是围绕这一核心而展开的。

2. 消费者行为理论

研究消费者如何把有限的收入分配于各种商品的消费上，以实现满足程度的最大化或效用最大化。

3. 生产者行为理论

研究生产者如何把有限的资源用于各种商品的生产上而实现利润最大化。这一部分包括生产理论、成本与收益理论和厂商理论。

4. 分配理论

即生产要素价格决定的理论。研究产品按什么原则分配给社会的各个成员，即工资、利息、地租和利润怎样决定。

5. 一般均衡理论与福利经济学

研究全社会所有市场如何实现均衡，社会资源如何实现最优配置，以及社会经济福利如何实现最大化等问题。

6. 市场失灵与微观经济政策

传统微观经济学理论以完全竞争、完全理性和完全信息为假设条件，认为市场调节能使社会资源得到有效配置。但在现实中，由于存在着垄断、外部性、公共物品、信息不完全和不对称，市场调节不能使社会资源得到有效配置，这就需要相应的微观经济政策纠正市场机制的缺点，弥补市场机制的不足。

除此之外，现代微观经济学还包括了许多内容，如家庭经济学、产权经济学、人力资本理论等。但在本书中，我们只介绍除一般均衡理论与福利经济学以外的微观经济学的基本内容。

二、宏观经济学

（一）什么是宏观经济学

宏观经济学以整个国民经济为研究对象，通过研究经济中有关总量的决定及其变化，来说明资源怎样才能得到充分利用。

宏观经济学的定义包含了以下几个方面的内容：

1. 研究对象是整个经济

宏观经济学不研究经济中的各个单位，而研究由各个单位构成的整体。它要从整体上来分析和把握经济问题。

2. 解决的问题是资源利用

宏观经济学把资源配置作为既定前提。研究现有资源为什么没能得到充分利用，怎样才能得到充分利用，以及经济增长的途径问题。

3. 中心理论是国民收入决定理论

宏观经济学把国民收入作为基本的总量，以国民收入决定理论为中心来研究资源利用问题，分析整个国民经济的运行。国民收入决定理论被称为宏观经济学的核心。宏观经济学的其他理论都是围绕这一核心而展开的。

4. 研究方法是总量分析

总量是指能反映整个经济运行情况的经济变量。这种总量有两大类：一类是个量的总和。例如，国民收入是构成整个经济的各个单位的收入的总和。总消费是指参与经济活动的各单位消费的总和。另一类是平均量。例如，价格水平是各种商品与劳务的平均价格。总量分析就是分析社会经济活动中的总量的决定、变动及其相互关系，并通过这种分析说明经济的运行状况，决定经济政策。因此，宏观经济学也被称为“总量经济学”。

（二）宏观经济学的基本内容

1. 国民收入决定理论

国民收入是衡量一国经济资源利用情况和整个国民经济状况的基本指标。国民收入决定理论就是要从总需求和总供给的角度出发，分析国民收入决定及其变动的规律。这是宏观经济学的核心。

2. 失业与通货膨胀理论

失业与通货膨胀是困扰世界各国最主要的问题。宏观经济学把失业与通货膨胀和国民收入联系起来，分析其产生的原因及其相互关系，以寻求解决这两个问题的途径。

3. 经济周期与经济增长理论

经济周期是分析国民收入的短期波动，经济增长是分析国民收入的长期增长趋势。这一理论要分析国民收入短期波动的原因、长期增长的源泉等问题，以促进经济长期稳定发展。

4. 开放经济理论

现实的经济都是开放型的经济。开放经济理论要分析一国国民收入的决定与变动怎样影响别国，以及怎样受到别国的影响，同时也要分析开放经济下一国经济的调节问题。

5. 宏观经济政策

宏观经济学是为国家干预经济服务的，宏观经济理论要为这种干预提供理论依据，而宏观经济政策则是要为这种干预提供具体的措施。由于不同的经济学家对经济运行的分析与认识不同，他们提出的政策主张也就不同，这就形成了不同的宏观经济学流派。如新古典综合派，货币主义与理性预期学派，供给学派，等等。

三、微观经济学与宏观经济学的联系

虽然微观经济学与宏观经济学在研究的对象、解决的问题、中心理论和分析方法上都有所不同，但它们之间又有着密切的联系。

（一）微观经济学与宏观经济学研究的目的是相同的

经济学的目的是为了通过对人们的经济活动提供正确的指导来实现资源优化配置，从而实现社会经济福利的最大化。

（二）微观经济学与宏观经济学的研究内容是互相补充的

微观经济学是在假定资源已实现充分利用的前提下来分析怎样才能达到资源的最优配置问题；而宏观经济学则是在假定资源已实现最优配置的前提下来分析怎样才能使资源充分利用的问题。它们分别从不同的角度来分析社会经济问题。因此，微观经济学与宏观经济学就其内容来说，是互相联系、互相补充的。只有把它们紧密地结合起来，才能构成经济学的完整的理论体系。

（三）微观经济学与宏观经济学的研究方法主要是实证分析法

微观经济学与宏观经济学都假定社会经济制度是既定的，它们不探讨和考察社会经济制度变化的原因和后果，而只分析在经济制度不变的条件下，资源的配置与利用问题。这种不涉及制度问题，只分析具体问题、只对经济运行过程进行实证描述的方法就是实证分析。从这种意义上看，微观经济学与宏观经济学都属于实证经济学的范围。

（四）微观经济学是宏观经济学的基础

整体经济是单个经济单位的总和，微观经济学应该成为宏观经济学的基础。然而这两个领域曾一度界限分明，不过近年来这两个学科已逐渐融合起来，因为经济学家们已经运用微观经济学的工具来分析诸如失业和通货膨胀这类属于宏观经济学领域的问题，出现了宏观经济学微观化的趋势。

第三节　经济学的研究方法

经济学作为一门学科，识别与我们从现实中观察到的事实相一致的实证性陈述并将其加以归类，这些陈述帮助我们理解现实经济是如何运行的。

经济学研究的是社会经济现象及其规律性，在经济学研究中不可能采取像物理、化学等自然科学中广泛采用的控制试验方法，经济学家通常依赖统计归纳和抽象演绎等逻辑推理方法进行研究，因而经济学研究中包括价值判断、思维规范选择等主观因素。由于经济学家所处的历史时期不同，价值标准和思维方式不同，于是就产生了一个问题有多种答案的情况。下面介绍的是经济学界普遍采用的主要分析方法。

一、实证方法和规范方法

根据研究方法的不同，经济学一般分为实证经济学和规范经济学。用实证方法来分析经济问题称为实证经济学；用规范方法来分析经济问题称为规范经济学。微观经济学和宏观经济学的研究方法主要是实证分析方法。

实证方法是指人们在研究经济问题时，排斥一切价值判断，探讨经济事物之间的关系和经济本身的内在规律，并根据这些规律分析和预测经济行为的经济效果。它具有两个特点：(1) 它要回答"是什么"的问题；(2) 它所研究的内容具有客观性，得出的结论和观点正确与否可以通过事实和实践来进行检验。

规范方法是指人们在研究经济问题时，以一定的价值判断作为出发点，提出行为的标准，并研究如何才能符合这些标准。它具有两个特点：(1) 它要回答"应该是什么"的问题；(2) 它所研究的内容没有客观性，所得出的结论无法通过经验事实进行检验。

需要指出的是，这里所讲的价值判断中的价值，不是指商品的价值，而是指经济事物的社会价值。价值判断就是指对某一经济事物是好还是坏的判断。

总的来说，实证分析是研究经济运行规律的，不涉及评价问题，而规范分析则对经济运行进行评价。

我们可以举一个例子来说明实证方法与规范方法之间的区别。例如，当我们考察货币供给量对一国的经济影响时，我们发现，货币供给量与经济增长率、失业率和通货膨胀率之间存在着密切的联系。在其他条件不变的情况下，货币供给量增加有利于一国的经济增长，有利于降低失业率、提高就业率，但同时也会使通货膨胀率上升。反之，当一国货币供给量减少时，虽能使一国的通货膨胀率有所降低，但同时却会使一国的经济增长速度放慢，使失业率上升。这种分析方法就属于实证方法。但在解决失业率与通货膨胀率的矛盾时，一国政府究竟是选择扩张性的货币政策，以承受较高的通货膨胀率来促进经济增长，降低失业率呢？还是选择紧缩性的货币政策，以放慢经济增长的速度和以较高的失业率为代价来降低通货膨胀率呢？简单来说，就是政府选择扩张性的货币政策好，还是选择紧缩性的货币政策好？这一决策的论证过程就属于规范方法。在规范分析方法中，价值判断通常与分析主体的社会背景、经济利益等因素有关。因此，价值判断的标准往往会随分析主体的不同而存在差异。

在经济学研究中，尽管这两种分析方法存在着上述重大差别，但它们之间又有着一定的联系。从上例的分析中我们可以看出，人们分析和解决经济问题时，不仅需要将观察到的各种感性材料（包括历史事实和经济统计资料）运用科学抽象法，进行归纳、分析、推理，揭示研究对象之间的本质关系，并据此形成相应的理论、对未来进行预测，而且必须根据某种原则和价值标准对经济活动的目标和政策做出一定的社会选择，以促使经济活动按某种规则和标准进行。由此可见，规范方法要以实证分析为基础，而实证方法也离不开规范方法的指导。由于实证分析方法和规范分析方法都与经济目标问题有关，而目标又是分层次的，所以一般来说，目标层次越低，其研究越具有实证性；目标层次越高，其研究越具有规范性。

二、均衡分析与非均衡分析

均衡分析在西方经济学中，特别是微观经济学中处于特别重要的地位。均衡这个概念来源于力学，它是指一物体同时受到方向相反、大小相等的两个外力的作用时而形成的静止状态。英国经济学家A. 马歇尔将这一概念引入到经济学中。经济学上的均衡是指各有关经济变量在相互作用之后，处于相对静止、不再变动的状态。

均衡分析是分析各种经济变量之间的关系，说明均衡的实现及其变动。均衡分析可分为局部均衡分析和一般均衡分析。局部均衡是马歇尔提出的概念，局部均衡分析考察的是在其他条件不变时，单个消费者、单个市场、单家厂商或单个行业的均衡状态。例如，马歇尔在分析均衡价格形成时，采用的就是典型的局部均衡分析，即假定某一商品或生产要素的价格只取决于该商品或生产要素本身的供求状况，而不受其他商品价格和供求等因素的影响。一般均衡分析是法国经济学家瓦尔拉斯提出的概念。瓦尔拉斯认为各种商品的价格是互相影响、互相联系的，任何一种商品的需求与供给，不仅是这一商品价格本身的函数，而且也是所有其他商品价格的函数。因此，任何一种商品的价格必须同时由其他商品的价格联合决定。这就是说，一般均衡分析是研究所有的经济变量在相互作用下达到均衡的状态。由于一般均衡分析涉及市场经济生活的方方面面，而且各经济因素之间的联系非常复杂，所以在现代西方经济学的研究中，大多采用局部均衡分析。非均衡分析认为经济现象及其变动的原因是多方面的、复杂的。

三、静态分析和动态分析

静态分析是指完全抽象掉时间因素和经济均衡状态形成的过程，来分析任一时点上某一经济变量与有关经济变量达到均衡状态时的条件。例如，在分析价格与供求之间的关系时，它研究的就是价格随供求关系变化而或升或降的趋向点或由供求关系决定的均衡点。

比较静态分析是指当某些经济变量变化之后，将两种静态均衡结果进行比较的分析方法。例如，已知某商品的供求状况所决定的均衡价格和均衡量，现在由于消费者的收入增加了，那么收入变化后对商品的需求会产生哪些影响呢？把这种新的均衡与原有的均衡进行比较分析的方法，就是比较静态分析。

动态分析的根本特征是引入了时间因素，把经济现象的结果当作一个连续的过程来考察，分析各种变量怎样随着时间的变动而相互影响、相互制约，最终达到一种新的均衡。动态分析在对通货膨胀、经济周期和经济增长的研究中起着重要的作用。

当代西方经济学家认为，静态分析和动态分析的基本区别在于静态分析是状况分析，动态分析是过程分析。

四、经济模型

经济学的任务是要通过对经济现象的分析，对经济现象做出解释，并发现经济规律。为此，就需要通过建立经济模型来提出经济理论。经济模型是指根据所需研究的经济问题，用经济抽象的方法将各种复杂多样的经济现象简化成为数不多的经济变量，然后根据有关理论将这些经济变量用数学模型表示出它们之间的依存关系。

经济模型分为微观经济模型和宏观经济模型。下面仅举一例来加以说明。例如，均衡价格模型。在现实生活中，市场对某种商品的需求受多种因素的影响，如商品本身的价格、相关商品的价格、消费者的收入、消费者的嗜好、消费者对未来的预期等。如果假定其他因素不变，只考虑商品自身的价格与需求量之间的关系，我们就可以把需求函数写为：

$$Q=f(P)$$

Q 和 P 分别表示商品的需求量与价格。同样，在现实生活中，该商品的供给也和多种因素有关，如该商品自身的价格、生产要素的价格、生产技术的变动、价格预期、政府的政策等。如果撇开其他因素对供给的影响，只考虑商品自身价格对供给量的影响，则可以把供给函数写为：

$$S=f(P)$$

S 和 P 分别表示商品的供给量与价格。由于均衡分析要求供给等于需求，则得到：

$$Q=S$$

由需求函数、供给函数、供求平衡三个式子组成了一个完整的模型。模型中涉及的经济变量可以分为两大类，一类是假定为既定不变的，称为外生变量；另一类是必须通过模型的求解才能计算出来的，称为内生变量。比如，在上面的模型中，我们所假定的影响商品供求的因素如人们的收入、嗜好、预期、生产技术以及其他商品的价格等不变，这些变量就是外生变量；而商品的供给量、需求量、价格则是要通过模型求解的，是内生变量。

假如根据实际统计资料有 $Q=12-2P$，$S=2P$，则上述均衡价格模型可具体化为：

$$12-2P=2P$$

则 $P=3$，$D=S=6$。

即均衡价格为 3，均衡数量为 6。

西方经济学在分析经济问题时，除了运用上述方法外，还运用了个量分析与总量分析长期分析与短期分析、经济数学分析等方法。

本章小结

1. 经济学是研究如何竞争的选择、分配稀缺的产品和资源的方法和学问。无论是决定家庭的消费量、企业的生产量，还是决定一国经济整体的消费量和储蓄量，都可以看作是对有限的资源的选择和分配的结果。

2. 经济活动主体是指一个社会经济活动的当事人和决策者。经济体制是指一个经济社会活动的协调机制，不同的经济体制具有不同的运行机制，完全的市场经济可以通过价格机制与供求的相互作用来解决；完全的计划经济仅仅通过计划体制的作用，代替供求机制与价格机制来解决；而实际经济的运行往往是价格机制与计划机制的某种结合，通过两种机制共同作用来解决三个基本问题。

3. 经济学研究的基本方法是实证分析法和规范分析法。实证分析法是一种描述和解释性的方法，它不提倡或尽量避免价值判断，做关于世界“是什么”的描述；规范分析是命令性的，它通过检验证据而确定或否定实证表述，做出关于世界“应该怎么样”的描述。其他研究方法有静态分析法、不均衡分析法、边际分析法、经济模型分析法等。

案例分析

上网聊天的经济学

在当今的世界中，上网聊天已经成为许多人日常生活的一部分，这种状况在高等院校中尤其普遍。根据统计，平均每个学生每天上网时间达到 2 小时，这大概相当于我们可以用于学习的时间的 1/5 左右。并且有调查表明，平常平均每人每天的上网时间 3 小时左右，而在考试期间，上网的时间会明显减少，每天不足 1 小时。

另外一项调查表明，由于电脑显示器的强电磁波辐射，经常上网的同学患眼病的比率比不经常上网的同学要高出 5 个百分点，并且许多喜欢上网的学生放弃了大部分户外的娱乐活动，导致他们身体的发病率上升，身体素质下降。由于上网聊天和玩游戏，同学之间的交流也明显减少。

我们并不想对上述现象中的统计来源进行辩论，我们感兴趣的是其中包含的经济学原理。首先，我们一天中的时间是有限的，这意味着时间这种资源是稀缺的，我们何尝不希望有更多的时间在网上聊天或玩游戏，但我们还有许多其他重要的事情要做。其次，时间的相对有限性迫使我们选择。或许我们在网上玩得兴起时可以不考虑时间，但从网上退出之后却往往会有一丝悔意，因为我们感觉到还有其他事情没有做。

根据案例回答下列问题：

1. "感觉到还有其他事情没有做"中没有做的事情是(　　)。

A. 练习　　B. 和同学交流

C. 参加集体活动　　D. 上网的机会成本

2. 上网聊天、玩游戏，从经济学的角度看是(　　)。

A. 理性选择　　B. 非理性选择

C. 带给人的快乐是长久的　　D. 以上都对

3. 上网的机会成本是(　　)。

A. 上网的费用　　B. 学业的荒废　　C. 身体的伤害　　D. 以上都对

4. "在考试期间，上网的时间会明显减少"，从经济学的角度看(　　)。

A. 时间是稀缺的，不能选择　　B. 时间不稀缺，不需要选择

C. 时间是稀缺的，可以选择　　D. 时间不稀缺，需要选择

5. 案例中"根据统计，平均每个学生每天上网时间达到 2 小时……"；"另外一项调查表明……"，这是(　　)。

A. 规范分析的方法　　B. 实证分析的方法　　C. 两者都是　　D. 两者都不是

职业技能训练

◇**重要概念**

1. 稀缺性　　2. 机会成本　　3. 生产可能性边界　　4. 资源配置

5. 微观经济学　　6. 宏观经济学　　7. 实证方法

◇判断题

1. 如果社会不存在资源的稀缺性,也就不会产生经济学。 ( )
2. 稀缺性的存在既是相对的又是绝对的。 ( )
3. 生产可能性边界是永远也无法向外移动的。 ( )
4. 在一切经济活动中都存在着机会成本问题。 ( )
5. 在不同的经济制度下,资源配置和资源利用问题的解决方法是不同的。 ( )
6. 微观经济学和宏观经济学是相互补充的。 ( )
7. 实证经济学要解决"应该是什么"的问题,其内容具有客观性。 ( )
8. 因为资源是稀缺的,所以产量是既定的,永远无法增加。 ( )
9. 资源的稀缺性决定了资源可以得到充分利用,因而不会出现资源浪费现象。 ( )
10. "生产什么"、"如何生产"和"为谁生产"这三个问题被称为资源利用问题。 ( )

◇单项选择题

1. 经济物品是指( )。
A. 有用的物品 B. 稀缺的物品
C. 要用钱购买的物品 D. 有用且稀缺的物品
2. 一国生产可能性曲线以内一点表示( )。
A. 通货膨胀
B. 失业或者说资源没有被充分利用
C. 该国可能利用的资源减少以及技术水平降低
D. 一种生产品最适度产出水平
3. 生产可能性曲线说明的基本原理是( )。
A. 一国资源总能被充分利用
B. 假定所有经济资源能得到充分利用,则只有减少 Y 物品生产才能增加 X 物品的生产
C. 改进技术引起生产可能性曲线向内移动
D. 经济能力增长唯一决定于劳动力数量
4. 下列命题中,( )不是实证分析命题。
A. 1982 年 8 月联储把贴现率降到 10%
B. 1981 年失业率超过 9%
C. 联邦所得税对中等收入家庭是不公平的
D. 社会保险税的课税依据现在已超过 30 000 美元
5. 以下问题中,( )不属微观经济学所考察的问题。
A. 一个厂商的产出水平 B. 失业率的上升或下降
C. 联邦货物税的高税率对货物销售的影响 D. 某一行业中雇佣工人的数量
6. 经济学家提出模型的主要理由是( )。
A. 一个模型为验证一种假设所必需
B. 一个模型可帮助弄清和组织对一个论点的思考过程
C. 一个模型为决定一个指数所必需
D. 只有模型中才可使用实际变量

7. 微观经济学是经济学的一个分支，主要研究（　　）。

A. 市场经济　　B. 个体行为

C. 总体经济活动　　D. 失业和通货膨胀等

8. 宏观经济学是经济学的一个分支，主要研究（　　）。

A. 计划经济　　B. 经济总体状况，如失业与通货膨胀

C. 不发达国家经济增长　　D. 计算机产业的价格决定问题

9. 实证经济学（　　）。

A. 关注应该是什么　　B. 主要研究是什么、为什么、将来如何

C. 不能提供价值判断的依据　　D. 对事物进行价值判断

10.（　　）会导致生产可能线向外移动。

A. 失业　　B. 通货膨胀

C. 有用性资源增加或技术进步　　D. 消费品生产增加，资本品生产下降

◇填空题

1. 稀缺性就是资源的（　　　　）有限性。

2. 为了得到某种东西而放弃的另一种东西就是做出决策的（　　　　）。

3. 生产可能性曲线是在（　　　　）既定的条件下所能达到的两种物品最大产量的组合。

4. 人的欲望是（　　　　），社会资源是（　　　　）。

5. 人们对资源的用途作最佳选择的基本原则是（　　　　）必须是最小的。

6. “没有免费的午餐”主要说明了（　　　　）。

7. 是否以一定的（　　　　）为依据，是实证方法与规范方法的重要区别之一。

8. 宏观经济学的研究对象是（　　　　），解决的问题是（　　　　），中心理论是（　　　　），研究方法是（　　　　）。

9. 微观经济学的研究对象是（　　　　），解决的问题是（　　　　），中心理论是（　　　　），研究方法是（　　　　）。

10. 以市场调查为基础、又有政府适当干预的经济制度被经济学家称为（　　　　）。

◇简答题

1. 如何理解资源稀缺性的相对性与绝对性？

2. 西方经济学的研究对象是什么？

3. 微观经济学与宏观经济学的区别和联系分别是什么？

4. 实证方法与规范方法的区别和联系分别是什么？

5. 运用生产可能线和机会成本，说明应如何进行资源配置方案的选择。

6. 什么是资源配置？资源配置的方式有哪些？

第二章

需求与供给

学习目标

了解价格上限及其影响，价格下限及影响，需求收入弹性，需求的交叉弹性的概念及类型。掌握供给理论的概念、供给定理，价格如何调节经济，供给弹性的概念、类型及影响因素，弹性与价格的变化对收入的影响。重点掌握需求的含义，需求曲线与需求定理，需求变动与需求变动的区别，均衡价格的决定与变动，需求的价格弹性的概念、计算方法、影响需求弹性的因素。

导入案例

“大的是美好的”还是“小的是美好的”

德国经济学家舒马赫曾写过一本《小的是美好的》的书，主张企业不要过大。同时，生活中又有许多大企业成绩显赫，成为世界 500 强。我们到底应该把企业做大还是做小呢？

其实正如我们所分析的，企业大有大的好处，小也有小的好处，关键要具体情况具体分析。从客观条件来说，要分析本行业的生产技术特点和市场需求特点，一些行业越大越好，但有些行业规模小可以适合需求复杂的条件，经营就会更有利。要根据具体条件，要分析自己的资金与人员实力。有些企业的确是越大越好，跨行业越多越有利，但如果企业酬资能力有限，或者管理能力不够，做得越大反而越困难。

我国经济中该做大没做大，该小的没做小，这种错误没少犯。过去强调各地区的独立发展，许多地方不顾实际情况上钢铁厂、化工厂、汽车厂（所谓五小企业），结果规模都不大，效益差。一些该分散、灵活的企业，如商业服务业等反而做得很大。在市场经济的今天，仍然有一些人不顾条件想把企业做大，包括人为强迫企业合并，或者不顾条件限制进行多元化经营。其实企业大小也是市场竞争的结果，人为干预只会违背经济规律。这是我们学习这部分内容的意义。

资料来源：梁小民，《西方经济学》，中央广播电视大学出版社 2003 年版。

第一节 需求理论

一、需求、需求表、需求曲线

（一）需求

需求是指居民户（消费者）在某一特定时期内，在每一价格水平时愿意而且能够购买的商品数量。需求必须具备两个条件：一是购买商品的欲望；二是有支付能力，两者缺一不可。需求包括个人需求和市场需求。个人需求是指单个消费者对某种商品的需求，市场需求是指市场上所有消费者对某种商品的需求。个人需求是构成市场需求的基础，市场需求是所有个人需求的总和。

（二）需求表

需求表是指表明某种商品的价格与需求量之间关系的表。需求表分为个人需求表和市场需求表。表 2－1 就是假设的消费者对巧克力的个人需求和市场需求。

表 2－1　巧克力的个人需求和市场需求

价　格（元/盒）	需　求　量				
	个人需求量（盒/年）				市场需求量（万盒/年）
	甲	乙	丙	…	
1	24	33	42	…	20
2	18	26	34	…	15
3	12	18	26	…	12
4	6	12	18	…	10
5	0	5	10	…	9

（三）需求曲线

将表 2－1 中商品价格与需求量之间的关系用图示法表示出来，就可以得到一条曲线，即需求曲线。需求曲线是指表示商品价格与需求量之间关系的曲线。如图 2－1 所示，其中 P 表示商品价格，Q 表示需求量，D 是市场需求曲线。类似地也可以画出个人需求曲线。

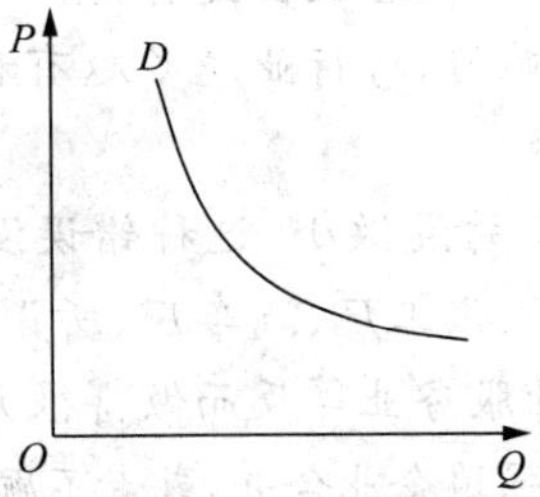

图 2－1　需求曲线

二、影响需求的因素、需求函数

（一）影响需求的因素

影响某种商品的需求量的因素很多，这些因素主要有：商品自身的价格、相关产品的价格、消费者的收入水平、消费者的偏好和消费者对该商品价格的预期等。

1. 商品自身的价格

某商品的价格高，人们买不起，即购买能力小，也不愿意购买，需求就少。相反，价格越低，人们买得起，即购买能力大，也愿意买，需求就多，需求量就越大。也有例外，如在股票市场、证券市场、期货市场、楼市、古董等市场，有追涨杀跌现象。但是对于绝大多数商品，价格与需求量之间是成反方向变动的。

2. 相关商品的价格

商品之间的关系有三种：替代品、互补品和独立品。相关商品的价格变化会影响这种商品的需求量。替代品是指具有相同或相似功能的产品，如公交车和私家轿车、洗衣粉和肥皂。某商品的需求量与其替代品价格同向变动。替代品的价格越高，这种商品的需求量越多。例如，苹果和梨是替代品，如果苹果的价格上涨，而梨的价格不变，人们就会增加对梨的需求量而减少对苹果的需求量。

互补品是指两种商品必须互相配合，才能共同满足消费者的同一种需求。如汽车与汽油，镜片与镜架。某商品的需求量与互补品的价格反向变动。如汽油价格降低，汽车的需求量不降低等。所以如果 X 和 Y 是互补品，X 的需求量就与 Y 的价格呈反方向变化。

3. 消费者的收入水平

收入水平决定购买能力。当消费者的收入水平提高后，购买能力增强，购买量会增加这是不言而喻的。而且收入分配的状况不同，不同收入水平的人购买能力不同，需求量也不同。除了根据总收入或者平均收入来判断某种商品的需求，还要分析不同收入阶层的需求。

4. 消费者的偏好

消费者对不同商品的偏好程度决定了他们的购买意愿。消费者的嗜好取决于个人生理与心理的欲望，也取决于社会消费时尚。影响消费时尚的主要是示范效应和广告效应。示范效应是某一消费群体的消费方式对其他群体的影响。如发达国家的消费方式影响发展中国家。广告效应是广告对消费时尚的影响。在现实中广告往往可以造成一种消费时尚。

5. 预期

消费者对于未来收入和商品价格趋势的预期，会影响购买意愿，从而影响需求。如果消费者预期商品价格未来会上涨和收入增加，会增加现实的商品购买量；反之，如果消费者预期商品价格会下降，收入水平会降低，消费者会减少商品现在的需求。

（二）需求函数

如果把影响需求的各种因素作为自变量，把需求作为因变量，则可以用函数关系来表示影响需求的因素与需求之间的关系，这种用来表示影响需求的因素与需求之间关系的函数称为需求函数。以 D 代表需求，P 代表该商品的价格，P_i 代表相关商品的价格，Y 代表消费者的收入，T 代表消费者的偏好，E 代表消费者的预期，则需求函数为：

$$D=f(P,P_i,Y,T,E,\cdots)$$

如果不考虑影响需求的其他因素，而只考虑商品自身的价格与需求量之间的关系，就可以把需求函数写为：

$$D=f(P)$$

三、需求定理

在其他条件不变的情况下，某商品的需求量与价格呈反方向变动就是需求定理。即商品价格上升，需求量减少；商品价格下降，需求量增加。

在理解需求定理时，要特别注意“其他条件不变”这个假设条件。所谓“其他条件不变”，是指除了商品本身的价格外，其他影响需求的因素都不变。如果离开了这个前提，需求定理就无法成立。

需求定理是对一般商品而言的，讲的是一般规律，但需求定理也有例外。比如，某些能够显示人的社会地位和身份的炫耀性商品（珠宝、名车、名画等），其价格与需求量呈同方向变动；某些低档商品，在特定条件下价跌量增、价升量减。其中最著名的是“吉芬商品”。英国经济学家吉芬发现，在1845年爱尔兰发生灾荒时，马铃薯的价格上升，其需求量不但没有减少，反而有所增加；某些投机性商品（股票、债券等），其价格发生剧烈变化时，需求呈现出不规则的变化，也不符合供求定理。

四、需求量的变动和需求的变动

在现实中，影响需求的各种因素既影响需求量，又影响需求。但在经济分析中为了方便起见，我们要区分需求量的变动与需求的变动。

（一）需求量与需求的区别

需求量是指居民在某一特定时期内，在某一价格水平时，愿意而且能够购买的商品量。从图形上看，它是需求曲线上的一点。需求是指居民户在某一特定时期内在每一价格水平时愿意而且能够购买的商品量。从图形上看，它指的是整条需求曲线。

（二）需求量变动与需求变动的区别

需求量的变动是指在其他条件不变的情况下，商品本身价格变动所引起的需求数量的变化：需求量的变动在图形上表现为同一条需求曲线上的点的位置的移动。可用图2-2来说明。当价格由 P_0 上升为 P_1 时，需求量从 Q_0 减少到 Q_1，在需求曲线 D 上则是从 b 点向上方移动到 a 点。当价格由 P_0 下降为 P_2 时，需求量从 Q_0 增加到 Q_2，在需求曲线 D 上则是从 b 点向下方移动到 c 点。在同一条需求曲线上，向上方移动是需求量减少，向下方移动是需求量增加。

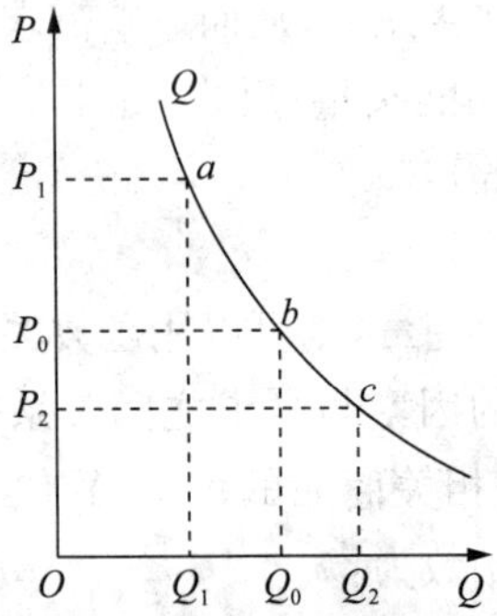

图2-2 需求量的变动

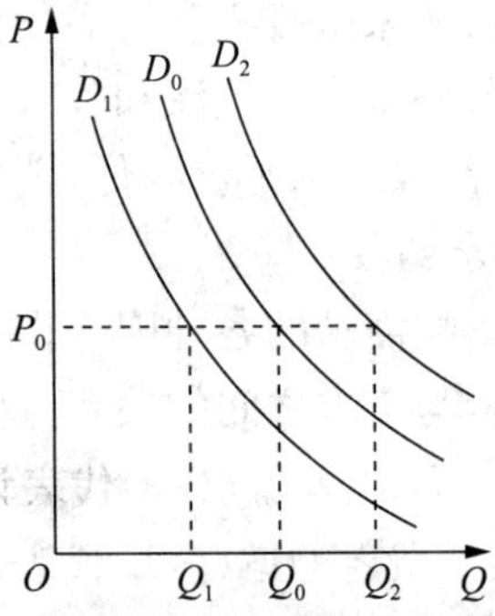

图2-3 需求的变动

需求的变动是指在商品本身价格不变的情况下其他因素变动所引起的需求数量的变动。

需求的变动在图形上表现为整条需求曲线的平行移动。如图 2－3 所示，假如商品本身的价格保持为 P_0不变，由于其他因素变动(例如收入变动)而使原来的需求曲线 D_0移动。若收入减少，需求曲线由 D_0移动到 D_1。若收入增加，在同样的价格水平时，需求曲线由 D_0移动到 D_2。

第二节　供给理论

一、供给、供给表、供给曲线

供给是指生产者在一定时期内在各种可能的价格下愿意而且能够提供出售的该商品的数量。根据定义，供给有两层含义：其一，必须有供给的意愿；其二，必须有供给的能力，供给是商品的供给，它取决于生产能力，也可以认为供给是企业计划提供的商品量。供给也可以分为个别供给和市场供给两种。个别供给是指单个厂商对某种商品的供给；市场供给是指市场上所有的个别供给的总和。

供给表是指表明某种商品(服务)的各种价格和与各种价格相对应的该商品(服务)的供给量之间关系的表。供给表也相应地有个别供给表和市场供给表之分(见表 2－2)。

表 2－2　　巧克力的个别供给和市场供给

价格(元/盒)	需求量				
	个人需求量(盒/年)				市场需求量(万盒/年)
	甲	乙	丙	…	
1	0	0	0	…	9
2	5	11	17	…	10
3	9	19	29	…	12
4	13	29	41	…	15
5	17	35	53	…	20

把供给量与商品价格之间的关系用图表示出来，即可得到一条供给曲线。供给曲线就是表示商品供给量与价格之间关系的曲线，如图 2－4 所示。供给曲线向右上方倾斜，其斜率为正值。它表明某种商品的价格与供给量呈同方向变动。

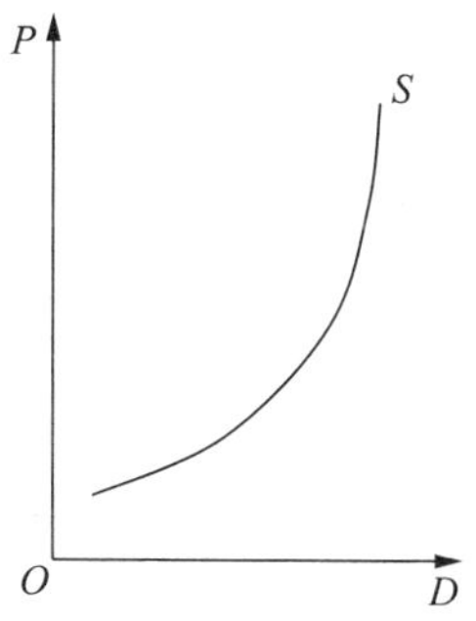

图 2－4　供给曲线

二、影响供给的因素、供给函数

（一）影响供给的因素

1. 商品本身的价格

商品价格上升，生产者愿意也能够提供更多的商品；价格下降，生产者会减少供给。所以价格是决定供给的重要因素之一。

2. 生产要素的数量与价格

商品是用生产要素生产出来的。生产要素的数量越多，价格下降，会使产品的成本减少，从而在产品价格不变的情况下，利润增加，供给增加。反之，生产要素价格上升，会使产品的成本增加，从而在产品价格不变的情况下，利润减少，供给减少。

3. 生产的技术水平

技术是把生产要素变为商品的方法。在资源为既定的条件下，技术越先进，资源利用率越高，生产效率越高，所以能提供的商品就越多，供给会增加。

4. 生产者对未来的预期

如果厂商对未来的经济持乐观态度，则会增加供给。如果厂商对未来的经济持悲观态度，则会减少供给。同理，企业预期未来价格会上升，就会把已生产出来的商品储存起来，或者现在减少生产，这样就会减少当前的供给，以便在未来价格上升时增加供给。

（二）供给函数

用函数关系来表示影响供给的因素与供给之间的关系，这种函数就是供给函数。以 S 代表供给，P 代表商品本身的价格，P_i 代表生产要素的价格，P_j 代表生产要素的数量，a 代表生产技术，E 代表生产者对未来的预期，则供给函数为：

$$S=f(P, P_i, P_j, a, E, \ldots)$$

如果不考虑影响供给的其他因素，而只考虑供给量与价格之间的关系，则可以把供给函数写为：

$$S=f(P)$$

三、供给定理

在其他条件不变的情况下，某商品的供给量与价格之间呈同方向变动就是供给定理。即商品价格上升，供给量增加；商品价格下降，供给量减少。

在理解供给定理时，同样要注意“其他条件不变”这个假设条件。如果离开了这个前提，供给定理就无法成立。

供给定理是对一般商品而言的，讲的是一般规律。这一规律也有例外，比如劳动力的供给，某些供给量无法增加的商品、土地、文物、艺术品等的供给就属于例外情况。

四、供给量变动和供给变动

（一）供给量与供给的区别

供给量是指厂商在某一特定时期内在某一价格水平时，愿意而且能够提供的商品量。从图形上看，它是供给曲线上的一点。供给是指厂商在某一特定时期内在每一价格水平时，愿意而且能够提供的商品量。从图形上看，它指的是整条供给曲线。

（二）供给量变动与供给变动的区别

供给量的变动是指在其他条件不变的情况下，商品本身价格变动所引起的供给数量的变动。从图形上看，供给量的变动表现为同一条供给曲线上点的位置的移动。如图 2－5 所示。

当价格由 P_0 上升为 P_1 时，供给量从 Q_0 增加到 Q_1，在供给曲线 S 上则是从 b 点向上方移动到 a 点。当价格由 P_0 下降为 P_2 时，供给量从 Q_0 减少到 Q_2，在供给曲线 S 上则是从 b 点向下移动到 c 点。可见，在同一条供给曲线上，向上方移动是供给量增加，向下方移动则是供给量减少。

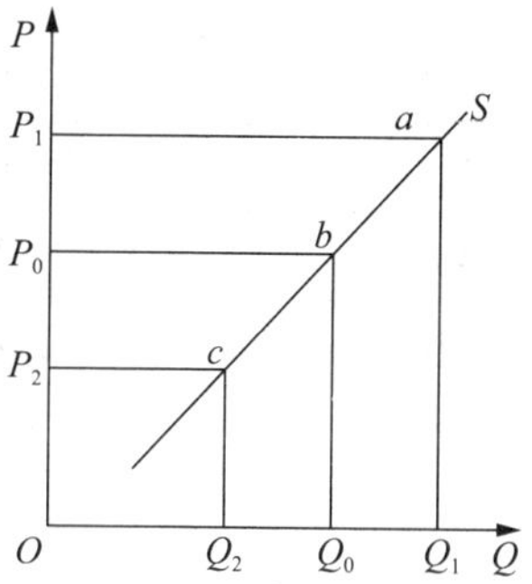

图 2－5 供给量变动

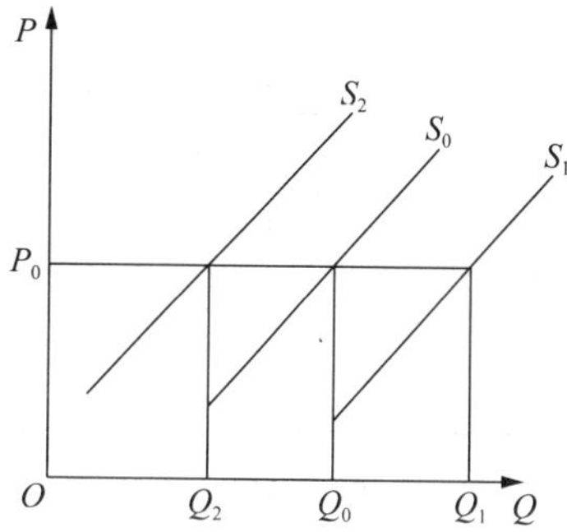

图 2－6 供给变动

供给的变动是指在商品本身价格不变的情况下，其他因素变动所引起的供给数量的变动。从图形上看，供给的变动表现为整条供给曲线的平行移动，如图 2－6 所示。假如商品本身的价格保持 P_0 不变，由于其他因素变动使原来的供给曲线 S_0 发生了移动，若生产要素价格下降，厂商得到的利润增加，从而供给量从 Q_0 增加到 Q_1，供给曲线由 S_0 移动到 S_1；若生产要素价格上升，厂商得到的利润减少，从而供给量从 Q_0 减少到 Q_2，供给曲线由 S_0 移动到 S_2。由此可见，供给曲线右移，表示供给增加；供给曲线左移，表示供给减少。

第三节 均衡价格与应用

一、均衡价格的决定

市场是需求与供给共同发挥作用的场所，商品的价格是需求与供给共同作用的产物，因此必须将需求与供给结合起来，研究供需平衡时的价格决定问题。

（一）均衡价格的概念

均衡价格是指一种商品的市场需求量与市场供给量相一致时的价格。如图 2－7 所示，均衡价格就是某种商品的市场需求曲线与市场供给曲线相交时的价格，这时需求量与供给量也一致，称为均衡数量。在图 2－7 中，横轴表示数量，纵轴表示价格，D 线是商品的市场需求曲线，S 线是该商品的市场供给曲线。D 线与 S 线相交点 E 表示该商品市场达到均衡状态时的均衡点。E 点所对应的价格 P_E 就是均衡价格，Q_E 为均衡数量。

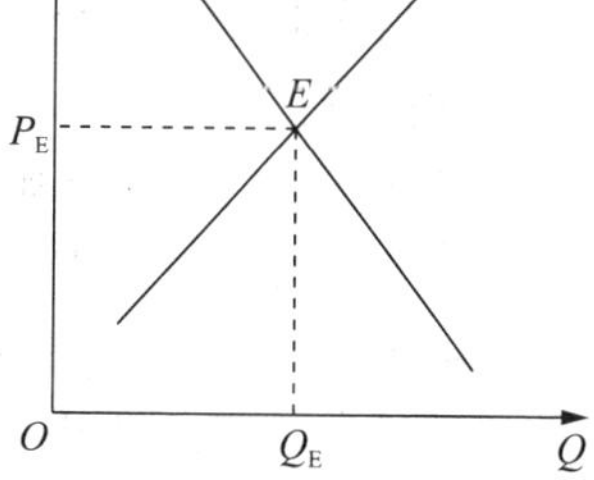

图 2－7 均衡价格与均衡数量

（二）均衡价格的形成

均衡价格的形成也就是价格的决定过程，均衡价格是通过市场供求关系的自发调节而形成的，是市场上供给和需求这两种相反的力量共同作用的结果。均衡价格的形成，可以用表2-3和图2-8来加以说明。根据表2-3可以画出图2-8。

表2-3 巧克力的市场价格和产量

价格（元/盒）	市场需求量（万盒/年）	市场供给量（万盒/年）	市场状况	价格变动趋势
1	20	0	短缺	上升
2	15	7	短缺	上升
3	12	12	均衡	均衡
4	10	16	过剩	下降
5	9	18	过剩	下降

在图2-8中，如果开始时巧克力商品的市场价格为4元/盒，这时市场的供给量为16万盒，而此时的需求量为10万盒，供给大于需求，有超额供给(6万盒)。这种情况必然会导致供给方及生产者之间的激烈竞争，使价格逐渐下降，并使供给量逐渐减少，需求量逐渐增加。当巧克力商品的市场价格下降到2元/盒时，市场需求量为16万盒，市场供给量为10万盒，供给小于需求，存在超额需求(6万盒)，这种情况必然会导致购买者之间的竞争，是价格逐渐上升，并使需求量逐渐减少，供应量逐渐增加。上述两种情况都会使价格最终趋于3元/盒。当巧克力的市场价格为3元/盒，供给和需求相等，实现了市场均衡。均衡价格为3元/盒，均衡数量为12万盒。

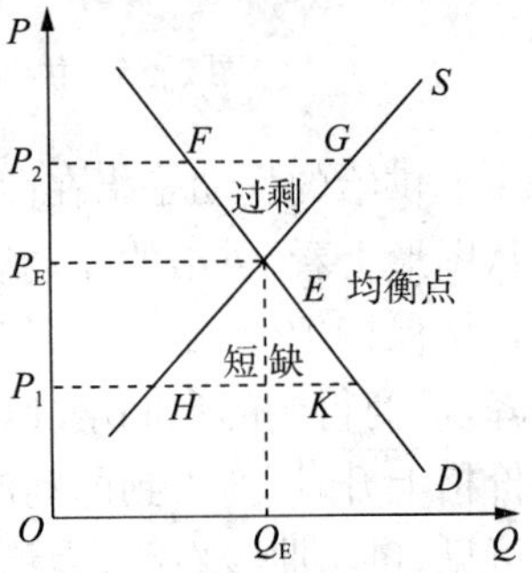

图2-8 均衡价格形成

均衡价格决定的条件如果用经济模型来表示就是：

需求函数：$D=f(P)=40-\frac{1}{3}P$，供给函数：$S=f(P)=\frac{1}{5}P$，令 $S=D$，$40-\frac{1}{3}P=\frac{1}{5}P$，可以计算出均衡价格 $P=75$，均衡数量为：$S=D=40-\frac{1}{3}P\left(或\frac{1}{5}P\right)=15$。

二、供给和需求变动对均衡价格的影响

上述均衡分析是在假定需求曲线和供给曲线既定且不发生移动的前提下进行的。但在经济生活中需求和供给都会发生变动。而需求或者供给任何一方发生了变动，市场均衡就会发生相应的变化。

（一）供给不变，需求变动对均衡的影响

在图2-9中，D_1是原来的需求曲线，它与供给曲线 S 相交于 E_1，决定了均衡价格为 P_1，均衡数量为 Q_1。现假定某种商品的供给状况不变，即 S 线不变，需求由于其他原因(如收入提高)而增加，则需求曲线向右上方移动，即由 D_1 移至 D_2，D_2 与 S 相交于 E_2 点，E_2 点为新的均衡点，于是决定了新的均衡价格为 P_2，均衡产量为 Q_2。显然，由于需求增加，均衡价格上升了，均衡数量增加了。反之，如果供给不变，需求减少，则均衡价格下降，均衡数量减少。

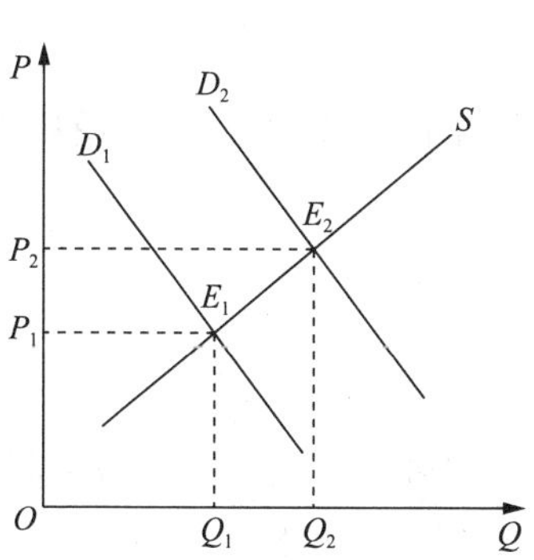

图 2-9 需求变动对均衡的影响

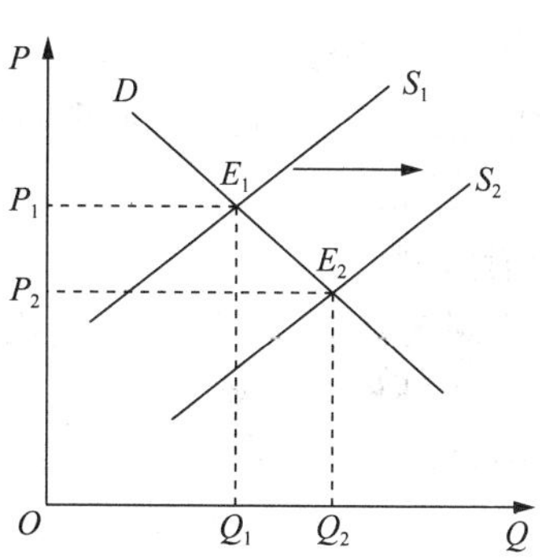

图 2-10 供给变动对均衡的影响

(二) 需求不变,供给变动对均衡的影响

在图 2-10 中,S_1是原来的供给曲线,它与需求曲线 D 相交于E_1,决定了均衡价格为 P_1,均衡数量为 Q_1。现假定某种商品的需求状况不变,即 D 曲线不变,供给由于价格以外的因素变化(如要素价格的下降)而增加,则供给曲线向右下方移动,即由 S_1移至 S_2,S_2与 D 相交于 E_2点,E_2点为新的均衡点,于是决定了新的均衡价格为 P_2,均衡产量为 Q_2。显然,由于供给增加,均衡价格下降了,而均衡数量增加了。反之,如果需求不变,而供给减少,则均衡价格上升,均衡数量减少。

综上所述,可得出如下结论:

1. 需求与均衡价格和均衡数量同方向变动

即需求增加,均衡价格上升,均衡数量增加;需求减少,则均衡价格下降,均衡数量减少。

2. 供给与均衡价格反方向变动,与均衡数量同方向变动

即供给增加,引起均衡价格下降,均衡数量增加;供给减少,引起均衡价格上升,均衡数量减少。

另外,需求和供给同时发生变动对均衡的影响情况比较复杂,如需求与供给同时增加,同时减少,供给增加需求减少,供给减少需求增加等。在此不作详细分析,有兴趣者可以尝试分析。

三、支持价格和限制价格

在完全竞争的市场中,商品的供给和需求决定价格,而价格又引导和调节着商品的供给和需求。价格机制就像是一只“看不见的手”,指挥着人们的经济活动。然而,由于价格调节是在市场上自发进行的,有其盲目性,所以,有时由供求关系决定的价格对经济不一定有利,又由于完全竞争的市场经济只是一种理论上的假设,现实中并不存在,因而价格常常受到政府政策的干预。政府对市场价格的干预方式主要有两种,即支持价格和限制价格。

(一) 支持价格

支持价格也称最低限价,是指政府为了扶持某一行业的生产,对该行业产品规定的高于市场均衡价格的最低价格。如政府为了扶持农业,常实行农产品支持价格。支持价格通常高于均衡价格。可以用图 2-11 来分析。

从图 2-11 中可以看到,该行业商品市场的均衡价格为 P_0,均衡数量为 Q_0。政府为支持该行业而规定的支持价格为 P_1,$P_1>P_0$,即支持价格高于均衡价格。这时,需求量为 Q_1,供给量为 Q_2,由于 $Q_2>Q_1$,即供给量大于需求量,该商品将出现过剩,过剩量为 Q_2-Q_1。为了维持支持价格,怎样处理过剩产品呢?此时政府可采取的措施有三种:

1. 政府收购过剩商品

即政府按照支持价格 P_1，收购过剩商品 Q_2-Q_1，或用于储备或用于出口，或用于外援，寻找产品的新的用途。

2. 政府限制产量

即政府规定将生产的数量控制在 Q_1，使供求平衡。

3. 政府弥补价格差额

即在目标产量的范围内，当产品的市场价格低于支持价格时，政府就按两者之间的差额对生产者进行补贴。政府实行支持价格虽然对经济的发展和稳定有积极意义，但会加重政府的财政负担。

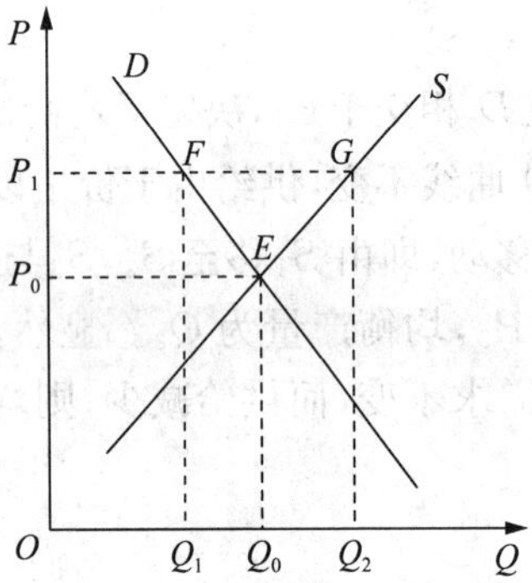

图 2-11　支持价格

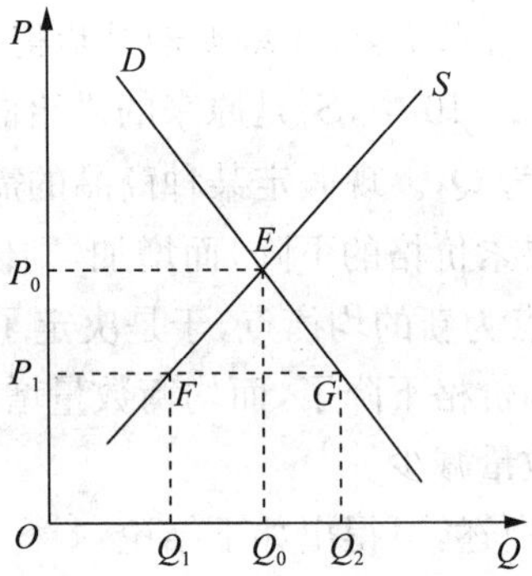

图 2-12　限制价格

（二）限制价格

限制价格也称最高限价，是指政府为了限制某些物品的价格上涨或抑制某些产品的生产而规定的低于市场均衡价格的最高价格。例如，政府为了限制某些生活必需品的价格上涨，常实行限制价格。限制价格常低于均衡价格。可以用图 2-12 来分析。

从图 2-12 中可以看出，某些商品由市场供求关系决定的均衡价格为 P_0，均衡数量为 Q_0，这种状况，使低收入者难以承受或无法得到生活必需品，为了制止过高的物价，政府规定限制价格为 P_1，$P_1<P_0$，即限制价格低于均衡价格。此时，需求量为 Q_2，供给量为 Q_1，由于 $Q_2>Q_1$，即需求量大于供给量，该商品市场将出现短缺，短缺量为 Q_2-Q_1，市场上可能出现排队抢购和黑市交易。在这种情况下，政府为了保证消费者能够买到这种限制价格的商品，往往不得不采取配给制的方法。

政府实行限制价格虽有利于社会平等和社会安定，但它只适应于短时期内的特殊情况。否则，一方面会挫伤厂商的生产积极性，抑制生产，使短缺变得更加严重。另一方面会在资源缺乏的同时又造成资源浪费。此外，还有可能引起一些其他的社会问题。

支持价格和限制价格都是政府以干预的方式使商品价格脱离由市场供求力量形成的均衡价格的结果，但是，它们都建立在均衡价格理论基础上。

第四节　弹性理论与应用

价格的变动会引起需求量和供给量的变动，会变动多少呢？弹性理论就是要用定量分析方法说明影响需求和供给的因素(尤其是商品本身的价格)发生变动所引起的需求量和供给量的相对变动程度。它对于人们进行选择和做出决策关系重大。

弹性原意是指某一物体受外力作用而做出的反应程度。在经济学中,弹性是指经济变量之间存在函数关系时,因变量对自变量变动的反应程度,其大小可用两个变量变动的百分比之比,即弹性系数来表示。弹性分为需求弹性与供给弹性。

一、需求弹性

需求弹性说明需求量变动与价格、收入和其他商品价格变动之间的关系,它可以分为需求的价格弹性、需求的收入弹性和需求的交叉弹性,其中最重要的是需求的价格弹性。

(一) 需求的价格弹性

1. 需求价格弹性的含义

需求的价格弹性是指价格变动的比率所引起的需求量变动的比率,即需求量变动对价格变动的反应程度。用公式表示为:

$$\text{需求价格弹性系数}=\frac{\text{需求量变动的百分比}}{\text{价格变动的百分比}}$$

如果以 E_d 代表需求价格弹性的弹性系数,$\Delta Q/Q$ 代表需求量变动的比率,$\Delta P/P$ 表示价格变动的比率,则需求弹性系数的一般公式为:

$$E_d=-\frac{\Delta Q/Q}{\Delta P/P}=-\frac{\Delta Q}{\Delta P}\times\frac{P}{Q}$$

需要指出的是,由于需求量与价格一般呈反方向变动,所以,需求价格弹性的弹性系数常为负值。为了便于比较,在公式的右端加了一个负号,以使需求价格弹性的弹性系数取正值。

在理解需求价格弹性时,必须注意,需求弹性系数不是指价格变动的绝对量与需求量变动的绝对量的比率,而是指价格变动的比率与需求量变动的比率的比率;在同一条需求曲线上,不同点的弹性系数的大小不相同。

2. 需求的价格弹性的计算:点弹性和弧弹性

点弹性是指需求曲线上某一点的弹性,也就是价格变动无限小时所引起的需求量变动的反应程度。其计算公式为:

$$E_d=\lim_{\Delta p\to 0}-\frac{\Delta Q}{\Delta P}\times\frac{P}{Q}=-\frac{dQ}{dP}\times\frac{P}{Q}$$

例如,已知某种商品的需求函数为:$Q=20-2P$

则
$$E_d=-\frac{dQ}{dP}\times\frac{P}{Q}=-(-2)\times\frac{P}{Q}=2\times\frac{P}{Q}$$

这时可求出任何价格水平时的弹性系数,如:当 $P=2$ 时,$Q=20-2\times2=16$

$$E_d=2\times\frac{P}{Q}=2\times\frac{2}{16}=0.25$$

弧弹性是指需求曲线两点之间的弹性。其计算公式可以写为:

$$E_d=-\frac{\Delta Q/Q}{\Delta P/P}=\frac{\Delta Q}{\Delta P}\times\frac{P}{Q}=-\frac{Q_2-Q_1}{P_2-P_1}\times\frac{P_1}{Q_1}$$

在上式中，P_1、Q_1为原来的价格与需求量 P_2、Q_2为变动后的价格与需求量。

为了消除价格上升与下降时计算的弹性系数值的差别，价格和需求量都取变动前后的平均值，所以，弧弹性的计算公式一般为：

$$E_d=-\frac{Q_2-Q_1}{P_2-P_1}\times\frac{(P_1+P_2)/2}{(Q_1+Q_2)/2}=-\frac{\Delta Q}{\Delta P}\times\frac{P_1+P_2}{Q_1+Q_2}$$

一般来说，当价格变动幅度较大时，往往采用弧弹性的计算公式。

假设 $P_1=8$，$Q_1=10$，$P_2=2$，$Q_2=40$，则弧弹性的弹性系数为：

$$E_d=-\frac{Q_2-Q_1}{P_2-P_1}\times\frac{(P_1+P_2)/2}{(Q_1+Q_2)/2}=-\frac{40-10}{2-8}\times\frac{(2+8)/2}{(40+10)/2}=1$$

3. 需求价格弹性的分类

不同商品的需求价格弹性是不同的。根据需求价格弹性系数的大小，可将需求价格弹性分为五种类型：

(1) $E_d=0$，即需求完全无弹性。这就是说，无论价格怎样变动，需求量都不会变动。其需求曲线是与纵轴平行的一条垂线，如图 2－13(a)所示。这是一种现实中罕见的情况，一般认为像火葬费、特效药这样的商品或劳务接近于这一类商品。

(2) $E_d=\infty$，即需求有无限弹性。它表示在既定的价格水平上，需求量是无限的。其需求曲线是一条与横轴平行的水平线，如图 2－13(b)所示，这也是一种现实中罕见的极端情况。

(3) $E_d=1$，即需求单位弹性。它表示需求量与价格按同一比率发生变动，即价格每升降1%，需求量就相应减增 1%。其需求曲线是一条直角双曲线，如图 2－13(c)所示。这种情况在现实中也极为罕见。

(4) $0<E_d<1$，即需求缺乏弹性。它表示需求量变动的比率小于价格变动的比率，即价格每升降 1%，需求量变动的百分率小于 1%。其需求曲线的形状如图 2－13(d)所示。生活必需品如粮、油、蔬菜等大多属于这种情况。

(5) $1<E_d<\infty$，即需求富有弹性。它表示需求量变动的比率大于价格变动的比率，即价格每升降 1%，需求量变动的百分率大于 1%。其需求曲线的形状如图 2－13(e)所示。高档消费品属于这种情况。

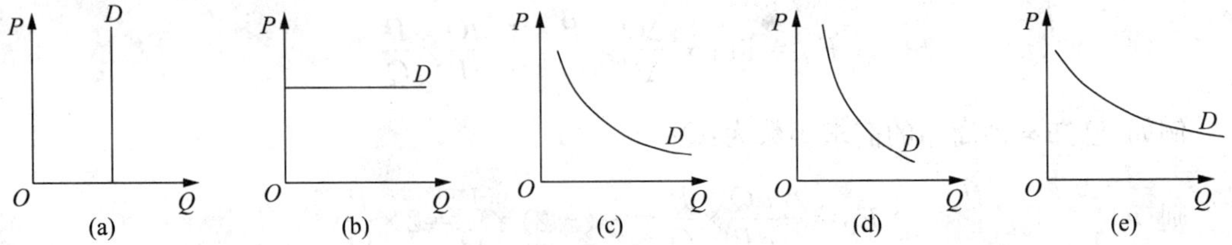

图 2－13　需求弹性的类型

4. 影响需求价格弹性的因素

影响需求的价格弹性的因素很多，其主要因素有：

(1) 消费者对某种商品的需求程度。一般来说，生活必需品，如粮食、盐、日用品等，其需求价格弹性比较小，而奢侈品和耐用消费品，如高级香水、首饰、电视机、空调等，其需求价格弹性比较大。

(2) 商品的可替代程度。如果某种商品有许多替代品，那么它的需求价格弹性就比较大。因为当它的价格上涨后，消费者会购买其他替代品。相反，如果某种商品的替代品很少，则该商品的需求弹性较小。

(3) 商品在消费者总支出中所占的比重。商品在消费总支出中占的份额越低，则需求弹性越小。商品在消费者的总支出中所占的比重越大，则需求弹性越大。

(4) 商品用途的广泛性。一般来说，需求价格弹性与商品用途的广泛性同方向变动。一种商品的用途越广泛，其需求价格弹性就越大；用途越单一，其需求价格弹性就越小。

(5) 商品的耐用程度。一般来说，使用时间长的耐用品需求弹性大，而使用时间短的非耐用品需求弹性越小。

在以上影响需求弹性的五种因素中，最重要的是需求程度、替代程度和商品在消费者总支出中所占的比重。

5. 商品的需求价格弹性与总收益的关系

需求的价格弹性与总收益密切相关。具有不同需求弹性的商品，其价格上升或下降所引起的总收益变动的结果是不一样的，这对厂商确定商品的销售价格或营销策略具有重要意义。

总收益也称总收入，总收益是指厂商出售一定量商品所得到的全部收入，即商品价格与销售量的乘积。若以 TR 表示总收益，P 表示价格，Q 表示销售量，则总收益的计算公式为：$TR=P\times Q$。根据这个公式，人们会认为提价可增加总收益，降价会减少总收益，实际情况并非如此。由于商品的需求弹性不同，因此，价格变动所引起的总收益的变动也就不同。降价不一定减少总收益，涨价也不一定增加总收益。下面以需求富有弹性与需求缺乏弹性的商品为例来说明。

假设某商品的需求富有弹性，$E_d=2$，当价格 $P_1=500$ 元，销售量 $Q_1=100$ 件时，总收益 $TR_1=500\times100=50\ 000$ 元。现假设该商品的价格 10%，则 $P_2=500\times(1-10\%)=450$ 元，由于 $E_d=2$，销售量增加 20%(10%×2)下降，则 $Q_2=100\times(1+20\%)=120$ 件，这时总收益 $TR_2=450\times120=54\ 000$ 元，$TR_2-TR_1=54\ 000-50\ 000=4\ 000$ 元。这表明由于某商品价格下降，总收益增加了。

根据同样的方法可以得出：当该商品的价格上升时，总收益会减少。

以上的分析表明，需求富有弹性的商品，其总收益与价格呈反方向变动。即价格上升，总收益减少；价格下降，总收益增加。为使 TR 达到最大，对于这类商品，厂商应采用降价策略。

假设某商品的需求缺乏弹性，$E_d=0.5$，当价格 $P_1=2$ 元，$Q_1=100$ 件时，总收益 TR_1 为：$TR_1=2\times100=200$ 元。现假定该商品的价格下降 10%，即 $P_2=2\times(1-10\%)=1.8$ 元，由于 $E_d=0.5$，销售量增加 5%(0.5×10%)，则 $Q_2=100\times(1+5\%)=105$ 件，$TR_2=1.8\times105=189$ 元。$TR_2-TR_1=189-200=-11$。这表明该商品由于价格下降，总收益减少了。

根据同样的方法，可以得出：当该商品的价格上升时，总收益会增加。

以上的分析表明，需求缺乏弹性的商品，其总收益与价格呈同方向变动。即价格上升，总收益增加；价格下降，总收益减少。为使总收益达到最大，对于需求缺乏弹性的商品，厂商应采取提价的策略。

在了解了需求弹性与总收益的关系之后，我们可以用它来分析经济学中最著名的一个悖论：丰收悖论。即粮食等农作物的丰收不但没有使农民的收入增加，反而使他们的收入减少了。究其原因，就在于粮食是生活必需品，其需求缺乏弹性。因此由丰收而造成的粮食价格下跌，并不会使需求量同比例地增加，从而使总收益减少。

（二）需求交叉价格弹性

需求的交叉价格弹性是指一种商品的需求量变动对另一种商品价格变动的反应程度。用公式表示为：

需求的交叉弹性＝x 商品需求量变动的百分比/y 商品价格变动的百分比

如果以 E_{xy} 表示需求的交叉弹性，$\Delta Q_x/Q_x$ 表示 X 商品需求量变动的百分比，$\Delta P_y/P_y$ 表示 Y 商品价格变动的百分比，则需求交叉弹性的公式为：

$$E_{xy}=\frac{\Delta Q_x/Q_x}{\Delta P_y/P_y}=\frac{\Delta Q_x}{\Delta P_y}\times\frac{P_y}{Q_x}$$

需求的交叉价格弹性系数可能是正值，可能是负值，也可能是零。

如果两种商品之间存在替代关系，则一种商品的价格与它的替代品的需求量之间呈同方向变动。例如，牛肉和羊肉。当牛肉的价格上升时，人们会增加对羊肉的需求量，故它们的需求交叉价格弹性系数为正值，即 $E_{xy}>0$；如果商品之间存在互补关系，则一种商品的价格与它的互补品的需求量之间呈反方向变动。例如，照相机和胶卷。当照相机的价格上升时，人们会减少对照相机的需求量，从而减少对胶卷的需求量，故它们的需求交叉价格弹性系数为负值，即 $E_{xy}<0$；如果两种商品既不是替代品，也不是互补品，它们之间没有任何相关性，那么一种商品的需求量就不会随另一种商品的价格变动而发生变动，它们的需求交叉价格弹性系数为零，即 $E_{xy}=0$。

同样的道理，反过来，可以根据需求的交叉价格弹性系数的值来判断两种商品之间的关系。

$E_{xy}>0$，x、y 为替代品；$E_{xy}<0$，x、y 为互补品；$E_{xy}=0$，x、y 独立品。

（三）需求收入弹性

需求的收入弹性是指一种商品的需求量变动对收入变动的反应程度。其公式为：

需求的收入弹性＝需求量变动的百分比＝收入变动的百分比

如果以 E_m 代表收入弹性的弹性系数，$\Delta Q/Q$ 代表需求量变动的百分比，$\Delta M/M$ 代表收入变动的百分比，则需求牧入弹性的计算公式为：

$$E_m=\frac{\Delta Q/Q}{\Delta M/M}=\frac{\Delta Q}{\Delta M}\times\frac{M}{Q}$$

需求收入弹性系数可能是正值，也可能是负值。根据需求收入弹性系数的值可以判别该商品是正常品还是劣等品。

如果某商品的需求收入弹性系数是正值，即 $E_m>0$，则该商品为正常品。正常品是指需求量与收入呈同方向变化的商品。在正常品中，$O<E_m<1$ 的商品为必需品，如盐、煤气等；$E_m>1$ 的商品为奢侈品，如化妆品、首饰等。

如果某商品的需求收入弹性系数是负值，即 $E_m<0$，则该商品为劣等品。劣等品是指需求量与收入呈反方向变化的商品。

需要指出的是，人们对生活必需品、奢侈品、劣等品的划分是相对的。

二、供给价格弹性

供给弹性可以分为供给价格弹性、供给交叉价格弹性和供给收入弹性等。其中供给价格弹性是最基本、最主要的类型，所以供给弹性通常是指供给的价格弹性。供给弹性是指一种商品的供给量变动对价格变动的反应程度。其公式为：

供给的价格弹性＝供给量变动的百分比/价格变动的百分比

供给的价格弹性的大小可用弹性系数来表示。如果以 E_s 表示供给价格弹性系数，$\Delta Q/Q$ 表示供给量变动的百分比，$\Delta P/P$ 表示价格变动的百分比，则供给弹性系数的公式为：

$$E_s=\frac{\Delta Q/Q}{\Delta P/P}=\frac{\Delta Q}{\Delta P}\times\frac{P}{Q}$$

一般情况下，供给量与价格呈同方向变动，所以供给价格弹性系数一般为正值。供给的价格弹性有弧弹性和点弹性之分。供给弹性的弧弹性的计算公式为：

$$E_s=\frac{Q_2-Q_1}{P_2-P_1}\times\frac{(P_1+P_2)/2}{(Q_1+Q_2)/2}=\frac{\Delta Q}{\Delta P}\times\frac{P_1+P_2}{Q_1+Q_2}$$

点弹性的计算公式为：

$$E_s=\lim_{\Delta p\to 0}-\frac{\Delta Q}{\Delta P}\times\frac{P}{Q}=\frac{dQ}{dP}\times\frac{P}{Q}$$

根据供给价格弹性系数的大小，供给价格弹性可分为以下五种类型：

(1) $E_s=0$，供给完全无弹性。无论价格怎样变化，供给量始终不变，供给曲线是一条与纵轴平行的垂线。古玩、名画等商品的供给就属于这种情况，如图 2－14(a)所示。

(2) $E_s=\infty$，供给有无限弹性。在价格既定的水平上，供给量可以无限增加，供给曲线是一条与横轴平行的水平线，如图 2－14(b)所示。只有在商品出现严重过剩时，才可能出现类似的情况。

(3) $E_s=1$，供给为单位弹性。价格与供给量同比例变动，供给曲线是一条由原点出发的射线，如图 2－14(c)所示。这也是现实中一种极端的情况。

(4) $E_s<1$，供给缺乏弹性。供给量变动的幅度小于价格变动的幅度，供给曲线的形状比较陡峭，如图 2－14(d)所示。

(5) $E_s>1$，供给富有弹性。供给量变动的幅度大于价格变动的幅度，供给曲线的形状比较平坦，如图 2－14(e)所示。

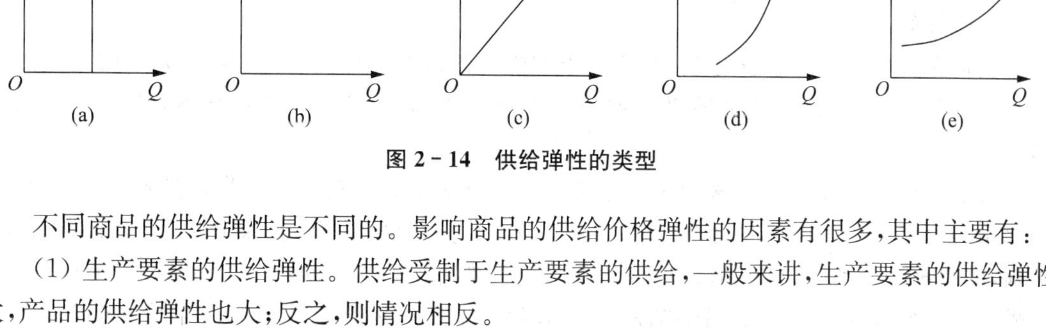

图 2－14　供给弹性的类型

不同商品的供给弹性是不同的。影响商品的供给价格弹性的因素有很多，其中主要有：

(1) 生产要素的供给弹性。供给受制于生产要素的供给，一般来讲，生产要素的供给弹性大，产品的供给弹性也大；反之，则情况相反。

(2) 成本的变化。成本是影响供给量的重要因素。如果某产品的成本随产量的增加只是轻微增加或不增，则产品的供给弹性大；如果某产品的成本随产量的增加而明显上升，则供给弹性小。

(3) 生产的难易程度。一般而言，在一定时期内，容易生产而且生产周期短的产品，当价格变动时其产量变动的速度快，因而供给弹性大。较难生产且生产周期长的产品，则供给弹性小。

(4) 生产规模变动的难易程度。一般来说，生产规模大的资本密集型企业，其生产规模较难变动，因而其产品的供给弹性小。而规模较小的劳动密集型企业，则应变能力强，其产品的供给弹性大。

本章小结

1. 需求是指消费者在一定的时期内，在各种可能性的价格水平下，愿意而且能够购买的商品数量。愿意和能力是需求的两大要素。需求曲线一般向右下方倾斜。供给是指消费者在一定时期内，在各种可能性的价格水平下，愿意而且能够提供的商品数量。

2. 价格以外的因素引起需求曲线的移动，价格的变动引起需求量沿着需求曲线的移动，这二者的变动又分别叫作需求变动和需求量的变动。供给及供给量的变动与之相似。

3. 均衡价格是需求曲线和供给曲线的交点对应的价格。均衡价格随着需求与供给的变动而变动，它与需求的变动方向相同，而与供给的变动方向相反。

4. 弹性是用来反映一个经济变量的变动对于另一个经济变量变动的反应程度。最重要的弹性是需求价格弹性。弹性分为点弹性和弧弹性。需求价格弹性可以分为富有弹性、缺乏弹性、单位弹性、无限弹性和零弹性五种情况。

5. 替代品的两种商品的需求交叉弹性大于零；互补品的两种商品的需求交叉弹性小于零。

6. 恩格尔定律是一个国家或家庭的食物开支比重随着收入水平的提高而降低。

案例分析

不同歌手门票差别之谜

门票价格也就是歌手劳务的价格。在经济学中，劳务是一种无形商品，其定价规律与有形商品是一样的。

我们在现实中一定会注意到，美声歌手演唱会的门票价格便宜——即使是大腕，如迪里拜尔，也不过 180 元/张。但通俗唱法歌手演唱会的门票昂贵——像张惠妹，已达 600 元/张以上。

用演唱这种劳务中所包含的劳动量恐怕无法解释这种差别。提供某种劳务的劳动量包括为此而用的培训时间与提供劳务所耗的活劳动。美声唱法是一种复杂劳动，需要长期的专业培训，演唱也颇费力。与此相比，通俗歌手的劳动要简单一点。也就是说，同样一场演唱会，美声唱法包含的劳动量要大于通俗唱法。看来劳动量的差别并不能解释门票价格如此巨大的差别。

学过价格理论，你就会知道，决定不同歌手门票差别的关键在于需求与供给，引起这种门票差别的就在于供求。美声唱法是阳春白雪的高雅艺术，能欣赏它的是少数音乐修养较高的观众。通俗唱法是下里巴人的大众艺术，能欣赏它的人很多，尤其是人数众多的青少年对它爱得发狂。这就是说，当美声唱法歌手与通俗唱法歌手相当（供给相同）时，由于通俗唱法的需求远远大于美声唱法，门票就自然高了。我们还会注意到，由于通俗歌手收入丰厚，许多人都愿意当这种歌手，随着出名通俗歌手的增加，其门票价格也在下降。但由于能成为“大腕”的人仍然不多，供给增加有限，而歌迷对这些“大腕”的需求不减，“大腕”的门票价格仍然相当高，他们的收入依然丰厚。

供求关系说起来并不复杂，但利用它可以解释我们在现实中观察到的许多现象。

资料来源：梁小民，《西方经济学》，中央广播电视大学出版社 2003 年版。

根据案例回答下列问题：

1. 案例中描述的人们对通俗歌手的追捧和美声歌手遭受冷遇，是由于人们（　　）不同。
A. 欲望　B. 需求　C. 偏好　D. 演唱水平

2. 通俗歌手演唱会门票价格高，会引起通俗歌手（　　）。
A. 供给量增加　B. 供给增加　C. 供给量减少　D. 供给减少

3. 歌手经济地位和政治地位的提高，会引起歌手（　　）。
A. 供给量增加　B. 供给增加　C. 供给量减少　D. 供给减少

4. 能成为“大腕”的人不多，供给增加有限，其重要的原因是歌手（　　）。
A. 努力程度不同　B. 接受教育的程度不同
C. 天赋不同　D. 都不是

5. 歌手收入比一般工作人员的工资高很多，这种差异属于（　　）工资差异。
A. 补偿性　B. 生产率　C. 非竞争性　D. 特殊性

职业技能训练

◇重要概念

1. 需求定理　2. 需求曲线　3. 供给定理　4. 供给曲线
5. 均衡价格　6. 恩格尔系数　7. 供给的价格弹性　8. 需求（价格）弹性
9. 需求的交叉价格弹性　10. 需求的收入弹性

◇判断题

1. 需求定理表明，随着某种物品价格的上升，其需求将减少。（　　）
2. 当咖啡的价格上升时，茶叶的需求就会增加。（　　）
3. 汽车的价格下降，将会使汽油的需求曲线向左下方移动。（　　）
4. 在任何情况下，商品的价格和需求量都是反方向变动的。（　　）
5. 据调查年轻人中 80% 的人希望自己有一辆车，我国有 3 亿年轻人，因此我国的汽车需求极大。（　　）

6. 如果土豆是一种低档物品，那么当收入增加时，土豆的销量会下降。（ ）
7. 替代效应使价格上升的商品需求量增加。（ ）
8. 供给曲线右移表示平等地在每一种价格上提供更多的产品。（ ）
9. 苹果的价格上升将使苹果的需求曲线向左移动。（ ）
10. 某种产品的价格上限一定低于其均衡价格。（ ）

◇**单项选择题**

1. 在得出某棉花种植农户的供给曲线时，下列除（ ）以外其余均保持为常数。
A. 土壤的肥沃程度 B. 技术水平 C. 棉花的种植面积 D. 棉花的价格
2. 在下述的原因中，（ ）不是彩色电视机的需求曲线向左平移的原因。
A. 彩色电视机的价格上升 B. 消费者对彩色电视机的预期价格上升
C. 消费者对彩色电视机的预期价格下降 D. 消费者的收入水平提高
3. 某月内，X 商品的替代品的价格上升和互补品的价格上升，分别引起 X 商品的需求变动量为 50 单位和 80 单位，则在它们共同作用下该月 X 商品需求数量（ ）。
A. 增加 30 单位 B. 减少 30 单位 C. 增加 130 单位 D. 减少 130 单位
4. 当羽毛球拍的价格下降时，对羽毛球的需求量将（ ）。
A. 减少 B. 不变 C. 增加 D. 视具体情况而定
5. 当两种商品中一种商品的价格发生变化时，这两种商品的需求量都同时增加或减少，则这两种商品的需求的交叉价格弹性系数为（ ）。
A. 正 B. 负 C. 0 D. 1
6. 当出租车租金上涨后，对公共汽车服务的（ ）。
A. 需求下降 B. 需求增加 C. 需求量下降 D. 需求量增加
7. 对西红柿需求的变化，可能是由于（ ）。
A. 消费者认为西红柿价格太高了 B. 西红柿的收成增加
C. 消费者预期西红柿将降价 D. 种植西红柿的技术有了改进
8. 下列四种商品中（ ）需求的价格弹性最小。
A. 食盐 B. 衣服 C. 化妆品 D. 小汽车
9. 需求量和价格之所以成反方向变化，是因为（ ）。
A. 替代效应的作用 B. 收入效应的作用
C. 上述两种效用同时发生作用 D. 以上均不正确
10. 若某产品的供给弹性无穷大，当该产品的需求增加时，则（ ）。
A. 均衡价格和均衡产量同时增加 B. 均衡价格和均衡产量同时减少
C. 均衡产量增加但价格不变 D. 均衡价格上升但产量不变

◇**填空题**

1. 在需求和供给同时减少的情况下，（ ）。
2. 某种商品的需求弹性大，在其他条件不变时，要想获得更多的收益，应该（ ）。
3. 点弹性的计算公式（ ）。
4. 若 X 和 Y 二产品的交叉弹性是 -2.3，则（ ）。
5. 生产者预期某物品未来价格要下降，则对该物品当前的供给会（ ）。

6. 政府把价格限制在均衡水平以下可能导致(　　　　　)

7. 正常物品的需求曲线是一条(　　　　　)。

8. 当咖啡的价格急剧上升时，对茶叶的需求量将(　　　　　)。

9. 需求不变时，供给的增加引起均衡价格(　　　　　)，均衡数量(　　　　　)。

10. 假定某商品的价格从 3 元降到 2 元，需求量将从 9 单位增加到 11 单位，该商品的需求弹性(　　　　　)，则该商品卖者的收益(　　　　　)。

◇简答题

1. 什么是均衡价格？它是如何形成的？

2. 如果考虑到提高生产者的收入，那么对农产品和电视机、录像机一类高级消费品应采用提价还是降价的方法？为什么？

3. 影响需求和供给的因素分别是什么？需求和需求量的变动的区别是什么？

4. 运用供求分析说明“谷贱伤农”的道理。

5. 某城市大量运输的需求的价格弹性估计为 1.6，城市管理者问你，为了增加大量运输的收入，运输价格应该增加还是应该降低，你应当怎样回答？

◇计算题

1. 需求函数 $Q=5\,000-0.5P$，计算其价格弹性。

2. 已知某一时期内商品的需求函数为 $Q_d=50-5P$，供给函数为 $Q_s=-10+5P$。

(1) 求均衡价格 P_e 和均衡数量 Q_e，并作出几何图形。

(2) 假定供给函数不变，由于消费者收入水平提高，使需求函数变为 $Q_d=60-5P$。求出相应的均衡价格 P_e 和均衡量 Q_e，并作出几何图形。

(3) 假定需求函数不变，由于生产技术水平提高，使供给函数变为 $Q_s=-5+5P$。求出相应的均衡价格 P_e 和均衡量 Q_e，并作出几何图形。

3. 假定下表是需求函数 $Q_d=500-100P$ 在一定价格范围内的需求表：

某商品的需求表

价格(元)	1	2	3	4	5
需求量	400	300	200	100	0

(1) 求出价格 2～4 元之间的需求的价格弧弹性。

(2) 根据给出的需求函数，求 $P=2$ 元时的需求的价格点弹性。

4. 假定下表是供给函数 $Q_s=-3+2P$ 在一定价格范围内的供给表：

某商品的供给表

价格(元)	2	3	4	5	6
供给量	1	3	5	7	9

(1) 求出价格 3～5 元之间的供给的价格弧弹性。

(2) 根据给出的供给函数，求 $P=4$ 元时的供给的价格点弹性。

5. 某种商品原先的价格为 1 元，销售量为 1 000 千克，该商品的需求弹性系数为 2.4，如果降价至0.8元每千克，此时的销售量是多少？降价后总收益是增加了还是减少了？增加或减少了多少？

6. 某商品价格为9元时，需求量为11；价格为11元时，需求量为9。请计算：(1) $P=9$，$Q_d=11$ 作为基数时的需求弹性；(2) $P=11$，$Q_d=9$ 作为基数时的需求弹性。

第三章

消费者行为理论

学习目标

了解效用、总效用和边际效用的含义及相互关系，边际替代率及其递减规律，替代效应和收入效应；掌握基数效用论的消费者均衡和消费者剩余，消费预算线的含义及其移动，收入和价格变化对消费者均衡的影响；重点掌握边际效用递减规律，边际效用的分析方法和无差异曲线的分析方法。

导入案例

“子非鱼，安知鱼之乐”新解

庄子与惠子游于濠梁之上。庄子曰：“儵鱼出游从容，是鱼之乐也?”惠子曰：“子非鱼，安知鱼之乐?”庄子曰：“子非我，安知我不知鱼之乐?”这段话讲庄子善辩。但从现代经济学的角度看，可以把这段话作为对鱼儿快乐与否的判断。

如果鱼儿有感觉，它也要追求效用最大化。它在水中自由地游来游去是不得已而为之，还是在享受，只有鱼自己才能判断。效用的满足是一种心理感觉，只有自己才能作出判断。所以，应该说惠子说得对，你又不是鱼，怎么能知道鱼是快乐还是不快乐呢?

消费者行为理论强调的是从个人出发来判断效用，正如要鱼儿自己判断自由地游来游去是否快乐一样。个人的感觉是研究消费者行为的出发点。当然，由于人的行为有共同之处，人对满足程度的判断表现为他的消费行为，所以，这种心理感觉仍是可以研究的，有共同的规律可以探寻。这正是消费者行为理论的意义。

资料来源：梁小民，《西方经济学》，中央广播电视大学出版社2003年版。

消费是人类生存的基本条件，也是人类最基本的经济活动之一。每个人、每个家庭、每个民族，甚至每个国家天天都在消费。个人或家庭作为消费者的行为对整个经济的运行和发展有着举足轻重的作用。本章从个人或家庭角度研究消费者行为，要说明的问题是面对各种不同价格的商品，消费者应遵循哪些原则去作出自己的购买决策，以便使自己获得最大限度的满足。

第一节 欲望与效用

一、欲望

消费行为的出发点是欲望，归宿是欲望的满足，即效用。欲望是指消费者对物品的一种缺乏的感觉和想得到满足的愿望。欲望是不足之感与求足之愿的统一。欲望推动消费者从事劳动，决策购买、实现消费，最终获得效用。欲望就其本质而言是一种心理现象，其特点是具有无限性和层次性。当较低层次的欲望被满足或基本满足以后，产生新的或更高层次的欲望，所以人类的欲望具有无限性。同时，欲望又有轻重缓急之分，越是基本层次的欲望就越重要，这就是欲望的层次性。欲望也具有反复再现的性质，如一种欲望因为消费某一物品得到满足而消失，但相隔一段时间后又会产生；欲望的强度是有限的，在一段时间内随着消费某物品的增加，某一欲望强度是递减的。

二、效用

效用是消费者从消费某种物品中所得到的满足。效用强调的是消费者的心理感受，具有主观性；效用本身没有客观评价标准，也不具有伦理道德方面的意义；效用不同于使用价值，衣服可以保暖、遮盖、美化身体等，效用是穿衣服者的心理感受，感觉好或者感觉不好；效用可以计量，有大小之分、正负之分；同时效用因时因地因人而异。

三、基数效用论和序数效用论

消费者行为理论要研究的幸福最大化，在假定收入、欲望既定的前提下，消费者的效用最大化的问题。那么，如何研究效用呢？西方经济学家先后提出了基数效用论和序数效用论两种理论。

（一）基数效用论

基数效用理论是研究消费者行为的一种理论。其基本观点是：效用是可以计量并加总求和的。因此，效用的大小可以用基数（1，2，3，…）来表示，正如长度单位可以用米来表示一样。所谓效用可以计量，就是指消费者消费某一物品所得到的满足程度可以用效用单位来进行衡量。例如，吃一个馒头的满足程度是10个效用单位；看一场电影是20个效用单位等。所谓效用可以加总求和，是指消费者消费几种物品所得到的满足程度可以加总而得出总效用。前面吃一个馒头和看一场电影所得到的总满足程度就是30个效用单位。基数效用论采用边际效用分析来研究消费者均衡问题。

（二）序数效用论

效用在理论上和实践中都不可能进行计量。序数效用理论是为了弥补基数效用论在逻辑上的缺陷提出来的研究消费者行为的理论。其基本观点是：效用作为一种心理现象无法计量，也不能加总求和，只能表示出满足程度的高低与顺序，因此效用只能用序数（第一、第二、第三……）来表示。例如，消费者消费苹果和面包，从中得到的效用衡量，也不能加总求和，更不能用基数来表示。但消费者可以从消费这两种物品中得到满足，这种满足的程度是可以比较的程度。如果消费者认为消费苹果所得到的满足大于消费面包所得的满足，那么就可以说，苹果的效用是第一，面包的效用是第二。序数效用论采用无差异曲线分析来研究消费者均衡问题。

第二节 基数效用理论

消费是人类生存的基本条件，也是人类最基本的经济活动之一。每个人、每个家庭、每个民族，甚至每个国家天天都在消费。个人或家庭作为消费者的行为对整个经济的运行和发展有着举足轻重的作用。这里从个人或家庭角度研究消费者行为，要说明的问题是面对各种不同价格的商品，消费者应遵循哪些原则去作出自己的购买决策，以便使自己获得最大限度的满足。

基数效用论是 19 世纪末 20 世纪初西方经济学家研究消费者行为的方法，这些经济学家认为效用如同长、宽、高等概念一样，是能够具体衡量并加总求和的，甚至认为可以进行具体的效用量之间的比较，并提出了可测量的效用单位这一术语来计量效用的大小。这与数学中的自然数概念的特征相符合，基数是指 1，2，3…，可以加总求和，据此经济学家提出了基数效用论，并在此基础上形成了边际效用分析方法。

一、效用的含义

效用是指商品满足人的欲望的能力评价，或者说是指消费者在消费商品时所感受到的满足程度。一种商品对消费者是否具有效用，取决于消费者是否有消费这种商品的欲望，以及这种商品是否具有满足消费者欲望的能力。消费者消费某种商品或劳务能满足欲望的程度高就是效用大；反之，就是效用小；如果不仅得不到满足感，反而感到痛苦，就是负效用。

西方经济学家认为，效用是消费者的一种主观心理感觉，它取决于消费者对商品和劳务的主观评价。因此，效用会因人、因时、因地而不同。也就是说，同一物品对于不同的人会有不同的效用。例如，辣椒对于喜欢吃辣味的人来说效用很大，但对于不喜欢吃辣味的人来说则效用很小，甚至因感到吃辣椒是一种痛苦而产生负效用。同样的物品对同一个人在不同的时间和地点，效用也不同。例如，一个人饥饿的时候，一个面包对他来说效用很大，但当他吃得很饱的时候，同样的一个面包对他而言就没有效用了。

二、总效用和边际效用

（一）总效用

总效用是指消费者在一定时间内连续消费某种物品或劳务所得到的全部满足感，一般用符号 TU 表示。假定消费者对一种商品的消费数量为 Q，则总效用函数为：

$$TU=f(Q)$$

基数效用论认为效用是可以测量并可以加总求和的。例如，某人早餐吃了四根油条，第一根油条带来的效用是10，第二根效用是8，第三根效用是6，第四根效用是4，那么他这顿早餐的总效用：$TU=f(Q)=10+8+6+4=28$。

（二）边际效用

边际效用是指消费者每增加消费一单位物品或劳务所得到的新增加的满足，也就是消费最后一个单位物品所提供的效用。从其与总效用的关系来看，边际效用实际上就是消费者增加或减少一单位某种商品或劳务的消费所带来的总效用的变化量。如果以 ΔQ 代表消费物品或劳务的变化量，以 ΔTU 代表总效用的变化量，则边际效用 MU 可用公式表示如下：

$$MU=\Delta TU/\Delta Q$$

例如，吃一个苹果的效用是4，吃两个苹果的效用是6，那么吃第二个苹果的边际效用就是：$MU=\Delta TU/\Delta Q=(6-4)/1=2$。

边际效用具有以下几个特点：(1) 边际效用的大小同人们消费的商品数量成反比。虽然人们不能准确地说出每单位的边际效用，但可以根据人们愿意支付的价格来估算。(2) 边际效用的大小同人们的欲望强度成正比。欲望越强烈，边际效用就越大。(3) 边际效用是决定商品价值的主观标准。主观效用论认为，商品价值由边际效用决定，消费数量少，边际效用就高，价值或需求价格也就高；反之则相反。(4) 边际效用在实践中可以是正值、负数或者是零。

（三）总效用与边际效用的关系

总效用和边际效用的关系可以用图表来进行说明。假如某消费者在一段时间内吃面包的数量及其产生的总效用和边际效用如表3-1所示。

表3-1　面包产生的总效用和边际效用

面包的数量(个)	面包的总效用(TU)	面包的边际效用(MU)
1	10	10
2	18	8
3	24	6
4	28	4
5	30	2
6	30	0
7	28	−2

从表3-1中可以看出，该消费者从第一个面包中得到的效用为10，当他吃第二个面包时，得到的总效用为18，边际效用为8，随着他吃的面包的个数不断增加，他所获得的总效用也越来越多，但边际效用却越来越小。当他吃到第五个面包时，总效用30，达到最大，说明此时的效用已经达到饱和点。当继续吃第七个面包时，总效用由30减少为28，边际效用成为负数，这说明第七个面包产生了负效用。

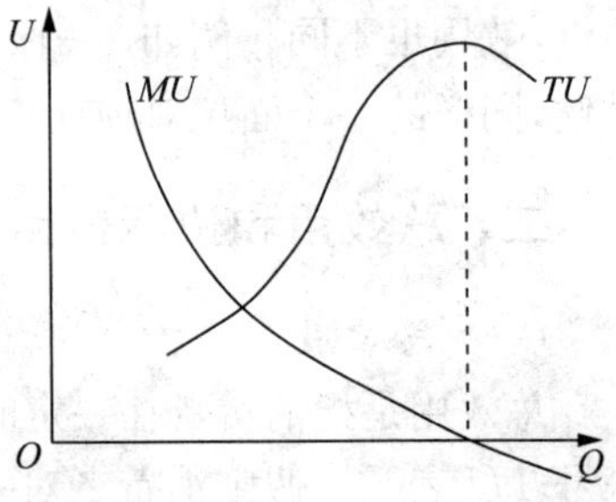

图3-1　总效用和边际效用曲线

总效用和边际效用曲线如图3-1所示。

在图3-1中，横轴代表面包的数量，纵轴分别代表面包的总效用和边际效用，TU 线和 MU 线分别代表总效用曲线和边际效用曲线。总效用曲线的变动趋势是先递增后递减；边际效用曲线的变动趋势是一直递减。两者的关系为：当 MU 为正值时，TU 线呈上升趋势；当 MU 为零时，TU 线达到最高点；当 MU 为负值时，TU 线呈下降趋势。也就是说，当 $MU>0$ 时，TU 上升；当 $MU<0$ 时，TU 下降；当 $MU=0$ 时，TU 达到最大。

三、边际效用递减规律

边际效用递减规律是指在一定时间内，当其他商品的消费数量不变，随着对某种商品消费量的增加，消费者从该商品连续增加的每一消费单位中所得到的效用增加量递减，即边际效用是递减的。边际效用递减规律有三种解释。

(1) 心理或生理解释。效用是消费者的心理感受，消费某种物品实际上就是提供一种刺激，使人有一种满足的感受或心理上有某种反应。消费某种物品时，开始的刺激一定大，从而人的满足程度就高。但不断消费同一种物品，即同一种刺激不断反复时，人在心理上的兴奋程度或满足必然减少。

(2) 资源配置说。每种物品都有多种用途，且可按重要性分成不同等级。消费者随着获得该物品数量的增加，第一个用在最重要的用途上，效用最大；第二个用在次要用途上，效用就会小一些；依次类推，效用会越来越小。

(3) 反证法。如果边际效用不递减，则假定消费者可免费取用某种物品时，消费者对其需要量都将无穷多。然而事实并非如此，消费者对任何一件物品的需要都会在某一点上停止。在这一点上，消费者的总效用最大，而边际效用为零。

四、消费者均衡

消费者均衡是指消费者花费既定代价使自己达到效用最大化，或者说消费者为了达到一定的效用量而使自己所花费的代价最小的一种状态。

(一) 消费者均衡的假设

1. 消费者的收入既定

由于收入有限，需要用货币购买的物品很多，但不可能全部购买，只能买自己认为最重要的几种。因为每一元货币的功能都是一样的，在购买各种商品时最后多花的每一元钱都应该为自己增加同样的满足程度，否则消费者就会放弃不符合这一条件的购买量组合，而选择自己认为更合适的购买量组合。

2. 消费者的偏好既定

由于效用的主观性，同一消费者对同一商品组合的效用评价会因时间、地点或其他条件不同而发生变化。确定最佳消费决策只有在消费者的消费行为发生在一个既定的时间、地点和环境，也就是消费者的偏好既定的条件下才是有意义的。否则，最佳消费决策，即消费者均衡会随着消费者偏好的变化而变化。

3. 物品的价格既定

假设物品价格既定，消费者就要考虑如何将有限的收入分配于各种物品的购买与消费上，以获得最大效用。由于收入固定，物品价格相对不变，消费者用有限的收入能够购买的商品所带来的最大的满足程度也是可以计量的。因为满足程度可以比较，所以对于商品的不同购买量组合所带来的总效用可以进行主观上的分析评价。

4. 每一单位货币的边际效用对消费者都是相同的

在西方经济学中，货币和普通商品一样也具有效用和边际效用，并且商品的边际效用递减规律同样适合货币。对于一位消费者来说，随着货币收入的不断增加，货币的边际效用是递减的。人们用货币购买商品，实际上就是用货币的效用去交换其他商品的效用。只有假定货币的边际效用是不变的，才能用货币的效用去衡量其他商品的效用。

（二）消费者均衡的条件

在上述假设条件下，西方经济学家指出，消费者均衡的条件是：消费者用单位货币所购买的各种商品的边际效用都相等，即消费者所购买的各种商品的边际效用之比等于它们的价格之比。

假定消费者用一定的收入 I 购买 X、Y 两种物品，两种物品的价格分别为 P_X 和 P_Y，购买数量分别为 Q_X 和 Q_Y，两种物品所带来的边际效用分别为 MU_X 和 MU_Y，每一单位货币的边际效用为 MU_I，则消费者均衡的条件可用公式表示为：

限制条件：
$$I=P_XQ_X+P_YQ_Y$$

均衡条件：
$$MU_I=\frac{MU_X}{P_X}=\frac{MU_Y}{P_Y}$$

消费预算限制的条件是指消费者的支出不能超过收入，否则就是不现实的；如果支出小于收入，则无法实现在既定收入条件下的效用最大化。消费者均衡条件是指消费者每消费一元钱的 X 物品或 Y 物品，所得到的边际效用相等。

当 $MU_X/P_X<MU_Y/P_Y$ 时，说明消费者消费一元钱的 X 商品所得到的边际效用小于消费一元钱的 Y 商品所得到的边际效用。理性的消费者就会减少对商品 X 的购买量，增加对商品 Y 的购买量。在这样的调整过程中，一方面，在消费者用减少一元钱的 X 商品的购买来增加一元钱的 Y 商品的购买时，消费者的总效用会增加。另一方面，在边际效用递减规律的作用下，商品 X 的边际效用会随其购买量的不断减少而递增，商品 Y 的边际效用会随其购买量的不断增加而递减。当消费者一旦将其购买组合调整到同样一元钱购买这两种商品所得到的边际效用相等时，即达到 $MU_X/P_X=MU_Y/P_Y$ 时，他便得到了由减少商品 X 购买和增加商品 Y 购买所带来的总效用增加的全部好处，即消费者此时获得了最大的效用，达到了均衡。

相反，当 $MU_X/P_X>MU_Y/P_Y$ 时，说明消费者同样一元钱购买商品 X 所得到的边际效用大于购买商品 Y 所得到的边际效用。同理，理性的消费者会进行与前面相反的调整过程，即增加对商品 X 的购买量，减少对商品 Y 的购买量，直至 $MU_X/P_X=MU_Y/P_Y$，从而获得最大的效用。

五、消费者剩余

消费者剩余是指消费者在购买一定数量的某种商品时愿意支付的最高总价格和实际支付的总价格之间的差额。消费者剩余的存在是因为消费者购买某种商品所愿支付的价格取决于边际效用，而实际付出的价格取决于市场上的供求状况，即市场价格。消费者剩余可以用图 3-2 来表示。

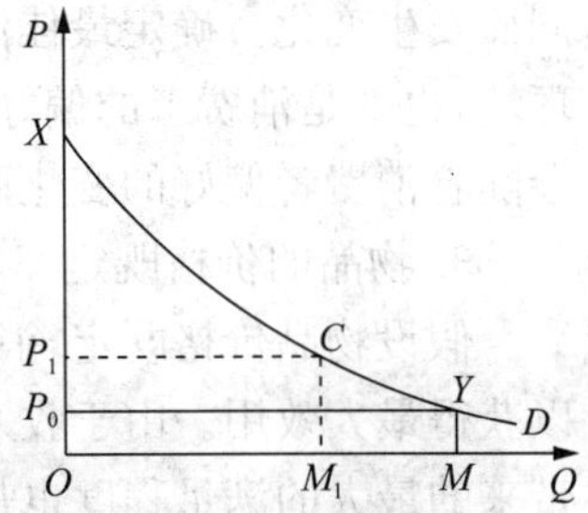

图 3-2 消费者剩余

在图 3-2 中，横轴表示商品量，纵轴表示价格，XD 是消费的需求曲线。该图表明商品量少时，消费者愿付出的价格高；随着商品数量的增加，消费者愿付出的价格越来越低。消费者对每单位商品所愿付出的价格是不同的，当他购买 OM 的商品时，愿付出的货币总额为 $OMYX$。但是，这时市场价格为 OP_0，所以他购买 OM 商品实际支付的货币总额为 $OMYP_0$。他愿支付的货币减去他实际支付的货币的差额，在图 3-2 中表示为 $OMYX-OMYP_0=P_0YX$，这就是消费者剩余。当商品价格上涨为 OP_1 时，购买的商品量为 OM_1，这时消费者愿付出的货币总额为 OM_1CX，实际付出的货币总额为 OM_1CP_1，消费者剩余为 P_1CX，表示当商品价格提高、需求量下降，消费者剩余减少。

第三节 序数效用理论

一、序数效用论概述

20 世纪初，一部分经济学家认为商品的效用不能用基数去衡量，而只能用序数去表示它们的大小。例如，消费者面前摆着三件具有不同用途的商品 A、B、C，这三件商品都能给消费者带来一定程度的满足，但不能用基数去表示这三件商品到底能给消费者带来多少效用，而只能通过观察消费者的偏好次序，去区分这三件商品的效用哪个最大，哪个次之，哪个最小。换言之，商品的效用只能用第一、第二、第三这类序数去表示其相对效用的大小。

序数效用论者认为，对于各种不同的商品组合，消费者的偏好程度是有差别的，正是这种偏好程度的差别，反映了消费者对这些不同的商品组合的效用水平的评价。在进行序数效用分析时，假定消费者偏好有以下三个特性：

(1) 完备性。完备性是指消费者本人可以充分判断两种商品给他带来的效用。例如，有 A、B 两种商品，其效用分别为 $U(A)$、$U(B)$，它们之间有三种可能，即 $U(A)>U(B)$、$U(A)<U(B)$、$U(A)=U(B)$，三者必居其一，且只居其一。

(2) 传递性。例如，若三种商品 A、B、C 的效用满足 $U(A)>U(B)$ 且 $U(B)>U(C)$，则必然有 $U(A)>U(C)$。

(3) 非饱和性。如果两个商品组合的区别仅在于其中一种商品的数量不相同，那么消费者总是偏好数量多的那个商品组合。

二、无差异曲线

序数效用论者认为，现实生活中的许多经济问题实际上都可以归结为在两种或多种可能性中进行选择的问题，并不需要知道各种商品的效用到底是多少单位，关键在于知道商品的效用是大于还是等于另一个商品的效用。可用无差异曲线作为分析工具。

(一) 无差异曲线的概念和特征

无差异曲线又称等效用线，是指用来表示给消费者所带来的效用完全相同的两种商品不同数量的组合的一条曲线。假定只有 X、Y 两种消费品，它们有 a、b、c、d、e 五种组合方式，这五种组合方式能给消费者带来的效用相同，具体如表 3-2 所示。并根据表 3-2 绘图 3-3。

表 3-2 **X 消费品与 Y 品的组合**

组合方式	X 消费品(个)	Y 消费品(个)
a	1	10
b	2	8
c	3	6
d	4	4
e	5	2

在图 3-3 中,横轴代表 X 消费品的数量,纵轴代表 Y 消费品的数量,I 为无差异曲线。曲线上的任何一点代表 X、Y 商品的数量组合不同,给消费者所带来的效用完全相同。无差异曲线有以下特征:

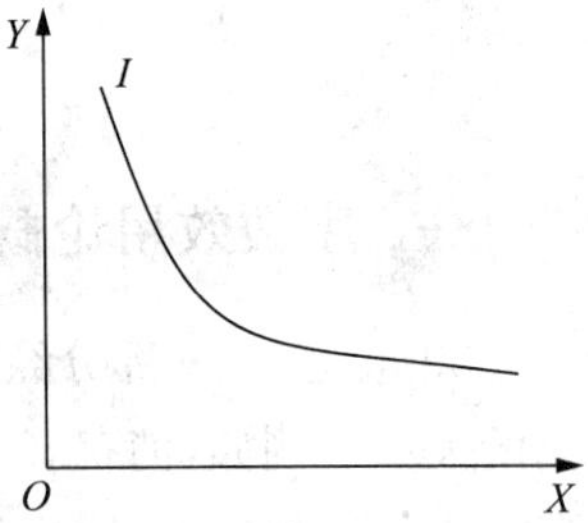

图 3-3 无差异曲线

(1) 无差异曲线是一条向右下方倾斜的曲线,其斜率为负值,是消费者愿意用一种商品代替另一种商品的比率。表明在收入与价格既定的条件下,消费者为了得到相同的总效用,在增加一种商品的消费时,必须减少另一种商品的消费,两种商品不能同时增加或减少。

(2) 在同一平面图上可以划出无数条无差异曲线,而不同的无差异曲线表示不同的满足程度。离原点越远的无差异曲线所代表的效用水平越高,离原点越近的无差异曲线代表的效用水平越低。在图 3-4 中,I_1、I_2、I_3是三条无差异曲线,它们效用水平不同,$I_1<I_2<I_3$。

(3) 在同一坐标平面图上的任何两条无差异曲线不能相交,否则与多比少好的假定有矛盾。如图 3-5 所示,假设无差异曲线 I_1、I_2 相交于 A 点,A、B 在同一条无差异曲线 I_1上,所以 A=B;A、C 在同一条无差异曲线 I_2上,所以 A=C,根据可以传递性假定有 B=C。很明显 C 点离原点远,效用水平高,B 点离原点近,效用水平低,两者不等。

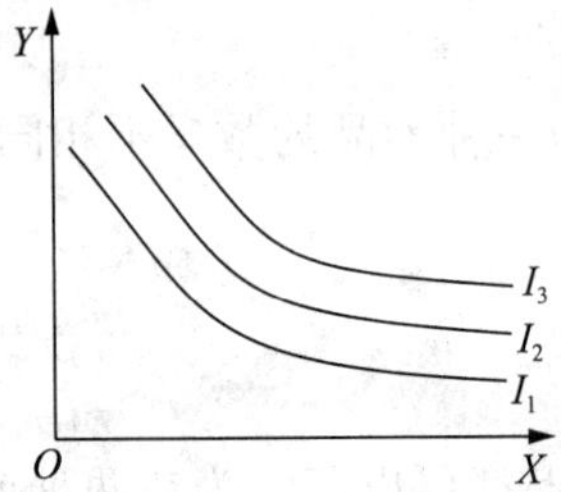

图 3-4 三条无差异曲线

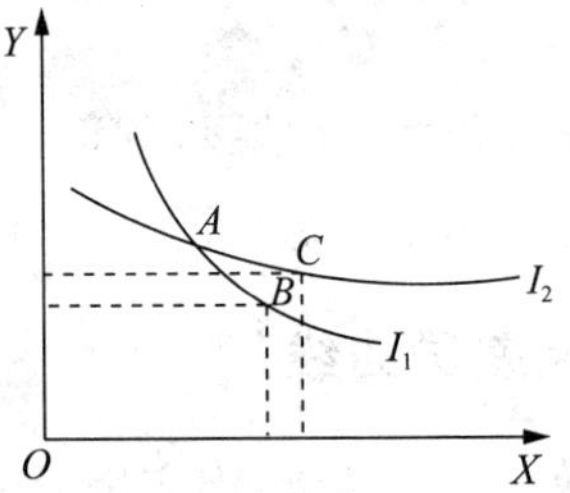

图 3-5 无差异曲线不能相交

(4) 无差异曲线凸向原点。这是因为边际替代率是递减的,一般来说人们更愿意放弃拥有数量多的商品,因为此时每一件商品的效用低,而不愿意放弃他们拥有数量少的商品,这时每一件商品的效用高。

(二) 边际替代率及其递减规律

从一条无差异曲线上可以看出,消费者因一种商品消费量的减少而造成的损失可以由另外一种商品消费量的增加而得到补偿。说明在既定的效用水平保持不变时，消费者可以用一种商品的消费替代另外的商品。边际替代率正是用来度量一种商品对另一种商品的替代能力的一项指标，它是指在效用水平或满足程度保持不变的条件下，消费者增加一单位一种商品的消费可以代替的另一种商品的消费数量。

假设 ΔX 为 X 商品的增加量，ΔY 为 Y 商品的减少量，MRS_{XY} 为 X 商品对 Y 商品的边际替代率，则有：

$$MRS_{XY}=-\Delta Y/\Delta X$$

X 商品和 Y 商品是替代关系，变动方向相反，比值始终为负，在式中添加一个负号将比值转化为正值，便于应用和叙述。

商品的边际替代率就是无差异曲线的斜率的绝对值。过无差异曲线上的某点作一切线，切线的斜率的绝对值就是该点的边际替代率。当商品数量的变化趋于无穷小时，则商品的边际替代率公式为：

$$MRS_{XY}=-\lim_{\Delta X\to 0}\frac{\Delta Y}{\Delta X}=-\frac{\mathrm{d}Y}{\mathrm{d}X}$$

边际替代率所反映的消费者增加一种商品的消费而愿意放弃的另一种商品的数量是有规律的，即在保持效用水平或满足程度不变的条件下，随着一种商品消费数量的增加，消费者增加一单位该商品而愿意放弃的另一种商品的数量会越来越少，也就是说边际替代率是递减的。原因在于当一种商品的数量逐步增加时，增加一单位该商品对消费者的重要程度或能给他带来满足的程度越来越低，为多获得一单位这种商品而愿意放弃另一种商品的数量就会越来越少。

边际替代率还可以用边际效用概念表示。沿着同一条无差异曲线移动时效用水平不变，增加 X 商品的消费量所增加效用必须等于减少 Y 商品的消费量所减少的效用即 $\Delta X\times MU_X=\Delta Y\times MU$，否则就不在同一条无差异曲线上了。经整理可得：

$$MRS_{XY}=-\frac{\Delta Y}{\Delta X}=-\frac{MU_X}{MU_Y}$$

如果消费者消费商品获得的满足程度服从边际效用递减规律，也必然服从边际替代率递减规律。因此，无差异曲线越来越平缓，在几何图形上表现为无差异曲线凸向原点。

（三）无差异曲线的特殊形状

边际替代率作为无差异曲线的斜率的绝对值，决定了无差异曲线的形状。

(1) 如果 X、Y 两种商品是可以完全替代的，则边际替代率是一个常数。无差异曲线就是一条从左上方向右下方倾斜的直线，如人民币与美元，如图 3-6 所示。

(2) 如果 X、Y 两种商品是互补性质的，则边际替代率等于零，这种情况下必须同时按固定的比例消费 X 商品和 Y 商品，无差异曲线就是一条直角折线，如图 3-7 所示。

(3) 如果 X、Y 两种商品是独立的，消费者的效用随商品 X 数量的变化而变化，而与商品 Y 数量的变化无关，不管商品 X 的数量增加或减少，消费者消费商品 Y 的量都不变。这种情况下，无差异曲线就是一条垂线，如图 3-8 所示。

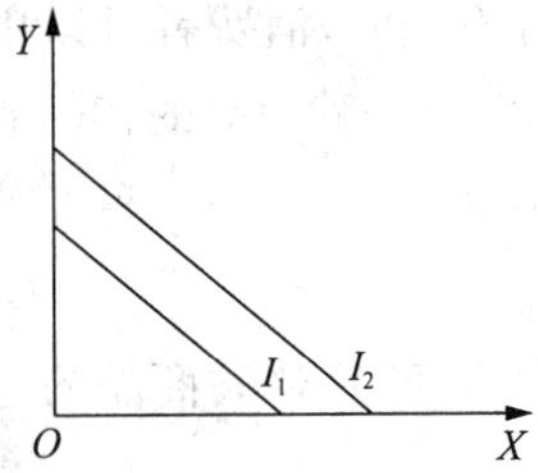

图 3-6 完全代替商品的无差异曲线

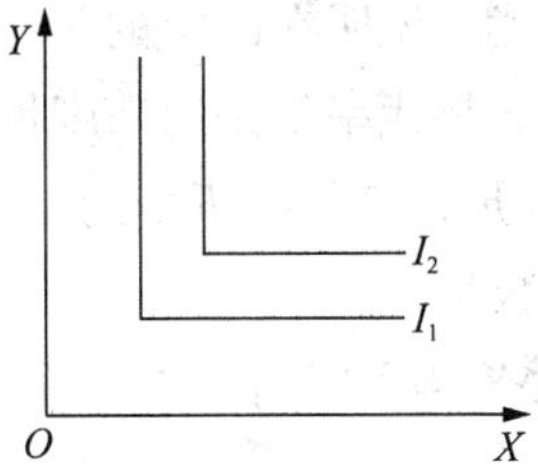

图 3-7 互补商品的无差异曲线

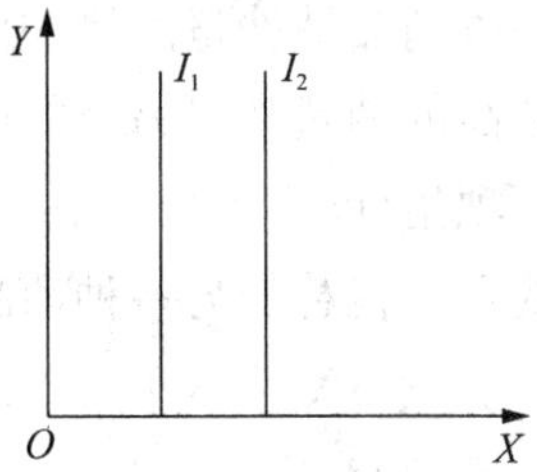

图 3-8 独立商品的无差异曲线

三、消费预算线

(一) 消费预算线的含义

消费预算线又称消费可能线或等支出线，它是一条表明在消费者收入与商品价格既定的条件下，消费者所能购买到的两种商品数量最大组合的曲线。它运用无差异曲线来分析消费者均衡时的另一个重要概念。

假定某消费者拥有 200 元的收入，用来购买商品 X 和 Y。商品 X 的价格为 $P_X=5$ 元，商品 Y 的价格为 $P_Y=10$ 元，200 元的收入全部用来购买 X 商品可以购买 40 个单位，全部用来购买 Y 商品可以购买 20 个单位。由此得到两个组合，在这两个组合点中间还有许多个组合点，将它们画到坐标系中就可以得到一条消费预算线，该线反映了该消费者在给定收入情况下，可以购买到的 X 商品和 Y 商品的所有最大数量组合的轨迹，如图 3-9 所示。

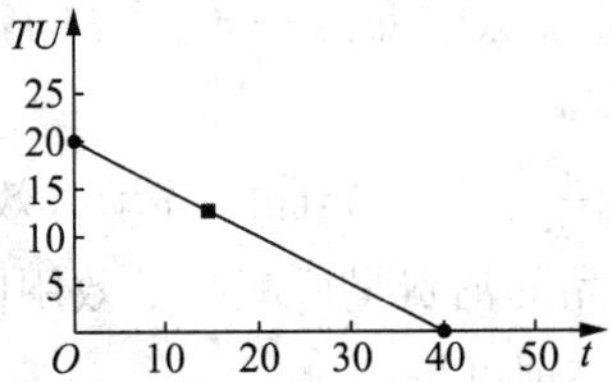

图 3-9 某消费者的预算线

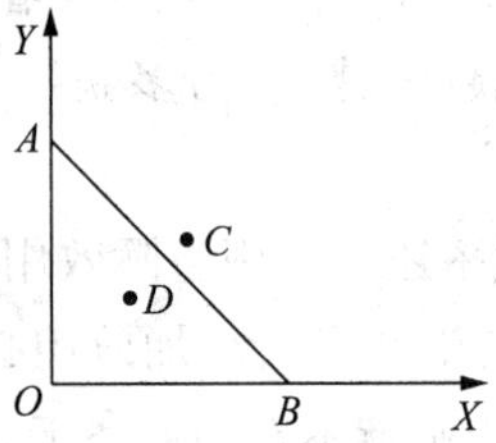

图 3-10 消费预算线

如果用 M 表示消费者的收入，可以得出如下消费预算线的方程：

$$M=P_X\times X+P_Y\times Y$$

预算方程表示消费者的全部收入 M 等于其购买商品 X 和商品 Y 的支出的总和，即消费者购买商品的支出不能超过其收入限制。

消费预算线是一条向右下方倾斜的直线，它将平面坐标图分为两个区域，如图 3-10 所示。消费预算线 AB 以外的区域中的任何一点(如 C 点)都是消费者利用全部收入不可能实现的商品购买组合点；消费预算线 AB 以内的区域中的任何一点(如 D 点)都表示消费者用全部收入购买该点的商品组合后还剩余；唯有消费预算线 AB 上的任何一点才是消费者的全部收入所能购买到的商品数量最大组合点。

(二) 消费预算线的移动

消费预算线会因消费者收入的变化和商品价格的变化而移动。

(1) 消费者收入变化时预算线的移动。两种商品或服务价格不变，当消费者收入增加，预算线平行向外移动；当消费者收入减少，预算线平行向内移动。如图 3-11 所示。

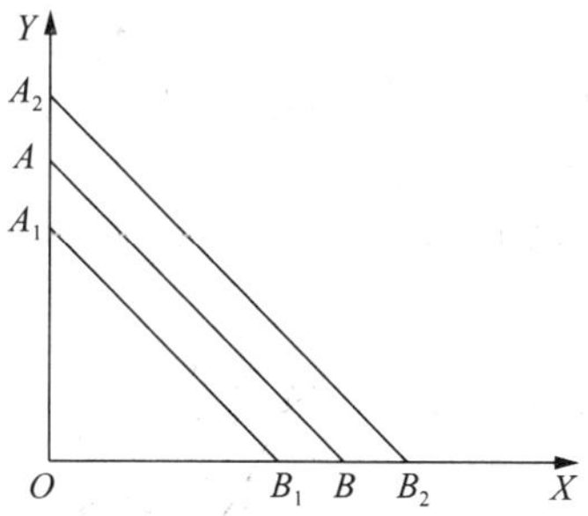

图 3-11　消费者收入变化时预算线的移动

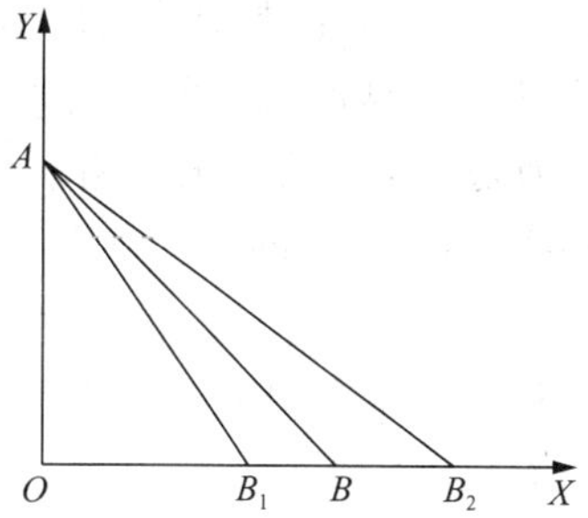

图 3-12　商品价格变化时预算线的移动

(2) 商品价格变化时预算线的移动。消费者收入不变，Y 商品的价格不变，X 商品的价格提高，预算线以 A 点为轴向内旋转变为 AB_1；反之，X 商品价格下降，预算线以 A 点为轴向外旋转变为 AB_2。如图 3-12 所示。

四、消费者均衡

(一) 消费者均衡的实现

如果将无差异曲线与消费预算线合并在一个坐标图上，那么消费预算线必定与无数条无差异曲线中的一条相切于一点。在这个切点上，就实现了消费者均衡，如图 3-13 所示。

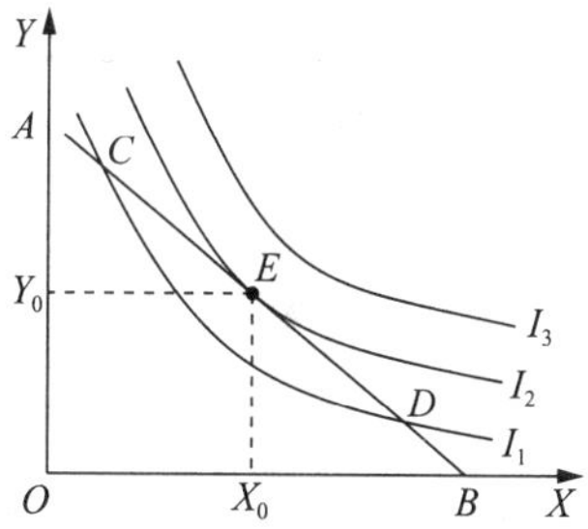

图 3-13　消费者均衡

在图 3-13 中，I_1、I_2、I_3为三条无差异曲线，它们效用大小顺序为 $I_1<I_2<I_3$。消费预算线 AB 与 I_2相切于 E 点(此时预算线的斜率等于无差异曲线切线的斜率)，E 点为消费者均衡点。在收入与价格既定的条件下，消费者购买 OX_0的 X 商品和 OY_0的 Y 商品，获得的效用最大。

图中无差异曲线 I_3最大，但它在预算线 AB 之外而实现不了。C、E、D 三个点都在预算线 AB 上，但 C、D 两点在无差异曲线 I_1上，E 点则在无差异曲线 I_2，$I_1<I_2$，因此理性的消费者不会用全部收入去购买无差异曲线 I_1上 C、D 两点的商品组合。只有在既定的消费预算线 AB 和无差异曲线 I_2相切的 E 点，消费者才能在既定的预算约束条件下获得最大的满足。即 E 点是消费者实现效用最大化的均衡点。

由于 E 点是预算线和无差异曲线的切点，因此在 E 点预算线的斜率和无差异曲线的斜率是相等的。预算线的斜率的绝对值是两种商品的价格比，无差异曲线的斜率的绝对值是商品的边际替代率。因此得到消费者达到最大效用的均衡条件：两种商品的边际替代率或边际效用之比等于两种商品的价格之比，用公式表示如下：

$$MRS_{XY}=\frac{MU_X}{MU_Y}=\frac{P_X}{P_Y}$$

整理可得：

$$\frac{MU_X}{P_X}=\frac{MU_Y}{P_Y}$$

从上式可以看出，序数效用论与基数效用论得出的均衡条件是相同的。因此，以基数效用论为基础的消费者均衡与以序数效用论为基础的消费者均衡在本质上是相同的。

（二）消费者均衡的变动

1. 收入变化对消费者均衡的影响

（1）收入—消费曲线。所谓收入—消费曲线，是指在消费者的偏好及商品的价格不变的条件下，与消费者不同收入水平相联系的消费者效用最大化的均衡点的轨迹。

消费者效用最大化的均衡点由无差异曲线与预算线的切点决定。当其他条件保持不变，消费者收入变化时，预算线的位置会发生平移，那么与之相应的无差异曲线相切的切点也随之移动，将各个均衡点用平滑曲线连接起来就可以得到收入—消费曲线，如图 3 - 14 所示。

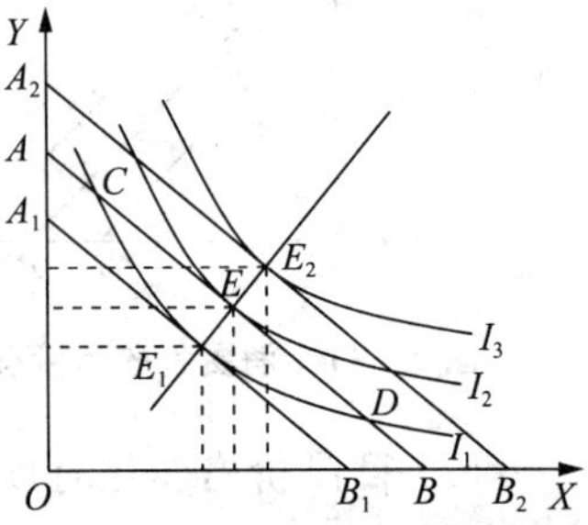

图 3 - 14 收入—消费曲线

从图 3 - 14 可以看出，随着收入增加，消费者购买商品和商品的数量都有所增加，即消费者对商品和商品的需求量都呈现上升趋势。

（2）恩格尔曲线。恩格尔曲线表示消费者在每一收入水平时对某商品的需求量。它是以 19 世纪德国统计学家恩格尔的名字命名的。

不同商品的恩格尔曲线形状是不同的。必需品需求量的增加速度小于收入的增长速度，如油、盐、酱、醋等；奢侈品需求量的增加速度大于收入的增加速度，如名牌服装、名牌化妆品等；低档品的需求量随收入的增加而减少，如黑白电视机、低档香烟等。它们的恩格尔曲线如图 3 - 15 所示。

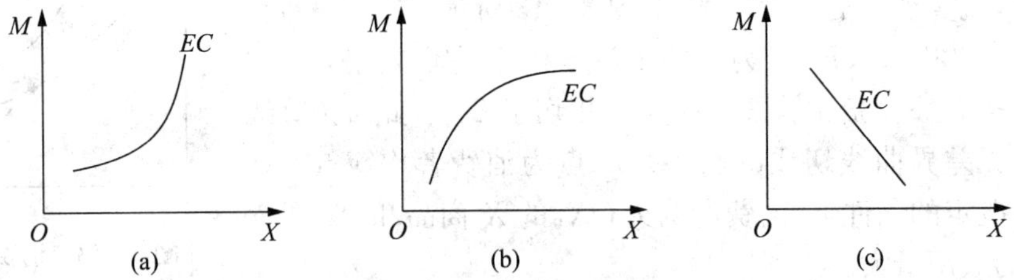

图 3 - 15 三种恩格尔曲线

2. 价格变化对消费者均衡的影响

当消费者收入不变和其他商品价格不变时，某种商品的价格发生变化，必然引起消费预算线斜率的改变，使消费者预算线与新的无差异曲线相切，形成新的均衡点。将该种商品不同价格水平下消费者均衡点连接起来就可以得到一条平滑的曲线就是价格—消费曲线，如图 3 - 16 所示。

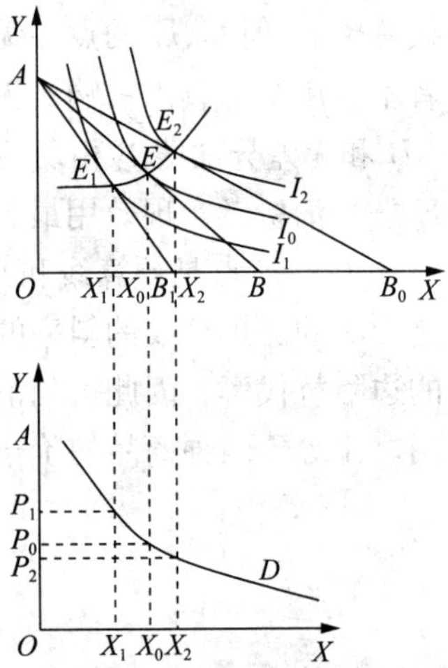

图 3 - 16 价格—消费曲线及推导出的需求曲线

在图 3 - 16 中，横轴表示商品 X 的消费量，纵轴表示商品 Y 的消费量。当消费预算线为 AB 时，与无差异曲线 I_0 相切，均衡点为 E_0。如果商品 X 的价格下降或上升，消费预算线 AB 就会向外或向内旋转，与横轴分别相交于 B_2、B_1 点，并分别与较高的无差异曲线 I_2 和较低的无差异曲线 I_1 相切，形成新的均衡点 E_2、E_1，把 E_0、E_1、E_2 连接起来，就可以得到价格—消费曲线。

从价格—消费曲线可以推导出需求曲线。在图 3 - 16 中，当其他条件不变，而商品 X 的价格由 P_1 下降到 P_0 再下降到 P_2

时，消费预算线将从 AB_1 变化到 AB 再变化到 AB_0，那么相应的消费者的均衡点就从 E_1 移动到 E 再移动到 E_2，X 商品的需求量从 X_1 增加到 X_0 再增加到 X_2。这样，将价格为 P_1、P_0 和 P_2 时 X 商品的需求量 X_1、X_0 和 X_2 放置到以商品 X 的需求量 X 为横轴，以价格 P 为纵轴的坐标系中，即可得出一条向右下方倾斜的需求曲线。

本章小结

1. 消费者购买某种商品是因为这种商品的消费能给他带来一定的效用。效用简单地说就是消费者从商品消费中得到的感受，这是一个主观因素。经济学中研究效用先后流行过基数效用论和序数效用论。

2. 基数效用论认为效用像长度和重量一样可以度量，其研究工具主要是用边际分析法，其重要假设是边际效用递减规律。由边际效用递减规律推导出边际效用曲线向右下方倾斜，进而推导出需求曲线向右上方倾斜。

3. 序数效用论认为效用不能用基数进行度量，只能按序数进行排序。叙述效用论的重要分析工具是无差异曲线。无差异曲线表示两种商品的效用相同的各种不同数量组合。消费者效用的约束条件是预算线。无差异曲线与预算线相切的一点就是消费者的消费均衡点。均衡点的含义是：消费者应该使自己花费在每一种商品上的最后 1 元钱所带来的边际效用相等，只有这样，消费者才能实现在既定的收入、价格和偏好条件下的效用最大化。

4. 利用消费者效用最大化的均衡点，进一步分析在不同收入水平下消费者各个效用最大化的均衡点的轨迹，可得到收入—消费曲线，由此可进一步推导出恩格尔曲线。

5. 一种商品降价或提价时，往往会产生收入效应和替代效应。正常物品的价格与收入效应成反方向变化，劣质物品的价格与收入效应变化方向相同，任何物品的价格与替代效应成反方向变化。这样，对于正常商品来说，商品的价格与总效用成反向变动关系，所以正常物品的需求曲线是向右下方倾斜的。

6. 在现实经济生活中，消费者往往处于弱势地位，所以政府要制定保护消费者的各项政策，同时也要对不良或不安全的消费进行干预。

案例分析

水与钻石的“价值悖论”

200 多年以前，英国著名的经济学家亚当·斯密在《国富论》中提出了价值悖论：“没有什么比水更有用，然而水很少能交换到任何东西。相反，钻石几乎没有任何使用价值，但却经常可以交换到大量的其他物品”。

换言之，为什么对生活如此必不可少的水几乎没有价值，而只能用作装饰品的钻石却索取高昂的价格？尽管 200 多年以前，这一悖论困扰着亚当·斯密，而今天我们已经可以对此做出解释：“水的供给曲线和需求曲线相交于很低的价格水平，而钻石的供给曲线和需求曲线决定了它的均衡价格十分昂贵。”那么，我们自然会有新的疑问：“为什么水的供给曲线和需求曲线相交于如此低的价格？”其答案是，钻石十分稀缺，因此得到钻石的成本很高；而水相对丰裕，在世界上许多地区几乎都可以不花成本就能得到。

然而，这一回答仍然没有将成本信息与同等正确的事实协调起来，即世界上水的供给比钻石的供给多得多。我们必须再加上一条真理：即水在整体上的效用并不决定它的价格或需求。相反，水的价格取决于它的边际效用，取决于最后一杯水的有用性。

由于有如此多的水，所以最后一杯水只能以很低的价格出售。即使最初的几滴水相当于生命自身的价值，但最后的一些水仅仅用于浇草坪或洗汽车。因此，我们发现，像水那样非常有用的物品只能以极低的价格出售，因为最后的一滴水几乎一文不值。

经济价值理论并不难懂，只要你记住：在经济学中，是狗尾巴摆动狗身子。摇动价格和数量这个身子的是边际效用这条狗尾巴。

我们可以用下面的说明来解答价值悖论问题：物品的数量越多，它的最后一单位的相对购买愿望越小。因此，为什么大量的水具有低微的价格，为什么必不可少的物品，如空气成为免费物品，其答案就清楚了。在这两种情况下，正是巨额的数量使其边际效用大大减少，因而降低了这些重要物品的价格。

资料来源：杨连波，《微观经济学基础》，经济科学出版社 2003 年版。

根据案例回答下列问题：

1. 关于水和钻石的效用说法正确的是（　　）。

A. 水的总效用小而边际效用大　　B. 钻石的总效用大而边际效用小

C. 水的总效用大而边际效用小　　D. 钻石的总效用大，边际效用也大

2. 水和钻石，（　　）的需求曲线与供给曲线在（　　）相交。

A. 水、高位　　B. 钻石、高位　　C. 水和钻石、低位　　D. 水和钻石、高位

3. 水和钻石的供给弹性，（　　）。

A. 水小于钻石　　B. 水大于钻石　　C. 水等于钻石　　D. 三者都不对

4. 水和钻石的需求弹性，（　　）。

A. 水小于钻石　　B. 水大于钻石　　C. 水等于钻石　　D. 三者都不对

5. 从案例可以看出水的价格（　　）钻石的价格。

A. 始终大于　　B. 始终小于　　C. 始终等于　　D. 有时高于

职业技能训练

◇**重要概念**

1. 效用　　2. 边际效用　　3. 消费者均衡　　4. 消费者剩余

5. 商品的边际替代率　　6. 消费预算线　　7. 替代效应　　8. 收入效应

9. 无差异曲线　　10. 边际效用递减规律

◇**判断题**

1. 同一杯水对不同的人具有相同的作用。（　　）

2. 偏好取决于消费者收入和物品的价格。（　　）

3. 只要商品的数量增加，消费者得到的总效用就一定会增加。（　　）
4. 一种物品效用的大小表明它生产中的作用有多大。（　　）
5. 无差异曲线离原点越远，代表的满足程度越大。（　　）
6. 消费者消费一种物品越多，其满足程度越大。（　　）
7. 只要商品数量增加，消费者得到的总效用就一定会增加。（　　）
8. 消费者要获得最大效用，就应该把某种商品平均地分配到不同的用途中去。（　　）
9. 消费者剩余就是商品价格与价值之间差额。（　　）
10. 两种商品的价格按相同的比例上升，而收入不变，则预算线不发生变动。（　　）

◇单项选择题

1. 当总效用增加时，边际效用应该（　　）。
A. 为正值，且不断增加　　B. 为正值，但不断减少
C. 为负值，且不断减少　　D. 为正值，可能增加也可能减少
2. 当某消费者对商品 X 的消费达到饱和点时，则边际效用 MU_X 为：（　　）。
A. 正值　　B. 负值
C. 零　　D. 不确定，需视具体情况而定
3. 消费者均衡是研究消费者在既定收入条件下，如何实现（　　）。
A. 欲望最大化　　B. 偏好最大化　　C. 利润最大化　　D. 效用最大化
4. 无差异曲线之所以凸向原点，是因为（　　）。
A. 边际替代率递减　　B. 边际替代率递增
C. 边际替代率为负　　D. 边际技术替代率递减
5. 正常物品价格上升导致需求量减少的原因在于（　　）。
A. 替代效应使需求量增加，收入效应使需求量减少
B. 替代效应使需求量增加，收入效应使需求量增加
C. 替代效应使需求量减少，收入效应使需求量减少
D. 替代效应使需求量减少，收入效应使需求量增加
6. 当吉芬物品的价格上升时，应该有（　　）。
A. 替代效应为正值，收入效应为负值，且前者的作用小于后者
B. 替代效应为负值，收入效应为正值，且前者的作用小于后者
C. 替代效应为负值，收入效应为正值，且前者的作用大于后者
7. 消费者均衡的条件是（　　）。
A. $MU_X/P_X<MU_Y/P_Y$　　B. $MU_X/P_X>MU_Y/P_Y$
C. $MU_X/P_X=MU_Y/P_Y$　　D. 以上都不对
8. 以下（　　）指的是边际效用。
A. 张某吃了第二个面包，满足程度从 10 个效用单位增加到了 15 个效用单位，增加了 5 个效用单位
B. 张某吃了两个面包，共获得满足程度 15 个效用单位
C. 张某吃了两个面包，平均每个面包带给张某的满足程度为 7.5 个效用单位
D. 以上都不对
9. 若消费者张某只准备买两种商品 X 和 Y，X 的价格为 10，Y 的价格为 2。若张某买了 7

个单位X和3个单位Y，所获得的边际效用值分别为30和20个单位，则(　　)。

A. 张某获得了最大效用

B. 张某应该增加X的购买，减少Y的购买

C. 张某要想获得最大效用，需要借钱

D. 张某应当增加Y的购买，减少X的购买

10. 已知商品X的价格为2元，商品Y的价格为1元。如果消费者在获得最大满足时，商品Y的边际效用是30元，那么商品X的边际效用是(　　)。

A. 20　　B. 30　　C. 45　　D. 60

◇填空题

1. 无差异曲线之所以凸向原点，这是由(　　　　)递减决定的。

2. 边际效用递减规律可以用两个理由来解释：第一是(　　　　)，第二是(　　　　)。

3. 基数效用理论采用(　　　　)分析法，序数效用理论采用(　　　　)分析法。

4. 预算线反映了(　　　　)。

5. 一个消费者想要一单位X商品的心情甚于想要一单位Y商品，原因是(　　　　)。

6. 无差异曲线的形状取决于(　　　　)。

7. 根据序数效用理论，消费者均衡是(　　　　)。

8. 同一条无差异曲线上的不同点表示(　　　　)。

9. 无差异曲线上任一点上商品X和Y的边际替代率是等于它们的(　　　　)。

10. 预算线的位置和斜率取决于(　　　　)。

◇简答题

1. 根据基数效用论的消费者均衡条件，若$MU_1/P_1 \neq MU_2/P_2$，消费者应如何调整两种商品的购买量？为什么？

2. 根据序数效用论的消费者均衡条件，在$MRS_{12} > P_1/P_2$或$MRS_{12} < P_1/P_2$时，消费者应如何调整两种商品的购买量？为什么？

3. 基数效用论者是如何推导需求曲线的？

4. 用图说明序数效用论者对消费者均衡条件的分析，以及在此基础上对需求曲线的推导。

5. 用图分析正常物品的替代效应和收入效应，并进一步说明这类物品的需求曲线的特征。

6. 钻石用处极小但价格昂贵，生命必不可少的水却非常之便宜。请用边际效用的概念加以解释。

7. 某消费者原来每月煤气开支为50元，煤气的某些用途如取暖等可用电替代。现在煤气价格上涨100%，其他商品价格不变，政府给予消费者50元作价格补贴。试问该消费者处境是改善了还是恶化了？为什么？

◇计算题

1. 已知一件衬衫的价格为80元，一份肯德基快餐的价格为20元，在某消费者关于这两种商品的效用最大化的均衡点上，一份肯德基快餐对衬衫的边际替代率MRS是多少？

2. 某消费者赵某的收入为 270 元，他在商品 x 和 y 的无差异曲线上斜率为 $\mathrm{d}y/\mathrm{d}x=-20y$ 的点上实现均衡。已知 x、y 的价格分别为 $P_x=2$ 元，$P_y=5$ 元，那么此时赵某将消费多少 x 和 y？

第四章

生产理论

学习目标

了解不同形式企业的性质与特征和优缺点，短期与长期的区分。掌握技术效率与经济效率的含义与关系，边际分析与两种生产要素最适组合，等产量线与两种生产要素的最适组合。重点掌握边际产量递减规律，总产量、平均产量、边际产量的关系与一种生产要素的最优投入，规模经济与企业最适规模。

导入案例

"三季稻不如两季稻"的经济学原理

1958 年"大跃进"是一个不讲理性的年代，当时时髦的口号是"人有多大胆，地有多高产"。于是一些地方把传统的两季稻改为三季稻，结果总产量反而减少了。在农业生产仍采用传统生产技术的情况下，土地、设备、水利资源、肥料等都是固定生产要素。两季稻改为三季稻并没有改变这些固定生产要素，只是增加了可变生产要素劳动与种子。两季稻是农民长期生产经验的总结，它行之有效，说明在传统农业技术条件下，固定生产要素已经得到了充分利用。改为三季稻之后，土地过度利用引起肥力下降，设备、肥料、水利资源等由两次使用改为三次使用，每次使用的数量都不足。这样，三季稻时的总产量就低于两季稻了。四川省把三季稻改为两季稻之后，全省粮食产量反而增加了。江苏省邗江县 1980 年的试验结果表明，两季稻每亩总产量达 1 007 千克，而三季稻只有 755 千克，更不用说两季稻还节省了生产成本。群众总结的经验是"三三见九，不如二五一十"。

资料来源：根据梁小民的《微观经济学纵横谈》整理，中国人民大学出版社 2004 年版。

第一节　生产函数

一、厂商

1. 厂商的概念

厂商是以盈利为目标，由多数人组成按统一决策进行生产的组织。企业的行为准则就是运用有限的资本，通过生产经营活动以取得最大的利润。因而凡是不以盈利为目标的组织就不是企业。假设前提是生产者是理智的。

2. 厂商的类型

（1）个人业主制企业。由个人出资经营的企业。出资者就是企业主，掌握企业的全部业务经营权力，独享企业的全部利润和独自承担所有的风险，并对企业的债务负无限责任。它不是法人，全凭企业主的个人资信对外进行业务往来。

个人业主制企业的优点：决策快捷，经营灵活，企业发展内在动力充足，建立和终止程序简单，产权转移迅速自由，能很快适应变化了的市场需要，只缴纳个人所得税。个人业主制企业的缺点：无限的责任，规模有限，企业的寿命有限，决策不受约束。

（2）合伙企业。由两个或两个以上出资者共同出资、合伙经营、共享收益、共担风险，并对企业债务承担无限连带责任的营利性经济组织。合伙企业的优点：组建较为简单和容易，扩大了资金来源和信用能力，提高了经营水平与决策能力，决策多样化，只缴纳个人所得税，不缴纳公司所得税，合伙人退出企业仍可存在。合伙制企业的缺点是：合伙人承担无限连带责任，稳定性差，意见难以达成一致，易造成决策上的延误，合伙人退出易造成资金困难。

（3）公司制企业。公司制企业又称股份制企业，是指由两个以上投资人（自然人或法人）依法出资组建，有独立法人财产、自主经营、自负盈亏的法人企业。与前两种类型的企业相比，公司制企业的优点是：有限责任，筹资方便，企业的管理水平高，不受个人管理能力影响，所有权转移方便，企业的发展稳定，永远存在。公司制企业的缺点是：组建程序复杂，决策缓慢，费用较高，政府对公司的限制较多，保密性较差，需要缴纳个人所得税和公司所得税。

二、生产要素

生产要素又称生产因素，是指进行社会生产经营活动时所需要的各种社会资源，是维系国民经济运行及市场主体生产经营过程中所必须具备的基本因素。生产要素是经济学中的一个基本范畴。现代西方经济学认为生产要素包括劳动力、土地、资本、企业家才能四种。

（1）劳动（L）：是指人类在生产过程中提供的体力和智力总和。

（2）资本（K）：包括资本品（实物形态）和货币资本（货币形态）。

（3）土地（N）：包括土地和地上、地下的一切自然资源。

（4）企业家才能（E）：企业家组织建立和经营管理企业的才能。不同的经济学家对企业家才能有不同的观点，但一般来说企业家应具备如下能力，即决策能力、组织能力、协调能力、创新能力、激励能力、用人能力、规划能力、判断能力、应变能力、社交能力。

随着科技的发展和知识产权制度的建立，技术、信息也作为相对独立的要素投入生产。这些生产要素进行市场交换，形成各种各样的生产要素价格及其体系。

三、生产函数

生产函数表示在一定时期内，在技术水平不变的情况下，生产中所用的各种生产要素的数量与所能生产的最大产量之间的关系。

假定用 Q 表示所能生产的最大可能产量，用 $X_1, X_2, \cdots, X_n$ 表示某产品生产过程中各种生产要素的投入量，若不考虑可变投入与不变投入的区别是，则生产函数可用如下公式表示：

$$Q=f(X_1, X_2, X_3, \cdots, X_n)$$

该生产函数表示在既定的生产技术条件下，生产要素组合$(X_1, X_2, \cdots, X_n)$在某一时期所能生产的最大可能产量为 Q。

由于土地不变和企业家才能不好量化，在经济学中，为了分析方便，常假定只使用劳动和资本两种生产要素，如果用 L 表示劳动投入量，用 K 表示资本投入量，则生产函数可用下式表示：

$$Q=f(L, K)$$

研究生产函数一般都以特定的时期和既定生产技术水平作为前提条件，当这些因素发生变动时，相同的要素投入量可能生产出不同的产量，从而形成新的生产函数。

生产函数所反映的要素投入量与产出量之间的依存关系具有普遍性，但不同厂商的生产函数的具体形式却有很大的不同，估算和研究生产函数对经济理论研究和生产实践都具有重要意义。生产函数应用广泛，不仅存在于企业，也存在于任何营利和非营利的经济组织，如商店、学校等。

四、短期和长期的概念

短期是指至少有一种投入的数量不变而其他投入的数量可以变动的时期。长期是指一切投入的数量都可以变动的时期。短期与长期的区别在于生产规模是否变化，短期和长期，时间不重要，重要的是在资本固定的条件下，劳动和产出有何种关系。

短期与长期的区分：(1) 技术水平是否发生变化：短期内厂商采取的生产技术是不变的，在短期不会采用体现了新技术的设备和高效率的机器等固定投入；但在长期内生产技术水平可能变也可能不变。只要变了，肯定是长期。(2) 考察期内有无固定投入要素：短期内部分要是投入是可以调整的，另一部分投入要素是固定不变的。长期中所有的要素投入都是可变的。(3) 现实中的长期与短期的划分因行业特点而异：钢铁、电力、汽车、飞机行业等所需资本数量多，技术含量高，变动生产规模不容易，几年也是短期；食品行业，所需资金少，技术含量低，变动生产规模比较容易，几个月也称长期。

第二节　短期生产函数

一、短期生产函数的概念

短期生产函数又称可变投入生产函数，是指在短期内至少有一种投入要素使用量不能改变的生产函数。在短期内，假设资本数量不变，只有劳动可随产量变化，则生产函数可表示为

$Q=f(L,\overline{K})$，或者假设劳动数量不变，只有资本可随产量变化，则生产函数可表示为 $Q=f(\overline{L},K)$，这种生产函数可称为短期生产函数。

二、总产量、平均产量、边际产量

（一）总产量、平均产量、边际产量的概念

根据短期生产函数 $Q=f(L,\overline{K})$，可以得到劳动的总产量、平均产量、边际产量。

劳动的总产量（TP_L）：是指与一定可变要素劳动的投入量相适应的最大产量。公式为：$TP_L=f(L,\overline{K})$；

劳动的平均产量 AP_L：平均每单位要素所生产出来的产量，即总产量与所使用的可变要素劳动的投入量之比，可以用公式表示为：$AP_L=TP_L/L=f(L,\overline{K})/L$。

劳动的边际产量 MP_L：是指增加一单位可变要素（劳动）的投入量所增加的产量。用公式表示为：$MP_L=\Delta TP_L/\Delta L=\lim\limits_{\Delta L\to 0}\dfrac{\Delta TP_L}{\Delta L}=\dfrac{dTP_L}{dL}$。

根据上述关系式，可得出如表 4－1 所示的数据，并在此基础上描绘出总产量曲线、平均产量曲线和边际产量曲线，如图 4－1 所示。

表 4－1　总产量、平均产量、边际产量

K	L	$TP_L(Q)$	$AP_L=\dfrac{TP_L}{L}(Q/L)$	$MP_L=\Delta TP_L/\Delta L=\lim\limits_{\Delta L\to 0}\dfrac{\Delta TP_L}{\Delta L}$
20	0	0	0	0
20	1	38	38	38
20	2	94	47	56
20	3	162	54	68
20	4	236	59	74
20	5	310	62	74
20	6	378	63	68
20	7	434	62	56
20	8	472	59	38
20	9	486	54	14
20	10	470	47	－16

（二）总产量曲线、平均产量曲线、边际产量曲线

1. 总产量曲线与平均产量曲线的关系

总产量曲线的特点：初期随着可变投入的增加，总产量以递增的增长率上升，然后（A 点以后）以递减的增长率上升，达到某一极大值（C 点）后，随着可变投入的继续增加反而下降。

平均产量变动的特点：初期，随着可变要素投入的增加，平均产量不断增加，在 E 点达到极大值，之后随着可变要素投入量的继续增加，平均产量曲线开始下降。

由平均产量的定义：$AP_L=\dfrac{TP_L}{L}$可知，任一劳动投入量的平均产量都可以用与该要素投入量对应的总产量曲线上的点与原点之间连线的斜率表示。图 4－1 中，当劳动投入量为 L_2 时，连接 TP_L 曲线上 B 点和坐标原点的线段 OB 的斜率为$\dfrac{BL_2}{OL_2}$，$\dfrac{BL_2}{OL_2}$就是相应的 AP_L 值，它等于 FL_2 的高度。从图中可以看出，OB 的斜率最大，所以 B 点对应的平均产量最大即投入劳动量为 L_2 时平均产量最大。

2. 总产量曲线与边际产量曲线的关系

过 TP_L 曲线上任一点的斜率，可以表示为该点上的 MP_L 值。图中总产量曲线上点 A 为拐点，OA 段以递增的速度增长，AC 段以递减的速度增长，C 点为 TP_L 最大值。C 点以后总产量绝对下降。边际产量在开始时，随着可变要素投入的增加不断增加，在总产量曲线的拐点(即 A 点)处 MP_L 曲线达到最大值，此后，随着可变要素投入的增加，边际产量开始下降，当总产量达到最大值(C 点)时，边际产量 MP_L 与横轴相交，边际产量为 0，总产量过 C 点以后边际产量 MP_L 在横轴以下，其值为负。

3. 平均产量曲线和边际产量曲线

当劳动投入量小于 L_2 时，$MP_L>AP_L$，AP_L 曲线上升；当劳动投入量大于 L_2 时，$MP_L<AP_L$，AP_L 曲线下降；当劳动投入量等于 L_2 时，$MP_L=AP_L$，且此时 AP_L 达到最大值。这是因为就任何一对边际产量和平均产量而言，只要边际产量大于平均产量，就会把平均产量拉上；反之，只要边际产量小于平均产量，边际产量把平均产量拉下。而当 MP_L 与 AP_L 相交时，AP_L 必达到最大值。此时，OB 即是 TP_L 曲线上 B 点的切线，也是 B 点与原点的连线，其斜率即是 B 点所对应的劳动投入量 L_2 的 MP_L 值，也是 AP_L 值。由于 AP_L 是最大值，所以 OB 是从原点出发的最陡的切线。

APL 曲线的斜率为：$\dfrac{dAP_L}{dL}$，$\dfrac{dAP_L}{dL}=\dfrac{d}{dL}\left(\dfrac{TP_L}{L}\right)=\dfrac{1}{L}(MP_L-AP_L)$。因为 $L>0$，所以当 $MP_L>AP_L$ 时，AP_L 曲线斜率为正，即 AP_L 曲线是上升的；当 $MP_L<AP_L$ 时，APL 曲线斜率为负，即 AP_L 曲线是下降的；当 $MP_L=AP_L$ 时，APL 曲线的斜率为零，即 APL 曲线达到极值，此处为极大值。

三、边际报酬递减规律

TP、AP、MP 为什么会存在上述变动规律？西方经济学认为这是由于边际报酬递减规律起作用的结果。

所谓边际报酬递减规律，是指在技术水平和其他要素投入量不变的条件下，连续地增加一种可变生产要素的投入量，当这种可变生产要素的投入量小于某一特定数值时，增加该要素的投入量所带来的边际产量是递增的；当这种可变要素投入量连续增加并超过这一特定值时，增加该要素投入所带来的边际产量是递减的。

边际报酬递减规律是短期生产的一条基本规律，是消费者选择理论中边际效用递减法则在生产理论中的应用或转化形态。边际报酬递减规律成立的原因在于，在任何产品的生产过程中，可变生产要素与不变生产要素之间在数量上都存在一个最佳配合比例。开始时由于可变生产要素投入量小于最佳配合比例所需要的数量，随着可变生产要素投入量的逐渐增加，可变生产要素和不变生产要素的配合比例越来越接近最佳配合比例，所以，可变生产要素的边际产量呈递增的趋势。当达到最佳配合比例后，再增加可变要素的投入，可变生产要素的边际产量就呈递减趋势。

关于边际报酬递减规律，有以下几点需要注意：第一，边际报酬递减规律是一个经验性的总结，但现实生活中的绝大多数生产函数似乎都符合这个规律；第二，这一规律的前提之一是假定技术水平不变，故它不能预示技术情况发生变化时，增加一单位可变生产要素对产出的影响；第三，这一规律的另一前提是至少有一种生产要素的数量是维持不变的，所以这个规律不适用于所有生产要素同时变动的情况，即不适用于长期生产函数；第四，改变各种生产要素的配合比例是完全可能的，即可变技术系数。

四、生产三个阶段的划分及生产要素合理投入区域的确定

根据总产量、平均产量、边际产量的变化情况，可以把短期生产划分为三个阶段：Ⅰ、Ⅱ、Ⅲ，如图 4－1 所示。

第Ⅰ阶段（$O\sim L_2$阶段）：收益递增阶段，生产者要素投入不应停止的阶段。在这一阶段中，劳动的边际产量始终大于劳动的平均产量，从而劳动的平均产量和总产量都在上升，且劳动的平均产量达到最大值。说明在这一阶段，可变生产要素相对于不变生产要素投入量显得过小，不变生产要素的使用效率不高，因此，生产者增加可变生产要素的投入量就可以增加总产量。因此，生产者将增加生产要素投入量，把生产扩大到第Ⅱ阶段。

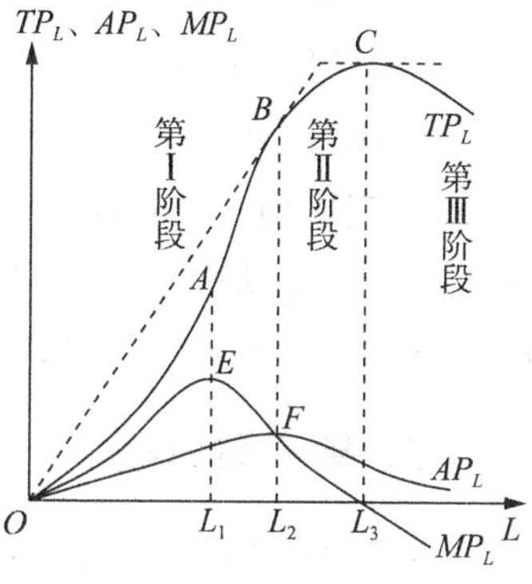

图 4－1　生产的三个阶段

第Ⅱ阶段（$L_2\sim L_3$阶段）：收益递减阶段，劳动的边际产量小于劳动的平均产量，从而使平均产量递减。但由于边际产量仍大于零，所以总产量仍然连续增加，但以递减的变化率增加。在这一阶段的起点 L_2，AP_L 达到最大，在终点 L_3，TP_L 达到最大。

第Ⅲ阶段（L_3之后阶段）：负收益阶段，生产要素投入不宜进入的阶段。在这一阶段，平均产量继续下降，边际产量变为负值，总产量开始下降。这说明，在这一阶段，可变生产要素的投入量相对于不变生产要素来说已经太多，生产者减少可变生产要素的投入量，总产量还会增加，是有利的。因此，理性的生产者将减少可变生产要素的投入量，把生产退回到第Ⅱ阶段。

由此可见，合理的生产阶段在第Ⅱ阶段，理性的厂商将选择在这一阶段进行生产。至于选择在第Ⅱ阶段的哪一点生产？（1）可变要素非常稀缺，应充分利用这种生产要素的生产潜力，将生产目标定为 AP 最大，投入到 B 点；（2）厂商重视社会效益，最大限度地满足社会对产品的需求，应将生产目标定为产量最大，投入到 C 点；（3）一般来说是利润最大，结合成本与收益进行分析：$MR=MC$。

第三节　长期生产函数

长期来说，所有的生产要素都是可变的（为了简便，假定生产产品只有两种生产要素），在生产理论中，通常以两种可变生产要素的生产函数来考察长期生产问题。所谓长期生产函数

即两种可变投入的生产函数，是指在长期内，在技术水平不变的条件下，两种可变要素投入量的组合与能生产的最大产量之间的依存关系，则生产函数的形式为：

$$Q=f(L,K)$$

式中，L 表示可变要素劳动的投入量，K 表示可变要素资本的投入量，Q 表示产量。

在两种可变投入生产函数下，如何使要素投入量达到最优组合，以使生产一定产量下的成本最小，或使用一定成本时的产量最大？西方经济学常用边际分析、等产量线与等成本曲线的方法开展分析。

一、边际分析

边际分析法在消费者均衡中已经作了详细介绍，这里仅简单介绍：

限制条件 $P_KQ_K+P_LQ_L=M$，购买劳动和资本的总支出等于既定成本。

均衡条件 $MP_K/P_K=MP_L/P_L$，每一元资本和每一元劳动的边际产量相等。

当 $MP_K/P_K>MP_L/P_L$ 时，说明投入最后一元资本的产量大于投入最后一元劳动的产量，这时应增加资本的投入量而减少劳动的投入量，可以增加产量；当 $MP_K/P_K<MP_L/P_L$ 时，说明投入最后一元资本的产量小于投入最后一元劳动的产量，这时应增加劳动的投入量而减少资本的投入量可以增加产量。$MP_K/P_K=MP_L/P_L$ 时产量最大。

二、等产量曲线

生产理论中的等产量曲线与效用理论中的无差异曲线是很相似的。

1. 等产量曲线的含义

等产量曲线是在技术水平不变的条件下，生产同一产量的两种生产要素投入的所有不同组合点的轨迹。以 Q 表示既定的产量水平，则与等产量曲线相对应的生产函数为：

$$Q=f(L,K)$$

假设现在用资本与劳动两种生产要素，它们有四种组合方式，这四种组合方式都可以生产相同的产量。如表 4－2 所示：

表 4－2　　等产量曲线

组合方式	资本 K	劳动 L
A	6	1
B	3	2
C	2	3
D	1	6

根据表 4－2，可以作出图 4－2。

横轴代表劳动量，纵轴代表资本量，Q 为等产量曲线，即曲线上的任何一点所表示的资本与劳动不同数量的组合，都能生产出相等的产量。

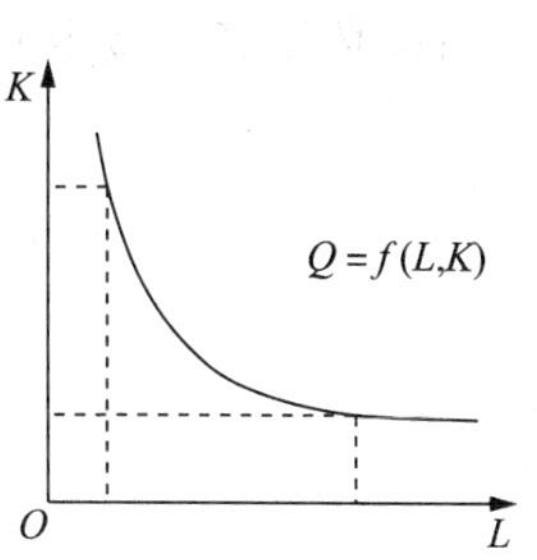

图 4-2 等产量曲线

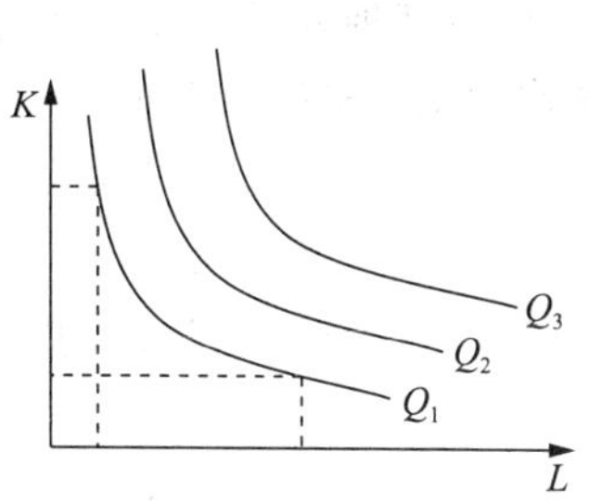

图 4-3 等产量曲线组

2. 等产量曲线的特点

等产量曲线与无差异曲线相似。有以下特征：

A. 等产量曲线是一条向右下方倾斜的线，斜率是负的。这表明：实现同样产量，增加一种要素，必须减少另一种要素。

B. 在同一平面上有无数条等产量曲线，在同一条等产量曲线上产量水平相同，在不同的等产量曲线上，产量水平不同，离原点越远，代表产量水平越高(见图 4-3)，$Q_3 > Q_2 > Q_1$。

C. 等产量曲线不能相交，因为每一条等产量曲线代表不同的产量水平，交点上的两条等产量曲线相同，与第二个特点相矛盾。

D. 凸向原点，因为边际技术替代率递减。

三、边际技术替代率

1. 边际技术替代率的含义

长期生产的主要特征是不同比例的要素组合可以生产同一产量水平，即在维持同一产量水平时，要素之间可以相互代替。边际技术替代率是研究要素之间替代关系的一个重要概念，它是指在维持产量水平不变的条件下，增加一单位某种生产要素投入量时所减少的另一种要素的投入数量。以 $MRTS_{LK}$ 表示劳动对资本的边际技术替代率，则：

$$MRTS_{LK} = -\frac{\Delta K}{\Delta L}$$

式中，ΔK 和 ΔL 分别表示资本投入量的变化量和劳动投入量的变化量，式中加负号是为了使 $MRTS_{LK}$ 为正值，以便于比较。

如果要素投入量的变化量为无穷小，上式变为：

$$MRTS_{LK} = \lim_{\Delta L \to 0} -\frac{\Delta K}{\Delta L} = -\frac{dK}{dL}$$

上式说明等产量曲线上某一点的边际技术替代率就是等产量曲线该点斜率的绝对值。

边际技术替代率为负值，因为在代表一给定产量的等产量曲线上，作为代表一种技术上有效率的组合，意味着为生产同一产量，增加 L 的使用量，必须减少 K 的使用量，二者成反方向变化。

2. 边际技术替代率与边际产量的关系

边际技术替代率(绝对值)等于两种要素的边际产量之比。

对于任意一条给定的等产量曲线来说，当用劳动投入代替资本投入时，在保持产量不变的前提下，增加一单位某种要素的投入量所带来的总产量的增加量必须等于减少的另一种要素的投入量所导致的总产量的减少量。

$$|\Delta L \times MP_L| = |\Delta K \times MP_K|$$

$$MRTS_{LK} = -\frac{\Delta K}{\Delta L} = -\frac{MP_L}{MP_K}$$

$$MRTS_{KL} = -\frac{\Delta L}{\Delta K} = -\frac{MP_K}{MP_L}$$

由边际技术替代率公式可知：

$$MRTS_{LK} = MP_L / MP_K$$

3. 边际技术替代率递减规律

边际技术替代率递减规律是指：在维持产量不变的前提下，当一种要素的投入量不断增加时，每一单位的这种要素所能代替的另一种生产要素的数量是递减的。我们根据表 4－1 的数字制成表 4－3，用来说明边际技术替代率的变动。

表 4－3　边际技术替代率

变动情况	ΔL	ΔK	$MRTS_{LK}$
A—b	1	3	3
B—c	1	1	1
C—d	3	1	0.33

从表 4－3 可以看出，边际技术替代率是递减的。边际技术替代率递减的原因是边际产量是逐渐下降的。其一，当资本量不变时，随着劳动投入量的增加，则劳动的边际产量有递减趋势；其二，当资本量也下降时，劳动的边际产量会下降得更多。边际技术替代率递减反映了边际产量递减规律。边际技术替代率就是等产量曲线的斜率。等产量曲线的斜率递减决定了它是一条凸向原点的曲线。

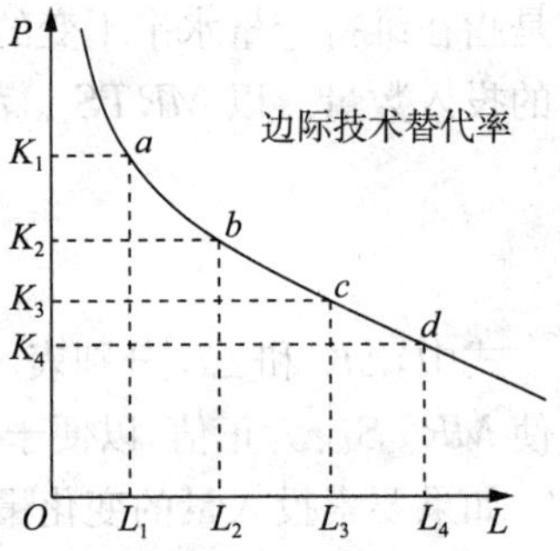

图 4－4　边际技术替代率递减

从图 4－4 也可以看到，当要素组合沿着等产量曲线由 a 点按顺序移动到 b、c 和 d 点的过程中，劳动投入等量由 L_1 增加到 L_2、L_3 和 L_4。即：$L_2-L_1=L_3-L_2=L_4-L_3$，相应的资本投入的减少量为 $K_1-K_2>K_2-K_3>K_3-K_4$，这恰好说明了边际技术替代率是递减的。

4. 等产量曲线的其他类型

边际技术替代率发生在两种生产要素之间存在替代且不完全替代的情形中。现实生活中有两种情况：两种生产要素不能相互替代，要素组合比例固定，边际技术替代率为零；如果两种要素是可以完全替代的，边际技术替代率为常数，其等产量曲线为直线。

(1) 直角型等产量线。在技术条件不变时，如果两种生产要素只能采用一种固定比例进行生产，说明两种生产要素不能互相替代，等产量曲线呈直角形，如图 4－5 所示。图中等产量线的顶角代表投入要素最优组合点。如果资本固定在一个数量上，无论 L 如何增加，产量也不会变化。同样的道理也适用于劳动固定不变的情形。只有当劳动和资本同时按固定比例增加，产量才会增。这种等产量曲线中，生产要素的边际替代率为 0。

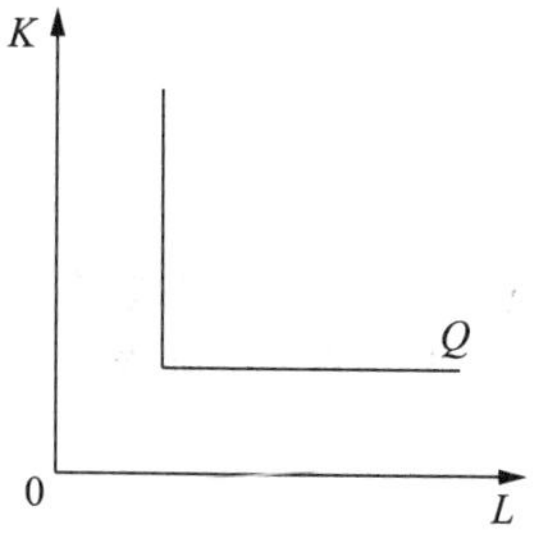

图 4-5 边际替代率为 0

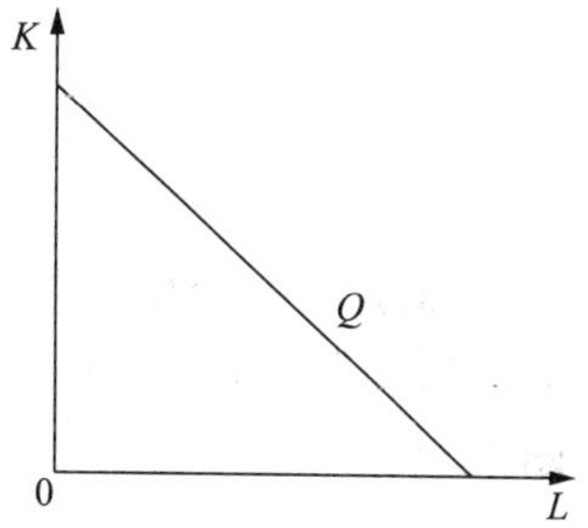

图 4-6 边际技术替代率为常数

(2) 直线型等产量线。在技术条件不变时，两种投入要素之间可以完全替代，且替代比例为常数，此时，等产量曲线为一条直线，如图 4-6 所示。这种等产量曲线下，企业可以资本为主，或以劳动为主，或两者按特定比例的任意组合生产相同的产量。

四、生产的合理区域

虽然等产量曲线上所有各点劳动与资本的组合都可以生产出相同的产量，但生产者不会选择等产量线上的任何一个组合来进行生产。因为在有些点上劳动和资本的组合进行生产是不经济的，用图 4-7 来说明这一点。在 Q_1 上的 a 点和 d 点上所用的劳动与资本的组合都可以生产同样的产量，但显而易见，d 上所用的劳动与资本的量都多于 a 点，这样选择 d 点上的组合就是不经济的。因而劳动与资本的组合就有一个范围。在这个范围内的等产量曲线向右下倾斜，斜率为负。在等产量曲线上，斜率为正的部分，意味着随着劳动投入的增加，生产相同数量的产品必须增加资本投入，这是不合理的。从节约资源的角度来看，理性的厂商一定不会选择这些区域进行生产。等产量曲线为负的区域是生产合理的区，即 OA 线与 OB 线之间的部分，这两条线称为脊线。理性的厂商会选择在合理区中进行生产。

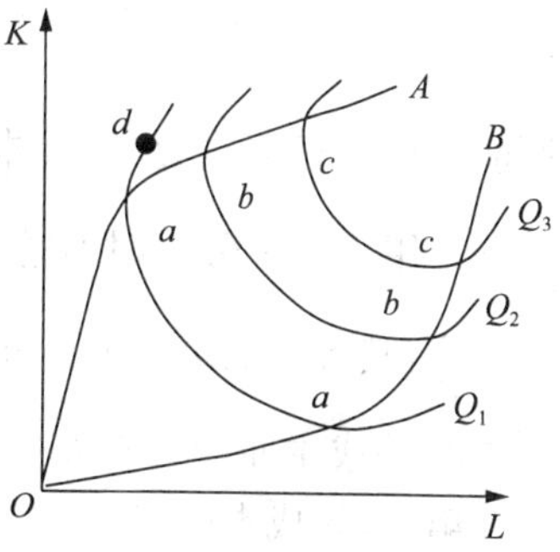

图 4-7 脊线

五、等成本曲线

在现实生活中，企业必须为购买或者租用的各种生产要素支付代价，包括工资、利息、地租等。企业为得到生产要素发生的货币支出，构成厂商的生产成本。我们用等成本曲线来考察企业的生产要素与成本之间的关系。

等成本曲线也叫企业预算线，是指在成本与要素价格既定的条件下，生产者所能购买到的两种要素的各种不同数量(K,L)最大组合的线(轨迹)。等成本曲线表明厂商进行生产的预算约束，企业购买生产要素所花的钱不能大于或者小于所拥有的货币成本。超过预算约束则无法支付，小于货币成本则无法实现产量最大化。

1. 等成本曲线方程

假定既定的成本为C,已知的劳动(L)的价格即工资率为w,已知的资本(K)的价格即利率为r,劳动与资本的数量分别为L和K,可以得到成本方程:

$$C=w\times L+r\times K$$

$$K=-\frac{w}{r}L+\frac{C}{r}$$

一般情况下,假定要素价格不变,满足同一个成本约束的要素组合有无数个。例如$C=600$,工资率$w=2$,利息率$r=1$,由$600=2L+K$得到等成本曲线计算表(见表4-4),并画出等成本曲线图4-8。

表4-4　　等成本曲线计算

组合方式	L	K
A	300	0
B	200	200
C	100	400
D	0	600

图中等成本曲线的截距$\frac{C}{r}$表示全部成本支出用于购买资本时所能购买的资本数量,等成本曲线在横轴上的截距$\frac{C}{w}$表示全部成本支出用于购买劳动时所能购买的劳动数量,等成本曲线的斜率为$-\frac{w}{r}$,其大小取决于劳动和资本两要素相对价格的高低。

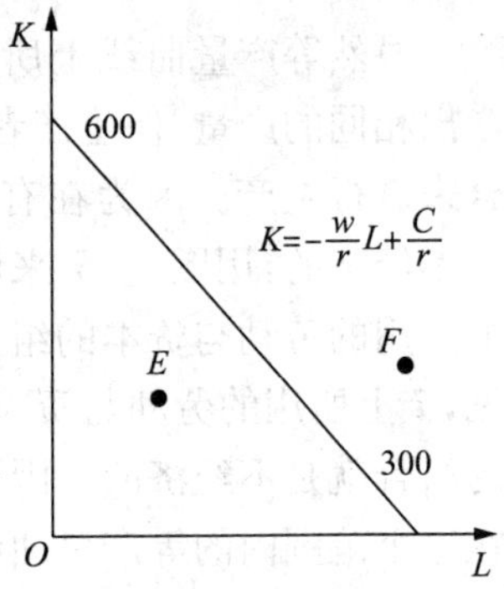

图4-8　等成本曲线

2. 等成本曲线具有以下几个特点

第一,等成本曲线上的任何一点代表两种生产要素的组合下总是相等的。表4-4中,每个组合点的总成本均为600。

第二,等成本曲线的斜率是两种生产要素的价格比率。等成本曲线是一条直线,斜率为负。$\left(\frac{C}{P_K}\right)\div\left(\frac{C}{P_L}\right)=-\frac{P_L}{P_K}$。从成本方程$K=-\frac{w}{r}L+\frac{C}{r}$中也可以得到等成本曲线的斜率为$-\frac{\omega}{\gamma}$。

第三,等成本曲线表明了厂商进行生产的限制条件。企业购买生产要素花的钱不能大于或者小于拥有的预算成本。图4-8中,在等成本曲线以内的区域,其中的任意一点(E点)表示既定的总成本没有用完;则有资源闲置,不能实现产量最大。等成本曲线以外的区域,其中的任意一点(如F点)表示既定的成本不够购买该点的劳动和资本的组合,企业无法实现。等成本曲线上的任意一点表示既定的全部成本刚好能购买的劳动和资本的组合。

3. 等成本曲线的移动与旋转

决定等成本曲线位置有三个因素:横轴交点、纵轴交点、斜率。其中一个因素发生变化,等成本曲线就会相应地变化。在成本C一定的条件下,横轴的交点取决于劳动要素的价格,纵轴交点取决于资本要素的价格,而斜率取决于两种要素的价格之比。因而要素价格变动将会导致等成本曲线的变动。

(1) 一种要素价格发生变化

如果资本价格上升，C/P_K 变小即资本的购买量减少，纵轴截距缩短，等成本曲线向下旋转；反之，如果资本价格下降，C/P_K 变大，即资本的购买量增加，等成本曲线向上旋转。与资本价格类似，如果劳动价格上升，C/P_L 变小，即劳动购买量减少，横轴截距缩短，等成本曲线向左旋转；反之，如果劳动价格下降，C/P_L 变大，即劳动购买量增加，横轴截延长，等成本曲线向右旋转。如图 4-9 和图 4-10 所示。

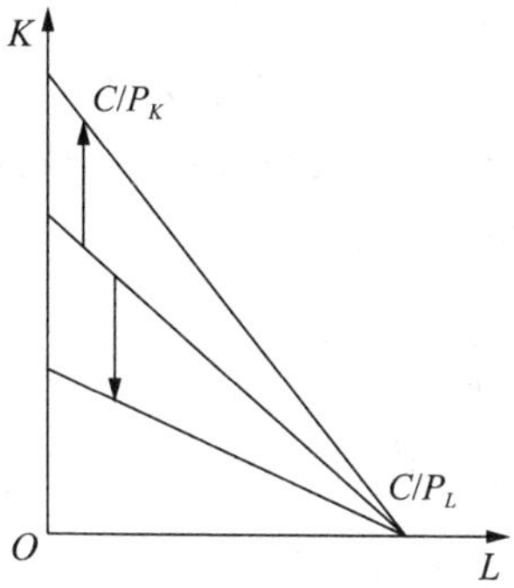

图 4-9　资本价格变化导致等成本曲线的变动

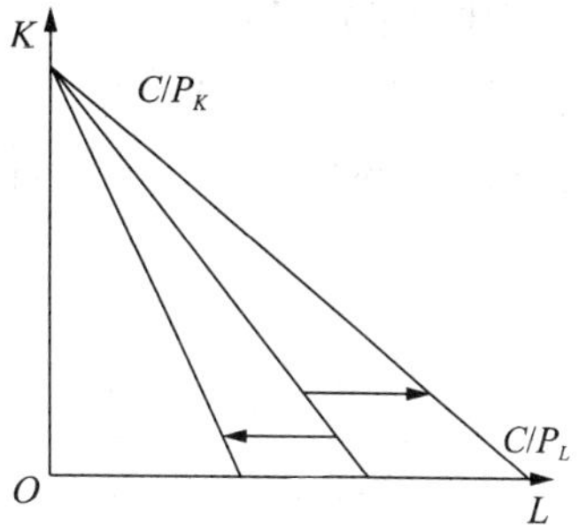

图 4-10　劳动价格变化导致等成本曲线的变动

(2) 两种要素价格同时变动

如果两种要素的价格同时发生反方向变化，等成本曲线也会发生相应的变化。两种生产要素的价格或者反向变动，或者同向变动。两种生产要素的价格反向变动时，纵轴和横轴的截距一个变长一个变短，新的等成本曲线的斜率变大或者变小。两种生产要素的价格按相同比例上升或者下降，等成本曲线平行向左或者向右平行移动，斜率不变。两种生产要素的价格变动比例不同，等成本曲线的位置和斜率都要发生变化。

六、生产者长期均衡

在长期生产中，任何一个理性的生产者都会选择最优的生产要素组合进行生产，从而实现利润的最大化。所谓生产者长期均衡，即生产要素的最优组合，是指在既定的成本条件下的最大产量或既定产量条件下的最小成本。下面分两种情况来分析。

1. 要素最优组合(生产者均衡)的条件

要素最优组合是在等产量曲线与等成本曲线相切之点上的组合，在该点上，等产量线和等成本曲线的斜率相等。

等产量曲线上斜率的绝对值：$MRST_{LK}=-\dfrac{\Delta K}{\Delta L}=\dfrac{MP_L}{MP_K}$。等成本曲线上斜率的绝对值：$-K=-\dfrac{P_L}{P_K}$。

切点上两个斜率值相等，$\dfrac{MP_L}{MP_K}=\dfrac{P_L}{P_K}$。即要素的边际产量之比与其价格之比相等。生产者均衡的条件还可以改写为：$\dfrac{MP_L}{P_L}=\dfrac{MP_K}{P_K}$，表明在购买要素的时候，每单位货币买到的要素的边际产量相等。

2. 既定成本下最大产量的要素最佳组合

假定厂商的既定成本为 C，劳动的价格为 P_L，资本的价格为 P_K，把等成本曲线和等产量曲线画在同一个平面坐标系中，如图 4－11 所示。从图 4－11 可以确定厂商在既定成本下实现最大产量的最优要素组合，即生产的均衡点。

因为成本既定，所以图 4－11 中只有一条等成本曲线，但可供厂商选择的产量水平有很多，图中画出了 3 个产量水平 Q_1、Q_2、Q_3 且 $Q_1<Q_2<Q_3$。Q_3 代表的产量水平最高，但它与等成本曲线既不相交又不相切，处于等产量曲线以外的区域，表明厂商在既定成本条件下，不能购买到生产 Q_3 产量所需的要素组合，因此 Q_3 代表厂商在既定成本下无法实现的产量。或者要实现 Q_3 所代表的产量水平，还需要追加投资。Q_1 与等成本曲线有两个交点 C、D，Q_2 与等成本曲线有切点 E。由于 $Q_1<Q_2$，所以 C、D 不是均衡点，E 是均衡点即成本一定，产量水平最高，在这一点上，两线的斜率相同，符合生产者均衡的条件。

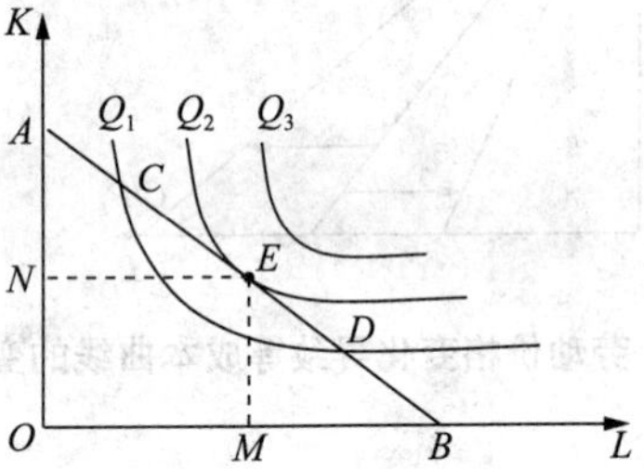

图 4－11　成本既定产量最高

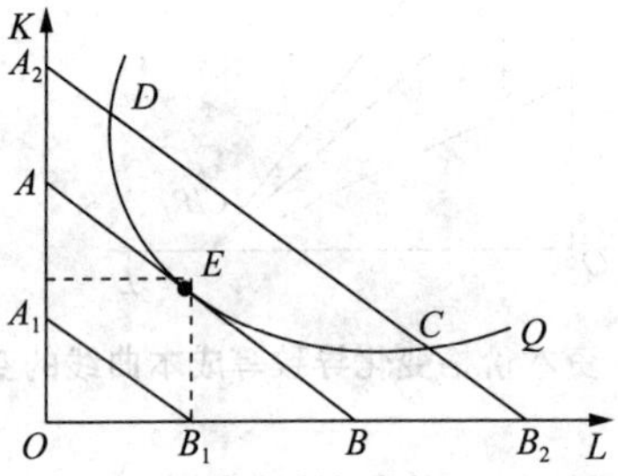

图 4－12　既定产量下成本最小要素组合

3. 既定产量下最小成本的要素最佳组合

假设厂商的既定产量为 Q，则可用图 4－12 来分析既定产量下的最优生产要素组合。

图中有一条等产量曲线 Q，三条等成本曲线 AB、A_1B_1、A_2B_2。等产量曲线 Q 代表既定的产量，三条等成本曲线斜率相同，但总成本支出不同：$A_1B_1<AB<A_2B_2$。图 4－12 中等成本曲线 A_1B_1 与等产量曲线 Q 没有交点和切点，等产量曲线 Q 在等成本曲线 A_1B_1 以外，所以产量 Q 是在 A_1B_1 的成本水平下无法实现的产量水平。等成本曲线 A_2B_2 与等产量曲线 Q 有两个交点 C、D，等成本曲线 AB 与等产量曲线 Q 相切于 E 点，按照上述相同的分析方法可知：厂商不会在 C、D 点达到均衡，因为其产量水平相同，而成本水平高，只有在切点 E 才是厂商的最优生产要素组合，这时产量水平相同但成本水平低。因为 E 点符合生产者均衡的条件。

如果劳动和资本可以实现替代，那么生产要素最优组合比例不仅要视它们各自的生产力，而且要视它们各自的价格而定。

七、扩展曲线

如果厂商的经费支出增加，他想扩大生产要素投入以增加产量。这就是生产扩展的概念。

扩展曲线表示在生产要素价格、生产技术和其他条件不变的情况下，企业扩大生产规模所引起的生产要素最优组合点移动的轨迹。

如果生产要素价格不变，厂商的经费支出增加，等成本曲

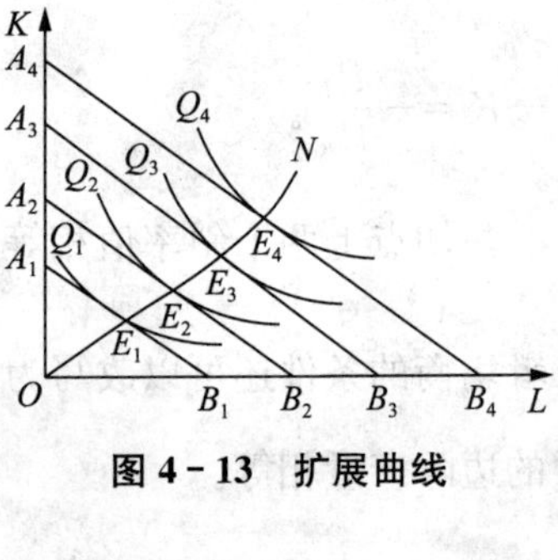

图 4－13　扩展曲线

线会平行地向上移动；如果厂商改变产量，等产量曲线也会发生平移。这些等产量曲线将与相应的等成本曲线相切，形成一系列生产者均衡点，把所有这些生产者均衡点连接起来形成的曲线称为生产扩展曲线。图 4－13 中的曲线 ON 就是一条扩展曲线。由于生产要素的价格保持不变，生产者均衡约束条件又是 $MRST_{LK}=\frac{P_L}{P_K}$，所以扩展曲线上的所有的生产均衡点的边际技术替代率相等。在生产扩展曲线上，可以用最小成本生产最大产量，从而获得最大利润，所以厂商愿意沿此路径扩大生产，虽然其他路径也能达到使产量扩大的结果，但不是最优路径，只有沿均衡点扩大规模是最优路径。但厂商究竟会把生产推进到扩展曲线上的哪一点上，单凭扩展曲线是不能确定的，还要看市场上需求的情况。

第四节　规模报酬

长期中，厂商对两种要素同时进行调整，引起规模改变。随着规模的变化，产量也相应发生变化，研究其变化规律，涉及规模报酬问题。

一、生产的规模报酬概念

规模报酬是指在生产技术水平不变的条件下，当所有的生产要素的投入量都按相同比例变动所引起的产量的变动状况。企业生产规模的改变，一般来说是通过各种要素投入量的改变实现的，在长期中才能得到调整。所以企业的规模报酬分析属于长期生产理论问题。假定一个生产面包的厂商，日产面包 100 万只，需要投入 10 个单位的资本和 5 个单位的劳动，现在资本和劳动都增加一倍达到 20 个单位的资本和 10 个单位的劳动，这时日产面包的数量有三种情况：一是日产面包 200 万只，二是日产面包大于 200 万只，三是日产面包小于 200 万只。这是规模报酬的三种类型：规模报酬不变、规模报酬递增和规模报酬递减。

二、生产的规模报酬类型

1. 规模报酬不变

规模报酬不变是指产量增加的比例等于各种生产要素增加的比例。生产要素的投入数量扩大某一倍数，产出也增加相应的倍数。如当劳动和资本投入分别为 2 个单位时，产出为 100 个单位，当劳动和资本投入分别为 4 个单位时，产出为 200 个单位。产出与投入增加相同的倍数。

2. 规模报酬递增

规模报酬递增是指产量增加的比例大于各种生产要素增加的比例。当劳动和资本扩大一个很小的倍数就可以导致产出扩大很大的倍数。如当劳动和资本分别投入为 2 个单位时，产出为 100 个单位，但生产 200 单位产量所需的劳动和资本投入分别小于 4 个单位。产出是原来的两倍，投入却不到原来的两倍。

3. 规模报酬递减

规模报酬递减是指产量增加的比例小于各种生产要素增加的比例。劳动与资本扩大一个很大的倍数，而产出只扩大很小的倍数。当劳动与资本分别投入为 2 个单位时，产出为 100 个单位；但当劳动与资本分别投入为 4 个单位时，产出低于 200 个单位，投入是原来的两倍，但产出却不及原来的两倍。

规模报酬的上述三种情况也可以用公式表示。假设生产函数 $Q=f(L,K)$ 为 n 次齐次函数，当全部要素投入量变动 λ 时，产量变动为 λ^n，生产函数的公式为：

$$Q-\lambda^n=f(\lambda L,\lambda K)$$

如果 $n>1$，为规模报酬递增；如果 $n<1$，为规模报酬递减；如果 $n=1$，为规模报酬不变。

三、影响规模报酬变动的原因

凡事都有好坏两个方面，生产规模扩大也是这样。生产规模扩大后给企业带来的利益和好处称为规模经济；生产规模扩大后给企业带来的损失和坏处称为规模不经济。当生产规模扩大带来的利益大于损失，生产规模报酬就递增；当利益与损失相等时，生产的规模报酬就不变；当收益小于损失时，就是规模报酬递减。

1. 规模经济的原因

第一，专业化协作。劳动的分工是人类进步的动因，也是造成规模收益递增的原因之一。规模扩大有利于专业分工和协作，工人提高技术水平和熟练程度，提高劳动生产率。第二，不可分割性。随着生产规模的扩大，厂商可以使用更加先进的生产技术或大机器，它们的生产效率高。在实际生活中，机器、设备往往有着不可分割性，有些设备有一个生产量的起点，达不到这个生产起点开动它，是不划算的。第三，随着规模扩大，厂商可以更为充分地开发和利用各种生产要素，包括一些副产品。第四，随着规模扩大，厂商生产要素的购买和产品的销售方面就拥有更多的优势，随着厂商产量的增加，这些优势逐渐显示出来。第五，降低管理成本，提高管理效率。企业虽小但五脏俱全，管理部门在许多方面与大型企业不相上下，大型企业在分摊管理费上具有优势。第六，可以从外在的环境中获得更多的资源、交通、信息、人才。第七，融资的经济性。大型企业往往能以较低的利率获得贷款。

2. 规模不经济的原因

规模不经济的影响因素主要有：

(1) 技术因素

企业规模是与一定的技术条件相适应的。企业规模的扩大必然导致生产能力的扩大，而生产能力的扩大又是以技术进步为前提的。企业规模既有伴随技术进步而逐步扩大的趋势，又受技术条件的制约。所以，企业规模只能是与生产技术密切相关的一种动态组合。

(2) 市场供求

企业扩大规模，对生产要素的需求量增加，如果生产要素供不应求，必然造成生产要素价格上涨。同时，规模扩大会使产品大量增加，增加销售困难或加剧供过于求的市场局面，会增加企业的销售机构、人员和经费，或者产品价格下降。

(3) 管理因素

一般来说，企业的规模与管理的难度成正比，与管理的效率成反比。大企业必须分设复杂的管理层次，设计众多的激励和监督机制，这就必然增加企业非生产人员和设备的数量，从而造成企业成本上升和费用增加。

(4) 产品相关性因素

从事多种产品生产的企业，其产品之间的相关性越小，需要的技术设备和劳动投入就越多，产品成本也就越高。另外，产品的相关性越小，各类产品之间的管理体制就越不同，相互之间的协调配合也就越复杂，从而使管理和生产效率下降。

四、适度规模

企业得到了生产规模扩大所带来的产量或报酬递增的全部好处之后，将规模保持在规模报酬不变的阶段，而不将规模扩大到规模报酬递减的阶段。

对于不同行业的厂商来说，适度规模的规模大小是不同的，并没有一个统一的标准。在确定适度规模时应考虑以下因素：第一，行业的技术特点：资金密集型的企业，规模亦大；劳动密集型的企业，规模亦小。第二，市场条件：市场的市场容量大，企业规模亦大；商品的市场容量小，企业规模亦小。第三，生产力水平：技术进步、生产力水平提高，适度规模扩大。20 世纪 50 年代，汽车行业的适度规模 30 万辆；20 世纪 70 年代，汽车行业的适度规模 200 万辆。第四，标准化程度。标准化程度越高，企业适度规模越大。

本章小结

1. 厂商要实现利润最大，要解决的第一个问题就是生产效率。

2. 厂商是以盈利为目标，由多数人组成按统一决策进行生产的组织。个人业主制企业、合伙制企业与公司制企业各有优缺点。

3. 生产函数表示生产要素的数量与某种组合和产量之间的关系。

4. 短期中当其他要素不变动时，企业增加一种生产要素会引起边际产量递减。企业要根据总产量、平均产量和边际产量之间的关系来确定一种生产要素的合理投入。

5. 在长期中企业要确定生产规模的大小，以实现规模收益递增到最大时的适度规模。不同行业中适度规模的大小是不同的。

6. 运用边际分析法时，生产要素的最适组合是每种生产要素引起的边际产量是与该生产要素价格之比相等。

7. 运用等产量曲线分析法时，生产要素的最适组合是等产量曲线与等成本曲线的相切之点。

案例分析

王永庆与台塑的成功

台塑是王永庆成功经营的第一个大企业，生产 PVC 塑胶粉。开始时，月产 100 吨，产量低，仍供过于求，中国台湾仅需 20 吨。由于产量低，平均成本无法下降，价格降不下来，中国台湾的 20 吨的市场也被日本产品占领；扩大生产，销路又有问题。股东要求退股。王永庆卖掉自己的大部分企业，买断台塑产权，独自经营。他认为产量低成本下不来是关键，减产后平均成本更高，更缺乏竞争力。扩大产量把平均成本降到最低是反败为胜的关键。于是他把月产量扩大到每月 1 200 吨，这时平均成本达到最低。中国台湾当时是世界烧碱的主要生产基地之一，生产中废弃的氯气可用于生产 PVC，使其成本低于世界的其他国家。有了这种优势，产品终于打入国际市场。他成功了。

资料来源：梁小民，《西方经济学》，中国广播电视大学出版社 2003 年版。

根据案例回答下列问题：

1. 王永庆的成功在于(　　)。

A. 价格上涨，产量不变　　B. 产能扩大，成本降低

C. 产能扩大，价格上涨　　D. 成本不变，价格不变

2. 王永庆卖掉自己的大部分企业，买断台塑产权，卖掉的应该是(　　)的企业。

A. 亏损有发展前途　　B. 盈利有发展前途

C. 亏损没有发展前途　　D. A 和 B

3. 生产 PVC 塑胶粉时使用烧碱生产废弃的氯气可以(　　)。

A. 降低固定成本　　B. 降低可变成本　　C. 提高固定成本　　D. 提高可变成本

4. 王永庆生产 PVC 塑胶粉，月产 100 吨时，仍供过于求的原因在于(　　)。

A. 产量太大　　B. 成本太高　　C. 价格太低　　D. 产品过时

5. 王永庆把 PVC 塑胶粉月产量扩大到 1 200 吨，这时平均成本达到最低，(　　)。

A. 边际产量递减　　B. 边际成本递减　　C. 规模报酬递增　　D. 规模报酬递减

职业技能训练

◇重要概念

1. 厂商　　2. 生产函数　　3. 平均产量　　4. 总产量

5. 边际产量　　6. 边际报酬递减规律　　7. 边际技术替代率　　8. 规模报酬

9. 规模经济

◇判断题

1. 随着生产技术水平的变化，生产函数也会发生变化。(　　)

2. 可变要素的报酬总是递减的。(　　)

3. 边际产量可由总产量曲线上的任一点的切线的斜率来表示。(　　)

4. 边际产量总是小于平均产量。(　　)

5. 边际技术替代率为两种投入要素的边际产量之比，其值为负。(　　)

6. 产出增加时，总成本亦上升，即为规模不经济。(　　)

7. 如果连续地增加某种生产要素的投入量，总产量将不断递增，边际产量开始时递增然后递减。(　　)

8. 生产要素的价格一旦确定，等成本曲线斜率随之确定。(　　)

9. 边际产量曲线一定在平均产量曲线的最高点与它相交。(　　)

10. 规模收益递减是边际收益递减造成的。(　　)

◇单项选择题

1. 在总产量、平均产量和边际产量的变化过程中，下列何者首先发生(　　)。

A. 边际产量下降　　B. 平均产量下降　　C. 总产量下降　　D. B 和 C

2. 等产量曲线上某一点的切线的斜率等于(　　)。

A. 预算线的斜率　　B. 等成本曲线的斜率　　C. 边际技术替代率　　D. 边际报酬

3. 在生产有效区域里,等产量曲线(　　)。

A. 凸向原点　B. 不能相交　C. 负向倾斜　D. 以上都对

4. 等成本曲线向外平行移动表明(　　)。

A. 产量提高了　B. 成本增加了

C. 生产要素价格按相同的比例上升了　D. 以上都正确

5. 在以横轴表示生产要素 X、纵轴表示生产要素 Y 的坐标系中,等成本曲线的斜率等于2,这表明(　　)。

A. $P_x/P_y=2$　B. $Q_x/Q_y=2$　C. $P_y/P_x=2$　D. 上述都不正确

6. 已知等成本曲线与等产量曲线既不相交也不相切,此时,要达到等产量线所表示的产出水平,应该(　　)。

A. 增加投入　B. 保持原投入不变　C. 减少投入　D. A 或 B

7. 若等成本曲线与等产量曲线相交,表明要生产等产量曲线所表示的产量水平(　　)。

A. 还可以减少成本支出　B. 不能再减少成本支出

C. 应该再增加成本支出　D. 上述都不正确

8. 已知在等产量曲线的某一点上,以生产要素 X 替代 Y 的边际替代率是 2,这意味着(　　)。

A. $MP_y/MP_x=2$　B. $MP_x/MP_y=2$　C. $AP_y/AP_x=2$　D. $Q_y/Q_x=2$

E. $P_x/P_y=2$

9. 生产函数为 $Y=L+2K+5$,则有(　　)。

A. 规模报酬递增　B. 规模报酬不变

C. 规模报酬递减　D. 劳动的边际产量递减

10. 企业在生产中采用了最低成本的生产技术,劳动对资本的边际替代率为 0.4,资本的边际产量为 5,则劳动的边际产量为(　　)。

A. 2　B. 1　C. 3　D. 5

◇填空题

1. 生产函数表示投入与(　　　　)的关系。

2. 等产量曲线上某一点的切线的斜率等于(　　　　)。

3. 如果连续地增加某种生产要素,在总产量达到最大值时,边际产量与(　　　　)相交。

4. 等成本曲线绕着它与纵轴(Y)的交点向外移动意味着生产要素 X 的价格(　　　　)。

5. 经济学中短期与长期的划分取决于(　　　　)。

6. 实现生产要素最优组合的条件是(　　　　)。

7. 如果某厂商增加 1 个单位的劳动使用量,能够减少 4 个单位的资本,而仍生产同样的产出量,则劳动对资本的替代率为(　　　　)。

8. 产量增加的比例(　　　　)各种生产要素投入增加的比例叫规模报酬递增。

9. 生产第Ⅱ阶段的起点(　　　　),生产第Ⅱ阶段的终点(　　　　)。

10. 劳动对资本的边际技术替代率=(　　　　)=(　　　　)=(　　　　)。

◇简答题

1. 用图形说明总产量、平均产量、边际产量三者之间的关系及特征。

2. 什么是规模经济和规模不经济？规模经济和规模不经济的主要原因是什么？如何确定适度规模？

3. 比较生产者均衡与消费者均衡的区别。

4. 平均产量与边际产量的关系如何？

5. 简述边际产量递减规律及其存在的条件。

◇计算题

1. 已知生产函数 $Q=-L^3+24L^2+240L$，求：在生产的三个阶段上，L 的投入量分别为多少？

2. 已知生产函数 $Q=KL-0.5L^2-0.32K^2$，若 $K=10$，求：

(1) 劳动的平均产量函数和边际产量函数。

(2) 分别计算当总产量、平均产量和边际产量达到极大值时，劳动的投入量。

(3) 证明当 AP_L 达到极大值时，$AP_L=MP_L$。

3. 已知生产函数 $Q=2KL-0.5L^2-0.5K^2$，假定厂商目前处于短期生产，且 $K=10$，求：

(1) 写出在短期生产中该厂商关于劳动的总产量 TPL 函数、劳动的平均产量 APL 函数和劳动的边际产量 MP_L 函数。

(2) 分别计算当总产量 TP_L、劳动平均产量 AP_L 和劳动边际产量 MP_L 各自达到极大值时的厂商劳动的投入量。

(3) 什么时候 $AP_L=MP_L$？它的值又是多少？

4. 假设某产品的边际成本函数是 $MC=3Q^2-80Q+100$，若生产 5 单位时总成本是 595，求总成本函数、平均成本函数、可变成本函数及平均可变成本函数。

第五章

成本理论

学习目标

了解机会成本在企业决策中的作用，短期成本与停止营业点的关系，规模经济与长期平均成本的关系。掌握各种成本的概念，长期总成本与短期总成本的区别，长期总成本与长期边际成本的含义，总收益、平均收益与边际收益的关系，各种成本曲线的形状及相互关系。重点掌握机会成本与会计成本的不同，经济利润与会计利润的不同，短期成本分类，各种短期成本变动的规律，短期中平均成本与边际成本的关系，产量变动与成本变动的相互关系，长期平均成本的规律与形状，利润最大化原则。

导入案例

门庭冷落的保龄球场为什么不停业

在现实中，我们经常会看到一些保龄球场门庭冷落，但仍然在营业。这时打保龄球的价格相当低，甚至低于成本，他们为什么这样做呢？对企业短期成本的分析有助于解释这一现象，同时也可以说明短期成本分析对企业短期经营决策的意义。

在短期中，保龄球场经营的成本包括固定成本与可变成本。保龄球场的场地、设备、管理人员是短期中无法改变的固定投入，用于场地租金、设备折旧和管理人员工资的支出是固定成本。固定成本已经支出无法收回，也称为沉没成本。保龄球场营业所支出的各种费用是可变成本，如电费、服务员的工资等。如果不营业，这种成本就不存在，营业量增加，这种成本增加。

由于固定成本已经支出，无法收回，所以，保龄球场在决定短期是否营业时，考虑的是可变成本。假设每场保龄球的平均成本为 20 元，其中固定成本为 15 元，可变成本为 5 元。当每场保龄球价格为 20 元以上时，收益大于平均成本，经营当然有利。当价格为 20 元时，收益等于成本，这时称为收支相抵点，仍然可以经营。当价格低于 20 元时，收益低于成本。乍一看，保龄球场应该停止营业。但当我们知道短期中的成本有不可收回的固定成本和可变成本时，决策就不同了。

假设现在每场保龄球价格为 10 元，是否应该经营呢？可变成本为 5 元，当价格为 10 元时，在弥补可变成本 5 元之后，仍能剩下 5 元，这 5 元可用于弥补固定成本。固定成本 15 元是无论经营与否都要支出的，能弥补 5 元，当然比一点也弥补不了好。因此，这时仍然要坚持营业。这时企业考虑的不是利润最大化，而是损失最小化——能弥补多少固定成本算多少。

当价格下降到与可变成本相等的 5 元时，保龄球场经营或不经营是一样的。经营正好弥补可变成本，不经营这笔可变成本不用支出。因此，价格等于平均可变成本之点称为停止营业点，意思是在这一点时，经营与不经营是一样的。在这一点之上，只要价格高于平均可变成本就要经营；在这一点之下，价格低于平均可变成本，无论如何不能经营。

门庭冷落的保龄球场仍在营业，说明这时价格仍高于平均可变成本。

这就是这种保龄球场不停业的原因。有许多行业是固定成本高而可变成本低，例如，旅游、饭店、游乐场所等。所以，在现实中这些行业的价格可以降得相当低。但这种低价格实际上仍然高于平均可变成本，因此，经营仍然比不经营有利——至少可以弥补部分固定成本，实现损失最小化。

资料来源：梁小民，《西方经济学》，中国广播电视大学出版社 2003 年版。

第一节　成本与利润

企业要实现利润最大化，除了需要解决好技术效率外，还要解决好经济效率，即成本与收益的关系，这可以从短期和长期两个方面进行分析。成本是指厂商为生产一定产量的某种产品或者服务所实际使用的生产要素的支出。很明显，成本的大小取决于两个基本因素：产量和各种生产要素的价格。

一、成本

（一）显成本

显成本就是一般会计学上的成本概念，是指厂商在生产要素市场上购买或租用所需要的生产要素的实际支出，这些支出是在会计账目上作为成本项目记入账上的各项费用支出。它包括厂商支付所雇佣的管理人员和工人的工资，所借贷资金的利息，租借土地、厂房的租金，以及用于购买原材料或机器设备、工具和支付交通能源费用等支出的总额，即厂商对投入要素的全部货币支付。

（二）隐成本

隐成本是对厂商自己拥有的，且被用于该企业生产过程的那些生产要素所应支付的费用。这些费用并没有在企业的会计账目上反映出来，所以称为隐成本。例如，厂商将自有的房屋作为厂房，在会计账目上并无租金支出，不属于显成本。但西方经济学认为，既然租用他人的房屋需要支付租金，那么当使用厂商自有房屋时，也应支付这笔租金，所不同的是，这时厂商是向自己支付租金。隐成本应按企业自有生产要素在其他最佳用途所能得到的收入来支付，否则会转到其他用途上去，以获得更多报酬。所以隐成本即机会成本。

（三）机会成本

机会成本是指厂商将一定资源用做某种用途时所放弃的其他各种用途中的最大收入，或者是将一定资源保持在这种用途上必须支付的成本。张某有 10 万元，他有以下方案：(1) 开商店，收益为 2 万元；(2) 开一家小餐馆，收益为 3 万元；(3) 炒股，收益为 3.5 万元；(4) 炒期货，收益为 4 万元。他选择了炒期货，因为年收益是 4 万元。期货投资的机会成本是他放弃的前 3 种方案中最优的收入 3.5 万元。采用机会成本能够促使各种要素用于最优的途径，达到考察资源是否最优配置的目的。但要注意，不同于实际成本，厂商在多种选择中作出选择时，所放弃的其他若干选择中获利最大的一种，在生产上、消费、时间上都可以构成机会成本。

会计成本＝显成本

机会成本＝隐成本

经济成本＝显成本＋隐成本＝会计成本＋机会成本

（四）短期成本与长期成本

只能对部分要素进行调整，而不能对全部要素进行调整的时期内所发生的成本为短期成本。对一切要素均可调整的时期内发生的成本称为长期成本。

二、利润

经济学中的利润概念是指经济利润，等于总收入减去总成本的差额。而总成本既包括显成本也包括隐成本。因此，经济学中的利润概念与会计利润并不一样。

隐成本是指稀缺资源投入任一种用途中所能得到的正常的收入，如果在某种用途上使用经济资源所得的收入还抵不上这种资源正常的收入，该厂商就会将这部分资源转向其他用途，以获得更高的报酬。因此，西方经济学中隐成本又被称为正常利润。将会计利润再减去隐成本，就是经济学中的利润概念，即经济利润。企业所追求的利润就是最大的经济利润。由此可见，正常利润相当于中等的或平均的利润，它是生产某种产品所必须付出的代价。因为如果生产某种产品连正常或平均的利润都得不到，资源就会转移到其他用途中去，该产品就不可能被生产出来。而经济利润相当于超额利润，即总收益超过机会成本的部分。

经济利润可以为正、负或零。在西方经济学中，经济利润对资源配置和重新配置具有重要意义。如果某一行业存在着正的经济利润，这意味着该行业内企业的总收益超过了经济成本，生产资源的所有者将要把资源从其他行业转入这个行业中。因为他们在该行业中可能获得的收益，超过该资源的其他用途。反之，如果一个行业的经济利润为负，生产资源将要从该行业退出。经济利润是资源配置和重新配置的信号。正的经济利润是资源进入某一行业的信号；负的经济利润是资源从某一行业撤出的信号；只有经济利润为零时，企业才没有进入某一行业或从中退出的动机。

归纳一下，可以得到如下几个等式，由此也可以清楚地看到几个概念的关系：

经济利润＝收益－经济成本

＝总收益－(显成本＋隐成本)

＝总收益－(会计成本＋机会成本)

＝总收益－(会计成本＋正常利润)

＝总收益－显成本－隐成本

＝会计利润－隐成本

第二节　短期成本分析

在短期中，由于生产要素分为固定投入和可变投入，因此短期中的成本相应地区分为总成本、固定成本、变动成本、平均成本、平均固定成本、平均变动成本和边际成本。

一、短期成本的概念

1. 固定成本

固定成本是指不随产量水平变化而变化的成本，用 FC 表示。企业的厂房、机器设备固定资产、办公设备都属于固定成本。不管是否生产、产量多少，固定成本是不变的，一般包括厂房和资本设备的折旧费、地租、利息、财产税、广告费、保险费等项目支出。

2. 变动成本

变动成本是指短期内可以改变的可变投入的成本，它随产量的变化而变化，用 VC 表示。例如，原材料、燃料、动力支出、雇佣工人的工资等。变动成本是产量的函数，当产量为零时，变动成本也为零，产量越多，变动成本也越多。

3. 总成本

总成本是指短期内生产一定产量所付出的全部成本，厂商总固定成本与总变动成本之和。由于 VC 是产量的函数，因此 TC 也是产量的函数。用公式表示为：$TC(Q)=FC+VC(Q)$。

4. 边际成本

边际成本是指厂商在短期内增加一单位产量所引起的总成本的增加，用 MC 表示。由于 FC 不变，所以与 FC 无关。边际成本等于增加单位产量所增加的可变成本。

公式为：

$$MC=\frac{\Delta TC}{\Delta Q}=\frac{\Delta VC}{\Delta Q}$$

当 $\Delta Q\to 0$，

$$MC=\lim_{\Delta Q\to 0}=\frac{\Delta TC}{\Delta Q}=\frac{\mathrm{d}TC}{\mathrm{d}Q}=\frac{\mathrm{d}(FC-VC)}{\mathrm{d}Q}=\frac{\mathrm{d}VC}{\mathrm{d}Q}$$

例如，产量从 90 上升到 130，总成本从 195 上升到 255，$\Delta Q=130-90=40$，$\Delta TC=225-195=60$，$MC=\Delta TC/\Delta Q=60/40=1.5$，即每增加一件产品的生产，会增加 1.5 元的成本。

5.平均成本

平均成本是指厂商短期内平均生产每一单位产品所消耗的全部成本，用 AC 表示。

由于总成本等于固定成本加上可变成本，即 $TC=FC+VC$，将等号两边同时除以产量 Q，得到平均成本等于平均固定成本加平均可变成本。

(1) 平均固定成本

平均固定成本是指厂商短期内平均生产每一单位产品所消耗的固定成本。公式为：$AFC=FC/Q$。由于 FC 不变，随着产量的增加，AFC 不断下降即平均固定成本递减，固定成本不等于零，AFC 曲线不会与横坐标相交。

(2) 平均变动成本

平均变动成本是指厂商短期内生产平均每一单位产品所消耗的总变动成本。公式为：

$AVC=VC/Q$。

(3) 平均成本的计算公式和计算表

计算公式：　　平均成本＝平均固定成本＋平均变动成本

$$AC=\frac{TC}{Q}=\frac{FC+VC}{Q}=\frac{FC}{Q}+\frac{VC}{Q}=AFC+AVC$$

各成本概念之间的数量关系，用某企业的短期成本表加以表述(见表 5-1)：

表 5-1　某企业成本计算

Q	0	1	2	3	4	5	6	7
STC	3	15	26	33	36	40	54	70
FC	3	3	3	3	3	3	3	3
VC	0	12	23	30	33	37	51	67
SAC	—	15	13	11	9	8	9	10
AFC	—	3	1.5	1	0.75	0.6	0.5	0.43
AVC	—	12	11.5	10	8.25	7.4	8.5	9.57
SMC	—	12	11	7	4	3	14	16

二、短期成本曲线

(一) 固定成本曲线、可变成本曲线和总成本曲线

1. 固定成本曲线

在短期内，企业的固定投入不变，固定成本是一个常数，固定成本曲线是一条平行于横轴的直线。

2. 可变成本曲线

可变成本曲线是一条从原点出发，随着产量的增加而不断向右上方倾斜的曲线。*VC* 曲线变化的规律：最初随着产量的增加，*VC* 曲线开始以递减的速度增长，曲线表现为向上凸，然后由于边际收益递减规律发生作用，*VC* 曲线以递增的速度增长，*VC* 曲线向下凹。其间有一拐点，即由递减速度增长到递增速度增长的转换点。拐点之前，在固定生产要素与可变生产要素的效率还没有充分发挥时，可变成本增长率大于产量增长率，曲线明显陡峭，随后由于固定要素与可变要素的效率得到充分发挥，可变成本的增长率小于产量的增长率，曲线变得较为平坦；过了拐点后，由于可变要素投入的增长，离可变要素与固定要素的最佳比例越来越远，可变成本曲线又会由平坦变为陡峭。

3. 总成本曲线

总成本是由固定成本加可变成本得到的，因此总成本曲线是固定成本曲线和可变成本曲线纵向相加而成。总成本曲线与可变成本曲线形状相同，变化规律相同，只是起点不同，总成本曲线的起点是 *FC*，而不是原点。具体如图 5-1 所示。

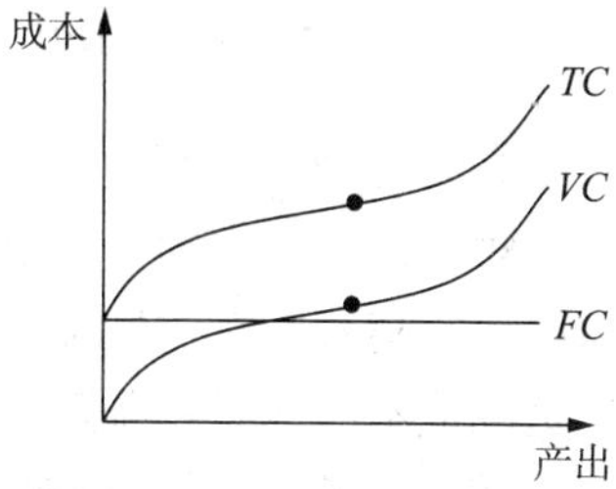

图 5-1　总成本曲线

(二) 平均成本曲线(*AVC*)

1. 平均固定成本曲线(*AFC*)

由于总固定成本不变，随着产量增加，平均分摊到每一单位

上的固定成本会逐渐减少，所以平均固定成本的变动规律是起初减少的幅度较大，以后减少的幅度越来越小，当产量趋向无穷大时，*AFC* 趋向于零，因此 *AFC* 是一条纵轴和横轴的渐近线。

2. 平均可变成本曲线随着产量的增加先降后升，呈 U 形

AVC 最低点的确定：从原点引射线与 *VC* 相切，切线的斜率即 *AVC*，过切点向横轴作垂线，确定 *AVC* 最低点的产量 *Q*。最低点的左边，*AVC* 是随着产量的增加而逐步下降的，产量增加到一定量时，*AVC* 到达最低点，过最低点后，随着产量继续增加开始上升，*AVC* 就随着产量的增加而上升。原因是固定生产要素有一个最佳产量。在一定技术生产条件下，在产量未达到最佳产量之前，生产单位产品会耗用较多的可变成本；在增加生产量逐步接近最佳产量时，可变生产要素逐步得到充分利用，单位产品所耗费的可变成本就会逐渐下降；达到最佳产量后继续增加产量，平均可变成本由于边际收益递减规律而上升。

3. 平均成本曲线(*AC*)

平均总成本 *AC* 等于 *AFC* 加 *AVC*。*AC* 曲线也是呈现先下降后上升的 U 形曲线。*AC* 最低点的确定：从原点引射线与 *AC* 相切，切线的斜率即 *AC*，过切点向横轴作垂线，确定 *AC* 最低点的产量 *Q*。*AC* 最低点的左边，当产量增加时，平均固定成本迅速下降，加上平均可变成本 *AVC* 也下降，所以平均总成本迅速下降。随着产量的增加，*AFC* 越来越小，它在平均总成本中的分量越来越小时，平均总成本主要随平均可变成本的变动而变动，即随着产量的增加而下降。当产量达到一定程度后，又随着产量的增加而上升。

在同一坐标图上，对应任一产量，*AC* 曲线都在 *AVC* 曲线之上。因为 $AC=AFC+AVC$，*AFC* 在任一产量水平上都是正数，所以 *AC* 大于 *AVC*，在 *AVC* 达到最低点后，*AFC* 继续下降，只要 *AFC* 下降的速度大于 *AVC* 上升的幅度，*AC* 继续下降；*AFC* 下降速度等于 *AVC* 上升的幅度的那一个点，*AC* 曲线达到最低点；*AFC* 下降的速度小于 *AVC* 上升的速度，*AV* 开始上升。因而 *AC* 曲线和 *AVC* 曲线一样，是一条先降后升的 U 形曲线。具体如图 5－2 所示。

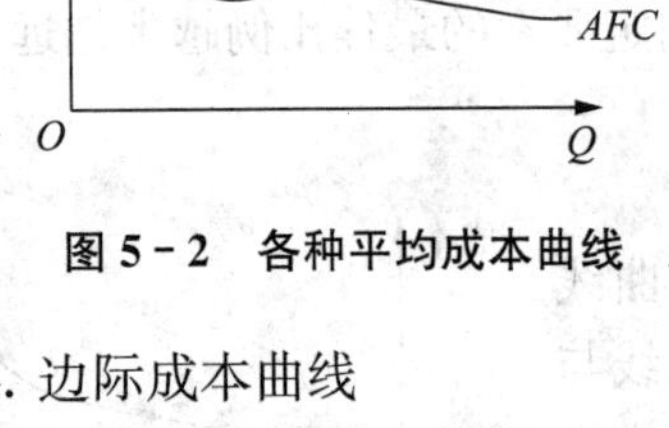

图 5－2　各种平均成本曲线

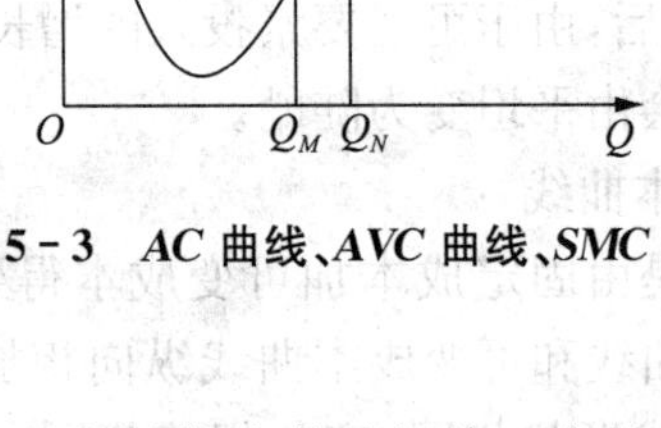

图 5－3　*AC* 曲线、*AVC* 曲线、*SMC* 曲线

4. 边际成本曲线

短期边际成本的变动取决于产量，它的形状反映了边际收益递减规律。它的变动规律是：边际成本随着产量的增加而减少，当增加到一定的程度后，就随着产量的增加而增加。因此短期边际成本曲线是一条随着产量的变动而先下降后上升的 U 形曲线，如图 5－3 所示。

随着产量的增加，短期边际成本曲线先从 *AVC* 的最低点 *M* 处由下往上穿过，然后从 *AC* 曲线的最低点 *N* 处由下往上穿过。在 *AVC* 最低点的左边，产量小于 Q_M 时，*SMC* 小于 *AVC*，

SMC 带动 AVC 下降，在 AVC 的最低点 M 处与 SMC 相等，在 AVC 最低点的右边，产量大于 Q_M 时，SMC 大于 AVC，SMC 带动 AVC 上升；在 AC 最低点的左边，产量小于 Q_N 时，SMC 小于 AC，SMC 带动 AC 下降，在 AC 的最低点 N 处与 SMC 相等，在 AC 最低点 N 的右边，产量大于 Q_N 时，SMC 大于 AC，SMC 带动 AC 上升。

三、成本与产量的关系

1. 边际成本与边际产量

$$MC=\frac{\Delta TC}{\Delta Q}=\frac{\Delta VC}{\Delta Q}=\frac{P_L\times\Delta L}{\Delta Q}=\frac{P_L}{\Delta Q/\Delta L}=\frac{P_L}{MP_L}$$

从上式可以看出，短期边际成本是边际产量的倒数，边际产量上升时，边际成本下降，边际产量达到最大时，边际成本最小，边际产量下降时，边际成本上升。具体如图 5－4 所示。

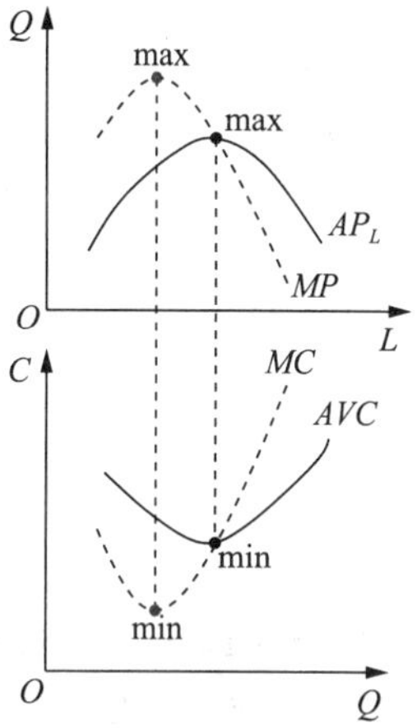

图 5－4　边际成本与边际产量的关系

2. 平均产量与平均可变成本

平均可变成本公式为：$AVC=\frac{VC}{Q}=\frac{P_L\times L}{Q}=\frac{P_L}{Q/L}=\frac{P_L}{AP_L}$

从公式可以看出，平均产量与平均可变成本成反向变动。当 AP_L 递增时，AVC 递减；当 AP_L 递减时，AVC 递增；当 AP_L 最大时，AVC 最小。如图 5－4 所示。

3. 短期平均成本与平均产量

两者之间的关系可以通过以下公式来分析。

$$VC=P_L\times L$$

$$AP_L=Q/L$$

$$SAC=AFC+AVC=AFC+VC/Q=AFC+P_L\times L/Q=AFC+P_L\ \frac{1}{AP_L}$$

平均成本与平均产量是倒数关系，平均产量是先递增后递减，所以短期平均成本是先递减后递增。由于平均产量曲线是倒 U 形，所以平均成本曲线是 U 形。

四、短期边际成本与短期平均成本

平均成本曲线为 U 形曲线，有极小值。令 SAC 函数的一阶导数为 0，求极小值，可以得到

$$\frac{\mathrm{d}(STC)}{\mathrm{d}(Q)}=\frac{STC}{Q}$$

即 $SMC=SAC_{\min}$。

当 SMC 小于 AVC、SAC 时，AVC、SAC 两曲线就下降；当 SMC 大于 AVC、SAC 时，AVC、SAC 两曲线就上升；当 SMC 等于 AVC、SAC 时，AVC、SAC 两曲线达最低；且 SMC 曲线先后分别穿过 AVC、SAC 两曲线的最低点。

五、成本曲线之间的综合关系

用图 5－5 来表现成本曲线之间的综合关系。

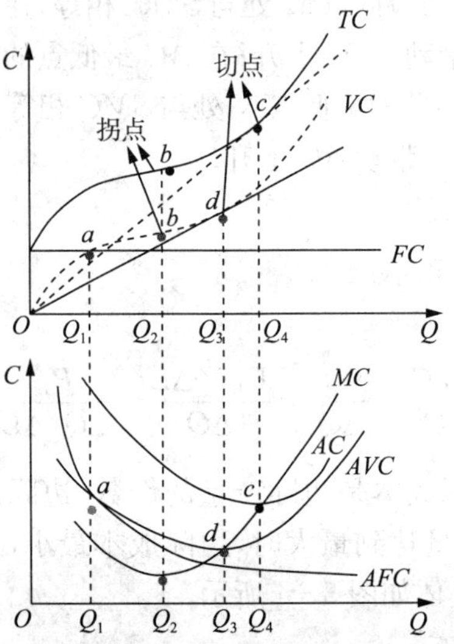

图 5-5　成本曲线之间的综合关系

第三节　长期成本分析

厂商在长期条件下有充足的时间调整其生产要素，可以在各种产量水平下，根据技术状况，利用各种不同的要素组合进行生产，因而没有固定投入和固定成本，所有的投入和成本都可变。厂商的目标是利润最大，要做到这一点，必须做到在任何给定的产出水平，都以最低成本进行生产。

一、长期总成本（*LAC*）

长期总成本是指厂商长期中在每一个产量水平上通过改变生产规模所能达到的最低总成本，用 LTC 表示。长期条件下，厂商可以通过计算比较在每一产出水平时不同投入组合的不同成本，然后选择最佳的那个方案进行生产。长期总成本曲线（LTC）是 STC 曲线的包络线。它从短期总成本曲线的下方包络众多短期总成本曲线。生产要素投入的变动意味着规模的调整。长期中所有生产要素都是可变的，意味着厂商可以任意调整生产规模。因此长期中厂商总是可以在每一个产量水平上选择最优的生产规模进行生产。长期总成本函数形式为：$LTC=LTC(Q)$，可以由短期总成本曲线推导长期总成本曲线。

如图 5-6 所示，假设长期中只有三种可供选择的生产规模，分别由图中的三条 STC 曲线表示。这三条 STC 曲线都不是从原点出发，由于规模大小不同，每条 STC 曲线在纵坐标上的截距也不同。规模越大，纵坐标的截距越大。从图 5-6 中看，生产规模由小到大依次为 STC_A、STC_B、STC_C。现在假定生产产量为 Q_2，厂商用三种规模都可以把 Q_2 生产出来，但只有 STC_B 的成本是最低的，总成本为 b 点，所以厂商要把生产规模调整到 STC_B。若要生产 Q_3，只有 STC_C 的成本是最低的，总成本点 c，所以要把生产规模调整到 STC_C。长期中所有的要素都可以调整，因此厂商可以通过对要素的调整选择最优生产规模，以最低的总成本生产每一产量水平。b、c 点是生产 Q_2、Q_3 的最低总成本，也是短期成曲线与长期成本曲线的切点，既是短期成本曲线上的点也是长期成本曲线上的点。当生产规模可以无限细分时，可以得到无数个这样的点，连接这些点即可得到长期总成本曲线。

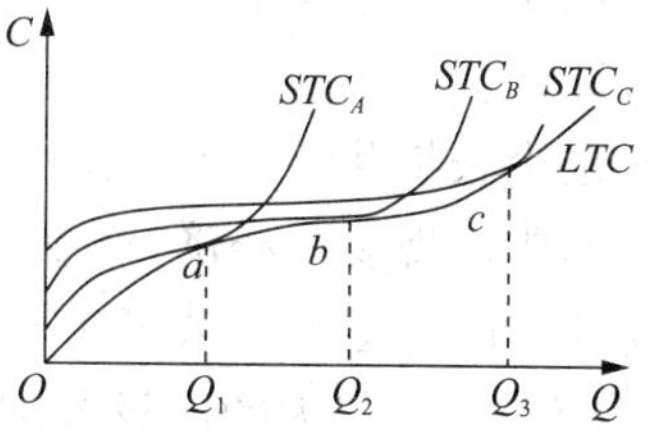

图 5-6　短期总成本曲线与长期总成本曲线

LTC 曲线是从原点出发向右上方倾斜的曲线。产量是 0 时，*LTC* 也是 0，*LTC* 从原点开始，不同于短期总成本，产量为零时成本为 *FC*；随着产量的增加，厂商规模扩大，长期总成本不断增加，由于规模报酬递减的原因，*LTC* 曲线开始以递减的增加，达到一定产量后，*LTC* 曲线以递增增长率上升。

二、长期平均成本(*LAC*)

1. 长期平均成本概念

长期平均成本是指每单位产品的长期成本，它等于长期总成本 *LTC* 与产量 *Q* 之比。用公式表示为：$LAC=LTC/Q$。

长期平均成本曲线是无数条短期平均成本曲线的包络线，从上式可以看出 *LAC* 是 *LTC* 曲线上相应点与原点连线的斜率。因此，可以从 *LTC* 曲线推导出 *LAC* 曲线。

假设可供厂商选择的生产规模只有三种：STC_A、STC_B、STC_C，如图 5-7 所示，生产规模 $STC_A<STC_B<STC_C$。假定厂商生产 Q_A 的产量水平，厂商选择 STC_A 进行生产，这时总成本最低，总成本为 STC_A 与 *LTC* 的切点 *a*，对应的平均成本点 $\bar{a}$；若厂商生产 Q_B 的产量水平，厂商选择 STC_B 进行生产，这时总成本最低，总成本为 STC_B 与 *LTC* 的切点 *b*，对应的平均成本点 $\bar{b}$。在理论分析中，常假定存在无数个可供厂商选择的生产规模，从而有无数条 *SAC* 曲线，于是便得到如图 5-7 所示的长期平均成本曲线，*LAC* 曲线是无数条 *SAC* 曲线的包络线。在每一个产量水平上，都有一个 *LAC* 与 *SAC* 的切点，切点对应的平均成本就是生产相应产量水平的最低平均成本，*SAC* 曲线所代表的生产规模则是生产该产量的最优生产规模。注意，图 5-7 中只有平均成本 $\bar{b}$ 既是短期平均成本的最低点，又是长期平均成本的最低点，Q_B 的左边是短期平均成本最低点的左边与长期平均成本 *LAC* 相切；Q_B 的右边是短期平均成本曲线最低点的右边与长期平均成本 *LAC* 相切；*LAC* 曲线相切于与某一产量对应的最小的 *SAC* 曲线，在切点之外，*SAC* 高于 *LAC*。因为短期内厂商受到固定投入的限制，不可能使生产要素的组合比例调整到长期最低水平。只有在长期中，厂商才可能对所有投入要素进行调整，从而使它们的组合达到最优，从而达到长期平均成本最低点，因此，在其他条件相同的情况下，短期成本要高于长期成本。

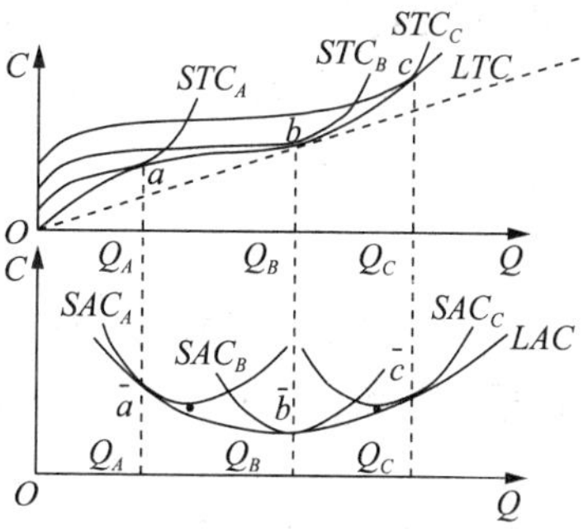

图 5-7　长期平均成本曲线

有时某一种产出水平可以用两种生产规模中的任一种进行生产，而产生相同的平均成本。

厂商究竟选择哪一种生产规模进行生产，要看它是朝阳产业还是夕阳产业，即长期中产品的销售量是扩张还是收缩。朝阳产业产品销售量可能扩张，则应选用较大的规模进行生产；夕阳产业产品销售量收缩，则应选用较小的生产规模来生产。

2. 长期平均成本曲线U形特征

长期平均成本曲线U形特征是由长期生产中内在的规模经济与内在不经济所决定的。企业生产规模由小到大扩张过程中，先出现规模经济，产量增加倍数大于成本增加倍数，因而 LAC 下降；当进入规模报酬不变阶段，产量增加倍数等于成本增加倍数，长期平均成本不变。不少行业的企业 LAC 曲线的最低点是一个很大的产量范围。在长期平均成本的最低点等于短期平均成本的最低点；然后再出现规模不经济，产量增加倍数小于成本增加倍数，LAC 上升。由于规模经济与规模不经济的作用，LAC 曲线呈U形。具体如图5-8所示。

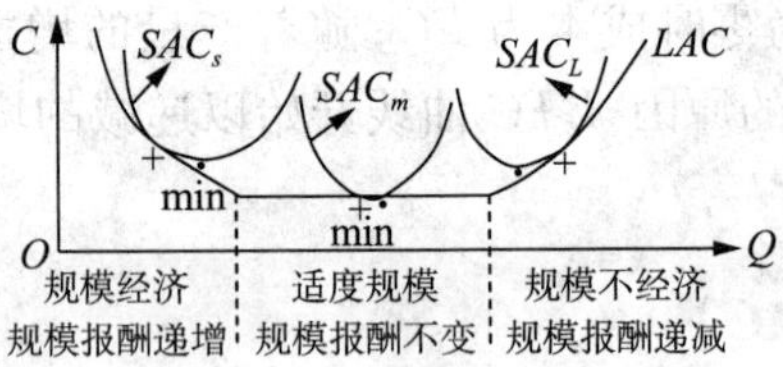

图5-8 长期平均成本曲线与规模报酬

三、长期边际成本

1. 长期边际成本的概念与构成

长期边际成本是指长期中增加一单位产量所增加的最低总成本。公式为：$LMC=\Delta LTC/\Delta Q$。

当 $\Delta Q\to 0$ 时，

$$LMC=\lim_{\Delta Q\to 0}\frac{\Delta LTC}{\Delta Q}=\frac{\mathrm{d}LTC}{\mathrm{d}Q}$$

从上式中可以看出 LMC 是 LTC 曲线上相应点的斜率。根据短期和长期的关系，由短期边际成本 SMC 曲线推导出长期边际成本，如图5-9所示。

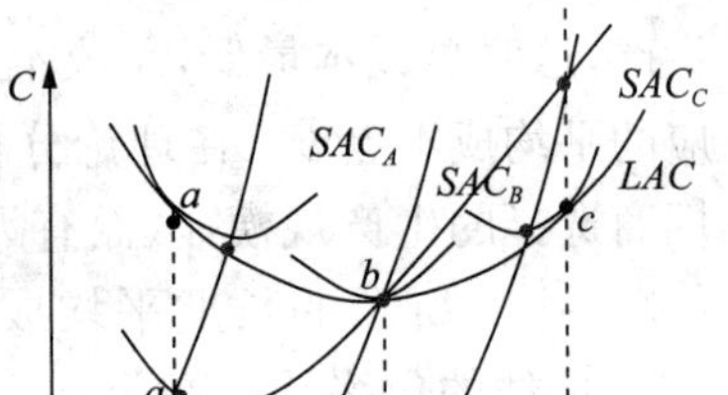

图5-9 长期边际成本的构成

LMC 曲线上任一点是与某一特定 SMC 曲线相交之点，该交点所代表的产量也是 LAC 与 SAC 相切之点对应的产量。假设有生产规模 A，平均成本 SAC_A 与长期平均成本相切，过切点向横轴作垂线，与短期边际成本 SMC_A 相交于 a 点，点 a 即长期边际成本曲线上的一个点；若生产规模 B，平均成本 SAC_B 与长期平均成本相切，过切点向横轴作垂线，会与短期边际成本 SMC_B 相交于 b 点，点 b 即长期边际成本曲线上的一个点；类似地可以得到点 c、d…，它们都是长期边际成本曲线上的点，将它们连接起来即长期边际成本曲线。

2. 短期边际成本与长期边际成本的关系

在短期边际成本与长期边际成本交点左边，SMC 位于 LMC 的下面，或 $SMC<LMC$；在交点右边，SMC 位于 LMC 的上方，或 $SMC>LMC$。在 b 点 $LAC=SAC$，对应相同的产量，此时也有 $LTC=STC$。根据边际成本的公式得：

$$\frac{dLTC}{dQ}=\frac{dSTC_b}{dQ}$$

即：$LMC=SMC$

即当 $LAC=SAC$ 时，LTC 与 STC 的斜率相等，LMC 等于 SMC。

3. 长期平均成本 LAC 与长期边际成本 LMC 曲线的关系

从图中可以看出 LMC 与 LAC 的关系：当 $LMC<LAC$ 时，LAC 呈下降趋势；当 $LMC>LAC$ 时，LAC 呈上升趋势；当 $LMC=LAC$ 时，LMC 曲线与 LAC 曲线在 LAC 的最低点相交，此时 $LMC=LAC=SAC=SMC$

四、长期成本曲线和短期成本曲线的综合关系

前面分别从 STC 曲线、SAC 曲线和 SMC 曲线推导出了 LTC 曲线、LAC 曲线和 LMC 曲线，由此可以看出短期成本曲线与长期成本曲线之间存在密切的关系。用图 5－10 将短期成本曲线与长期成本之间的关系作一展示。

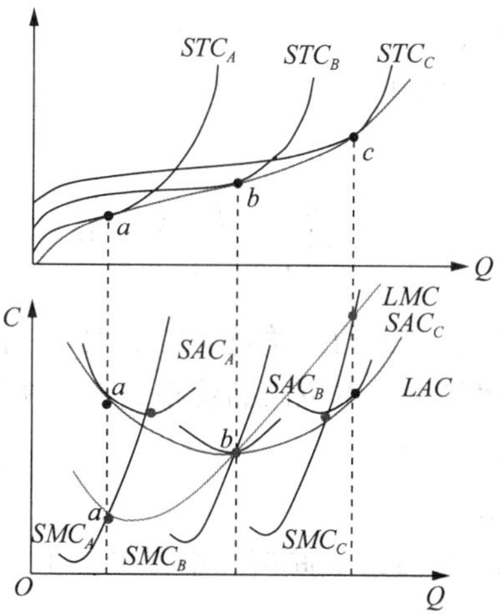

图 5－10　短期成本与长期成本的综合关系

第四节　企业收益与利润最大化

一、收益的概念

厂商从事生产的目的是追求利润最大化，而利润等于厂商所获得的收益与所支付的成本的差额。收益是指厂商销售商品或劳务所获得的全部收入，即价格与销售量的乘积。收益可分为总收益、平均收益、边际收益。随着产量的变动，三者会相应地发生变动，它们的变动规律有价格可变和不变两种情况，下面以价格不变条件为基础进行分析，价格可变条件下三者的变化规律放到市场结构中介绍。

1. 总收益与总收益曲线

总收益通常用 TR 表示，它是指厂商生产并销售一定数量商品和劳务所获得的货币收入

总额，也即全部的销售收入。公式为：$TR=P\times Q=AR\times Q$。

式中 P 表示价格，Q 表示销售量。西方经济分析中假定厂商能顺利地出售产品，即销售量等于产量，且销售量也正是市场对该产品的需求量。

当产品的市场价格为一定时，厂商的产品都按照相同价格销售。从公式可以看出，当销售量为 0 时，$TR=0$，随着销售量的增加，TR 不断上升。因此 TR 曲线是一条从原点出发向右上方倾斜的直线，该曲线的斜率实际就是固定不变的价格。如图 5-11 所示。

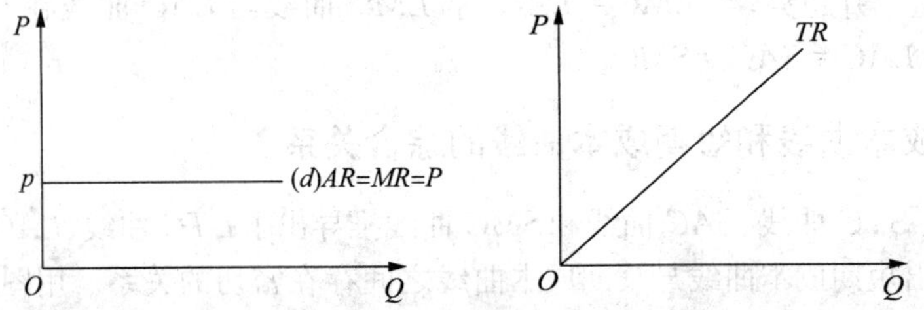

图 5-11　价格既定下厂商收益曲线

2. 平均收益与平均收益曲线

平均收益通常用 AR 表示，它是指厂商平均出售每一单位的商品或劳务所能得到的货币收入。公式为：

$$AR=\frac{TR}{Q}=\frac{P\times Q}{Q}=P$$

当所有商品按同一价格销售时，平均收益就是常数值，在量上等于价格 P。实际上，在任何情况下，平均收益总是该销售量下的单位商品价格。所以平均收益曲线是一条从价格水平出发与横轴平行的直线。如图 5-11 所示。

3. 边际收益与边际收益曲线

边际收益通常用 MR 表示，它是指厂商增加销售每一单位的商品或劳务所引起的总收益的变动量。公式为：

$$MR=\frac{\Delta TR}{\Delta Q}=\frac{\Delta PQ}{\Delta Q}=\frac{P\Delta Q}{\Delta Q}=P$$

如果 $\Delta Q\to 0$，则：$MR=\lim\limits_{\Delta Q\to 0}\frac{\Delta TR}{\Delta Q}=\frac{\mathrm{d}TR}{\mathrm{d}Q}$

当价格为既定时，边际收益等于既定价格，边际收益曲线也是一条从价格水平出发与横轴平行的直线。

厂商收益取决于价格 P 和产量 Q 两个因素。产量 Q 可根据厂商的生产函数和所投入的要素数量来确定；而价格与 Q 之间的关系则是由市场需求曲线确定的，需求曲线又是由市场结构确定。在分析市场结构之前，假定厂商的需求曲线既定，收益就成了产量的函数，随产量的变化而变化。

二、利润最大化原则

如果用 π 表示厂商的利润，可表示为：$\pi=TR-TC$。所谓利润最大化，就是使 TR 与 TC 之间的差额最大。因为 TR 与 TC 都是产量的函数，都随产量的变化而变化，所以 π 是产量的函数。厂商要实现利润最大化，就是要确定一个适当的产量，在这一产量水平上，TR 与 TC 之间的差额最大。也就是求 π 的极大值问题。用 $\pi_{\max}$ 表示最大利润，Q_0 表示此时的产量水平，则：

$$\pi_{\max}=TR(Q_0)-TC(Q_0)$$

厂商在追求利润最大化的过程中，要受到以下两个原则的制约：

第一是利润最大化原则。由 $\frac{d\pi}{dQ}=0$ 可得利润最大化的必要条件：

即
$$\frac{d\pi}{dQ}=\frac{d(TR-TC)}{dQ}=\frac{dTR}{dQ}-\frac{dTC}{dQ}=0$$

$$\frac{dTR}{dQ}=MR,\frac{dTC}{dQ}=MC,$$

$$MR=MC$$

即厂商利润最大化的必要条件是 $MR=MC$。如果 $MR>MC$，则厂商每增加一单位产量所带来的收益大于增加一单位的产量所增加的成本，厂商增加产量会增加利润总额；反之，如果 $MR<MC$，则厂商每增加一单位产量增加的收益小于生产这一单位产量增加的成本，厂商增加产量将减少利润总额；只有当 $MR=MC$ 时，虽然最后一单位产量的收支相似，无利润可赚，但以前生产的产量使总利润达到最大程度。因此，$MR=MC$ 是厂商利润最大化的基本原则。

$MR=AR$ 是一条水平线，MC 曲线先下降后上升，两线交点 $MR=MC$，为厂商利润最大化的均衡点。图中 E 点，$MR=MC$，在 E 点的左边，$MR>MC$，表示增加单位产量可使增加的收益>增加的成本，从而增加厂商的利益，厂商将扩大产量，使利润进一步增加。而在 E 点的右边，$MR<MC$，此时增加单位产量使得成本的增加>收益的增加，利润下降，厂商会减少产量。只有在 E 点，$MR=MC$ 才是利润最大化的均衡点。

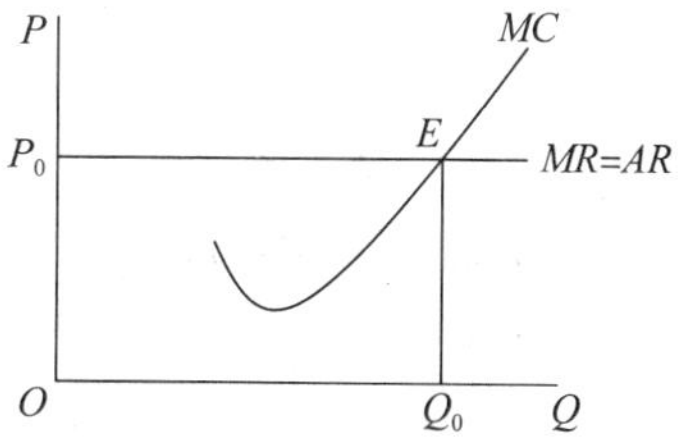

图 5-12　利润最大化均衡

必须明确：虽然 $MR=MC$ 是利润最大化原则，但这必须在考虑 TR 与 TC 对比的情况下，才能判断是否有利润。实现 $MR=MC$，可使厂商处于有利状态，但并不意味着必定保证获得经济利润（前面已经证明），可能盈利，也可能亏损。可以确定的是：若厂商有盈利，按此原则确定产量，一定是利润最大；若厂商有亏损，按此原则确定产量，一定亏损最小，总是处于最优状态。

本章小结

1. 经济效率涉及成本与收益的关系。当成本既定，收益最大；或者收益既定成本最小时，就实现了经济效率。

2. 成本分为会计成本与机会成本，会计成本与机会成本之和为经济成本。总收益减会计成本是会计利润。总收益减经济成本是经济利润。利润最大化是指经济利润最大化。

3. 短期成本中包括固定成本和可变成本。总成本为固定成本和可变成本之和。平均成本为平均固定成本与平均可变成本之和。

4. 短期中平均成本与边际成本之间的关系是：当平均成本大于边际成本时，平均成本递减；当平均成本小于边际成本时，平均成本递增；当平均成本等于边际成本时，平均成本最低。

5. 短期中企业的停止营业点是平均可变成本曲线与价格相等之点。在这一点之上，只要平均可变成本小于价格，企业就可以经营。在这一点之下，平均可变成本大于价格，企业停业。

6. 长期中一切成本都是可变的。成本为总成本、平均成本和边际成本。

7. 长期中，平均成本先随产量增加而递减，当平均成本达到最低后又随产量增加而递增。平均成本最低时的产量是企业的适度规模。

8. 收益包括总收益、平均收益与边际收益。当企业的产量实现了边际收益等于边际成本时，就实现了利润最大化。

案例分析

玩具厂开不开？

赵明有一家小玩具厂。他每年可以生产 1 000 件玩具，并以每件 100 元的价格出售。赵明生产 1 000 件玩具要耗用 20 000 元原料、工资、电费，他的工厂与设备投资 10 万元，其中 5 万元来自他的储蓄，并以 10%的利率借入 5 万元，他也能以 10%的利率借出他的钱。他可以到甲工厂工作，年收入 4 万元，也可以到乙工厂，年收入 4.5 万元。你认为赵明的灯具厂是开好还是不开好？

根据案例回答下列问题：

1. 赵明的玩具厂的收入是（　　）。

A. 5 万元　　B. 10 万元　　C. 15 万元　　D. 20 万元

2. 显性成本是（　　）。

A. 20 000 元　　B. 25 000 元　　C. 30 000 元　　D. 34 000 元

3. 会计利润是（　　）。

A. 8 万元　　B. 7.5 万元　　C. 7 万元　　D. 6.6 万元

4. 隐性成本是（　　）。

A. 4 万元　　B. 4.5 万元　　C. 5 万元　　D. 5.5 万元

5. 经济利润是（　　）；灯具厂（　　）。

A. 2 万元、不开　　B. 3.5 万元、不开　　C. 3 万元、开　　D. 2.5 万元、开

职业技能训练

◇重要概念

1. 机会成本　2. 显成本　3. 隐成本　4. 经济利润　5. 正常利润
6. 不变成本　7. 可变成本　8. 总成本　9. 平均成本　10. 边际成本

◇判断题

1. 厂商增加一单位产量时所增加的可变成本等于边际成本。 ( )
2. 在短期内,所有生产要素均不能调整。 ( )
3. 由于固定成本不随产出的变化而变化,因而 AFC 也不随产出的变化而变化。 ( )
4. 在长期中无所谓固定成本与可变成本之分。 ( )
5. 短期总成本曲线与长期总成本曲线都是从原点出发向右上方倾斜的一条曲线。 ( )
6. 短期边际成本曲线和短期平均成本曲线一定相交于平均成本曲线的最低点。 ( )
7. 停止营业点就是短期边际成本曲线与平均可变成本曲线的交点。 ( )
8. 长期平均成本实际上就是平均可变成本。 ( )
9. 在总收益等于总成本时,厂商的正常利润为零。 ( )
10. 边际收益等于边际成本时,厂商的利润为零。 ( )

◇单项选择题

1. 经济学分析中所说的短期是指( )。
A. 1 年之内 B. 2 年之内
C. 全部生产要素都可随产量而调整的时期 D. 只能根据产量调整可变成本的时期
E. 以上均不正确

2. 固定成本是指( )。
A. 厂商在短期内必须支付的不能调整的生产要素的费用
B. 厂商要增加产量所要增加的费用
C. 厂商购进生产要素时所要支付的费用
D. 厂商支付的工资

3. 某机器原来生产产品 A,利润收入为 200 元,现在改为生产产品 B,所花的人工、材料费为 1 000 元,则生产产品 B 的机会成本是( )。
A. 200 元 B. 1 200 元 C. 1 000 元 D. 800 元

4. 已知产量为 9 单位时,总成本为 95 元,产量增加到 10 单位时,平均成本为 10 元,由此可知边际成本为( )。
A. 5 元 B. 10 元 C. 15 元 D. 20 元
E. 以上均不正确

5. 假定两个人一天可以生产 60 单位产品,4 个人一天可以生产 100 单位产品,那么( )。
A. AVC 是下降的 B. AVC 是上升的 C. $MPL<APL$ D. $MPL=40$
E. APL 是下降的

6. 下列因素中不属于固定成本的是( )。
A. 土地的租金 B. 折旧 C. 财产税 D. 营业税

7. 随着产量的增加,短期固定成本( )。
A. 增加 B. 不变 C. 减少 D. 有可能增加,有可能减少
E. 以上均不正确

8. 随着产量的增加,短期平均固定成本( )。
A. 在开始时减少,然后趋于增加 B. 一直趋于减少

C. 一直趋于增加　　D. 不变

E. 在开始时增加，然后趋于减少

9. 当 AC 达到最低点时，下列(　　)是正确的。

A. $AVC=FC$　　B. $MC=AC$　　C. $P=AVC$　　D. $P=MC$

E. $MR=MC$

10. 短期边际成本曲线与短期平均成本曲线相交之后(　　)。

A. 边际成本等于平均成本　　B. 边际成本大于平均成本

C. 边际成本小于平均成本　　D. 以上任何一种情况都有可能

11. 假如增加一单位产量所带来的边际成本大于产量增加前的平均可变成本，那么在产量增加后，平均可变成本一定(　　)。

A. 减少　　B. 增加　　C. 不变　　D. 处于最低点

E.以上都不正确

◇**填空题**

1. 如果生产 10 单位产品的总成本是 100 美元，第 11 单位的边际成本是 21 美元，11 件产品的总成本是(　　　)，11 件产品的平均成本是(　　　)。

2. 随着产量的增加，短期平均可变成本(　　　)。

3. 当 AC 达到最低点时，AC = (　　　)。

4. 已知 $Q=10$ 时 $TC=500$；$Q=11$ 时 $AC=51$，所以 $MC=$(　　　)。

5. 当边际收益递减规律发生作用时，总成本曲线开始(　　　)。

6. 一个企业在(　　　)停止营业。

7. 从原点出发与 TC 曲线相切的直线的斜率是(　　　)。

8. 企业使其利润最大化意味着(　　　)。

9. 经济成本(　　　)会计成本，经济利润(　　　)会计利润。

10. MC 一开始递减是因为生产中的(　　　)递增引起的。

◇**简答题**

1. 简述短期生产函数与短期成本函数之间的关系。

2. 简述 AC 曲线、AVC 曲线与 MC 曲线的关系。

3. 分析为何 SAC 的最低点一定在 AVC 的最低点的右侧。

◇**计算题**

1. 假定某企业的短期成本函数 $TC=Q^3-10Q^2+17Q+66$。求：

(1) 该成本函数中的可变成本部分和固定成本部分；

(2) 写出下列函数：TVC、AC、AVC、AFC、MC。

2. 某人决定暑假去参加一个计算机培训班，这样，他就不能去打工赚 2 000 元。参加这个培训班学费 2 000 元，书本费 200 元，生活费 1 400 元。参加这个培训班的机会成本是多少？

3. 简述利润最大化原则。

4. 某企业年收益 100 万元，用于生产的实际支出：设备折旧，3 万元；厂房租金，3 万元；原材料，60 万元；电力，3 万元；人工，10 万元；贷款利息 15 万元。若外出打工挣工资 2 万元，自有资金利息 5 万元。求：

(1) 会计成本；(2) 会计利润；(3) 机会成本；(4) 经济利润。

5. 一个企业每周生产 100 单位产品，成本状况如下：机器 200 元，原料 500 元，抵押租金 400 元，保险费 50 元，工资 750 元，废料处理费 100 元，求企业总固定成本和平均可变成本。

6. 假设某厂商的边际成本函数 $MC=3Q^2-30Q+100$，且生产 10 单位产量时的总成本为 1 000。求：

(1) 固定成本的值。

(2) 总成本函数、总可变成本函数，以及平均成本函数、平均可变成本函数。

7. 有短期成本表如下，请计算填空。

Q	0	1	2	3	4	5	6	7
STC	3	15	26	33	36	40	54	70
FC	3	3	3	3	3	3	3	3
VC								
SAC								
AFC	—							
AVC	—							
SMC	—							

第六章

市场理论

学习目标

了解寡头市场的含义和常见模型，市场结构与企业行为的关系。掌握划分市场结构的标准，四种市场结构厂商的短期均衡和长期均衡条件；各类市场结构的优缺点，寡头市场的特征，垄断市场的单一定价，各种市场结构价格与产量决定的比较。重点掌握四种市场结构的特征，完全竞争市场上的短期与长期均衡，垄断市场上的歧视价格，垄断竞争市场上的产品差别竞争。

导入案例

麦当劳连锁店的折扣券

麦当劳连锁店一直采取向消费者发放折扣券的促销策略。他们对来麦当劳就餐的顾客发放麦当劳产品的宣传品，并在宣传品上印制折扣券。为什么麦当劳不直接将产品的价格降低？

回答是折扣券使麦当劳公司实行了三级差别价格。麦当劳公司知道并不是所有的顾客都愿意花时间将折扣券剪下来保存，并在下次就餐时带来。此外，剪折扣券意愿与顾客对物品支付意愿和他们对价格的敏感相关。富裕而繁忙的高收入阶层到麦当劳用餐弹性低，对折扣券的价格优惠不敏感，不可能花时间剪下折扣券并随时带在身上，以备下次就餐时用。而且对折扣券所提供的价格优惠他们也不在乎。但低收入的家庭到麦当劳用餐弹性高，他们更可能剪下折扣券，因为他的支付意愿低，对折扣券提供的价格优惠比较敏感。

麦当劳连锁店通过只对这些剪下折扣券的顾客收取较低价格，吸引了一部分低收入家庭来麦当劳用餐，成功地实行了三级差别价格，并从中多赚了钱。

资料来源：百度文库，《西方经济学（微观部分）案例分析》，黄德林收集整理。http://wenku.baidu.com/view/fa2be3dd28ea81c758f578b2.html?pn=50。

第一节　市场及市场类型

厂商进行生产的目的在于获取最大的利润。厂商的利润取决于厂商的收益和成本。厂商的成本是生产中的技术方面的因素所决定的。厂商的收益决定于市场上的消费者对厂商的产品的需求状况。在不同的市场条件下，厂商所面临的需求状况是不同的，进而所面临的需求曲线的形状也不同。不同市场条件下的厂商所面临的需求曲线的差异，又直接影响厂商所获得的利润量。

一、市场与行业

微观经济学中的市场是指从事某一种商品买卖的交易场所或者接触点。它由消费者和生产该商品的厂商构成。它可以是一个有形的买卖商品的场所，也可以是一个利用现代化通信工具进行商品交易的接触点。任何一种商品都有一个市场，有多少种商品，就有多少个市场。如大米市场、汽车市场、空调市场、电脑市场等。与市场概念紧密相连的就是行业这个概念。行业是为同一个商品市场生产和提供产品的所有厂商的总体。如纺织行业、食品行业。同一行业商品的市场和行业的类型是一致的。完全竞争的市场对应的是完全竞争的行业。

二、市场类型

市场竞争的程度的强弱是微观经济学划分市场类型的标准。影响竞争程度的具体标准有厂商的数目、厂商之间各自提供的产品的差别程度、单个厂商对价格的控制程度和厂商进入或者退出一个行业的难易程度。经济学家根据这些因素将市场分为四种类型：完全竞争市场、完全垄断市场、垄断竞争市场和寡头垄断市场。完全竞争市场和完全垄断市场是两个极端，垄断竞争和寡头垄断市场是处于这两种极端之间的状态，是竞争和垄断不同程度的结合，又称不完全竞争或不完全垄断市场(见表 6-1)。

在经济学中，厂商均衡理论是相当复杂的，包括分析整个行业产量与价格决定的集体均衡，以及分析个别厂商产量与价格决定的单个均衡。

表 6-1　市场结构分类

市场结构	厂商数目	产品差异性	厂商控制价格能力	进入难易程度	对象实例
完全竞争	很多	完全无差别	没有	很容易	农产品
垄断竞争	比较多	有差别	有一些	比较容易	化妆品
寡头垄断	几个	有差别或者无差别	相当程度	比较困难	钢铁、石油
全垄断	一个	唯一且无相近替代品	很大程度，常受管制	很困难	公用事业，如水、电

第二节 完全竞争市场

一、完全竞争市场的含义与特征

完全竞争市场又称纯粹竞争市场,它是指一种竞争完全不受任何阻碍和干扰的市场结构。在这种市场中,企业既多又小,就像物质结构中的原子一样,因此,完全竞争市场又称"原子式市场"。完全竞争市场有以下特征:

1. 市场上有无数的买者和卖者。任何个人所占比重极小,其经济行为不能影响市场价格。他们都是在既定的市场价格水平下选择最优的购买量或销售量。这意味着在一个完全竞争市场上,任何一个买者或卖者都是价格的接受者,而不是价格的决定者。

2. 产品同质。市场上同一行业中的每一个厂商生产出来的同种产品,在性质和质量上都没有差别。这不仅是指商品之间的质量完全一样,还包括在销售条件、商标、装潢等方面是完全无差别的。

如果一个生产者稍微提高他的产品卖价,所有的消费者将会转而购买其竞争者的产品。在所有生产者的卖价相同时,消费者购买哪个生产者的产品完全是随机的。

3. 市场中所有的生产资源都可以在各行业之间自由流动。由于完全竞争市场不存在任何法律的、社会的或资金的障碍以阻止新的厂商进入该行业,所以在完全竞争市场上,厂商可以及时地向获利的行业运动,及时地离开亏损的行业,即生产资源可以随着需求的变化在不同行业之间自由流动。

4. 完全畅通的信息。在完全竞争市场中,卖者和买者被假定为对于有关市场的信息具有完全的认识,他们不仅掌握市场上目前出现的情况,也了解市场今后将发生的情况。卖者与买者都可以获得完整而迅速的市场供求信息,以确定自己的最佳生产量与自己的最佳购买量,各自获得最大的经济利益。这就排除了由于市场信息不畅通而可能产生的一个市场同时存在几种价格的情况。

从特征来看,现实生活中几乎不可能找到完全竞争市场。一般来说,只有部分农产品如土豆和大米,才近似完全竞争市场。但是,这并不代表该类市场在理论分析上没有重要意义。这是因为,经济模型的价值并不是体现在其准确性上,而是取决于其预测能力。过去的实践证明该市场类型在观测和评价现实经济行为上有一定的作用。作为其他类型市场的基础,它提供了理论分析的框架,我们只要对其假定条件不断作出修改,使之更接近现实,就能在应对复杂的市场结构时,作出具体科学的描述。所以,我们有必要首先对该市场类型加以分析研究。

二、完全竞争市场上的价格、需求曲线,平均收益与边际收益

(一)价格与需求曲线

对于整个行业来说,需求曲线是一条向右下方倾斜的曲线,供给曲线是一条向右上方倾斜的曲线。整个行业产品的价格就由这种需求与供给决定。

但对于个别厂商来说情况就不同了。当市场价格确定之后,对个别厂商来说,这一价格就是既定的,无论它如何增加产量都不足以影响市场供求状况,也就不能影响市场价格。换言之,在既定的价格之下,市场对个别厂商产品的需求是无限的。因此,市场对个别厂商产品的

需求曲线是一条由既定市场价格出发的平行线。可用图 6－1 来说明市场价格的决定与个别厂商的需求曲线。

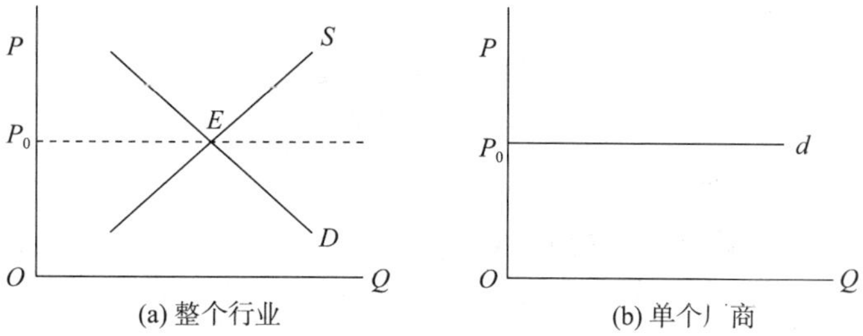

图 6－1 价格需求曲线

在图 6－1 中，(a)图说明了整个行业的供求如何决定价格，这时的价格水平为 P_0；(b)图为个别厂商的情况，这时价格为市场的既定价格 P_0，在这种价格下，市场对个别厂商的需求是无限的。因此，需求曲线为 d。

当市场供给曲线或者市场需求曲线移动时，均衡点发生变动，单个厂商面临的需求曲线也将发生变动。如图 6－2 所示。假定由于需求不变即需求曲线不变，供给增加即供给曲线向右下移动，均衡点从 E_0 移动到 E_2，均衡产量从 Q_0 移动到 Q_2，此时厂商的需求曲线从 P_0 下降到 P_2。相反，若需求不变，供给减少，供给曲线向左上方移动，均衡点向上移动到 E_1，价格上升到 P_1，厂商的需求曲线上移到 P_1。如图 6－2 所示。

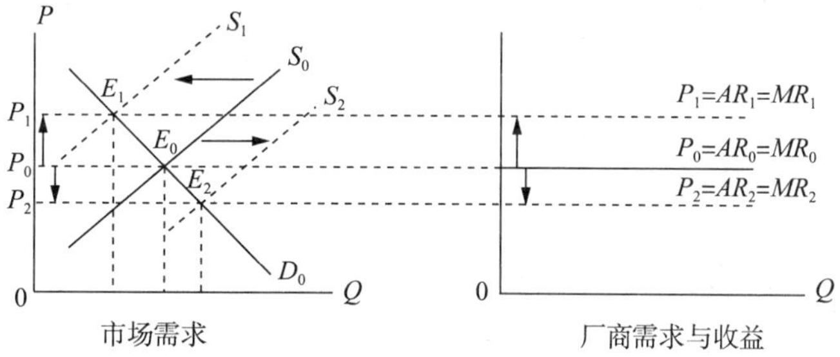

图 6－2 市场均衡与厂商需求和收益

（二）平均收益与边际收益

厂商按既定的市场价格出售产品，每单位产品的售价也就是每单位产品的平均收益。所以，价格等于平均收益。

在完全竞争的条件下，个别厂商销售量的变动，并不能影响市场价格。这就是说，厂商每增加一单位产品的销售，市场价格仍然不变，从而每增加一单位产品销售的边际收益也不会变。所以，平均收益与边际收益相等。

设总收益为价格与产量（即销售量）的乘积，即：

$$TR = P \times Q$$

平均收益是总收益与销售量的商，即

$$AR = \frac{TR}{Q} = \frac{P \times Q}{Q} = P$$

上式说明,平均收益一定等于价格。

边际收益是增加一单位销售量所得到的收益。因为对一个厂商来说,无论销售量增加多少,市场价格是不变的,所以

$$MR=\frac{\Delta TR}{\Delta Q}=\frac{\Delta(P\times Q)}{\Delta Q}=P$$

因为 $AR=P$,$MR=P$,所以 $MR=AR$。

必须注意的是,在各种类型的市场上,平均收益与价格都是相等的,因为每单位产品的售价就是其平均收益。但只有在完全竞争市场上,对个别厂商来说,平均收益、边际收益与价格才相等。因为只有在这种情况下,个别厂商销售量的增加才不会影响价格。

三、完全竞争市场上厂商的短期均衡

在短期内,厂商只能通过调整可变要素的投入量来调整其产量,以求利润最大或损失最小。完全竞争市场上厂商的短期均衡存在三种情况。

当整个行业的供给小于需求,该行业产品的市场价格上升,价格高于短期平均成本,存在超额利润。如图 6-3 所示。图中 ON 为市场价格,对个别厂商来说,需求曲线 d 是从 N 引出的一条平行线,这条曲线同时也是平均收益线 AR 与边际收益线 MR,即 $AR=MR=d$。厂商根据 $MR=MC$ 利润最大化原则调整自己的产量,MR 与 MC 的交点 E 决定了产量为 OM,价格水平为 ON,厂商的总收益为平均收益乘以产量,即矩形 $OMEN$ 的面积,总成本为短期平均成本乘产量,即矩形 $OMKG$ 的面积,矩形 $OMEN$ 的面积大于矩形 $OMKG$ 的面积,即总收益大于总成本,厂商所获超额利润为矩形 $GKEN$ 部分的面积。

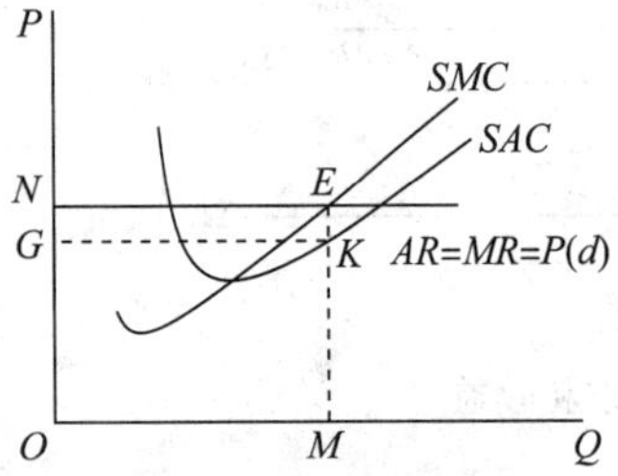

图 6-3 供小于求时的厂商均衡

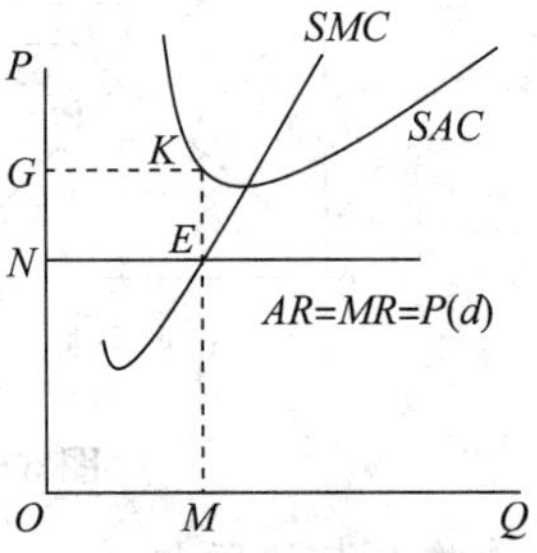

图 6-4 供大于求时的厂商均衡

当整个行业供给大于需求,该行业产品的市场价格下降,价格低于短期平均成本,存在亏损。如图 6-4 所示。图中 ON 为市场价格,厂商的需求曲线 dd 位于短期平均成本 SAC 最低点以下。厂商为达到利润最大,由 MR 与 MC 的交点 E 决定其产量为 OM,此时 $P<SAC$。厂商总收益为平均收益乘产量,即矩形 $OMEN$ 的面积,总成本为短期平均成本乘产量,即矩形 $OMKG$ 的面积。矩形 $OMEN$ 的面积小于矩形 $OMKG$ 的面积,即总收益小于总成本。厂商亏损为矩形 $NEKG$ 部分的面积。

在亏损经营时,厂商是否生产则取决于平均可变成本 AVC 的情况。因为短期内固定投入不变,无论是否生产都要支出,所以只要收益可以弥补可变成本,厂商就要进行生产。如图 6-5 所示。在图 6-5 中,市场价格 P_1 低于均衡价格 P_0,厂商出现亏损。这时厂商是否生产取决于平均可变成本 AVC 的状况。价格 P_1 所决定的需求曲线 d 与 AVC 相交于 E_1,此时

AR 等于 AVC，即当价格低于 P_1 时，所得到的收益正好补偿可变成本，短期内生产仍可继续进行。如果价格低于 P_1，即 AR 小于 AVC，厂商的收益不但收不回固定成本，就连可变成本也有一部分收不回来，就不能生产了。这就是 E_1 作为停止营业点的意义。

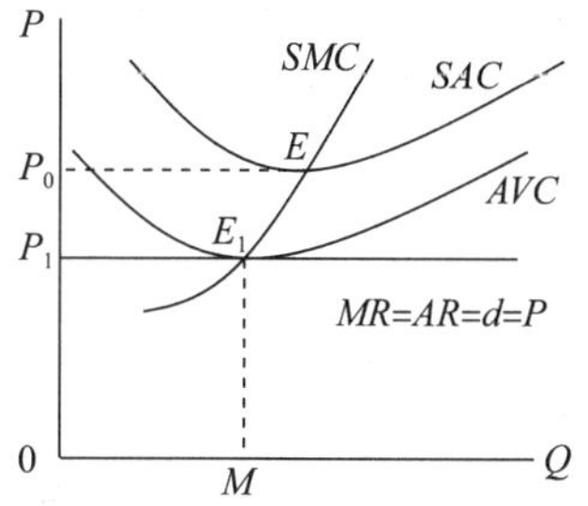

图 6－5　停止营业点

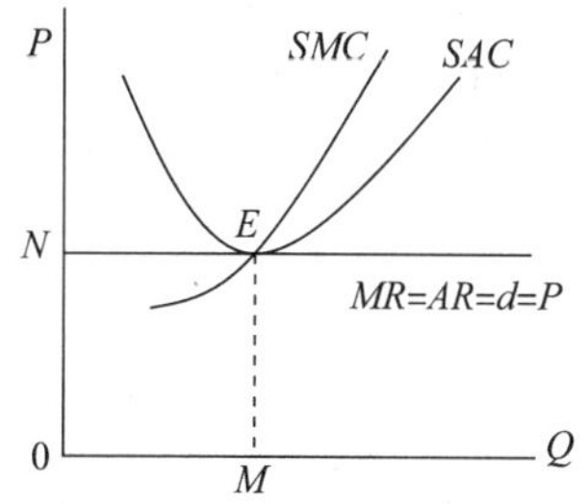

图 6－6　供求相等时的均衡

当整个行业供求平衡，产品价格等于短期平均成本，存在正常利润。如图 6－6 所示。图中 ON 为供求平衡时的价格，厂商的需求曲线 d 与短期平均成本曲线 SAC 相切。厂商为实现利润最大化，由 MR 与 MC 的交点 E 决定其产量为 OM，此时短期平均成本为 EM，因此总成本和总收益都为矩形 $OMEN$ 的面积，厂商既没有亏损也没有超额利润，不亏不盈。所以 E 点为收支相抵点。

由此可见，短期内，厂商实现生产均衡状态的条件是边际收益等于边际成本，即 $MR=MC$。

四、完全竞争市场上厂商的长期均衡

在完全竞争市场中，短期内厂商来不及调整自己的生产规模，可能出现获得超额利润或亏损的情况。在长期中，由于厂商可以调整生产规模，甚至可以进入或退出某一行业。这样，整个行业的供求就会影响市场价格，从而影响各厂商的均衡，使短期中的超额利润或亏损的均衡不能持续，而达到各厂商不亏不盈的状态。此时，整个行业供求均衡，各厂商也不再调整产量，从而实现了厂商的长期均衡。这种变动可用图 6－7 来说明。

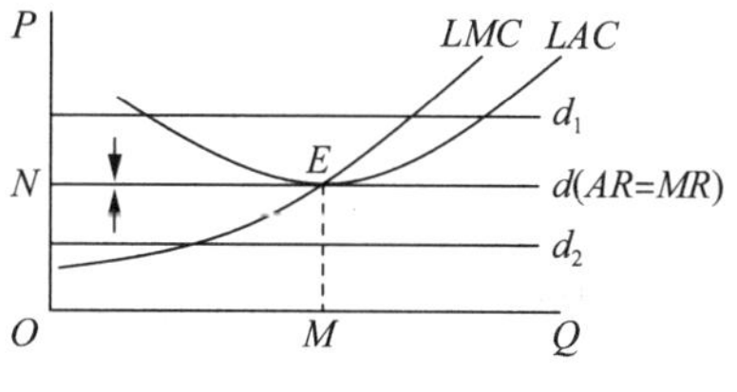

图 6－7　完全竞争市场上厂商的长期均衡分析

图中 LMC 为长期边际成本曲线，LAC 为长期平均成本曲线，d_1 为整个行业供给小于需求，存在超额利润时的个别厂商需求曲线，d_2 为整个行业供给大于正常利润时的个别厂商需求曲线。在长期中，如果整个行业供给小于需求，价格高于平均成本，存在超额利润，就会有新的厂商加入这个行业，或者原有厂商扩大自己的生产规模，使得整个行业的生产和供给增加，从而市场均衡价格下降，个别厂商的需求曲线从 d_1 下移到 d，厂商的平均收益和边际收益减少，最终使超额利润消失。如果整个行业供给大于需求，价格低于平均成本，存在亏损，则长期内厂商就会退出所在行业或减少自己的生产规模，使得整个行业的生产和供给减少，从而市场均衡价格上升，个别厂商需求曲线从 d_2 上移到 d，厂商的平均收益和边际收益提高，最终使亏损消失。调整的结果使长期边际成本曲线 LMC 与边际收益曲线 MR（即 d）相交于 E 点，E 点决定了产量为 OM。总收益等于总成本，都是矩形 $OMEN$ 的面积，厂商既无超额利润又无亏损，也就不再调整生产规模，也无厂商进出该行业，整个市场就实现了长期均衡。

在长期均衡点上，短期边际成本与长期边际成本相交，即 $LMC=SMC$，且在这一点上，短期平均成本与长期平均成本相切，即 $SAC=LAC$，因此，在完全竞争市场中，实现长期均衡的条件是：

$$MR=AR=LMC=SMC=LAC=SAC$$

在理解长期均衡时要注意两点：

第一，长期均衡的 E 点就是收支相抵点，这时成本与收益相等。厂商所能获得的只能是作为生产要素之一即企业家才能的报酬——正常利润。利润作为用于生产要素的支出之一，是成本。所以，收支相抵中就包含了正常利润在内。在完全竞争市场上，竞争激烈，长期中厂商无法实现超额利润。只要获得正常利润就是实现了利润最大化。

第二，实现了长期均衡时，平均成本与边际成本相等，我们知道，平均成本与边际成本相等，也就是这两条曲线相交时，平均成本一定处于最低点。这就说明在完全竞争的条件下，可以实现成本最小化，从而也就是经济效率最高。这正是经济学家把完全竞争作为最优状态的理由。

第三节　完全垄断市场

一、完全垄断市场的含义

完全垄断又称独占、卖者垄断或纯粹垄断，是指一家厂商是某种产品的唯一售卖者，它控制了该产品全部供给的市场结构。完全垄断与完全竞争一样都是一种极端的市场结构。完全垄断市场有以下几个基本特征：

(1) 厂商生产和销售的商品没有任何相近的替代品。

(2) 厂商进出市场的障碍很大，其他厂商进入该行业都极为困难或不可能。在完全垄断市场中，原来的厂商难以退出，新厂商不容易进入。

(3) 完全垄断企业是市场价格的制定者。垄断企业能控制市场供给，成为价格制定者。

二、垄断形成的原因

垄断厂商之所以能够成为某种产品的唯一供给者，是由于该厂商控制了这种产品的供给，使其他厂商不能进入该市场并生产同种产品。形成垄断的原因一般有以下几方面：

（一）对资源的独家控制

如果一家厂商控制了用于生产某种产品的全部资源或基本资源的供给，其他厂商就不能生产这种产品，从而该厂商就可能成为一个垄断者。最典型的资源垄断的例子是第二次世界大战之前的美国铝业公司，该公司从 19 世纪末到 20 世纪 30 年代一直控制着全美铝矾土矿的开采，从而成为美国制铝行业的垄断者。

（二）拥有专利权和版权

专利权与版权是政府和法律允许的一种垄断形式。专利权和版权用于禁止其他人生产某种产品或使用某项技术，除非得到发明人的许可。因此，一家厂商或个人可能因为拥有专利权和版权而成为某种商品的垄断者。专利权是为促进发明创造、发展新产品和新技术，而以法律的形式赋予发明人的一种权利。一家厂商可能因为拥有专利权而成为某种商品的垄断者。不过专利权带来的垄断地位是暂时的，因为专利权有法律时效。我国的《专利法》规定，发明专利的有效期为 20 年，实用新型和外观设计专利的有效期为 10 年，期限届满均不得续展。

（三）政府特许权

政府往往在某些行业授予某个厂商经营某种产品的特许经营权，如邮政部门、广播电视、供水部门等。于是，一家厂商就成了这个行业的唯一供给者。我国古代长期对盐、铁两种基本生活和生产资料进行垄断经营。由于盐、铁经营对财政具有重要意义、盐政和铁政也是我国历朝施政的一项重要内容。进入现代社会以后，被国家政府行政垄断的行业大多是与国计民生和公共福利密切相关的行业，如铁路运输部门、邮电部门等。在这些行业中，企业虽然由政府特许而获得垄断地位，但作为政府给予企业特许经营权的前提，企业同意政府对其经营活动进行管理和控制。

（四）规模经济的要求形成自然垄断

生产上的规模经济促使企业的长期平均成本向下倾斜，也就是说，企业的产出越多，或企业的投资越大，它的单位成本就越低。如果规模经济一直持续到单个企业为整个市场生产，这个市场就称为自然垄断。对于自然垄断行业来说，只有在整个行业的产量都由一家企业来生产时，才有可能达到这样的生产规模。而且，只要发挥这家企业在这一生产规模上的生产能力，就可以满足整个市场对产品的需求。如果由两家或两家以上的企业生产，将产生较高的平均成本，造成资源浪费。许多公用事业，如电力供给、煤气供给、自来水供给、固定电话、铁路等都是典型的自然垄断行业。

三、完全垄断市场上的厂商需求曲线

由于完全垄断行业只有一家厂商，垄断企业面临的需求曲线是整个行业所面临的需求曲线，从左上方向右下方倾斜，表示消费者对该企业产品的需求量与价格呈反方向变动。

在价格递减条件下，需求曲线（d）、价格线（p）、平均收益曲线（AR）重合。价格随销售量的增加而下降，平均收益与价格，也是随着销售量增加而下降，而边际收益下降比平均收益下降的速度更快，如图 6－8 所示。总收入等于产销量与价格的积 $TR=PQ$，总收入曲线是一条倒 U 形曲线。价格极高时销量为 0 时，总收入为 0；随着价格下降，产量增加，总收入增加；产量增加到一定程度，总收入达到最高；当价格趋向 0，产量趋向无穷大时，总收入趋于 0。

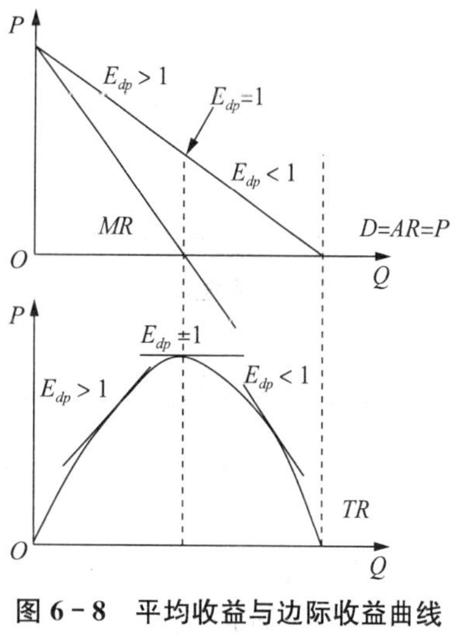

图 6－8　平均收益与边际收益曲线

AR 平均收益曲线和 MR 为边际收益曲线的关系：$MR=\dfrac{\mathrm{d}TR}{\mathrm{d}Q}=p\left(1-\dfrac{1}{E_{dp}}\right)=AR\left(1-\dfrac{1}{E_{dp}}\right)$。$E_{dp}=1$ 时，$MR=0$，总收入最大；$E_{dp}>1$，$MR>0$，总收入随产量增加

而上升；$E_{dp}<1$ 时，$MR<0$，总收入随产量增加而下降。

四、完全垄断市场上厂商的短期均衡

完全垄断厂商为了追求最大利润，仍然要根据边际收益（MR）等于边际成本（MC）的原则来决定产量。由于在短期内，产量的调整同样要受到固定投入（厂房、设备等）无法调整的限制，所以厂商在短期内难以完全适应市场需求对产量进行调整，其供求状况有三种情况：

（1）供给小于需求，价格高于平均成本，存在超额利润，如图 6－9(a)所示。垄断厂商根据 $MR=MC$ 的利润最大化原则确定产量，边际收益曲线 MR 与边际成本曲线 MC 的交点 E 决定了产量为 Q_1，此时，该产量在需求曲线 $d(AR)$ 上的对应点 G 可以确定价格 ON，在平均成本曲线 AC 上的对应点 F 可以确定平均成本为 OK。由于价格高于平均成本，厂商获得超额利润。在图 6－9(a)中，总收益为矩形 OQ_1GN 的面积，总成本为矩形 OQ_1FK 的面积，厂商所获超额利润为矩形 $KFGN$ 部分的面积。

（2）供给等于需求，价格等于平均成本，存在正常利润，如图 6－9(b)所示。需求曲线 $d(AR)$ 与平均成本曲线 AC 相切于 F 点，厂商根据 $MR=MC$ 的原则把产量确定在 Q_1 水平上，Q_1 所对应的价格与平均成本相等都是 ON，从而厂商的总收益与总成本都是矩形 OQ_1FN 部分的面积，厂商处于收支相抵点，职能获得正常利润。

（3）供给大于需求，价格低于平均成本，存在亏损，如图 6－9(c)所示。厂商为使亏损降到最低限度，仍根据 $MR=MC$ 的原则把产量确定在 Q_1 水平上，这一产量所对应的价格为 ON，平均成本为 OF，从而总收益为矩形 OQ_1GN 的面积，总成本为矩形 OQ_1FK 的面积，厂商亏损为矩形 $NGFK$ 部分的面积。在亏损情况下厂商是否生产要取决于平均可变成本 AVC 的情况。如果厂商的需求曲线 $d(AR)$ 与平均可变成本线 AVC 相交，那么，厂商的总收益在弥补了全部可变成本外，还有一部分可补偿部分固定成本，所以短期内维持生产比停止生产亏损要小；如果厂商的需求曲线 $d(AR)$ 低于其平均可变成本曲线 AVC，则厂商生产不仅不能弥补固定成本，连可变成本也补偿不了，此时停产可以使损失更小一些。由此可见，平均可变成本曲线 AVC 与需求曲线 d 的切点即为停止营业点。

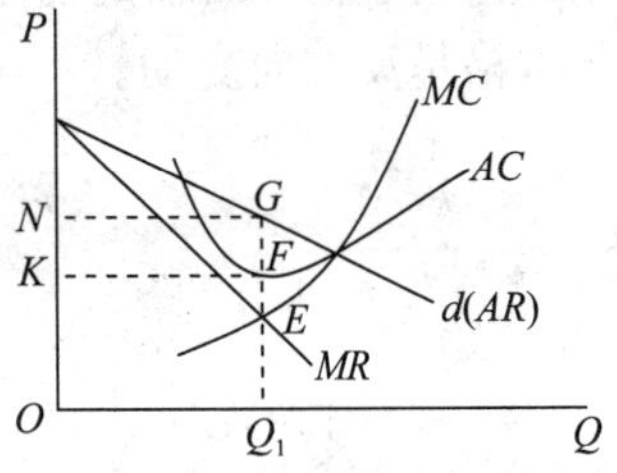

图 6－9(a) 完全垄断市场供＜求时厂商短期均衡

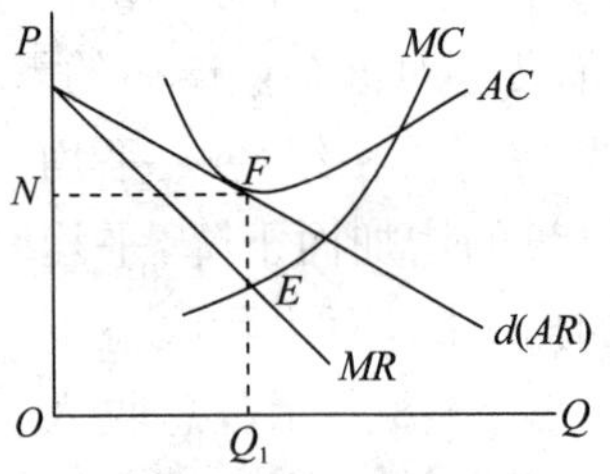

图 6－9(b) 完全垄断市场供求平衡时厂商短期均衡

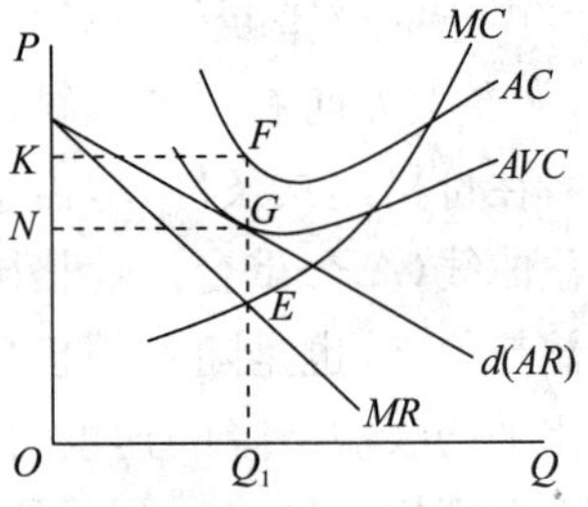

图 6－9(c) 完全垄断市场供＞求时厂商短期均衡

五、完全垄断市场上厂商的长期均衡

在完全垄断市场上，垄断厂商在长期中可以调整全部生产要素，改变生产规模，而且由于新厂商难以进入，从而垄断厂商会获得超额利润，并且这种利润可以长期保持。在长期中，垄断厂商可以通过调节产量与价格来实现利润最大化。如图 6－10 所示。

在短期平均成本曲线为 SAC_1，短期边际成本曲线为 SMC_1 时，SMC_1 与 MR 的交点 E_1 所

决定的产量为 OQ_1，价格为 P_1，短期平均成本为 OF，则垄断厂商所获得的短期总利润为总收益 TR 减去总成本 TC，即 $OQ_1 \times (OP_1 - OF)$ 部分的面积。由于 MR 不等于 LMC，即边际收益不等于长期边际成本，所以这种均衡只是短期的，而不是长期均衡。在长期中，厂商可以调整其生产规模，根据 $MR=MC$ 的原则决定产量，边际收益曲线 MR 与长期边际成本曲线 LMC 的交点 E 所决定的产量为 Q_2，价格为 P_2，长期平均成本为 OG，此时，垄断厂商所获得的总利润为总收益 TR 减去总成本 TC，即 $OQ_2 \times (OP_2 - OG)$ 部分的面积，大于 SAC_1 规模时的总利润，这是垄断厂商在长期内所能获得的最大利润。

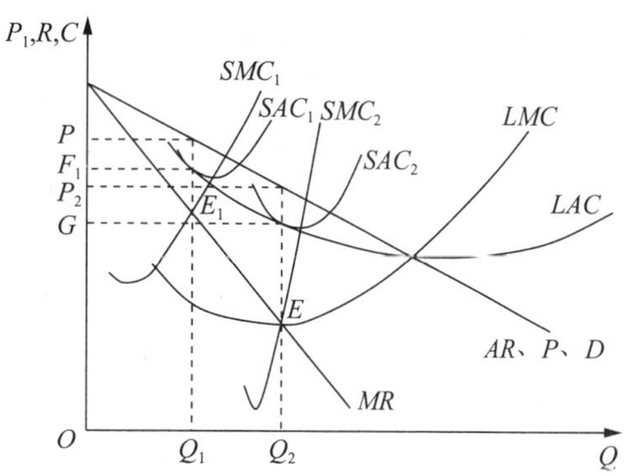

图 6－10　完全垄断市场上厂商的长期均衡

从对图 6－10 的分析可以得知，长期内，垄断厂商在高价少销和低价多销中进行选择，以调整产量实现利润最大化。图中的 E 点是边际收益曲线 MR 与长期边际成本曲线 LMC 的交点，同时也是 MR 与短期边际成本曲线 SMC_2 的交点，即在长期中，垄断厂商的均衡条件是：$MR=LMC=SMC_2$。

第四节　垄断竞争市场

一、垄断竞争市场的含义与特征

垄断竞争是一种介于完全竞争和完全垄断之间的市场组织形式，是指众多厂商生产和销售相似但又有差异的商品的一种市场结构。在这种市场中，既存在着激烈的竞争，又具有垄断的因素。垄断竞争市场具有以下基本特征：

（1）市场中存在着较多数目的厂商，每个厂商规模都不大，单个厂商的行为对整个行业的影响较小，对价格影响也较小。因而进入或退出垄断竞争市场比较容易。

（2）厂商生产有差别的产品。产品差别是指同行业的不同企业所生产的同类产品在外观、性能、质量、构造、颜色、包装、形象、品牌、服务及商标广告等方面的差别以及消费者想象为基础的虚幻的差别。每个厂商可以根据自己产品的差别形成相对垄断，而垄断能力的大小则取决于它的产品区别于其他厂商的程度。产品差别程度越大，垄断程度越高。有差别的产品毕竟是同类产品，是相互之间的相似的替代品。从长期来看，产品的差异易被同行业的其他厂商仿效使产品差别消失，这又类似于完全竞争。

二、垄断竞争厂商的需求曲线

由于垄断竞争厂商生产有差别的产品，对产品价格有一定的影响力。厂商如果适当提价，消费者不会放弃该物品的消费，产品的需求不会大幅度下降。若厂商大幅度提价，由于存在着大量的替代品，消费者会转而购买该商品的替代品。因此，垄断竞争厂商所面临的需求曲线比完全竞争厂商更陡但又比完全垄断厂商需求曲线要更缓。垄断竞争厂商同时面临两条需求曲线：主观需求曲线和比例需求曲线。

(一) 主观需求曲线(d)

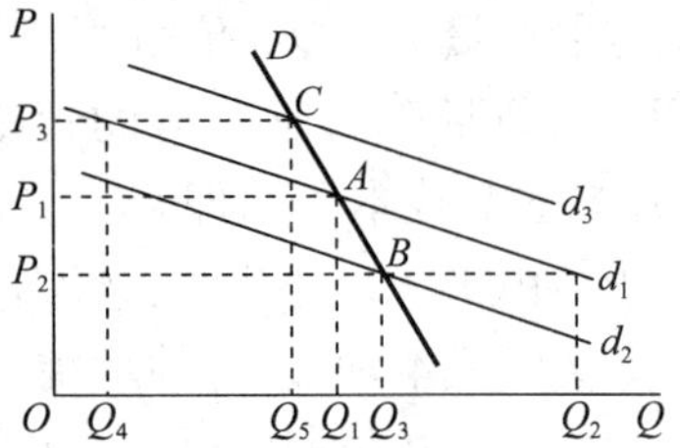

图 6-11 垄断竞争厂商所面临的需求曲线

主观需求曲线是某垄断竞争厂商在调整价格时,假设其他厂商不对此作出反应的前提下,消费者对该企业产品的需求曲线。如图 6-11 中的 d_1、d_2、d_3 曲线。D 需求曲线的需求价格弹性较大,因而向右下方倾斜比较平缓。该曲线表示:单个厂商在调整自己产品的价格时,会预期自己降低价格能从两个方面扩大销售量:其一,自己产品的原有消费者增加购买量。其二,原来是其他厂商的消费者会因为产品的价格下降转而成为自己的消费者,从而扩大市场占有率。同样道理,如果提高价格,该厂商预期同行业其他厂商也不会仿效,从而使自己的销售量大幅度减少。若主观需求曲线为 d_1,则价格在 P_3、P_1、P_2 三种情况下,该厂商主观预期的需求量分别为 Q_4、Q_1、Q_2。

(二) 比例需求曲线(D)

比例需求曲线是所有厂商同比例调整价格时,消费者对某企业的产品的需求曲线。如图 6-11 中的 D 曲线。D 曲线的需求价格弹性较小,向右下方倾斜比较陡峭。该需求曲线表示,当某一厂商首先降低价格时,同行业的其他厂商为避免减少市场占有率也会相应降低价格。因而产生降低价格的厂商所增加的销售量只来源于自己原有的消费者,而不会从其他厂商那里扩大市场占有份额。如果该厂商提价,使该厂商的销售量不会减少很多。在图 6-11 中,某厂商所实际面临的需求曲线是 D 曲线。当该厂商价格由 P_1 降至 P_2 时,它实际的销售量从 Q_1 沿着 D 需求曲线增加到 Q_3,而没有像预期的那样增加到 Q_2。反之,若价格由 P_1 提高到 P_3,则销售量会从 Q_1 减少到 Q_5,也不会像预期的那样减少到 Q_4。

(三) d 曲线与 D 曲线的关系

厂商主观预期的变化会使 d 需求曲线沿着 D 需求曲线上下平行移动。垄断竞争厂商可以根据市场状况不断调整自己的主观预期。假设厂商期初主观需求曲线位于 d_1 的位置,它预期价格由 p_1 降至 p_2,销售量会从 Q_1 增至 Q_2。但实际上销售量只增至 Q_3。于是该厂商便调整自己的预期,使 d_1 移动到 d_2 的位置,以使 P_2 价格下的主观需求曲线与比例需求曲线相等。同理,当它发现市场价格由 P_1 上升到 P_3 时,原主观需求量 Q_4 小于比例需求量 Q_5,d_1 便会移动到 d_3 的位置。

两条需求曲线的交点 A 所表示的价格水平 P_1 能使厂商实现供求平衡。因为在 P_1 的价格条件下,厂商根据预期的销售量所生产的产量(d 需求曲线所表示的单个垄断竞争厂商单独改变价格时的产量)和实际的市场销售量(D 需求曲线所表示的垄断竞争厂商在每一市场价格水平所实际面临的市场需求量)都是 Q_1,实现供求平衡。而在其他价格时供求不平衡。

三、垄断竞争厂商的短期均衡

垄断竞争厂商在短期内会通过调整它的产量和价格来实现它的利润最大化目标。

如图 6-12 所示,SMC 是代表性厂商的边际成本曲线,d_1 是厂商的主观需求曲线,D 是厂商的客观需求曲线。假定厂商一开始处于 A 点,此时产量是 Q_0,价格为 P_0。厂商为了实现利润最大化,会按照 $MR_1=MC$ 的原则来调整其价格和产量,即沿着主观需求曲线调整至 B 点,此时价格是 P_1,产量为 Q_1。由于在行业中的其他厂商也面临着相同的情况,每个厂商都在假定其他厂商不改变产量和价格的条件下根据自己的利润最大化原则降低了价格。于是,当其他厂商都降低了自己产品的价格时,代表性厂商实际的需求量不能增加到 Q_1,而只能

是 Q_0 和 Q_1 之间的一点 C，需求量只有 Q_2。厂商的主观需求曲线也要修正到通过 C 点的 d_2，边际收益曲线也相应调整至 MR_2。这样该厂商在 P_1 的价格下无法实现最大利润，必须进一步做出调整。按照厂商利润最大化的条件 $MR_2=MC$，厂商将会把价格进一步降低至 P_2，厂商预期自己的需求量将会增加至 Q_3。但是由于其他厂商采取同样的行动，该厂商的需求量实际只能沿客观需求曲线增加到 Q_4，厂商在 P_2 价格下仍无法实现最大利润。依此类推，厂商的价格还需做出进一步的调整，其主观需求曲线也将沿客观需求曲线不断移动。

上述调整过程实际是一个"试错"的过程，这一"试错"过程不断进行，一直持续到实现短期均衡状态为止。如图 6－13 所示，厂商实现短期均衡时，必须满足如下条件：(1)厂商的产量 Q_E 符合 $MR=MC$ 的原则，厂商实现了利润最大化，因而厂商没有动力改变目前的状态。(2)厂商此时的产量和价格决策恰好位于主观需求曲线与客观需求曲线的交点 H，即厂商按自己能够感觉到的主观需求曲线所做出的价格产量决策恰好和其他厂商也做出同样调整的价格产量决策相一致。

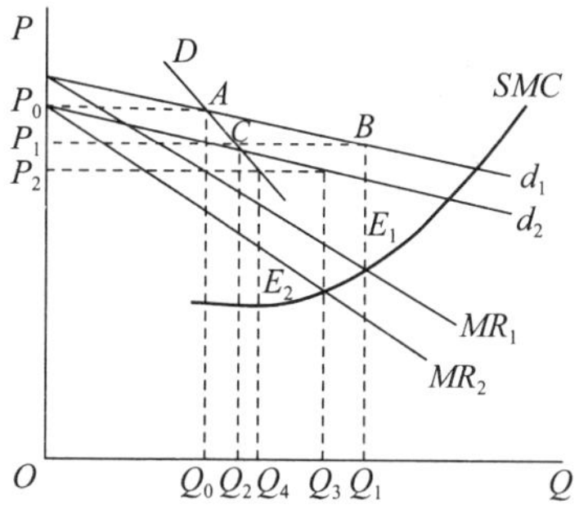

图 6－12　垄断竞争厂商短期内调整过程

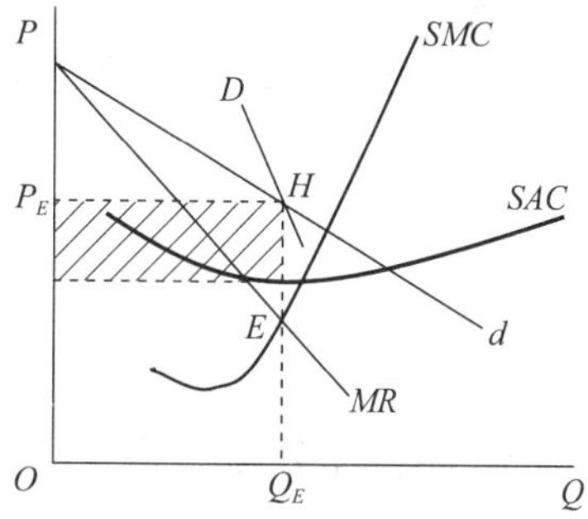

图 6－13　垄断竞争厂商的短期均衡

垄断竞争厂商实现短期均衡时的利润如图 6－13 中阴影部分所示。当然，与垄断厂商、完全竞争厂商一样，垄断竞争厂商也可能获得经济利润，也可能经济利润为零，甚至是亏损，经济利润为负。这主要取决于厂商所面临的需求曲线与其平均成本曲线的位置，如果厂商的平均成本曲线位于需求曲线之上，也就是说，厂商的平均成本太高或者需求太低，则厂商在短期内无论如何调整其价格和产量，都无法摆脱亏损的命运。

四、垄断竞争厂商的长期均衡

在长期内，垄断竞争厂商可以通过扩大或缩小其生产规模来与其他企业进行竞争，也可以根据自己能否获得经济利润来选择是进入还是退出一个行业。

假设垄断竞争厂商在短期内能够获得经济利润，在长期内所有的厂商都会扩大生产规模，也会有新的厂商进入该行业进行生产，在市场总的需求没有大改变的情况下，代表性厂商的市场份额将减少，虽然主观需求曲线不变，但客观需求曲线将向左下方移动，从而厂商的产品的实际需求量低于利润最大化的产量。厂商为了实现长期均衡必须降低其价格提高其产量来适应这种变化，从而主观需求曲线和客观需求曲线都会向左下方移动。这一过程会一直持续到行业内没有新的厂商进入，也没有企业愿意扩大生产规模为止，此时厂商的利润为零。

厂商实现长期均衡时的所处状态如图 6－14 所示。在长期均衡时，厂商的主观需求曲线 d 与长期平均成本曲线 LAC 相切于 E 点，客观需求曲线也与 d 和 LAC 曲线相交于 E 点，此时厂商的均衡产量 Q_E 满足厂商利润最大化的要求 $MR=LMC=SMC$。而此时的 $P=AR=LAC$，所以厂商的利润为零。

如果考虑行业内厂商亏损，厂商退出行业或者减少产量的过程，与上述的分析过程类似，只不过两条需求曲线的移动方向相反而已，最终均衡的结果都是主观需求曲线与 LAC 曲线相切，利润为零。

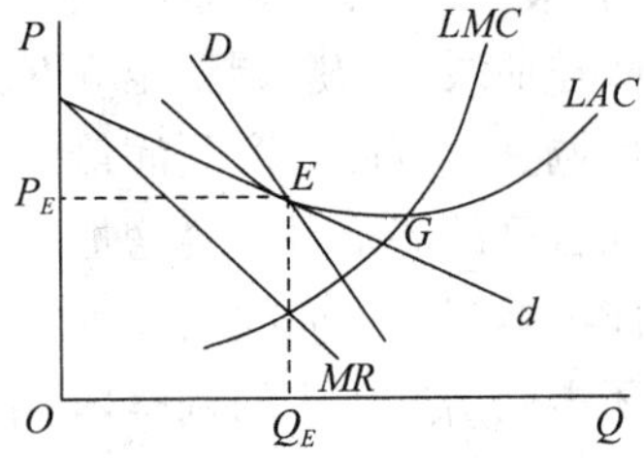

图 6-14 垄断竞争企业的长期均衡

从长期均衡的条件看，垄断竞争厂商与完全竞争厂商相同，但实际上却存在着很大的不同，其差别在于：

(1) 完全竞争厂商 D、AR、MR 曲线三线合一，且为横轴的平行线。垄断竞争厂商 D、AR 重合，且向右下方倾斜，并且 $MR<AR$。

(2) 完全竞争下长期均衡时的产量其平均成本处于最低点。垄断竞争下长期均衡时的产量其平均成本高于最低点。

(3) 完全竞争下长期均衡时价格低于垄断竞争下的均衡价格，且 $P=MC$。垄断竞争下长期均衡时价格较高，$P>MC$。

(4) 完全竞争下长期均衡的产量高于垄断竞争时的均衡产量。

第五节 寡头垄断市场

一、寡头垄断市场的含义、特征与分类

(一) 寡头垄断市场的含义

寡头垄断市场是指由少数几家大型厂商控制某种产品供给的绝大部分乃至整个市场的一种市场结构。寡头市场上的每个厂商规模都很大，都占有相当大的市场份额，因而每个厂商都对整个行业的价格与产量的决定有举足轻重的影响。如美国石油、钢铁、汽车制造等，都是典型的寡头垄断市场。按寡头垄断市场上厂商的数目划分，可分为双头垄断、三头垄断和多头垄断。按寡头垄断市场上产品的差异性划分，可分为纯粹垄断和差别垄断。产品没有差别，称为纯粹垄断；产品有差别，称为差别垄断。

(二) 寡头垄断市场的特征

1. 市场数目极少

在寡头垄断市场上，只有少数几家厂商，他们控制了大部分或全部的市场供给。因此，每个厂商在市场上都具有举足轻重的地位，对市场价格都会产生直接的影响。

2. 产品差别可有可无

寡头垄断厂商提供的产品可以是相同的，也可以是有差别的。由此分为无差别寡头垄断市场和有差别寡头垄断市场。例如，中国石化、中国石油生产的汽油就是同质产品，而广州本田与广州丰田生产的汽车在外观、配备、价格等方面均有所差异，因而是异质的产品。

3. 存在进入的障碍，其他厂商无法顺利地进入该行业

一种可能性是这些寡头行业存在规模经济，使得大规模的生产占有强大的成本优势和产量优势，大企业不断发展壮大，而小企业则无法生存，最终形成少数几个厂商竞争的局面；有时寡头厂商之间相互勾结，构筑进入的壁垒，阻止其他厂商进入；寡头厂商为了减少其竞争压力，也会采用收购、兼并一些小企业等形式来减少厂商的数目。有的行业，寡头市场的形成则直接

由于政府的产业政策所致，导致厂商数目较稳定。

4. 寡头垄断之间相互依存性

寡头之间的相互依赖性，对市场均衡的影响至关重要。一是每个寡头进行产量与价格决策时必须考虑其他厂商的可能反应，这种反应千变万化，因而使决策问题非常复杂。二是寡头市场的价格和产量一经确定就有一定的刚性，原因在于每个厂商对现行的市场价格和产量分配都不敢轻易调整。由于市场中厂商的数目较少，每个厂商在市场中都占有一个很大的份额，对市场都有举足轻重的影响力。一个厂商的价格和产量变动，不仅影响到它自己的市场份额和所得利润，而且会直接影响到其他厂商的市场份额和利润。因而厂商所做的价格—产量决策也很容易遭到其竞争对手的报复。由于寡头厂商的决策，竞争对手的可能对策难以推测，因而无法推导出寡头厂商的有规律的供给曲线，也无法确定寡头厂商的有规律的需求曲线。

二、独立行动的寡头模型

由于寡头垄断市场的上述几点特征而导致寡头厂商的均衡价格和均衡产量很难确定，要想建立寡头厂商的行为模型就显得异常困难，至今无法找到寡头厂商一般性短期和长期均衡点。

寡头市场价格决定的界限在于：最高价格等于完全垄断下的垄断价格，最低价格高于完全竞争市场长期均衡时的竞争价格。但价格确定方式往往不是由市场供求关系直接决定，而是以下面几种方式确定：一是寡头垄断者通过价格同盟来制定；二是由寡头垄断者的默契形成；三是由一家最大的寡头先行定价。这些被称为操纵价格。一般来说，这种价格一旦形成，不会轻易变动，以避免寡头双方在价格中两败俱伤。

为克服这一难题，经济学家通常假定：在给定其对手的行为以后，每个厂商都采取它能采取的最好的策略（这样达成的均衡称为纳什均衡）。下面我们就来分析寡头垄断的几个模型。

（一）古诺模型

古诺模型是法国经济学家古诺于1838年提出来的。它是两个寡头厂商的简单模型，也称为“双头模型”。该模型十分简单，但受到广泛的重视，至今仍被普遍引用。

古诺模型的假设条件，第一只有两个寡头 A 和 B，生产完全相同的产品。第二生产成本为零。第三需求是线性的，即需求曲线是一条向右下方倾斜的直线，两家寡头分享市场。第四，各方都根据对方的行动作出反应。第五，每家寡头都通过调整产量来实现利润最大化。如图6-15所示。

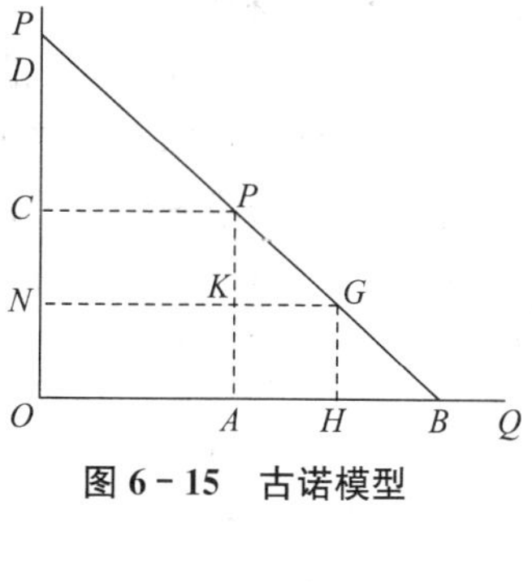

图6-15　古诺模型

图中 DB 为两家寡头所面临的需求曲线。当不考虑生产成本时，总产量为 OB，价格为零。开始时，市场上只有 A 寡头，价格 $AP(OC)$，供给产量 OA，OA 是 OB 的一半。这时销量 OA 价格 OC，可以实现利润最大。这时利润为 $OAPC$（直角三角形 OBD 的最大内接四边形）。

当 B 寡头加入后，A 的销量仍为 OA，市场剩余的需求量 AB，B 供给 AB 的一半，即 AH，可以获得最大利润。当 B 供给 AH 时，总供给量增加到 OH，因此价格下降为 $ON(HG)$。这时 A 的收益减少为 $OAKN$。假定 A 认为 B 持销量 AH，A 为了达到利润最大就要供给 $(OB-AH)$ 的一半。OB 的一半大于 $(OB-AH)$ 的一半，A 的销售量减少了。这样，留下由 B 供给的数量就增加了，B 的供给就要大于 AH，即 B 根据 A 减少销售是指行动作出的反应是增加自己的销售量。在双方对对方的行动作出反应的过程中，A 的产量逐渐减少，B 的产量逐渐增加，直到两个寡头一部分总供给量为止。这时他们的总销售量为 OB 的 2/3，每个寡头为 OB 的 1/3。

当有三个寡头时，总销售量为市场容量的 3/4，各个寡头为市场容量的 1/4。推论：当有 n 个寡头时，总供给量为市场容量的 $n/(n+1)$，每个寡头的供给量为市场容量的 $1/(n+1)$。

（二）斯威齐模型

斯威齐模型是美国经济学家斯威齐 1939 年提出的。寡头厂商不愿轻易地变动产品价格，价格能够维持一种比较稳定的状态的情况被称之为价格刚性。斯威齐模型被用来说明寡头市场的价格刚性。

斯威齐首先假定：当一个寡头厂商降低价格的时候，其他厂商会跟着降价；当一个寡头厂商提高价格的时候，其他厂商会保持价格不变。做这样的假定的原因是，当一个厂商降低它的产品的价格的时候，其他厂商如果不跟着降价，那么其他厂商的市场份额就会减少，从而产量下降、利润下跌；而当一个寡头厂商提高它的产品价格的时候，如果其他厂商价格保持不变，那么提价的厂商的一部分市场份额将会自动被其他厂商瓜分，从而其他厂商的产量会上升、利润会增加。所以需求曲线呈弯折的形状，称为弯折的需求曲线。

斯威齐模型的具体形式见图 6－16。假定厂商原来处于 A 点，即产量为 Q_1，价格为 P_1。按照斯威齐的假定，厂商提价的时候，其他厂商价格不变，因而厂商的需求量将会下降很多，即产品富有弹性，相当于图中 AE 段的需求曲线；当厂商降价的时候，其他厂商的价格也下降，因而厂商的需求量不会增加很多，从而产品是缺乏弹性的，相当于图中 AD 段。与需求曲线相对应的边际收益曲线也标在图 6－18 中，可以看出，在 H 点与 N 点之间，边际收益曲线有一个较大的落差。如果厂商的边际成本为 MC_2 所代表，厂商的产量和价格分别将是 Q_1 和 P_1；如果厂商边际成本提高至 MC_1，厂商的产量和价格仍然是 Q_1 和 P_1；如果厂商的边际成本降低到 MC_3，厂商的利润最大化的产量和价格仍然不变。由此可见，厂商的成本即使在一个很大的范围内发生变动，只要是在 H 和 N 之间，厂商的产量和价格仍将保持稳定。虽然斯威齐模型有助于说明寡头市场的价格刚性现象，但也有很多的经济学家提出了批评意见。这些批评主要集中在两点：第一，如果按照斯威齐模型，寡头市场应该具有比垄断市场更为刚性的价格，但是实证的结论与此正好相反；第二，斯威齐模型只是解释了价格一旦形成，就不易发生变动，但这个价格是如何形成的，却没有给出说明。

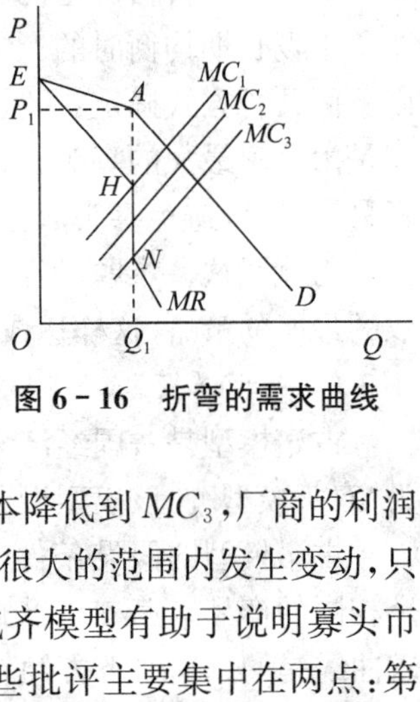

图 6－16　折弯的需求曲线

本章小结

1. 各种市场竞争与垄断程度的不同决定了市场结构。划分市场结构的标准是市场集中程度、进入限制与产品差别。

2. 根据三个标准，市场结构可以分为完全竞争、垄断竞争、寡头垄断和垄断四种类型。

3. 完全竞争市场的企业在短期中可能有经济利润，也可能是亏损，长期竞争的结果是经济利润为零。

4. 垄断市场上只有一家企业，在长期中可以凭借垄断地位而获得经济利润。垄断企业可以运用单一定价和歧视定价实现利润最大化。

5. 垄断竞争市场上，短期中企业可以凭借自己的产品差别形成垄断地位，获得经济利润。但长期中竞争的结果仍然是经济利润为零。

6. 寡头市场的特殊性在于几家寡头之间的相互依存性。

案例分析

方便面 26 日起全面涨价，涨幅最高达四成

在高价方便面于 2007 年 6 月份率先提价后，从 2007 年 7 月 26 日开始，以华龙、白象等为首、占据我国大部分市场的中低价方便面价格也整体上调。

在全国物价一片上涨之中，方便面涨价也属于情理之中的事情，虽然这会对我们的生活产生影响，广大消费者也不得不接受这个现实。我们必须警惕的是，这次方便面涨价，并不是单个企业自身的决定的，而是通过世界方便面协会中国分会的 3 次内部价格协调会议，才达成关于涨价的一致意见的。

在世界各国关于行业协会的法律规定里面，一般都把行业协会的宗旨定位在“发挥企业与政府，会员之间、企业之间、与国内外同行业之间的桥梁和纽带作用，服务会员，维护会员的合法权益，保障行业公平竞争，促进行业健康发展”。

因此，行业协会的职能主要是行业服务、行业维权和行业自律。虽然也允许行业协调，但没有一个国家允许行业协会协调统一定价或者涨价。实际上，在市场经济发达的国家，行业协会一旦协调统一定价或者调价，就涉嫌违法了，因为它成了“价格卡特尔”。

就方便面来说，如果将来方便面行业的原材料价格能够降低，或者降低管理营销成本，那么方便面的价格也会随之降下来。但是，有了行业“卡特尔”，商品的价格往往就只有涨价没有降价了。从目前来看，世界方便面协会中国分会下的康师傅、统一、今麦郎、日清、农心等十多家知名企业的市场覆盖率达到 95% 以上，占有绝对垄断地位，他们的价格同盟将是非常恐怖的。

对于这次方便面涨价，我们特别应该认清其实质。我们不反对个别企业涨价，但应该坚决反对这种价格同盟。

资料来源：《京华时报》，2007 年 7 月 24 日。

根据案例回答下列问题(每题有一个或一个以上的正确答案)：

1. 上述材料是(　　)市场结构的缩影。

A. 完全竞争市场　　B. 完全垄断市场

C. 垄断竞争市场　　D. 寡头垄断市场

2. 上述材料反映的市场结构的特征包括(　　)。

A. 市场数目极少　　B. 产品差别可有可无

C. 厂商进出行业比较困难　　D. 完全畅通的信息

3. 即使没有法律限制，要建立成功的卡特尔，还必须(　　)。

A. 市场需求缺乏弹性且只有少数厂商
B. 行业中要有愿意担当发起人的大厂商
C. 存在进入这个行业的障碍
D. 能够有效地监督和惩罚违背协议者

4. 卡特尔制定统一价格的原则是（　　）。
A. 使整个卡特尔的产量最大
B. 使整个卡特尔的利润最大
C. 使整个卡特尔的成本最小
D. 使整个卡特尔中各厂商的利润最大

5. 一个卡特尔要使其利润最大，必须（　　）。
A. 使每个厂商的边际成本等于其行业的边际收益
B. 给每个厂商分配一定的产量定额
C. 厂商间有某种分配利润的制度
D. 以上全对

职业技能训练

◇重要概念

1. 完全竞争市场　2. 完全垄断市场　3. 垄断竞争市场　4. 寡头垄断市场
5. 卡特尔　6. 价格领导

◇判断题

1. 完全竞争厂商只能被动地接受既定的市场价格。（　　）
2. 所有完全竞争的企业都可以在短期均衡时实现经济利润最大化。（　　）
3. 在完全竞争市场上，*SMC* 曲线和 *SAC* 曲线的交点，被称为停止营业点。（　　）
4. 在完全竞争条件下，才存在行业的供给曲线。（　　）
5. 寡头垄断是指少数几家大厂商垄断了该行业的绝大部分供给量。（　　）
6. 完全垄断厂商无论在短期还是长期都能依据其垄断地位取得超额利润。（　　）
7. 一个厂商即使在市场上不是某一商品的唯一生产者也可能形成垄断了。（　　）
8. 在长期中，由于新厂商的进入，使得垄断竞争市场的价格等于厂商的长期平均成本的最低点。（　　）
9. 垄断厂商所面临的需求曲线就是市场的需求曲线。（　　）
10. 垄断是缺乏效率的，因为厂商有超额利润。（　　）

◇单项选择题

1. 根据完全竞争市场的条件，（　　）是接近完全竞争行业。
A. 自行车行业　B. 玉米行业　C. 糖果行业　D. 服装行业

2. 在 $MR=MC$ 的均衡产量上，企业（　　）。
A. 必然得到最大的利润
B. 不可能亏损
C. 必然得到最小的亏损
D. 若获利润，则利润最大；若亏损，则亏损最小

3. 在完全竞争市场上，厂商短期均衡的条件是（　　）。

A. $p=AVC$ B. $p=TC$ C. $p=MC$ D. $p=AC$

4. 当一个完全竞争行业实现长期均衡时，每个企业(　　)。

A. 都实现了正常利润 B. 利润都为零

C. 行业中没有任何厂商再进出 D. 以上说法都对

5. 按照古诺模型，下列说法中不正确的是(　　)。

A. 双头垄断者没有认识到他们的相互依赖性

B. 每个双头垄断厂商都假定对方保持产量不变

C. 每个双头垄断者假定对方价格保持不变

D. 均衡的结果是稳定的

6. 垄断竞争厂商短期均衡时(　　)。

A. 厂商一定能获得超额利润

B. 厂商一定不能获得超额利润

C. 只能得到正常利润

D. 取得超额利润、发生亏损及获得正常利润三种情况都可能发生

7. 在斯威齐模型中，拐点左右两边的需求弹性是(　　)。

A. 左边弹性大，右边弹性小 B. 左边弹性小，右边弹性大

C. 左右两边弹性一样大 D. 以上都不对

8. 寡头垄断厂商的产品是(　　)。

A. 同质的 B. 有差异的

C. 既可以是同质的，也可以是有差异的 D. 以上都不对

9. 如果一厂商产出的市场价格大于其边际成本，则利润最大化原则要求厂商(　　)。

A. 在完全竞争和不完全竞争条件下都扩大产出

B. 在完全竞争时扩大产出，但在不完全竞争时并不一定如此

C. 在不完全竞争时扩大产出，但在完全竞争时并不一定如此

D. 在完全竞争和不完全竞争条件下都减少产出

10. 弯折需求曲线模型(斯威齐模型)是(　　)。

A. 假定一个厂商提高价格，其他厂商就一定跟着提高价格

B. 说明为什么每个厂商要保持现有价格，而不管别的厂商如何行动

C. 说明为什么均衡价格是刚性的(即厂商不肯轻易变动价格)，而不是说明价格是如何决定的

D. 假定每个厂商认为其需求曲线在价格下降时比上升时更有弹性

◇填空题

1. 经济学家根据市场上竞争与垄断的程度把现实中的市场分为四种类型(　　　)、(　　　)、(　　　)、(　　　)。

2. 完全竞争市场的特征包括(　　　)、(　　　)、(　　　)、(　　　)。

3. 在完全竞争市场上，平均收益(　　　)边际收益；而在其他市场上，一般是平均收益(　　　)边际收益。

4. 垄断企业是价格的(　　　)，它按照自己规定的价格出售产品，而不像完全竞争企业那样是价格的(　　　)，按照既定的市场价格出售产品。

5. 完全垄断厂商长期均衡的条件是(　　　)。

6. 政府对完全垄断厂商的价格管制方法主要有两种:一是(　　　),二是(　　　)。

7. 造成垄断的基本原因是进入障碍,它来源于(　　　)、(　　　)、(　　　)、(　　　)等。

8. 形成垄断竞争最基本的条件是(　　　)。

9. 垄断竞争厂商在短期内会通过调整它的(　　　)和(　　　)来实现它的利润最大化目标。

10. 按寡头垄断市场上厂商的行为划分,寡头垄断可分为(　　　)和(　　　)。

◇简答题

1. 为什么完全竞争厂商的需求曲线、平均收益曲线和边际收益曲线是重叠的?

2. 短期均衡时,完全竞争厂商与完全垄断厂商有何不同?

◇计算题

1. 假设某垄断竞争厂商的产品需求函数为 $P=9\ 400-4Q$,成本函数为 $TC=4\ 000+3\ 000Q$,求该厂商均衡时的产量、价格和利润。

2. 假设有两个寡头厂商行为遵循古诺模型,其成本函数分别为:$TC_l=0.1Q_1^2+20Q_1+10\ 000$,$TC_2=0.4Q_2^2+32Q_2+20\ 000$。这两个厂商生产同一质量产品,其市场需求函数为:$Q=4\ 000-10P$。

根据古诺模型,试求:(1) 厂商 1 和厂商 2 的反应函数;(2) 均衡价格和厂商 1 与厂商 2 的均衡产量。

3. 为什么参加卡特尔的各厂商会按相同的价格出售产品,而不会要求生产的产品产量相同?

第七章

分配理论

学习目标

了解生产要素的需求决定，生产要素的供给决定，利息、地租、利润的决定；掌握收入分配不平等的个人原因，收入分配不平等的制度原因，正常利润的决定和超额利润的来源；重点掌握工资的决定，收入分配政策，收入分配目标：公平与效率，洛伦兹曲线与基尼系数。

导入案例

工资的来历

蜜蜂的社会是由大量的蜜蜂个体组成的。它们一只一只地离开蜂房去采集蜂蜜。虽然蜂蜜是每个蜜蜂的劳动所得，但是当它们将蜂蜜放入公共仓库以后，它们并没有获得工资。这是为什么呢？

这是因为同一个蜂房的蜜蜂虽然有许多的个体，但是它们都是一家的。它们将蜂蜜放在公共的仓库中就是放在自己家的仓库中。它们可以随时取用，就像人到自己的家的仓库中取用食品一样。所以蜜蜂不需要获得工资。

而人就不同了。人是分属许多家庭的，相应的人的财产也是分开的，分成你的财产我的财产。工人在工厂上班，使工厂得以运行，但工厂是工厂主的，不是工人的。所以工厂主必须付给工人工资，以便工人可以养活自己的家庭。这样工资也就出现了。

如果要工人也像蜜蜂一样不拿工资，那么人类就必须像蜜蜂那样只有一个家庭。相应的财产也是属于整个社会的。这样整个社会也就成了一个工厂，工厂也是工人自己的工厂。工人们需要什么，可以从社会中随时取用。这时工人们自然也就不再需要什么工资了。

那么是不是仅仅生产资料属于工人们就可以了呢？不可以。因为只要工人们是分成家庭的，那么就只有工人们自己的家的财产才是工人们自己的。工人们不会认为工厂的财产是他们自己的。因此，工人们根本不可能像蜜蜂那样无私奉献，社会也就根本不可能成为工人们不挣工资的社会。

资料来源：豆丁网，《工资的来历》，http://www.docin.com/p-259185435.html。

第一节 劳动的供给曲线和工资率的决定

一、劳动需求

劳动需求是一种派生需求，是因为企业生产产品需要劳务而产生的需求。劳动需求的变动取决于三个因素：第一，企业产品的产量、价格。产品产量、价格越高，劳动需求越大。第二，其他生产要素的价格。由于生产要素的需求是联合的需求，并且各种生产要素之间存在着一定的替代性，因此其他生产要素价格的变动会引起劳动要素的替代，从而发生需求变动。第三，生产技术。技术的变化会改变边际产量，从而影响劳动需求的变化。例如，程控交换机的使用减少了对电话接线员的要求。

二、个人劳动供给曲线

（一）劳动供给的概念

劳动供给是指劳动者所提供的一定劳动（工作）或服务的时间数，它涉及消费者对其拥有的既定时间资源在劳动和闲暇两个方面的分配。

一个消费者每天能够利用的时间资源最多不可能超过 24 小时，消费者可以将 24 小时的一部分提供给市场（也就是消费者提供劳动），而将其他部分用于睡觉、吃饭、娱乐、休闲等项活动，这些活动的时间称作闲暇。消费者提供劳动可以带来收入，收入用于消费可以提高消费者的效用，闲暇本身就可以给消费者带来效用，所以消费者会把他每天 24 小时的时间在劳动供给和闲暇之间进行权衡。消费者会把多少时间用于闲暇，多少时间提供市场，实际就是消费者的效用最大化决策。

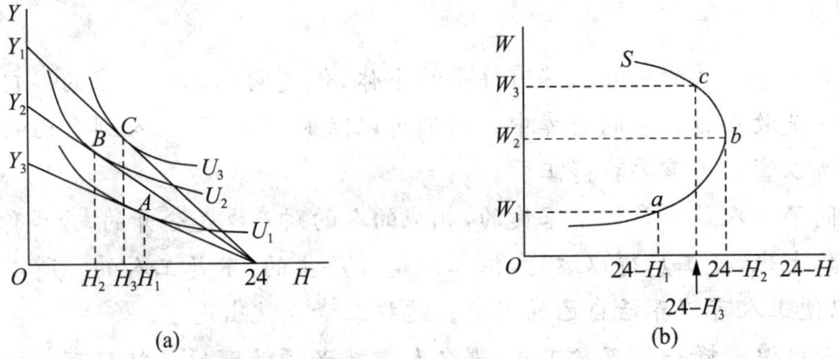

图 7-1 消费者劳动供给曲线的推导

图 7-1 是消费者劳动供给曲线的推导过程。图 7-1(a)是用无差异曲线分析来决定消费者的时间资源在闲暇和劳动供给之间的分配。图中横轴 H 为消费者闲暇的时间，纵轴 Y 为消费者的要素收入。劳动市场是竞争性市场，因而劳动的价格是由市场决定的。当劳动的价

格是W_1时，消费者的均衡点位于无差异曲线U_1和预算线的切点A，对应的闲暇时间是H_1，因此，劳动供给是$24-H_1$；当市场上劳动的价格提高到W_2时，消费者的预算线绕横轴顺时针旋转，无差异曲线U_2与预算线相切于B点，对应的闲暇时间是H_2，因此劳动的供给提高到$24-H_2$；当市场上劳动价格再上升至W_3，消费者的无差异曲线U_3与预算线相交于C点，均衡的闲暇时间是H_3，劳动供给降低到$24-H_3$。同样道理可得一系列的均衡点，将这些均衡点的劳动价格和劳动供给的组合投影在图7-1(b)中，就可以得到消费者的劳动供给曲线。

消费者的劳动供给曲线具有明显的特点，在b点以下的部分是正常的向右上方倾斜的曲线，而在b点以上供给曲线是"向后弯曲"的，即向左上方倾斜。向后弯曲的劳动供给曲线意味着当劳动的价格上升时，劳动的供给非但不上升，反而下降。

（二）替代效应与收入效应

将闲暇看作一种能够给消费者带来效用的商品。一个消费者在一定时间内要增加闲暇就必须减少劳动投入，收入会降低，劳动收入是闲暇的机会成本。将劳动的价格即工资率看作是闲暇这种特殊商品的价格。在消费者行为理论中所讲的价格变化对消费者均衡的影响的分析，完全适用于消费者对工作和闲暇的选择。

当工资率上升的时候，闲暇的价格提高，闲暇商品和其他商品的相对价格变得更加昂贵，在效用总水平不变的前提下，理性的消费者理所当然地会减少闲暇商品的消费，而增加劳动供给，获取更高的收入，这就是替代效应。替代效应导致工资率与劳动供给呈同方向变化。另一方面，由于闲暇是一种正常物品，工资率的上升引起消费者的收入增加，收入的增加会提高消费者对闲暇商品的需求，这就是收入效应。显然收入效应导致工资率与劳动供给呈反方向变化。工资率提高时，由于替代效应，消费者会增加劳动的供给，由于收入效应，消费者会减少劳动的供给。当替代效应大于收入效应时，总效应是劳动供给增加，当收入效应大于替代效应时，总效应是劳动供给减少。所以劳动的供给曲线向右上方弯曲的部分是替代效应大于收入效应的结果，而向后弯曲的部分则是收入效应大于替代效应的结果。

一般来说，正常商品的替代效应是大于收入效应的。消费者某种商品的购买量占总购买量的比例很小，这种商品的价格变动通常对消费者的实际收入水平影响不大，但对商品之间的相对价格影响较大，因此，替代效应总是大于收入效应。对闲暇则不同，由于消费者的收入大部分来自于劳动供给，工资的上升会大大增加消费者的收入水平，因而具有较大的收入效应。当消费者的工资率处于较低水平时，收入效应尚不足以抵消替代效应，但当消费者的工资率处于较高水平时，工资率的上升导致消费者的收入增加，消费者比以前更珍视闲暇而宁愿放弃收入，这时劳动供给不是增加而是减少。

三、竞争条件下的均衡工资

1. 劳动的供给曲线

在完全竞争的要素市场中，一般来说，将以上所讲的单个消费者的供给曲线横向加总就可以得到劳动的市场供给曲线。但需要注意的是，劳动的市场供给曲线并不一定是向后弯曲的，这是由于在工资率提高时，尽管单个消费者的劳动供给可能会减少，但是由于较高的工资率会吸引更多的消费者进入劳动市场，这就抵消了个人劳动供给量的减少，使得总的劳动供给依然是增加的。因而劳动的市场供给曲线是正常的向右上方倾斜的曲线。

2. 均衡工资率的确定

在完全竞争的要素市场上，厂商对劳动的市场需求曲线就是经行业调整之后的边际产品价值曲线的加总,由于边际报酬递减规律的作用,该曲线是向右下方倾斜的;在卖方垄断(产品市场垄断、要素市场完全竞争)的情况下劳动的市场需求曲线就是边际收入产品 MRP 的水平加总,因而也是向右下方倾斜的。在这两种情况下,劳动的均衡价格由劳动的需求和供给共同决定。

在图 7－2 中,横轴为劳动的数量,纵轴为工资率,S_L 为劳动的市场供给曲线,D_L 是劳动的市场需求曲线。在需求曲线和供给曲线的交点 E,劳动的供给和需求趋于均衡,均衡的工资率为 W_E,均衡的劳动供给为 L_E。劳动的价格即工资率是由劳动的市场供给和市场需求共同决定的,劳动的市场供给和需求的变动就会引起劳动价格的变动。劳动供给曲线变动的原因可能有:(1) 消费者的非劳动收入的水平,如果消费者能够不通过劳动而通过如股票投资等途径获得较高的收入,那么劳动的供给将减少;(2) 社会习俗,比如在西方有越来越多的妇女走出家庭从事劳动;(3) 人口的总量、性别构成等的变化。

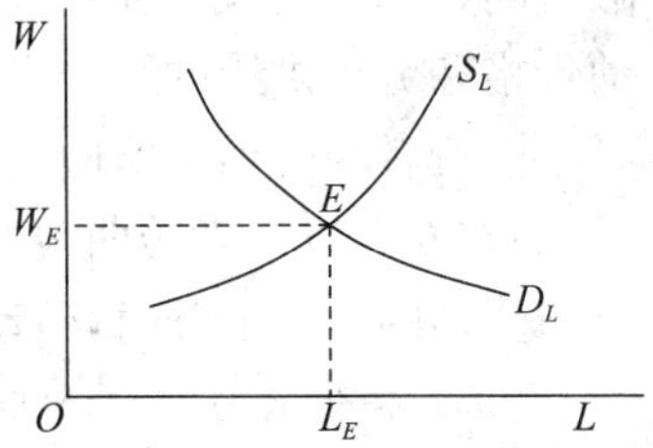

图 7－2　劳动市场的均衡

四、工会提高工资的方法

在许多国家中,工会组织在提高工人工资的过程中都有着举足轻重的作用。一般而言,工会为提高工资有以下三种方法:

(一) 限制劳动供给

根据一般的供求法则,劳动供给减少,会使市场工资率上升。具体来说,工会限制劳动供给的常用手段包括:迫使政府通过限制移民的法案;提高行业的就业资格标准;实行长期学徒工制度,拒绝接受新会员,并排挤非会员就业;对某些群体门牌歧视等。

(二) 增加劳动需求

根据一般的供求法则,营运需求增加,会使市场工资率上升。工会增加劳动需求的常用手段是:增加产品需求,从而使企业追加劳动投入,包括宣传和推销产品,限制同类产品进口等;提高会员劳动生产率,如组织学习和培训、激励士气、参与管理等。

(三) 通过谈判提高工资标准

工会可以在罢工等手段的支持下,通过谈判与雇主达成提高工资标准的集体协议。在企业具有一定程度的市场支配力的情况下,工会的出现有助于形成力量抗衡的格局。但是,若工资标准定得过高,可能使企业相应减少营运需求量,导致非工会会员就业机会减少。同时,在许多国家往往还会因为规定过高的工资标准而引起工资—物价螺旋上涨的通货膨胀。

五、工资差异的原因

劳动市场均衡工资率的分析是就单一劳动技能或者同一种职业而言的,在现实的劳动市场中,不同国家、地区、部门、职业、群体和个人之间的工资差异是十分明显的。通常有四个方面的原因:

(一) 补偿性工资差异

不同工作的效用不同,为了使人们进入吸引力小的工作领域,企业需要支付较高的工资进行补偿。凡是涉及工作环境差、神经紧张、风险责任大、工作乐趣很少、缺乏自主性、需要经常加班或者工作地点不方便、社会地位低微、稳定性差等的工作都在某种程度上需要提供补偿性工资差别，以平衡由此原因导致的对工作的规避厌恶情绪。

（二）生产率工资差异

生产率工资差异是指劳动质量的差异而造成的工资差异。成为大学教授要经过正规教育和在职训练，在此期间支付学费并放弃工资收入。较高的工资收入是对其劳动质量的承认，也是对其机会成本的回报。具有相同经历和教育程度的人，工资也可能有差异，如有的秘书打字速度快且错误少，工资就会比其他秘书的高一些。

（三）非竞争性工资差异

现实生活中劳动市场有非竞争性特征，表现为不完全信息、不完全流动性、市场分割、非竞争性群体等，这也是工资差异的原因。

（四）特殊性工资差异

某些人具有非凡的才能，并在特定的环境中获得特别高的收入。个别演员和运动员可以得到很高的收入，除了天赋努力之外，媒体的宣传和公众的偏好也是其高收入的原因。

第二节　地租理论

地租是土地这种生产要素的价格。这里的土地泛指生产中使用的自然资源，包括可再生自然资源和不可再生自然资源两类。地租可以理解为使用这些自然资源的租金。地租由土地的需求与供给决定。

一、土地需求

土地需求是指在各种可能的地租下，人们对土地的需求量。一般来说，土地越高，人们对土地的需求量越小；地租越低，对土地的需求量越大。在理论上，这是边际报酬递减规律发生作用的结果。在现实生活中土地的用途很多，如盖房、修路、种庄稼、养鱼虾等。在其他条件不变时，不同用途的土地给租用土地者带来的收益是不同的。地租较高时，只有土地利用效率特别高的人们才能够租用土地，随着地租下降，租用土地的人们才会逐渐增多。

二、土地供给

土地供给是指在各种可能的地租下，人们愿意提供的土地的数量。由于土地是自然界直接提供的生产要素，因此其供给是缺乏弹性的。在一般情况下，地租上升不会使土地供给增加；地租下降不会使土地供给减少。反映在图形上，土地供给表现为一条垂直于横轴的直线。

三、均衡地租的决定

地租的大小由土地的供给和需求决定。如图 7－1 所示。在完全竞争的经济中，土地的市场供给曲线 S 是垂直的，土地的市场需求曲线 D 是向右下方倾斜的，因此，土地的市场供给曲线和市场需求曲线的交点 E 是土地供求实现均衡的均衡点，在 E 点的地租为 R_E。

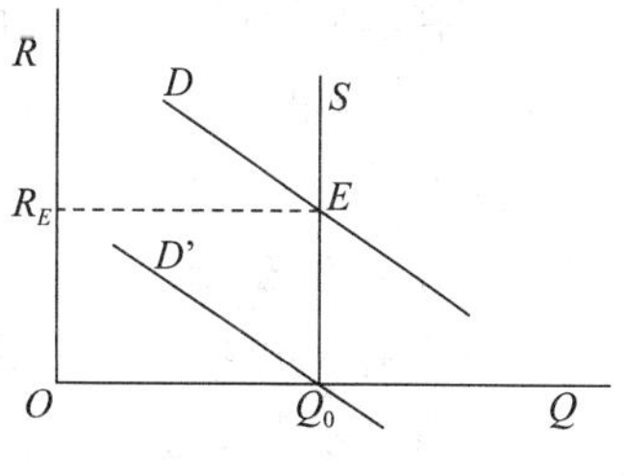

图 7－3　均衡地租的决定

从图 7－3 可以看出，在土地供给不变的情况下，如果需求不断下降，即需求曲线下移，需求曲线下降到一定程度时，均衡的地租水平将变为0。随着土地的需求不断上升，地租也会不断地提高。所以说，产生地租的根本原因在于土地是稀缺的，供给不能增加，而需求不断上升。如果土地的供给不变，则地租的产生纯然是由于土地的需求的不断提高。

四、纯粹经济租金和经济租金

纯粹经济租金是指从长期来看，供给固定且不存在其他用途的要素的报酬。

经济租金又称经济剩余。租金可以看成是这样一种要素收入，其数量的减少不会引起要素供给量的减少。有许多要素的收入尽管从整体上看不同于租金，但其收入的一部分却可能类似于租金，即如果从该要素的全部收入中减去这一部分并不会影响要素的供给。我们将这一部分要素收入称为经济租金，又称经济剩余。

五、租金、准租金和经济租金

（一）租金

租金是指供给同样固定不变的一般资源的服务价格。如前所述，土地的供给曲线是固定不变的，由于需求的增加，土地所有者可以得到的收入称为地租。地租提高，土地的供给量不会提高；地租降低，土地的供给量不会减少。在经济中还存在着其他一些要素，比如某些人的天赋才能，它们的供给数量也是不变的，不受价格涨落的影响，这些要素所得到的价格，我们统称为租金。土地是一种特有的资源，所以地租只是租金的一个特例，是租金的一种，而租金是一般化的地租。

（二）准租金

准租金是指对任何供给量暂时固定的（短期内相对固定）生产要素的支付。除土地外，任何一种在短期内供给量相对固定的生产要素的使用都须支付一定的价格。在现实中，有些要素在短期内是不变的，在长期中可变，这类要素所获得的收入称为准租金。比如厂商投资建设的厂房、机器等物品，在短期内即使厂商不能盈利，它也无法把它们从现有的用途中转移到收益较高的领域，反过来，即使厂商盈利很多，它也无法迅速增加这些物品的供给。因此，这些资本品在短期内供给是不变的，但在长期内却是可变的。

图7-4是准租金的一个示意图，它表示了一个完全竞争厂商的短期决策情况。在价格为P_0时，按照厂商利润最大化的原则$MR=MC$，厂商的均衡点为C，均衡产量为Q_0，因此厂商的总收益为OP_0CQ_0的面积。由于$OGBQ_0$是对可变要素支付的成本，因而固定要素的总收益就表示为P_0CBG的面积，如图7-4中的阴影部分所示，这一部分的收入就是固定要素所获的准租金。准租金等于不变成本与经济利润之和。如果准租金大于不变成本，表示厂商盈利，利润为准租金减去不变成本的差；如果准租金小于不变成本，表示厂商亏损，亏损额也等于准租金与不变成本的差。

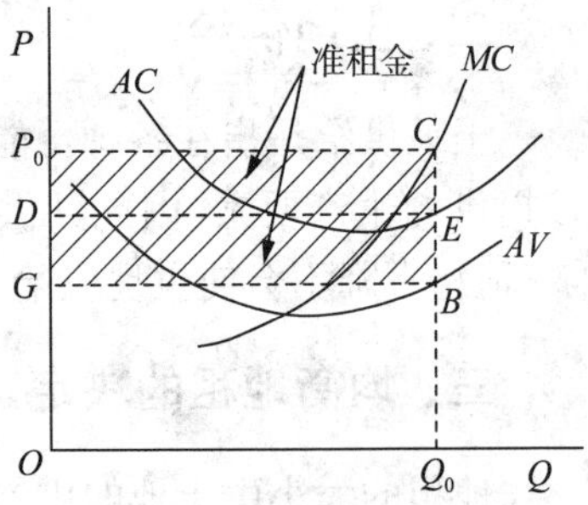

图7-4 准租金

（三）经济租金

经济租金定义为生产要素所得到的收入超过其在其他场所可能得到的收入部分。理解为要素的当前收入超过其机会成本的部分。简言之，经济租金等于要素收入减去机会成本。

从租金的分析可以看出，租金的特点在于要素价格的变化不会影响到要素的供给。有一部分要素收入类似于租金，即从要素收入中减去该部分并不会影响要素的供给。我们把要素的这一部分收入称为经济租金。经济租金并不是吸引该要素用于当前使用所必需的。

图 7-5 是要素的供给曲线和需求曲线，均衡时，要素的价格是 R_0，要素的使用量是 Q_0。供给曲线告诉我们要素所有者提供要素所要求的最低价格或者说是要素所有者在某一价格下愿意提供的要素的数量，要素所有者为提供 Q_0 的要素所能够接受的最低总价格相当于 $OAEQ_0$ 的面积，即供给曲线以下、均衡供给 Q_0 左面的区域。假定所研究的是劳动市场，在完全竞争的劳动市场上，所有工人得到的工资率都是 R_0，R_0 是用来使最后一个"边际"工人提供其劳动的，但是所有其他"边际内"工人都获得了同样的工资，他们得到的工资大于使他们工作所需要的工资。要素所有者所获得的总收益相当于 OR_0EQ_0 的面积，因此图中供给曲线以上、价格线以下部分，即图中阴影部分的面积就是要素所有者所得到的收益超过其提供要素所要求的最低收入的部分，即经济租金。

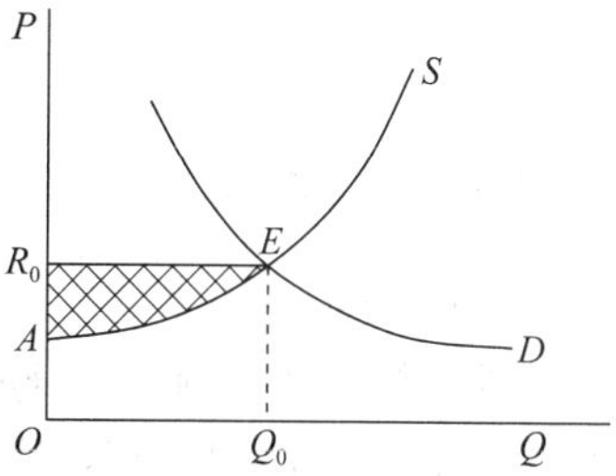

图 7-5　经济租金

从图 7-5 可以看出，如果需求增加，即需求曲线向右移动，要素的价格会提高从而经济租金提高。在需求不变的条件下，如果要素供给具有完全弹性，即供给曲线水平，经济租金为 0；当要素的供给弹性降低，即供给曲线变陡时，经济租金就会增大；当要素的供给完全无弹性，即曲线变得垂直时，所有向生产要素的支付金额都是经济租金，因为这时无论要素价格多高或者多低，要素的供给都不变，这时经济租金变得最大，这时的经济租金就是租金。由此可见，租金只是经济租金的一个特例。

六、寻租行为

寻租行为是指人们以各种方式争取获得经济租金和准租金的行为。在发达市场经济中，寻租行为的典型表现是垄断企业人为减产提价，以增加企业的准租金。但长期来看，准租金和高价格可能会吸引其他企业进入该行业，所以该垄断企业的寻租行为往往涉及政治行为，如通过贿赂等手段获取特许权。

西方学者对发展中国家中的寻租行为进行了大量分析。认为寻租行为不一定是指采取贿赂等经济手段。大企业可以利用政治势力影响政府，采取对自己有利的政策，也可以利用人情关系争取进口额、外汇、政府购买、补贴等。在发展中的市场经济中，寻租行为比较普遍，这与行政权力较大、法律不够完善、缺乏制衡机制和市场不发达有关。

在我国，随着土地市场、房地产市场的迅速发展，产生了新一轮的"土地热"，土地作为生产要素能产生巨额的利润，因此也诱发了相应的寻租活动，土地寻租现象也正不断滋生和蔓延。因此，反土地寻租已势在必行。

七、公有地悲剧

如果对土地这种稀缺资源不收取租金，允许所有人使用土地，就会产生灾难性的后果。公有地悲剧描述了一个对所有人都开放的牧场上发生的悲剧：由于每一个人都力图使个人收益最大，无节制地扩大自己的牛群，牧场被破坏了。现代社会中，这种对资源的滥用仍然存在。如在某些海域和湖泊，由于没有索取租金，结果出现滥捕现象，导致一些鱼类濒临灭绝。

第三节　利息理论

一、资本需求

（一）资本

资本是由经济制度本身所生产出来的并被用作投入要素以便进一步生产更多的商品和服务的物品。资本有以下特征：(1) 资本是由人类的经济活动所生产，因而它的总量是可以改变的；(2) 它之所以被生产出来，并非为了消费，而是为了能够生产出更多的商品和劳务；(3) 它在生产过程中被作为投入要素长期使用。由于上述特点，资本区别于一般的消费品，也区别于土地和劳动等要素。

资本的供给来自于消费者的储蓄。消费者的收入减消费等于储蓄，消费者的储蓄被企业借贷之后用于购买资本品，便转化为资本。为了便于分析，假定储蓄全部转化为资本。这样资本供给问题就转化为消费者的储蓄决策问题。

（二）资本需求

资本需求是指在各种可能的利率下，企业对资本的需求量。企业在追加投资时，面临一系列可以选择的投资项目，如扩大厂房、购买设备等。各投资项目中的单位资本给企业带来的货币收益是不相同的。企业总是优先选择最有利可图的项目，然后选择第二有利的项目，依此类推。由于资本增量所带来的货币收益递减，所以，资本的需求曲线自左上方向右下方倾斜。如图 7－6 所示。

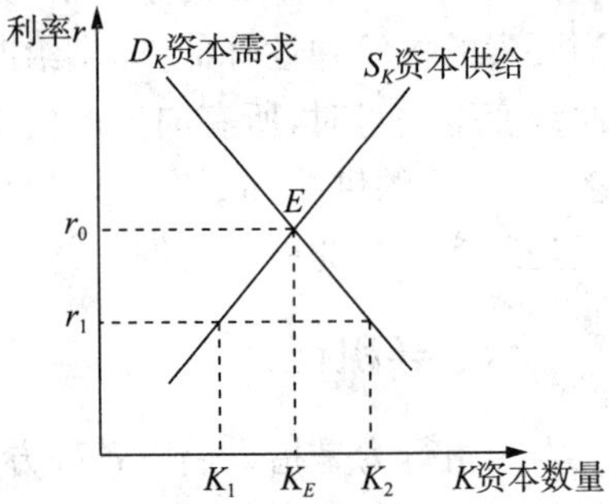

图 7－6　资本需求与供给

二、资本的供给

资本供给是指在各种可能的利率下人们愿意提供的资本数量。资本供给来自人们为获取利息而进行的储蓄，一般来说，利率越高，人们越愿意进行储蓄。这是因为储蓄需要人们付出某种代价，如资金使用不便、牺牲目前的消费、放弃有可能出现的利用资金的机会等。利息则是对人们这种牺牲所做出的补偿。资本供给曲线并不等于储蓄曲线。就一个社会、一定时期而言，资本形成取决于过去已形成的储蓄量，同时假定资本的自用价值为 0，因此在短期里，资本供给曲线为一条垂直于横轴的直线。但在长期里，随着利率的上升，储蓄量增加。因此，资本供给曲线自左下方向右上方倾斜。如图 7－6 所示。

三、纯粹利率的决定

利率是资本的价格，纯粹利率是指在理想的市场环境中，单纯由资本供求决定的利率。理想的市场环境包括参考以下条件：资本自由流动、不存在风险、不考虑借贷期限差异，不考虑管理费用，不考虑市场分割与借贷方式差异等。

在图 7－6 中，横轴表示资本数量，纵轴表示利率 r，资本供给曲线 S_K 与资本需求曲线 D_K 的交点 E 对应的利率 r_0 是均衡的纯粹利率。如果在这个理想的资本市场上利率高于 r_0，就会出现供大于求的现象，市场压力会迫使它下降到 r_0 的水平。如果利率低于 r_0（如利率为 r_1），则资本供不应求，市场压力会迫使它上升到 r_0 的水平。

四、信贷配给

银行通常实行信贷配给政策，即人为地压低利率并造成一个资本供求缺口，然后利用配给手段向一部分申请人发放贷款，而不向另一部分申请人发放贷款。

配给存在的原因如下：收益率越高，风险越大；听任市场机制提高利率，就会引起一种逆向选择：不利于银行的贷款选择。风险投资与成熟项目的投资收益不同，利益不同；借款中信息的不对称；高利率作为一种动力机制，会使人们去承担高风险。

五、名义利率与实际利率

名义利率是没有考虑通货膨胀的利率，一般银行的利率都是名义利率。而实际利率则是考虑了名义利率和通货膨胀在内，考察的是货币的实际购买力。实际利率＝名义利率－通货膨胀率。我国曾经有段时间实行的保值储蓄，就是为了让名义利率不低于通货膨胀率，以防出现储蓄贬值的情况，有效地防止了挤兑情况的出现。

六、利率管制

利率管制是指国家将资金利率调整到高于或低于市场均衡水平的一种政策措施。因此，我国的这种管制利率既是法定利率，同时也是实际利率。它可以高于国际利率水平，也可以低于国际利率水平。所以，我国的商品市场和货币市场实际上是在管制利率的强制作用下实现平衡的。

七、利率差异

利率差异是指根据不同部门、不同期限、不同用途、不同种类以及不同借贷能力等实行不同的存、贷款利率，体现了金融机构不同的贷款意向以及国家的政策倾向。

第四节　利润理论

利润通常是指企业总收益与总成本的差额，是企业出售产品和服务所获得的收入扣除全部费用（包括工资、薪金、租金、利息、材料、货物税和其他支出）后所剩的余额。在分配理论中，西方经济学家把利润分为正常利润与超额利润。

一、正常利润

正常利润是企业家才能的价格，也是企业家才能这种生产要素所得到的收入。它包括在成本之中，其性质与工资类似，也是由企业家才能的需求与供给所决定的。经济活动对企业家才能需求很大，因为企业家才能是生产好坏的关键，使劳动、资本与土地结合在一起生产出更多产品的决定性因素是企业家才能。而企业家才能供给又少，并不是每个人都具备企业家的天赋，并能接受良好的教育。只有那些有胆识、有才能，又接受过良好教育的人才具备企业家才能。所以培养企业家才能所耗费的成本也是很高的。企业家才能的需求与供给的特点，决定了企业家才能的收入——正常利润必然很高。可以说，正常利润是一种特殊的工资，其特殊性在于其数额远远高于一般劳动所得到的工资。作为企业家要具备哪些才能呢？不同的学者有不同的观点。魁奈认为创新和承担风险是企业家的两大特质；萨伊认为企业家的才能包括果断的判断力、坚持性和全面的知识、监督管理的才能、务实和能动的特质。总的来说，企业家一般应具备十个方面的才能：决策能力、组织能力、协调能力、创新能力、激励能力、用人能力、规划能力、判断能力、应变能力、社交能力。

二、超额利润

超额利润是指超过正常利润的那部分利润，又称为经济利润。在完全竞争的条件下，在静态的社会里会有经济利润产生。只有动态的社会中和不完全竞争条件下，才会产生经济利润。动态的社会涉及创新和风险。不完全竞争就是存在垄断。

（一）超额利润是承担风险的报酬

风险是从事某项事业时失败的可能性。由于未来具有不确定性，人们对未来的预测有可能产生错误，造成风险的存在是普遍的。在企业内部有各种摩擦，如合伙人之间的矛盾、上下级关系的协调、劳动冲突、设备陈旧、质量不稳等。在市场上有不确定性，如消费者嗜好的变动、经济周期性的变动、新产品的竞争和银行等的关系协调。在开放的经济环境中有变动，如国际竞争、国际市场行情的变动。还有其他随机因素：如自然灾害、政治动荡、战争、政策改变、技术进步等。由于并不是所有的风险都可以用保险的方法加以弥补，因此，从事具有风险的生产就应该以超额利润的形式得到补偿。如果没有超额利润进行补偿，企业家就没有冒风险的必要了。所以，超额利润是对企业家承担风险的报酬。

（二）超额利润是创新的结果

创新是指企业家对生产要素的重新组合，包括：(1) 发明和采用新的设备，采用新的生产方法；(2) 改变生产组织方法和经营方法；(3) 引入新产品、新式样、新包装；(4) 开辟新市场；(5) 找到和控制新的原材料。这些创意都可以产生超额利润。创新要有眼光、有创造力、敢为人先、引进新思想。创新的成功者只是少数，成功者才能获得超额利润。但超额利润会因为模仿而消失，所以需要企业家不断创新。创新是社会进步的动力，因此，由创新获得超额利润是合理的。社会进步必须付出代价，也是社会对创新者的奖励。

（三）超利润是垄断的产物

由垄断产生的超额利润又叫垄断利润。垄断的形式有两种：卖方垄断和买方垄断。卖方垄断也称专卖，是指某种产品出售的垄断。垄断者可以抬高销售价格以损害消费者的利益而获得超额利润。买方垄断也称专买，是指对某种产品或生产要素购买权的垄断。垄断者压低收购价，以损害生产者或生产要素供给者的利益而获得超额利润。

垄断所引起的超额利润是垄断者对消费者、厂商或者生产要素的供给者的剥削，是不合理的，这种超额利润也是市场竞争不完全的结果。

三、企业家追求利润的意义

企业家对利润的追求，客观上具有重要的意义：

(1) 正常利润中包含了企业家承担风险的报酬，因此鼓励了企业家去承担企业经营的不确定性风险，有利于企业的发展壮大。如果没有利润的诱惑，凡是有风险的产品的生产就没有人愿意去从事。

(2) 经济利润向企业指出了哪些行业应该发展，哪些企业应该压缩，这就是利润导向机制。某些企业获得经济利润会促使其他企业调整自己的生产方向和规模，也可能退出某个行业进入另一个行业。所以经济利润导致了资源在经济中的重新配置。

(3) 超额利润是企业进行创新的动力和物质基础。企业为了追求超额利润，就必须不断进行创新，创新产品的不断推广也会有利于社会。同时要进行新技术的改进和发明等创新活动，就必须要有充分的财力做保障。经济利润的存在为创新活动提供了重要的财力支持。

(4) 超额利润也为企业进一步扩大生产规模创造了条件，为企业的发展提供了资金。

第五节　平等与效率

经济中个人和企业需要解决的问题非常明确——如何实现效率。个人在收入约束下追求效用最大化的消费，企业在技术约束下进行利润最大化的生产。市场经济在调节个人和企业行为的时候是有效率的，使得资源尽可能实现最优配置，但市场经济并不能保证所有人都能够平等地得到产品。

事实上，市场经济的结果是出现了分配的不平等。有些人天赋极高，抓住机遇，就成为富可敌国的大富豪，比如比尔·盖茨、索罗斯；而另一些人因为各种原因只能挣扎在贫困的深渊中。因此，政府作为经济的管理者和调节者，还需要解决另一个问题：如何在整个社会实现平等，这就是基本经济问题中如何分配的问题。

一、平等

在经济学中，平等是指各社会成员收入分配平均。平等不等同于收入分配绝对平均，它是与社会两极分化相对立的概念。平等的理论基础是基数效用论中的边际效用递减法则。货币也存在边际效用递减现象。富人钱多，其最后一元钱的边际效用低；穷人钱少，最后一元钱的边际效用大。政府追求平等目标时，通过累进税和社会福利制度，将富人的一部分收入转移给穷人，则穷人得到的福利大于富人福利上的损失，整个社会的福利水平将有所以提高。

纯粹的市场机制自发地造成两极分化。高收入的家庭，其子女能接受更好的教育，从而获得高收入的工作。当高收入达到一定的规模时，还能用其购买生产资料、金融资产和房地产等，获取利润、租金等非劳动所得。而低收入家庭成员由于难以得到良好的教育，缺乏平等竞争的机会。因此，收入平等是机会平等的前提条件。

二、效率

效率是指资源配置有效，以最小的代价获得最大的利益。微观经济学的效率主要有三层含义。

(一) 资源配置效率

常用帕累托效率标准衡量资源配置效率：如果没有一个人可以在不使他人境况变差的条件下使自己的境况变得更好。

1. 交换效率：是指既定数量的消费品在消费者之间得到最优配置。所有消费者是理性的：使边际替代率等于价格比例。即满足均衡的条件：$MU_X/P_X=MU_Y/P_Y$或者$MU_X/MU_Y=P_X/P_Y$。

2. 生产效率：是指所有要素都得到充分利用并在企业之间得到最优配置。企业很多，他们的边际技术替代率等于要素价格比例。在这种情况下,如果社会想要增加一种产品的数量,就必须相应地减少其他产品数量。

3. 产品组合效率:是指企业生产出来的产品正好是人们所偏好的或者说是社会所需要的产品。完全竞争市场上,产品价格等于边际成本。

若价格高于成本,说明利益高于代价,社会应该更多地生产该产品,说明目前的产品组合缺乏效率。价格小于成本,得不偿失,社会应该减少这种产品的生产,目前的产品组合也不是最优的。只有价格等于成本才是最优的。

(二) 激励效率

激励是指调动人的积极性、创造性和责任感。

激励效率建立在资本主义市场经济三个基本要素的基础上:私有制、契约自由、自我负责。私有制:理性人是自私的,私有制提供了强有力的机制。契约自由:有才能的人若得不到高报酬,可能通过跳槽得到相应的报酬。这使人们为获得才能而努力学习和训练,自我负责。从反面对那些不努力的人实施惩罚。

三个要素基础上,出现了竞争的环境,迫使企业努力改进技术和改善管理,迫使个人努力工作和提高自身素质。这与权威的动员、政治思想教育等相比,市场机制更为长期化和制度化。

(三) 信息效率

信息效率是指以较小代价完成经济运行中的信息传递功能。市场是一种合理利用信息的机制,把成千上万生产者和消费者头脑中的偏好、技术、数量转化为价格信号。价格信息的传递过程,不要政府付出信息成本。计划经济体制难免地要付出巨大的信息成本。与市场经济相比,计划经济是缺乏信息效率的。由政府来了解成千上万个消费者对成千上万种商品的需求信息是不可思议的。

三、平等与效率的替代关系

平等与效率同属于微观经济政策目标,在选择上二者之间存在矛盾,只能择其一。

过分追求平等会导致效率上的损失。平均主义促进了平等,削弱了人们的工作热情,出工不出力,损失了效率。过分追求效率又要导致社会两极分化。

四、平等与效率的互补关系

(一) 平等在一定条件下有助于效率提高

过分不平等不仅会影响社会秩序的稳定,且边际消费倾向递减的存在,低收入者的境况过差会影响产品的销售,从而影响销售。

(二) 效率在一定条件下有助于实现平等

效率使国民生产总值增大,当国民生产总值达到一定规模后,政府可以采用累进所得税和社会福利措施来推进平等。

五、平等与效率的次序

多数微观经济主张把效率作为优先考虑的目标,当经济发展到一定规模之后,再以尽量小的效率损失换取平等程度。

六、收入分配原则

收入分配要有利于经济效率的提高，则要按贡献标准来分配，但这种分配会使不平等加剧，甚至出现严重的贫富两极分化。需要标准和平等标准有利于收入分配的平等化，但不利于经济效率的提高。其原因：一是降低了社会生产效率；二是增加了政府的负担。

一般来讲，制定收入分配政策时，必须有相应的原则或标准。收入分配有三种标准：第一，贡献标准，按社会成员的贡献分配国民收入；第二，需要标准，按社会成员对生活必需品的需要分配国民收入；第三，平等标准，按公平的准则来分配国民收入。第一个标准，按生产要素的价格进行分配，能保证经济效益。但由于社会成员能力机遇的差别，会引起收入分配的不平等。后两个标准，有利于收入分配的平等化，但不利于经济效益的提高。

七、拉姆齐税赋法则和人头税

虽然经济学家对于政府应当对收入分配不平等采取什么样的态度没有一致意见，但现实中各国政府都制定了各种收入再分配政策，试图得到更平等的经济结果。税收就是其中一种重要的手段。

拉姆齐税赋法则，在政府不能征收归总税的前提下给出了对不同需求弹性的商品如何征税才能做到效率损失最小的原则。

人头税是一种向每一个人课征相同、定额的税种(有别于所得之百分比)。早在罗马帝国时期就有人头税。在中国，秦代以前就已存在，秦代以后均课征具有人头税性质的税收。在自给自足的自然经济中，政府从农民身上取得财政收入的主要渠道有两条：一是按田亩计征的税，即土地税；一是按人头计征的税，即人头税。由于人头税很不公平，现代国家几乎都不再征收。

政府可以通过税收来进行收入再分配。这种政策虽然事实上改善了低收入者的生活状况，但也可能减少穷人依靠自身力量脱贫的激励，抑制了人们的生产积极性。因此，这种追求平等的政策降低了效率水平。

第六节　洛伦兹曲线和基尼系数

一、洛伦兹曲线

洛伦兹曲线是根据实际统计资料而作出的反映人口比例与收入比例对应关系的曲线。是由美国统计学家 M.O.洛伦兹于 1905 年提出来的，旨在用以比较和分析一个国家在不同时代，或者与不同国家在同一时代的收入和财富的平等情况。

具体做法是，首先按照经济中人们的收入由低到高的顺序排队，然后统计经济中收入最低的 10%人群的总收入在整个经济的总收入中所占的比例，再统计经济中收入最低的 20%的人群的总收入在整个经济的总收入中所占比例……依此类推。注意：这里的人口百分比和收入百分比在统计时都是累积百分比。将得到的人口累积百分比和收入累积百分比的统计数据投影在图 7－7 中，得到一系列的点，将这一系列的点用平滑的曲线连接得到一条曲线，就是图中的 ADY 曲线，这条曲线就是洛伦兹曲线。

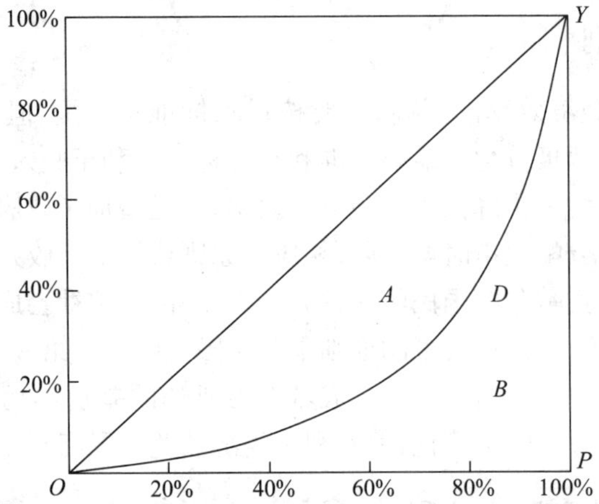

图 7－7 洛伦兹曲线

图 7－7 中的对角线 OY 具有特殊的含义，因为 OY 是 45°线，在这条线上横坐标与纵坐标相等，即经济中收入最低的 10%的人得到社会 10%的收入，收入最低的 20%的人得到社会总收入的 20%……也就是人口累积百分比等于收入累积百分比，因此 OY 表示了经济社会中每个人得到了同样的收入，因而 OY 又被称为绝对平均线。而折线 OPY 则表示了相反的收入分配状况，它意味着经济中极少数的人得到了社会 100%的收入，因而这条线又称绝对不平均线。一个国家的收入分配状况既非绝对平均，又非绝对不平均，因而实际的洛伦兹曲线位于绝对平均线与绝对不平均线之间。洛伦兹曲线将 OYP 三角形分成了两部分：一部分为 A，另一部分为 B。显然 A 的面积越小，洛伦兹曲线与绝对平均线越接近，说明收入分配越平等，A 的面积越大，即洛伦兹曲线弯曲的弧度越大，它与绝对不平均线越接近，它所代表的收入分配就越不平等。

二、基尼系数

根据洛伦兹曲线，基尼提出可以用 A、B 的面积比来表示一个经济的收入分配不平等程度，这个比值就是基尼系数。具体计算公式为：

$$G=\frac{A}{A+B}$$

基尼系数是一个大于 0 且小于 1 的数。基尼系数越大，说明一个国家收入分配越不平等，即贫富悬殊程度越高；基尼系数越小，说明一个国家的收入分配越平等。

基尼指数通常把 0.4 作为收入分配差距的“警戒线”，根据黄金分割律，其准确值应为 0.382。一般发达国家的基尼指数为 0.24～0.36，美国偏高，为 0.4。中国大陆基尼系数 2010 年超过 0.5，已跨入收入差距悬殊行列，财富分配非常不均。

本章小结

1. 生产要素的价格同一般商品一样，取决于生产要素的需求与供给。

2. 工资是营运的价格，它取决于劳动的需求与供给，劳动的供给曲线是一条向后弯曲的曲线，劳动的需求曲线是一条向右下方倾斜的曲线，其交点决定的工资水平就是均衡的工资。

3. 地租是土地的价格，土地的供给曲线是与横轴垂直的直线，土地的需求曲线是一条向右下方倾斜的曲线，它们的交点决定的地租水平就是均衡的地租。

4. 利息是资本的价格，资本的供给曲线是一条向右上方倾斜弯曲的曲线，资本的需求曲线是一条向右下倾斜的曲线，其交点决定的利息水平就是均衡的利息。

5. 利润分正常利润和超额利润。正常利润是企业家才能的价格，包括在成本中，收支相抵点就可以获得正常利润；超额利润是超过正常利润的利润，它是总收益与总成本之差，在完全竞争的市场上是没有超额利润的。

6. 洛伦兹曲线是反映社会收入分配平等程度的曲线，基尼系数是根据洛伦兹曲线得到的反映社会收入分配平等程度的指标。

7. 收入分配要兼顾平等和效率。平等是指各种社会成员收入分配平均；效率是指资源配置有效，并得到充分利用。

案例分析

漂亮的收益

美国经济学家丹尼尔·哈莫米斯与杰文·比德尔在1994年第4期《美国经济评论》上发表了一份调查报告。根据这份调查报告，漂亮的人的收入比长相一般的人高5%左右，长相一般的人又比丑陋一点的人收入高5%～10%左右。为什么漂亮的人收入高？

经济学家认为，人的收入差别取决于人的个体差异，即能力、勤奋程度和机遇的不同。漂亮程度正是这种差别的表现。个人能力包括先天的禀赋和后天培养的能力，长相与人在体育、文艺、科学方面的天才一样是一种先天的禀赋。漂亮属于天生能力的一个方面，它可以使漂亮的人从事其他人难以从事的职业(如当演员或模特)。漂亮的人少，供给有限，自然市场价格高，收入高。

漂亮不仅仅是脸蛋和身材，还包括一个人的气质。在调查中，通过调查者打分，漂亮实际上是包括外形与内在气质的一种综合。这种气质是人内在修养与文化的表现。因此，在漂亮程度上得分高的人往往是文化高、受教育高的人。两个长相接近的人，也会由于受教育不同表现出来的漂亮程度不同。所以，漂亮是反映人受教育水平的标志之一，而受教育是个人能力的来源，受教育多，文化高，收入水平高就是正常的。

漂亮也可以反映人的勤奋和努力程度。一个工作勤奋、勇于上进的人，自然会有一种朝气。这些都会提高一个人的漂亮得分。漂亮在某种程度上反映了人的勤奋，与收入相关也就不奇怪了。

最后，漂亮的人机遇更多。有些工作，只有漂亮的人才能从事，漂亮往往是许多高收入工作的条件之一。就是在所有的人都能从事的工作中，漂亮的人也更有利。漂亮的人从事推销更易于被客户接受，当老师会更受到学生热爱，当医生会使病人觉得可亲，所以，在劳动市场上，漂亮的人机遇更多，雇主总爱优先雇用漂亮的人。有些人把漂亮的人机遇更多、更易于受雇称为一种歧视，这也不无道理。但有哪一条法律能禁止这种歧视？这是一种无法克服的社会习俗。

漂亮的人的收入高于一般人。两个各方面条件大致相同的人，由于漂亮程度不同而得到的收入不同。这种由漂亮引起的收入差别，即漂亮的人比长相一般的人多得到的收入称为“漂亮贴水”。

收入分配不平等是合理的，但有一定限度，如果收入分配差距过大，甚至出现贫富两极分化，既有损于社会公正的目的，又会成为社会动乱的隐患。因此，各国政府都在一定程度上采用收入再分配政策以纠正收入分配中较为严重的不平等问题。

资料来源：梁小民，《西方经济学》，中国广播电视大学出版社 2003 年版。

结合案例回答以下问题：

1. 以下关于漂亮工人与不漂亮工人收入的说法中正确的是(　　)。

A. 漂亮的人往往赚得少，因为人们认为漂亮的人浅薄，而且自我欣赏从而产生效率低

B. 漂亮的人往往赚得少，因为漂亮的人通常人力资本少

C. 漂亮的人往往赚得多，因为他们实际上可以有高边际产量值

D. 漂亮的人往往赚得多，因为他们通常有更多的人力资本

2. 关于漂亮贴水描述不正确的是(　　)。

A. 漂亮是教育水平的标志，教育是能力的来源，受教育多，文化高，收入就高

B. 漂亮的人少，长得漂亮的劳动者供给有限，市场价格就高，收入高

C. 漂亮程度与先天禀赋有关，与后天的培养无关

D. 漂亮包括长相和身材，还包括人的气质

3. “漂亮贴水”是(　　)。

A. 由漂亮引起的收入差别

B. 只要脸蛋漂亮、身材苗条，收入自然就高

C. 漂亮的人在所有的行业都受欢迎

D. 长相一般的人不可能得到高收入

4. 在劳动市场上，漂亮的人机遇更多，雇主总爱优先雇用漂亮的人。有些人认为漂亮的人机遇更多，更易于受雇(　　)。

A. 是一种歧视　　B. 法律上禁止这种歧视

C. 是一种可以克服的社会习俗　　D. 是一种不可以克服的社会习俗

5. 不是长相一般的人得到高工资的原因是(　　)。

A. 为社会提供劳动数量与质量的报酬　　B. 长期接受正规教育与培训的结果

C. 过去受教育过程中机会成本的收回　　D. 老板的逆反心理

职业技能训练

◇重要概念

1. 准租金　　2. 经济租金　　3. 寻租行为　　4. 洛伦兹曲线　　5. 基尼系数

◇判断题

1. 如果仅考虑劳动的替代效应，那么劳动供给曲线向右上方倾斜。　　(　　)

2. 如果既考虑劳动的替代效应，又考虑劳动的收入效应，那么劳动的供给曲线先向右上方倾斜，再向左上方倾斜。（　　）

3. 当资本的边际效率大于利息率时，厂商继续借款进行投资仍有利可图。（　　）

4. 一种要素在短期内存在准地租，并不意味着长期中存在经济利润。（　　）

5. 任意一种资源，如果只能用于某种用途，而无其他用途，则该资源对该用途的供给曲线就一定是垂直的。（　　）

6. 任意一种资源对其用途的供给曲线在其机会成本水平之上垂直的。（　　）

7. 在一个竞争性的劳动市场上，如果最低工资高于均衡工资，必然引起失业。（　　）

8. 如果一个熟练工人每小时的生产量是不熟练工人的两倍，并且假定所有的市场是完全竞争和长期均衡的，则这个熟练工人的工资率将是不熟练工人的两倍。（　　）

9. 买方垄断厂商是指厂商在产品市场上是垄断者，但在要素市场上是完全竞争者。（　　）

10. 如果经济学家的市场是完全竞争的，对经济学家的需求是无弹性的，那么经济学家供给的增加会导致全体经济学家收入的增加。（　　）

◇单项选择题

1. 准租金（　　）。

A. 等于企业的总利润　　B. 比企业的总利润大

C. 比企业的总利润小　　D. 以上都有可能

2. 设甲、乙两类工人，甲类工人要求的工资率为250元/月，乙类工人要求的工资率为200元/月。某厂商为了实现最大利润，必须雇佣所有甲、乙两类工人，并支付每个工人250元/月的工资。由此可知，甲、乙两类工人得到的月经济租金（　　）。

A. 分别为250元、200元　　B. 均为250元

C. 分别为0元、50元　　D. 均为50元

3. 使地租不断上升的原因是（　　）。

A. 土地的边际产量递增　　B. 土地的供给不变，而需求日益增加

C. 土地的需求与供给同时增加　　D. 以上都对

4. 假定某球星的年薪8万元，但他若从事其他职业，最多只能得到2万元，那么该球星所获得的经济地租为（　　）。

A. 6万元　　B. 8万元　　C. 2万元　　D. 不能确定

5. 在以下基尼系数中，（　　）说明了收入分配最不平均。

A. 0.35　　B. 0.5　　C. 0.42　　D. 0.7

6. 如果甲行业的利率高于乙行业的利率，则（　　）。

A. 甲行业的资本供给应该比乙行业的资本供给更缺乏弹性

B. 甲行业的资本供给将逐渐减少，而乙行业的资本供给逐渐增加，直到利率相等为止

C. 甲行业的资本供给将逐渐增加，而乙行业的资本供给逐渐减少，直到利率相等为止

D. 甲行业的资本供给应该比乙行业的资本供给更富有弹性

7. 如果（　　），居民将增加他们的储蓄量。

A. 预期的未来收入小于现期收入，或利率下降

B. 预期的未来收入小于现期收入，或利率上升

C. 预期的未来收入大于现期收入，或利率下降

D. 预期的未来收入大于现期收入,或利率上升

8. 在短期内,厂商所面临的资本供给曲线是(　　)。

A. 向右上方倾斜　　B. 向右下方倾斜　　C. 完全无弹性　　D. 完全有弹性

9. 经济地租的含义是(　　)。

A. 使用一单位资本所支付的价格

B. 使用一亩土地所支付的价格

C. 某种生产要素量的支付大于所要求的那部分收入

D. 某种生产要素量的支付小于所要求的那部分收入

10. 下列判断错误的是(　　)。

A. 厂商存在经济利润,则其要素存在经济地租

B. 经济租金使用于长期分析,而准租金属于短期分析

C. 一种要素在短期内存在准租金并不意味着长期中存在经济利润

D. 经济地租对特定要素而言,而经济利润是对厂商而言的

◇填空题

1. (　　　　)是指各社会成员收入分配平均,是讨论如何把"蛋糕"分得更为平均。

2. (　　　　)是指资源配置有效,并得到充分利用,是分析如何把"蛋糕"做大。

3. 激励效率建立在资本主义市场经济(　　　　)、(　　　　)、(　　　　)三个基本要素的基础上。

4. (　　　　),是一种向每一个人课征相同、定额的税种。

5. 利润是(　　　　)这种生产要素的报酬。

6. (　　　　)是没有考虑通货膨胀的利率。

7. 实际利率则是考虑了名义利率和通货膨胀在内,考察的是货币的实际购买力。实际利率=(　　　　)。

8. (　　　　)银行通常实行信贷配给政策,即人为地压低利率并造成一个资本供求缺口,然后利用配给手段向一部分申请人发放贷款,而不向另一部分申请人发放贷款。

9. 收入分配有三种标准:(　　　　)、(　　　　)、(　　　　)。

10. 经济利润是超过正常利润的那一部分利润。企业得到经济利润的途径主要有两个:一个是(　　　　),另一个是(　　　　)。

◇简答题

1. 简述工会提高工资的方法。

2. 简述企业家追求利润的意义。

3. 劳动供给曲线为什么向后弯曲?

4. 土地供给曲线为什么是垂直的?

◇计算题

一厂商生产某产品,其单价为10元,月产量为100单位,每单位产品的平均可变成本为5元,平均不变成本为4元。试求其准租金和经济利润。

第八章

市场失灵与政府干预

学习目标

了解引起市场失灵的原因，政府失灵的原因及对策；掌握市场失灵的含义，信息不对称的含义，信息不对称下的市场行为，掌握科斯定理；重点掌握公共物品与市场失灵，外部性与市场失灵，垄断与市场失灵，政府在解决市场失灵中的作用。

导入案例

建灯塔的费用该如何分摊

在一个靠海的渔港村落里住了两三百个人，大部分人都是靠出海捕鱼维生。港口附近礁石险恶，船只一不小心就可能触礁沉没而人财两失。大家都觉得该盖一座灯塔，好在雾里夜里为渔船指引迷津。那么，建灯塔的费用该如何分摊呢?

既然灯塔是让渔船趋福避祸，就依船只数平均分摊好了。可是有人反对：虽然家里有两艘船，却只在白天出海捕鱼，傍晚之前就回港，根本用不上灯塔，为什么要分摊？或者即使是入夜之后才回港，但因为是航海老手，对港里港外的礁石分布早就一清二楚，闭上眼睛也能把船开回港里，当然也用不上灯塔。

于是有人建议按船员人数多少来分摊比较好。因为船只有大有小，船只大的船员往往比较多，享受的好处也比较多。所以，依船员人数分摊可能比较好。

可是，船员多不一定收获就多，该看捕鱼量。捕得的鱼多，收入也多，自然该负担更多的费用。但是，以哪一段时间的渔获量为准呢？要算出捕鱼量还得有人称重和记录，谁来做呢？而且不捕鱼的村民也间接地享受到美味的海鲜，也应该负担一部分成本。所以，依全村人口数平均分摊最公平！

但新的问题又出现了：如果有人是素食主义者，不吃鱼，难道也应该出钱吗？又有人反对了,即使素食主义者自己不吃鱼,他的妻子儿女还是会吃鱼啊。所以还是该按全村人口平均分摊。

大家莫衷一是,没有一个大家都满意的方案。其实,不管用哪一种方式,还有一个问题,由谁来收钱、保管、监督使用呢?又由谁来保证没有缴费的人不使用灯塔呢?

灯塔的例子具体而深刻地反映了社会在处理"公共财物"问题上所面临的困难,也体现了市场经济的一些局限性。

资料来源:熊秉元,《灯塔的故事》,社会科学文献出版社 2003 年版。

在完全竞争和没有外部性的市场中,市场机制能够使资源达到有效的配置。但是市场机制不是万能的,它不可能调节人们经济生活的所有领域。市场机制在某些领域不能起有效作用的情况称为市场失灵。市场在某些场合不能提供符合社会效率条件的商品或劳务。导致市场失灵的原因主要有公共产品、垄断、外部性和信息不完全。

第一节 公共物品

一、公共物品的特性和分类

(一) 公共物品的含义与特征

1. 私人物品

在现实生活中,大部分物品是私人物品。私人物品,即市场上的普通商品和劳务。它有两个特点:第一,竞争性。如果某人已消费了某种物品,其他人就不能再消费这种物品了。如一件衣服、一块蛋糕被一个人消费了,那另一个人就不能再消费。第二,排他性。对商品或劳务支付价格的人才能消费,其他人不能如此做,即付费后能排除他人消费,如我们平时购买的食品、衣服等,都被称为"私人用品"。

市场交易中的商品通常是指私人物品。对于私人物品,一般而言,对于没有付费的人,很容易地排除在消费范围之外;而且一旦某人已经消费了某个物品,则其他人就不能再消费该物品了,把这两个特性称为私人物品的排他性和竞争性。由市场来配置这类私人物品的生产和消费,一般是有效率的。

2. 公共物品

公共物品是公共机构提供的有形物品和无形物品,是集体消费的物品,具有非排他性和非竞争性。较典型的公共物品是国防、外交、广播、治安等。公共物品的特点:第一,非排他性,指不能轻而易举地排斥某人消费某种物品。例如灯塔、国防,对于不交费者难以限制其使用。第二,非竞争性,指一个人消费某种物品不会减少其他人的消费,消费者之间并不存在竞争。如收音机。若某人使用收音机,并不影响他人使用收音机的效果。

公共物品的平均成本随人数增加而无限下降,如国防开支一定,一国人数越多,人均国防费用越低;准公共物品在一定限度内随人数增加而降低平均成本,随拥挤的加剧,新增成员会降低原有成员的平均效用水平,并使既定效用水平的平均成本有所上升(设计维护费)。

（二）准公共物品

根据物品的竞争性、非竞争性、排他性、非排他性特征，使得物品会由于四种可能的组合而形成四类物品。私人物品既有排他性又有竞争性，纯公共物品同时具有非排他性和非竞争性。有排他性没有竞争性或者有竞争性没有排他性的物品称为准公共物品。

公共资源是指只具有竞争性，但无排他性的物品。例如公海捕捞的鱼，是一种竞争性物品，一部分人从海洋中捕到的鱼多了，留给其他人捕的鱼就少了。但这些鱼并不具有排他性，因为不可能对任何从公海中捕到的鱼都收费。

自然垄断性物品是指具有排他性但无竞争性的物品，通常这类物品存在自然垄断。例如，有线电视不具竞争性，多一台电视机接收有线电视节目并不会降低其他电视机的接收质量，也不会增加电视节目制作的成本。但是，它具有排他性，不付费的人是无法接收有线电视节目的。公园、电影院在未达到饱和状态时也如同有线电视一样，具有排他性而不具有竞争性。

公共物品具有与私人物品不同的性质，完全由私人提供无法达到有效的结果，这为政府介入公共物品的生产提供了依据。但是并非所有的公共物品都要由政府来生产，同时政府提供的物品也未必都是公共物品。实际上许多政府提供的物品在消费中既可以是竞争性的，也可以是排他性的。例如，教育作为一种服务，既有竞争性，又有排他性，政府提供公共教育是因为教育具有外部经济，而不是因为它是公共物品。再如政府提供的国家公园，入园费的确定把一部分公众排除在外，因为不买票就不能进去消费。同时公园的使用也具有竞争性，在拥挤的情况下，继续进入会减少其他人的效用。可见公共部门（政府）提供的物品与公共物品不是完全相同的。

二、免费搭乘者难题

公共物品是社会需要的。但公共物品的生产是需要成本的，这种成本应该由受益者共同承担，但它又不像私人物品那样，谁付了钱，谁就可以消费，因为作为一个整体，它一旦被提供出来，就无法阻止那些没有分担成本的人来消费。这种个人不愿意为公共物品付费，总想让别人提供后自己免费享用的行为，我们称为“搭便车”。

由于每个人都有占便宜的动机，很容易产生“搭便车”行为，都希望别人来提供公共物品，而自己坐享其成，其结果很可能是大家都不提供公共物品。但公共物品是一个社会必不可少的，缺少公共物品就不能满足社会经济发展的客观需要，因为影响所有公民的社会福利。

公共物品的生产需要成本，不能弥补成本就不能生产出来，因此要用强制手段来筹措资金。免费搭乘难题通过联合购买解决，即人们通过纳税的方式购买公共物品。

三、公共选择

因为公共物品私人提供无效率或者低效率，即市场在提供公共物品上是失灵的，那么由政府介入是合理的。因为公共物品由私人部门提供无法补偿其成本，那么政府因拥有征税的权利，可以通过征税来弥补提供公共物品的成本。

相对于市场经济中自发、分散、自由的运行方式，政府职能具有人为、集中、统一的特点。在市场经济中，决策过程相当简单，一切由市场上供求双方的相互作用决定。最终决定生产什么、生产多少、如何生产或为谁生产，是消费者手中的“货币选票”。政府的公共选择是通过“集体选择”即通过投标进行。在这种决策过程中，公共政策的取舍、公共开支的多少，都由选民或者选民代表投票决定。集体选择的规则有两种基本形式：一致同意规则和多数规则。

一致同意规则是指某项提案的通过必须以所有人通过为前提。如果某项提案没有获得所有人同意,就要进行修改,直到所有人通过为止。这一规则能使资源配置达到最优,但也有明显的缺点。首先是反复修改提案,需要大量的人、财、物和时间的投入。其次,为了使提案获得通过,人们会采取各种手段,如拉票、反复劝说、收买、威胁等。

多数规则分为简单多数规则和比例多数规则。简单多数规则是指某项提案的通过必须以半数以上人通过为前提。比例多数规则指某项提案的通过必须以赞成票达到规定的比例为前提,如 2/3 票或者 4/5 票多数。多数规则可以相对节约集体决策的成本,它对多数派有利,对少数派不利。在特定的条件下,可能出现多数人暴政。

按照多数规则进行投标的目的是为了让多数人满意。但这个目的往往是多数规则难以达到的,出现投票悖论。投票悖论是指按照多数规则进行的投标可能无法取得让多数人满意的结果。例如三个人决定去看电影,用投票的方式从 A、B、C 三部影片中选择一部,三部影片所得票数可能是 A>B,B>C,C>A。

在投票决策中,中位投票人往往决定最后的结果。所谓中位投票人就是立场站在大家中间的人。在一项 101 人参加的财政预算的投票中,有 50 人主张增加预算,50 人主张减少预算,最后一个人就成了中位投票人,他个人的偏好就成了所有参与投票人的偏好,即他认为要增加预算,增加预算的就成了多数,他认为要减少预算,减少预算的就成了多数。

四、私人提供准公共物品的低效率

准公共物品是具有无排他性或非竞争性的物品。它分为三种:第一种是在性质上接近纯公共物品的准公共物品,如义务教育;第二种是一般的准公共物品,如道路、文化建设;第三种是在性质上接近私人产品的准公共物品,如成人教育等。准公共物品在消费方面具有两个特性:一是消费中的争夺性,即一个人对某物品的消费可能会减少其他人对该物品的消费(质量和数量);二是消费中具有排斥性,即只有那些按价付款的人才能享受该物品。准公共物品在现实中是大量存在的,如大多数城市公用设施、公共教育和医疗保健服务等。

准公共物品由私人提供存在以下问题:一是私人提供准公共物品存在供给量不足的问题;二是私人提供准公共物品,可能导致利用效率不高的问题,如架桥后因需要收取过桥费从而导致桥的利用效率不高;三是私人提供准公共物品,可能使成本增加。如为了收过桥费,会增加收费设施,设置路障,而增加成本。准公共物品的提供有以下方式:

(1) 授予经营权

对于准公共物品,因其可以通过收费的方式来弥补成本,所以由市场提供是可行的。只是一般来说,准公共物品的初始投入数额很大,而一旦投资建成后,边际成本呈下降趋势。即准公共物品一旦提供,在特定的产品范围内,新增加一个使用者,增加的成本很低,甚至为零。因此,准公共物品很容易形成垄断。准公共物品可以由政府授予特定企业经营权,但同时为避免垄断造成的价格过高,政府对这些企业应该加强监管。

(2) 财政补贴

如上所述,准公共物品的边际成本很低,如果要求其按照边际成本等于价格的规定来定价,那么企业很难弥补初始成本。在这样的情况下,政府可以通过财政补贴的方式来保证企业对成本的弥补。财政补贴通常出现在这些领域,如教育、医疗卫生、图书馆、博物馆等。

(3) 政府参股

对于某些准公共物品,可以通过政府参股的形式混合提供,如桥梁、水坝、高速公路、铁路等。

第二节　外部效应

一、外部效应的概念

外部效应是指人们的经济活动对契约关系之外的他人产生的影响。市场的契约关系一般表现为生产者和消费者的关系。在契约关系之内，收益和成本是对应的，市场大体能够实现资源的有效分配。但是，人们的生产和消费活动可能影响到契约关系第三者，承受外部效应的人没有为此付出努力或者得到补偿。正是这种收益和成本不对称的领域，市场在调节资源配置上失灵。

（一）外部成本

外部成本是指人们的生产和消费对他人的契约关系之外的消极影响。例如，工厂向大气层排放烟尘会影响人们的生活质量，而工厂并未对此作出补偿。又如吸烟者的消费可能造成周围的人被动吸烟，他也未作出相应的补偿。外部成本产生的原因是产权界定不清。如果契约关系能够考虑到人们的生产和消费对所有人的消极影响，并对此作出相应补偿，那么就不会出现外部成本问题。

（二）外部收益

外部收益是指人们的经济活动对他人产生的契约关系之外的积极影响。例如，基础理论研究者取得突破，全世界都会从中受益。企业培训后，受训者可能转到其他单位工作，培训企业并不能从其他企业收回培训费用。用人单位也没有因为用了高素质的员工而对培训单位作出回报。

二、社会成本

社会成本是社会为某项活动付出的代价，它是私人成本与外部成本之和。私人成本是私人为某项活动付出的代价。例如，吸烟者购买香烟的支出（经济学的理性人假设使我们可以不考虑他的健康问题），外部成本是它对周围人健康的影响。造纸厂的私人成本是它造纸的各项费用，如利息、工资、租金等。但是社会民众也为造纸付出了外部成本，例如，水质恶化、健康受到损害等。由于许多活动都存在外部成本，社会成本通常要高于私人成本。私人企业的目标是追求利润最大化，它在市场中只考虑私人成本。从社会成本角度看，这会造成资源配置扭曲，即资源配置不符合成本收益原则。

社会边际成本是产量的增量导致的社会成本增量。它是私人边际成本与外部成本之和。在图 8－1 中，横轴 Q 为纸的产量，纵轴 P 为纸的价格，曲线 D 为需求曲线，MR 为边际收益曲线，SMC 为社会边际成本曲线。社会边际成本曲线的位置高于私人边际成本曲线，二者之间的垂直距离表示外部成本。随着造纸数量增加，排污数量也会增加，外部成本递增，两条曲线的垂直距离越来越大。

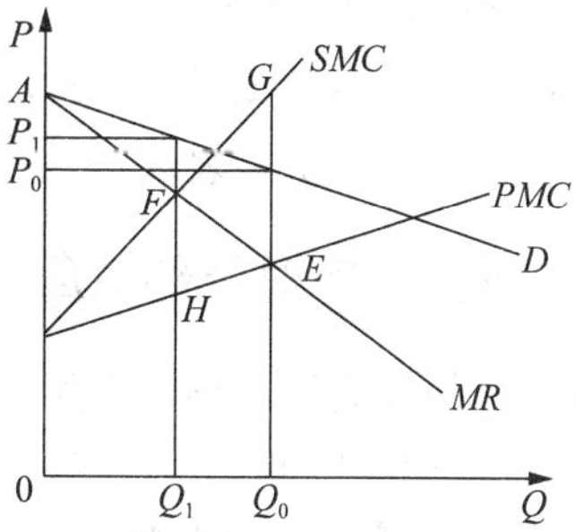

图 8－1　造纸厂的资源配置扭曲

企业找到边际收益曲线与私人边际成本曲线的交点为

E,确定最大利润产量为 Q_0,并把价格确定为 P_0。为图形简化未画出平均成本曲线,在图形上不能显示利润大小,与分析关系不大。

对于社会来说,资源最优配置的条件是:$MR=SMC$。公式表明,在考虑外部成本的情况下,边际收益 MR 等于社会边际成本 SMC 是资源最优配置的条件。资源最优配置以社会福利最大化为标准。社会福利是收益超过社会成本的余额。如果边际收益大于社会边际成本,增加产量可能增加社会福利。如果边际收益小于社会边际成本,减少产量可能增加福利。所以只有两者相等才能保证资源最优配置。

对于社会来说,最优级产量应当是边际收益曲线与社会边际成本曲线的交点 F 所对应的产量 Q_1。对社会来说,在 Q_1Q_0 产量区间,社会边际成本(FG)大于边际收益(FE),生产这部分产量是得不偿失的。但是,私人企业看到的是在 Q_1Q_0 产量区间,私人边际成本(HE)小于边际收益(FE)。所以,它不会把产量停止在 Q_1。这是市场失灵的重要表现。

三、社会收益

社会收益是社会从某项活动中得到的收益,它是私人收益与外部收益之和。私人收益是私人在某项活动中得到的收益。例如,学校收取的学费是学校的私人收益。但是,社会民众从教育事业的发展中获得了好处。受过教育的人会更热爱祖国、更遵守纪律、更有知识。受过教育的人越多,国家越强大,大家都会从中受益。一般情况下,社会收益高于私人收益。

图 8-2 中,横轴 Q 为教育数量,纵轴 P 为教育价格。曲线 $PD=PMU$ 为私人对教育的社会需求曲线和社会边际效用曲线。如果用货币衡量效用,两条曲线向右下方倾斜,表示教育的边际效用递减。曲线 $SD=SMU$ 为教育的社会需求曲线和社会边际效用曲线。社会边际效用是产量增加导致的社会收益增量。社会边际效用曲线的位置高于私人需求曲线,二者之间的垂直距离表示外部收益。随着教育数量增加,外部收益递增,两条曲线的垂直距离越大。为了分析简化,假设价格线 P_0 是一条水平线,即学费不变。

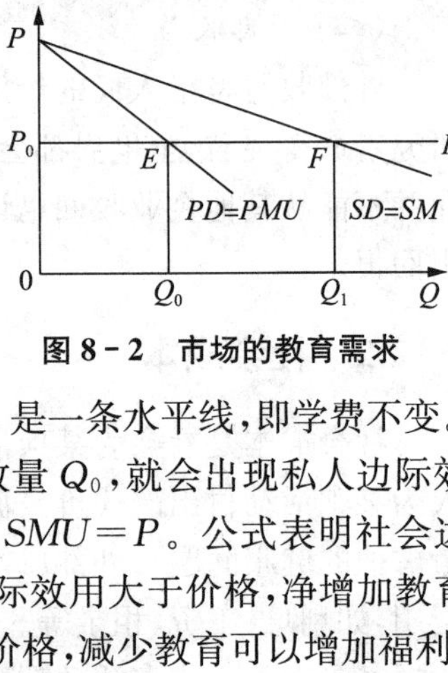

图 8-2 市场的教育需求

边际效用曲线与价格线的交点 E,确定对私人的最优教育数量 Q_0,就会出现私人边际效用小于价格的现象。对社会来说,教育资源最优配置的条件是:$SMU=P$。公式表明社会边际效用 SMU 等于价格 P 是资源最优配置的条件。如果社会边际效用大于价格,净增加教育可以增加福利(福利大于价格的差额)。如果社会边际效用小于价格,减少教育可以增加福利。所以只有两者相等才能保证最优配置。

图 8-2 中,最优教育数量是社会边际效用曲线与价格线的交点 F 所对应的教育数量 Q_1。在 Q_0Q_1 教育数量区间,社会边际效用高于价格,提供这部分教育数量是有利可图的。但是私人看到的是在 Q_0Q_1 教育数量区间,私人边际效用小于价格,它不把教育数量增加到 Q_1。这是市场失灵的重要表现。

四、政府对外部效应的对策

外部效应使市场不能实现资源最优配置,政府需要采取相应对策解决问题,政府的对策主要有以下几种。

(一) 产权界定明晰

例如,国家规定禁捕期,限制渔民使用渔船的产权,就可以杜绝过度捕捞引起的鱼虾断子绝孙。

（二）利用税收政策

国家向排放污染物的企业征税，并使税收等于外部成本，就可以让私人成本与社会成本相等，从而实现资源最优配置。

（三）使用补贴政策

政府向具有外部收益的教育产业提供补贴，可以增加教育供给和降低教育价格，从而刺激教育需求量增加。事实上，发达国家对中小学已经实现了免费教育。法律还把接受教育作为公民义务。对于外部收益特别明显的基础理论研究，国家设立专项资金进行推动。

（四）用法律规定人们的行为规范

如法律规定人们不得在公共场所吸烟，不得酒后驾车，不得乱丢果皮等。

外部效应是人们的经济活动对契约关系之外的他人的影响。外部成本是指人们的经济活动对他人产生的契约关系之外的消极影响。社会成本是社会为某项活动付出的代价，它是私人成本与外部成本之和。由于外部效应的存在，市场不能自发实现资源最优配置。政府需要利用法律和经济手段解决外部效应引起的市场失灵。

第三节　信息不对称

在前面的章节我们均假定无论生产者还是消费者在决策时都拥有充分的信息，使他们能够作出准确决策。但在现实中，决策时往往难以拥有充分的信息或者因为信息费用昂贵而无法拥有更充分的信息。

一、市场信息不对称的概念

信息不对称指市场交易的各方所拥有的信息不对等。信息有公开信息和私人信息。人人都知道的信息是公开信息；一方所有，另一方不知道、要花代价才能得到的信息叫私人信息。一方仅知道公开信息，另一方既知道公开信息又知道私人信息，这就是信息不对称。按时间分为事前信息不对称和事后信息不对称，事前信息不对称产生逆向选择，事后信息不对称产生道德危险。

二、逆向选择

逆向选择是指交易的一方由于能够拥有比另一方更多的信息，因而可以获得更多的利益，所以希望与对方签订合同，进行交易的选择行为，是信息不对称所造成市场资源配置扭曲的现象。

在产品市场上，特别是在旧货市场上，由于卖方比买方拥有更多的关于商品质量的信息，买方由于无法识别商品质量的优劣，只愿根据商品的平均质量支付，这就使优质品价格被低估而退出市场交易，结果只有劣质品成交。优质品的退出，使市场商品质量整体降低，从而导致商品市场价格降低，由此出现恶性循环，最终导致交易的停止。

由于逆向选择的存在，影响和破坏了市场交易的正常进行，使市场价格不能正确地反映供求关系，价格机制不能充分发挥其在资源配置中的积极作用，最终导致社会资源的浪费和低效利用。

事前信息不对称指签约之前存在的信息不对称，又称为隐藏信息，如产品质量。事前信息不对称产生逆向选择。因而解决逆向选择问题实际上也就是要解决市场事前不对称问题。或者说是要使得市场信息由不对称趋向于基本对称。市场信息的及时显示、甄别被认为是有效的手段。如厂商为了使消费者信任其商品质量而给消费者"三包"、无条件退货的承诺，商场为了让消费者相信其不卖假货作出"假一罚十"的承诺，权威机构提供的证书、劳动者的学历证书等都是有效的市场信号，能在一定范围内避免逆向选择的产生。

三、道德风险

道德风险又称败德行为，是指交易双方在签订交易契约之后，占据信息优势的一方在使自身利益最大化的同时损害了另一方的利益，却并不承担由此造成的后果的行为。

以财产保险为例，购买了家庭财产保险后，人们不再像以前那样仔细地看管家中的财物了，如出门的时候不再像先前那样仔细地检查水电是否关闭，入户门是否锁紧，知道家里着火了，也不会积极地去救火，防止损失扩大，甚至学会故意制造灾难骗取保险公司的保费。这主要是因为保险公司并不能按其掌握的有限的关于保险人的信息，准确地判定保险人是否尽到了合同规定的保管责任。这就给保险公司带来了损失，当然也带来了社会福利损失。

信息不对称导致的事后的道德风险扭曲了人们的行为，带来了社会的低效率与福利损失，而信息劣势方是这些损失的主要承受者，因此，信息劣势方常常通过激励性的机制设计来抑制信息优势方的机会主义行为，以减少其利益损失。这样的激励往往也是信息优势方所期待的，因为在激励性的契约下他往往也能进一步提高其效用水平。

由于信息不对称产生的逆向选择和道德风险，在经济生活中阻碍市场对资源的配置。信息不完全使市场失灵，降低市场经济的运作效率。为了克服信息不完全造成的种种问题，政府要制定和执行一系列法规，以惩罚那些信用缺乏的欺诈行为。例如，有关保护消费者权利的法规、广告的法规、上市公司信息发布的法规、保险的法规、劳动合同的法规等，都对解决信息不对称问题、维护市场经济秩序，有着不可或缺的重要作用。

第四节　垄断和反垄断政策

垄断是市场经济发展的必然产物，反垄断政策是政府干涉经济，保证市场经济健康发展，维护非垄断经济利益的重要途径和方法。因此垄断和反垄断的关键，将贯穿市场经济发展的全过程。

在竞争性行业，垄断通常会降低效率，原因如下：首先，与竞争性厂商相比，垄断厂商的产量低而且价格高，垄断厂商通过限产提价获得高额利润，消费者因此受到损失。其次，在竞争市场上，垄断厂商可以依仗其垄断地位保持高额利润，从而使改进技术和加强管理的动力大大下降。再次，有些企业垄断权力的取得，往往靠政府部门赋予的特权，因此有些厂商为维持自己的垄断地位，常常采取寻租行为，不仅干扰了市场秩序，还使许多经济资源浪费在非生产必需活动上。

一、反托拉斯法

托拉斯是产业内若干企业通过层层控股关系形成企业集团。由于股权分散，掌握10%的股权的人经常就可以控制一家企业。通过金字塔式的层层控股，可能形成庞大的垄断组织。在企业集团内，掌握母公司多数股权的金融寡头可以控制多个子公司和孙公司的决策权，从而在市场上可以采取类似于完全垄断企业的行为。例如，在1870～1899年间，洛克菲勒曾控制美国石油销售的90％。

反托拉斯法是限制企业占据市场支配地位和限制企业采取共谋行为的法律。它的主要内容是：(1) 禁止大公司垄断国内外贸易。例如，美国的标准是一家公司所占市场份额不得超过25％。(2) 如果一家公司所占市场份额比重过大，政府要将其分解成几家独立企业。(3) 禁止签订卡特尔协议，或者通过君子协定共谋。君子协定是一种不受法律保护的口头协议，它完全建立在彼此信任的基础之上，是寡头企业经常采用的手段。(4) 禁止企业实行价格歧视。价格歧视是指同一种商品对不同的顾客规定不同的价格。

一些国家在制定了反托拉斯法之后，在执行上采取比较灵活的态度。其主要原因是反托拉斯法与规模经营存在冲突。

二、规定专利时间

掌握专利是垄断企业保持垄断地位的重要手段。专利制度实际上是保护垄断的制度。但是它可能保护技术发明者的利益，使发明成本得到补偿，对于推动技术进步具有特别重要的意义。如果按照完全竞争市场模式，实现完全信息，不保护技术发明者的利益，技术进步速度将会放慢。

许多国家参加了世界产权组织，规定了各自的专利保护年限。规定专利保护年限可以保护中小企业的利益，使大企业无法依靠一项发明长期占有垄断地位，也促使企业不断发明更新技术来迎接市场竞争的挑战。如美国专利保护年限为17年。专利时限的长短是一个复杂的问题。专利时限过长，会削弱竞争机制；专利时限过短，导致创新动力不足。不同领域的技术创新所需投入不同，技术的生命周期也不同，合理的专利时限应当有所不同。但是，法律很难深入这些技术细节。目前绝大多数技术在专利时限内就已经被新技术替代，说明目前的专利时限仍然偏长。

三、对垄断企业的价格管制

政府对垄断企业的价格管制有两种常见的方法，即平均成本定价法和边际成本定价法。

平均成本定价法是政府按照企业的平均成本来规定管制价格。

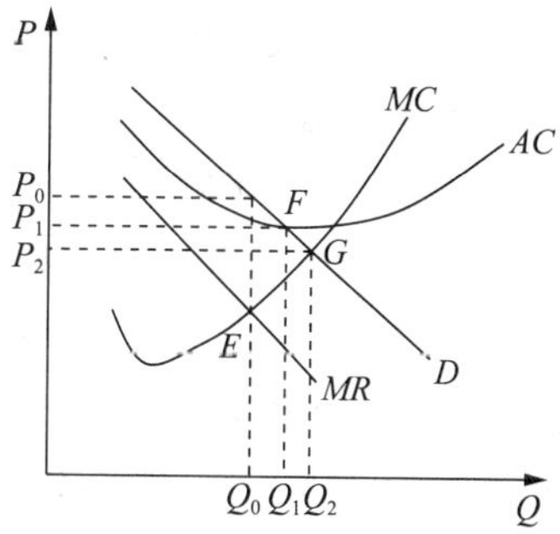

图8-3　对垄断企业的价格管制

在图8-3中，横轴Q为产量，纵轴P为价格。垄断企业为追求利润最大化，会根据边际收益曲线MR和边际成本曲线MC的交点E选择产量Q_0，并确定最大利润价格P_0。

政府平均成本定价法是根据平均成本曲线AC和需求曲线D的交点F规定管制价格P_1。P_1F这条价格线成为价格管制条件下的平均收益曲线和边际收益曲线。在这种价格下，企业只能选择产量Q_1，它的利润为零。

平均成本定价法能保证生产经营收入分配的合理性。生产效率的条件就是价格等于平均成本。利润为零对企业是合理的，企业仍能获得正常利润，但是平均成本定价法不能实现淘汰配置效率。在相应产量(Q_1)，价格大于边际成本，资源缺乏配置效率。

（二）边际成本定价法

边际成本定价法是政府按照企业的边际成本来规定管制价格。在图 8-3 中，政府边际成本定价法是根据边际成本曲线 MC 和需求曲线 D 的交点 G 规定管制价格 P_2。P_2G 这条价格线成为价格管制条件下的平均收益曲线和边际收益曲线。在这种价格下，企业只能选择产量 Q_2，它会蒙受亏损。但是这个产量实现了价格管制条件下的边际收益等于边际成本，它是亏损最小的产量。

边际成本定价法能够保证资源配置效率。资源配置效率的条件就是价格等于边际成本。但是边际成本定价法不能实现生产效率和收入合理分配。在相应产量下（Q_2），价格低于平均成本，缺乏生产效率。企业赔本经营，在收入分配上也不够合理。

第五节　科斯定理

科斯很早就注意到私人市场解决外部影响是否有效的问题。科斯在《社会成本问题》一文中提出的解决外部影响问题的方案是：在交易费用为零时，只要财产权初始界定是清晰的，并允许当事人进行自由谈判交易，则无论在开始时将财产权赋予谁，市场均衡的最终结果都会达到资源有效配置。科斯的这个方案后来被斯蒂格勒命名为“科斯定理”。在《社会成本问题》一文中，科斯是通过一系列案例来说明他的上述思想的，并没有给出定理式表述。在《社会成本问题》一文发表 31 年后，科斯本人才给出科斯定理一个说法。从上述表述可以看出，科斯提出的解决外部影响问题的方案包括三个要素：(1) 交易费用为零；(2) 产权或权利界定清晰；(3) 允许产权或权利在当事人之间自由交易。其中第一点是假设条件，第二、三点是导致资源有效配置的途径和手段。而产权界定又是产权交易的前提和基础。没有产权的初始界定，就无法进行协商谈判，就不存在权利转让和重新组合的市场交易。

仍以上游造纸厂和下游渔场为例，假设造纸厂排放的污水给渔场造成的利润损失为 6 万元，但造纸厂若停产，自身则将损失 7 万元利润。对造纸厂排放的污水有两种处理办法：一是在工厂安装一个过滤设备，需 2 万元；二是渔场建立一个污水处理厂，需 5 万元。只要产权界定清晰，无论产权初始界定如何，若交易成本为零，最终经双方协商、谈判和交易，定会获得有效率的结果。设产权初始界定方式一：造纸厂有权排放污水，渔场只能拥有遭受污染的损害的产权，那么渔场为了减少所受损失，就会与造纸厂协商，花费 2 万元为造纸厂安装过滤设备，因为这笔费用既低于建立污水处理厂的费用，也大大低于由于污染所造成的利润损失。设产权初始界定方式二：造纸厂无权排放污水，渔场有权享用清洁的水资源进行生产，如果造纸厂排放了污水，将受到 10 万元以上的重罚，此时造纸厂为了减少自己的经济损失，一定会花费 2 万元安装一个过滤设备，绝不会花费 5 万元去为渔场建污水处理厂，更不会停产而减少 7 万元利润。由此可见，只要满足科斯定理中提出的条件，市场机制总会找到最有效率的办法，达到一个帕累托最优状态。

显然科斯定理的结论只有在交易成本为零或很小的情况下才能得到。事实上私人市场常常不能解决外部影响问题，这是因为达成和实施协议往往会发生很大成本，甚至于通过私人交易解决外部影响对于当事人可能是不划算的。例如，在交易中需请律师，需支出交通费用，谈判本身得花费时间，购物及安装也要花费时间，等等。一旦交易费用高于解决外部影响的最大费用，帕累托最优状态也就无从实现。一般而言，在交易关系较简单、交易物的价值较容易测定的条件下，交易谈判成本较低，如果外部影响的波及面较广，外部影响带来的价值或损害比较难以确定，那么，即使产权关系明确，有关多方也很难达成协议。比如，上游有许多工厂向河流里排放污水，而下游又有许多工厂和居民受害于污水，若要把所有有关方面都召集在一起，就每一方所遭受的损害和应得的赔偿讨价还价并达成协议，恐怕极其困难。正因为交易是有成本的，所以产权的明确界定并不能保证达到帕累托最优状态，有时本来可以两全其美的交易，却因谈判成本太高而无法成交。

由交易费用为零得出的解决外部影响问题的科斯方案后来被称为“科斯第一定理”。显然交易费用为零的假设在现实中是不存在的，于是，由交易费用大于零又得出了“科斯第二定理”：一旦考虑到进行市场交易的成本，合法权利的初始界定会对经济制度运行的效率产生影响。

由于存在正数的交易费用，产权的调整和重组是有代价的，所以在存在外部影响时，产权交易能否发生，主要取决于产权的一种安排是否比其他安排产生更多的产值，或者说，产权调整和重组后的产值增加量是否大于产权交易过程中所产生的成本。否则，产权最优配置以及由此导致的资源最优配置就不会实现。

由科斯第二定理得出的结论是：要降低交易费用，提高资源的配置效率，产权初始界定的合法性就很重要。合法权利的初始界定会避免在契约的谈判、签订和执行过程中的许多扯皮、纠纷、摩擦，甚至毁约或无法达成协议。而最优的产权配置应该是交易费用最低的产权安排。

因此，如果说科斯第一定理说的是完全竞争市场机制可以自动导致资源的有效率配置的话，那么科斯第二定理说的则是不同的产权制度和法律制度安排会导致不同的资源配置效率，产权制度是决定经济效率的内生变量。在造纸厂对渔场造成的外在损害的例子里，污染权界定给造纸厂还是界定给渔场，这样界定是否合法、恰当，界区是否清晰，会有不同的效率结果。

本章小结

1. 在市场经济条件下，价格对经济发展起着调节作用。由于种种原因，价格在调节经济的同时也会产生许多副作用，使市场不能发挥其应有的作用对资源进行配置，出现市场失灵。市场失灵的主要原因有外部性、公共物品、非对称信息、垄断等。

2. 公共物品是指在消费和使用上不具有竞争性和排他性特征的物品，如国防、空气、环保等。公共物品不能由市场提供。政府是大部分公共物品的提供者。

3. 政府决策者通常会以以下四种方式中的一种对垄断问题做出反应：用反托拉斯法增强竞争、管制、公有制、无所作为。

4. 政府的主要经济职能有：政府通过促进竞争、控制诸如污染这类外部性问题以及提供公共品等来提高效率；政府通过税收和支出项目等手段，向某些团体进行有倾斜的收入再分配，从而增进平等；政府通过财政政策和货币政策保证宏观经济的稳定和增长，在鼓励经济增长的同时减少失业，降低通货膨胀。

案例分析

煤炭行业的乱象

温州煤商控制了山西省60%的中小煤矿，煤炭年产量8 000万吨，占山西省煤炭年总产量的1/5，占全国煤炭年总产量的1/20；而浙江、温州两级经济技术协作办公室及浙江富兴电力燃料公司共同完成的调研报告则显示，在山西投资兴办煤矿的温州民营煤矿年产量只有2 000多万吨。从根本上说，在煤炭采掘这类官商不分、令出多门、利益纠缠难分难解的领域中，信息的传达往往是失真的，基于信息的判断往往是片面的，经判断而来的规制往往是低效的。

市场失灵的存在是政府干预经济活动的理由，但政府干预应确定在什么样的规模和范围之内，却无法准确地作出回答。这是因为一个社会对于政府作用的“需求”程度是有弹性的。它不仅取决于市场一方的缺陷，而且取决于这个社会的政治结构、价值观（如对平等的渴求）、公众意识及各种利益集团的选择。这种政府职能的不确定性和复杂性，使其在现实中呈现出各种各样的政府干预形式，并在理论上成为现代政治经济学关注的一个焦点。一般认为，政府干预应该适度，即政府在资源配置过程中不要包揽一切，不要去做本来应当由市场去做并且实践已经证明市场能够做好的事情。具体地说，政府对经济的干预应遵循以下三个基本原则：

第一，政府干预的范围应是弥补市场的缺陷和不足，是对市场机制的“拾遗补阙”。按照这一原则，在市场机制能够发挥功能优化资源配置的领域，政府就不要插手或介入，而在市场机制不能有效配置资源的领域才需要政府干预。

第二，政府干预的目的应是促使市场机制恢复功能，而不是去代替市场。按照这一原则，政府干预的方式和力度就不应该是固定不变的，而应随着经济形势的变化而变化。

第三，政府干预的结果必须比干预前的情况有所改善和好转，否则，就不要干预。按照这一原则，政府在准备伸出“看得见的手”进行干预之前，必须低头看看这只“看得见的手”的不完善的地方，以使政府干预尽可能地降低成本，减少副作用，增加有效性。

该案例中山西省政府对山西煤炭产业经济的干预显然没有按照以上的三项原则进行，它代替市场进行选择，对外来投资造成了严重影响，不符合市场经济规律。

但是不可否认，山西煤炭企业的重组具有极大的正面效应：第一，整合可以优化山西煤炭生产的产业结构，实现产业升级。煤炭发展“多小散乱”格局，一直是改革以来全国煤炭产业，尤其是山西煤炭产业的突出问题。煤炭资源是一种特殊的资源，大量资本涌入山西煤炭业，大大小小的开发商通过各种手段、途径，开矿挖矿，采富矿，弃贫矿，“多小散乱”带来恶性竞争、资源浪费严重、污染突出等一系列问题，层出不穷，积重难返。山西煤炭产业非如此强力整合不可能彻底改变局面。毫无疑问，整顿可有效实现煤炭产业的升级，促进煤炭工业可持续发展。第二，“带血的煤炭”一直是山西煤炭生产为社会广为诟病的问题，安全问题始终是悬在山西煤矿从业人员和各级政府官员头上的达摩克利斯之剑，整合可以缓解矿难频发带来的威胁。从理论上说，整合可以减少矿难的发生，因为整合的核心就是提高企业集中度，通过兼并联合，把小资本集中成大资本，小企业集中为大企业。第三，整合在一定程度上也可以减少官员腐败的机会。在煤炭生产“多小散乱”的格局下，每一个小煤矿都是一块“唐僧肉”，对所有沾得上边沾不上边的各路神仙，企业都是要烧香打点的。监管成了索贿受贿冠冕堂皇的借口，对腐败官员的治理陷入了法不责众的尴尬中。与其扬汤止沸，不如釜底抽薪。并不是说对大企业的监管就不会产生腐败，而是大企业毕竟数量有限，管理也要规范得多，向大企业堂而皇之索贿的难度也大得多。

综上所述，虽然山西高层在对煤炭企业的重组整合中有过度干预的嫌疑，但他所带来的正面效应是不可低估的，政府的干预是应当的。

资料来源：《中国经济周刊》评论员，《中国经济周刊》，2006 年第 4 期。

1. 温州煤商在山西省挖煤，不管是 8 000 万吨还是 2 000 万吨，说明煤炭行业属于(　　)。

A. 完全竞争　　B. 垄断竞争　　C. 寡头垄断　　D. 完全垄断

2. 政府干预煤炭行业的原因是(　　)。

A. 煤老板挣钱太多　　B. “多小散乱”带来恶性竞争

C. 烧炭行业存在市场失灵　　D. 带血的煤炭

3. 山西省政府对山西煤炭产业经济的干预的“三个基本原则”是(　　)。

A. 代替市场进行选择

B. 符合市场经济规律

C. 有政府干预经济可以解决所有的市场失灵问题

D. 以上都不对

4. “在煤炭采掘领域中，信息的传达往往是失真”。信息失真(　　)。

A. 只对买方有影响　　B. 只对卖方有影响

C. 对买卖双方都有影响　　D. 对买卖双方都没有影响

5. 开发商通过各种手段、途径，开矿挖矿，采富矿，弃贫矿，带来恶性竞争、污染严重等一系列问题属于(　　)。

A. 生产的正外部性　B. 生产的负外部性　C. 消费的正外部性　D. 消费的负外部性

职业技能训练

◇重要概念

1. 市场失灵　　2. 公共物品　　3. 私人物品　　4. 免费乘车　　5. 科斯定理

◇判断题

1. 政府提供的物品都是公共物品。(　　)
2. 纯公共物品有非排他性或者非竞争性的特点。(　　)
3. 逆向选择和道德风险问题普遍存在的原因是外部性。(　　)
4. 同国防、外交一样，有线电视也属于纯公共物品。(　　)
5. 由于垄断造成低效率，任何垄断都是要不得的。(　　)
6. 当市场失灵时，政府干预就能实现资源的最优配置即达到帕累托最优状态。(　　)
7. 增加公共物品的消费者人数需求会减少其他消费品的生产。(　　)
8. 经济中的外部性问题不能完全依靠市场机制加以解决。(　　)

9. 周围的人吸烟会给您带来生产的负外部性。 ( )

10. 市场失灵是指以市场为基础的对资源的低效率配置。 ( )

◇单项选择题

1. 如果上游工厂污染了下游居民的饮水,按科斯定理,( ),问题就可能妥善解决。

A. 不管产权是否明确,只要交易成本为零

B. 只要产权明确,且交易成本为零

C. 只要产权明确,不管交易成本有多大

D. 不论产权是否明确,不管交易成本有多大

2. 政府提供的物品( )公共物品。

A. 一定是 B. 不都是 C. 都不是 D. 以上都可能

3. 可用下面( )术语来描述一个养蜂王与其邻近的经营果园的农场主之间的影响。

A. 外部不经济 B. 外部经济 C. 外部有害 D. 以上都不是

4. 解决外部不经济可争取的方法是( )。

A. 通过征税的办法 B. 通过产权界定的方法

C. 通过将外部性内在化的方法 D. 以上各项都可行

5. 关于科斯定理,正确的论述是( )。

A. 科斯定理阐述的是产权和外部性的关系

B. 科斯定理假设没有政府的干预

C. 科斯定理一般在涉及的交易主体数目较少时才较为有效

D. 以上各项都正确

6. 公共产品的定价主要方法是( )。

A. 由市场供求决定 B. 由垄断组织通过竞争决定

C. 用成本—效益分析法进行评估 D. 由购买者决定

7. 以下现象属于市场失灵的是( )。

A. 收入不平等 B. 自然垄断 C. 外部性 D. 以上全是

8. 下列( )是导致市场失灵的因素。

A. 反垄断立法 B. 政府失灵 C. 垄断 D. 以上全是

9. 政府进行市场干预的理由是:( )。

A. 税收 B. 反托拉斯法 C. 外部性 D. 以上全是

10. 当厂商的生产污染了环境,而又不负担其成本时,( )。

A. 其边际成本变低 B. 其边际可变成本变低

C. 其平均总成本变低 D. 以上全对

◇填空题

1. 科斯在《社会成本问题》一文中提出的解决外部影响问题的方案是:在( )时,只要财产权初始界定是清晰的,并允许当事人进行自由谈判交易,则无论在开始时将财产权赋予谁,市场均衡的最终结果都会达到资源有效配置。

2. 公共物品是由集体消费的物品,它的特征是消费的( )和( )。

3. 私人物品的特征是( )和( )。

4. 市场失灵指在有些情况下仅仅依靠(　　　　)并不能实现资源配置最优。
5. 信息不对称就是双方拥有的信息(　　　　)与(　　　　)不同。
6. (　　　　)是指某种经济活动给予该项活动无关的主体带来的影响。
7. 由于政府引起的资源配置失误就是(　　　　)。
8. 政府提供准公共物品的方式有(　　　　)、(　　　　)、(　　　　)。
9. 在市场经济条件下,(　　　　)干预经济是为了弥补市场机制功能的缺陷。
10. (　　　　)是指政府作为资源配置的主体来配置社会资源的活动。

◇简答题

1. 市场经济有哪些缺陷?
2. 公共物品有什么特点?
3. 为什么公共物品只能靠政府来提供?
4. 垄断会带来哪些危害?
5. 简述市场失灵的原因。
6. 简述公共选择理论的规则。

第九章

国民收入核算理论与方法

学习目标

了解国内生产总值局限性、名义GDP和实际GDP、人均GDP,掌握国内生产净值、国民收入、个人总收入、个人可支配收入的概念,国民收入核算中的恒等关系。重点掌握国内生产总值的含义,国内生产总值的核算方法,国民经济总量指标之间的相互关系,收集国民收入数据的能力,用所学知识分析宏观经济问题。

导入案例

我国的GDP

国家统计局数据显示,2013年中国国内生产总值为568 845亿元,按可比价格计算比上年增长7.7%,比上年增加近5万亿元,这一增量就相当于1994年全年经济总量。

国家统计局2013年国内生产总值(GDP)初步核算结果如下:

2013年GDP初步核算数据

	绝对额(亿元)	比上年同期增长(%)
GDP	568 845	7.7
第一产业	56 957	4.0
农林牧渔业	56 957	4.0
第二产业	249 684	7.8
工业	210 689	7.6
建筑业	38 995	9.5

续表

	绝对额(亿元)	比上年同期增长(%)
第三产业	262 204	8.3
交通运输、仓储和邮政业	27 283	7.2
批发和零售业	55 672	10.3
住宿和餐饮业	11 494	5.3
金融业	33 535	10.1
房地产业	33 295	6.6
其他服务业	100 925	7.7

注:绝对额按现价计算,增长速度按不变价计算。

如果将中国各省份近年的GDP总量与世界上其他国家做一个比较的话,我们会发现,中国排名前五名的省份广东、江苏、山东、浙江和河南在全球的排名为第16位、17位、19位、24位和28位。

中国GDP总量已达日本的两倍。中国的GDP总量在2010年首次超过日本,位列世界第二,仅次于美国;仅仅过去了三年,中国的GDP总量又达到了日本的两倍。

2011年,从支出法三大需求对GDP的贡献率来看,资本形成总额对GDP增长的贡献率是54.2%,最终消费对GDP增长的贡献率是51.6%,货物和服务净出口对GDP增长的贡献率是−5.8%。按人民币对美元年均汇率(6.458 8)计算,2011年中国GDP现价总量折合73 011.09亿美元,比2010年核实数59 312.06亿美元净增13 699.03亿美元,增长23.1%,比2010年初步核算数净增14 219.60亿美元,增长24.2%。按年中人口计算,全年人均名义GDP为35 083元,约合5 432美元。

那么,到底什么是GDP? GDP又是怎么计算出来的呢?

资料来源:国家统计局,《2013年GDP(国内生产总值)初步核算情况》。

宏观经济学把总体经济活动作为研究对象,它所研究的是经济中的总量。在各种总量中,衡量一个经济活动的基本总量是国民生产总值。因此,阐明国民生产总值及其有关总量衡量的规定与技术的国民收入核算理论与方法是宏观经济学的前提。

联合国统计司分别组织东西方经济学家,根据各国使用的国民收入核算体系制定了两种不同的国民收入核算体系。一种是适用于市场经济各国的国民经济核算体系(SNA),另一种是适用于中央计划经济各国的物质产品平衡体系(MPS)。这两种体系,先后于1968年和1971年公布。作为宏观经济学前提的是国民经济核算体系。现在,随着计划经济各国向市场经济转变,这些国家也逐渐采用了国民经济核算体系。

第一节　国内生产总值

一、国内生产总值

国内生产总值(GDP)是指一国(或地区)在一定时期内(通常是一年)在其领土范围内所

生产的全部最终产品(包括产品与劳务)的市场价值的总和。它是反映经济活动的综合性指标,其增长率就是经济增长率。在理解定义时,要注意以下问题:

第一,国内生产总值是指一年内生产出来的产品的总值,因此,在计算时不应包括以前所生产的产品的价值。例如,以前所生产而在该年所售出的存货,或以前所建成而在该年转手出售的房屋等,但在这一交易中所提供的劳务,即佣金,是该年的劳务,应计算在该年的国民生产总值中。

第二,国内生产总值是指最终产品的总值,因此,在计算时不应包括中间产品产值,以避免重复计算。厂商生产并由最后使用者购买的产品和劳务称为最终产品;用于生产其他产品的产品称为中间产品。在实际经济中,许多产品既可以作为最终产品使用,又可以作为中间产品使用,要区分哪些是最终产品,哪些是中间产品是很困难的。例如,煤炭在用作冶金等行业的燃料或化工等行业的原料时就是中间产品,而用在人们生活中的燃料时就是最终产品,把哪一部分煤炭算作最终产品,哪一部分作为中间产品就不容易了。为了解决这一问题,在具体计算时采用了增值法,即只计算在生产各阶段中所增加的价值。可以用一个例子来说明增值法(见表 9 - 1)。

表 9 - 1　　增值法 GDP 计算

生产阶段	产品价值	中间产品成本	增　值
棉花	8		8
棉纱	11	8	3
棉布	20	11	9
服装	30	20	10
合计	69	39	30

在表 9 - 1 中,服装是最终产品,其产值为 30,用增值法计算也是 30,如不区分最终产品和中间产品,则会有重复计算 39。只要用增值法,无论把上例中哪种产品作为最终产品,都不会造成重复计算。

第三,国内生产总值中的最终产品不仅包括有形的产品,而且包括无形的产品——劳务,即要把旅游、服务、卫生、教育等行业提供的劳务,按其所获得的报酬计入国内生产总值中。

第四,国内生产总值是流量,而非存量。流量是指在一定时期内发生的变量;存量是指在一定时点上存在的变量。国内生产总值是指一年内新生产的最终产品的价值,是一年内新生产的而不是新出售的产品价值。相反,在这一年内生产但没有卖出的那部分产品价值,应该作为这一时期库存计入当年国内生产总值。上年库存和今年库存的差额称为库存变动额。库存增加说明今年产品产值大于销售额,库存减少说明今年销售额大于产品产值。厂商存货增加被看作存货投资,而存货减少则被看作存货负投资。

第五,国民生产总值指的是最终产品市场价值的总和,这就是要按这些产品的现期价格来计算。这样就引出两个值得注意的问题:其一,不经过市场销售的最终产品(如自给性产品,自我服务性劳务等)没有价格,也就无法计入国民生产总值中;其二,价格是变动的,所以,国民生产总值不仅要受最终产品数量变动的影响,而且还要受价格水平变动的影响。

第六,国内生产总值不能反映出未经过市场交易的产出。国内生产总值只计算通过市场交易活动的产品和劳务的价值,不通过市场交换过程的那些用于赠予活动和慈善事业活动的物品价值则不能被计算在国内生产总值中。有许多经济活动无法计入，例如，不是用来交换的活动，如家务劳动、子女对父母的照顾；物物交易活动，没有以货币作为等价物的市场价格；地下经济、黑市交易等逃避了官方的统计；企业投资带来的环境污染等负面效应。

二、国民生产总值

国民生产总值(GNP)是指一个国家居民在一定时期内由于生产最终产品而获得的所有收入总和。国内生产总值和国民生产总值密切相关。国内生产总值和国民生产总值是两个既有联系又有区别的指标，它们都是核算社会生产成果和反映宏观经济的总量指标。它们都能全面反映全社会经济活动的总规模，是衡量一个国家或地区的经济实力、评价经济社会发展规模的重要综合指标，但因其计算口径不同，两者又有所区别。

GDP 是按国土原则计算的，只要其经济活动是在领土范围内，不管是本国居民还是外国居民都要计算在内；GNP 是按国民原则计算的，只要是本国居民，不管是生活在本国还是外国，其经济活动都要计算在内。一个国家常驻机构单位从事生产活动所创造的增加值(国内生产总值)在初次分配过程中主要分配给这个国家的常驻机构单位。但也有一部分以劳动者报酬和财产收入等形式分配给该国的非常驻机构单位。同时，国外生产单位所创造的增加值也有一部分以劳动者报酬和财产收入等形式分配给该国的常驻机构单位，从而产生了国民生产总值概念，它等于国内生产总值加上来自国外的劳动者报酬和财产收入减去支付给国外的劳动者报酬和财产收入。因此，国民生产总值可以用国内生产总值加上本国常驻机构单位从国外得到的净要素收入(从国外得到的要素收入－支付给国外的要素收入)。更直观地讲，国民生产总值等于国内生产总值加上从国外获得的劳动报酬、投资收益(包括红利、股息和利息等)的净额。其计算公式为：

国民生产总值＝国内生产总值＋国外净要素收入

国外净要素收入＝来自国外的劳动者报酬和财产收入－支付给国外的劳动者报酬和财产收入

国民生产总值＝国内生产总值＋来自国外的劳动者报酬和财产收入－支付给国外的劳动者报酬和财产收入

一般来讲，各国的国民生产总值和国内生产总值两者相差数额不大，但如果某国在国外有大量投资和大批劳工，则该国的国民生产总值往往会大于国内生产总值。

三、国内生产总值指标的意义和缺陷

(一) 国内生产总值指标的意义

1. GDP 可以判断宏观经济运行状况。判断宏观经济运行状况主要有三个重要经济指标：经济增长率、通货膨胀率、失业率，这三个指标都与 GDP 有密切关系，其中，经济增长率就是 GDP 增长率，通货膨胀率就是 GDP 紧缩指数，失业率中的奥肯定律表明当 GDP 增长率大于 2.25 个百分点时，每增加一个百分点的国内生产总值，失业率就降低 0.5 个百分点。

2. GDP 在宏观经济管理中有重要作用，如制定战略目标、计划规划和财政金融政策时，都以达到一定数量的 GDP 为标准。

3. GDP 在对外交往中有重要意义。与我国承担的国际义务相关，如承担联合国会费；与我国享受的优惠政策有关，如世界银行根据 GDP 来划分给予优惠的标准。

除此以外,GDP 还能完整地反映可提供社会最终消费和使用的产品总量,反映国民经济发展的规模和水平,还可用于分析国民经济的结构和发展速度,进行国际比较等。

(二) 国内生产总值指标的局限性

1. GDP 不能反映经济发展对资源环境所造成的负面影响

GDP 在反映经济发展的同时,没有反映它所带来的资源耗减和环境损失的代价。比如,采伐树木,作为林业生产,GDP 会增加,但过量采伐后会造成森林资源的减少,GDP 却没有计算相应的代价。

2. GDP 不能准确地反映一个国家财富的变化

目前,经济学将固定资本存量作为国民财富的重要组成部分。固定资本存量是指在某一个时点上测算的厂房、办公用房、居民住房、道路、桥梁、码头等建筑物和运输、通信等机器设备在某一个时点上的价值总量。一个国家一定时期固定资本的变化量等于当期固定资本价值的增加量,减去当期固定资本价值的减少量。GDP 中的固定资本形成总额属于其中的固定资本价值的增加量,而以前时期形成的固定资本,由于质量等方面问题无法正常使用而进行处理,所损失的价值属于其中的固定资本价值的减少量。由此可见,一个国家财富能否有效地增长,不仅取决于 GDP 中固定资本形成总额的大小,还取决于其质量。如果质量不好,所形成的固定资本没有到使用期限就不得不报废,那么固定资本形成总额再多也不能有效地提高一国的国民财富。

3. GDP 不能反映某些重要的非市场经济活动

如未付酬的自有家庭服务,如家庭妇女做饭、照顾老人、养育儿童等等,按照国际标准,GDP 不反映这些活动。但是,经济发达国家这些工作多是雇佣保姆来承担,雇主就要向保姆支付报酬,相应的活动就反映在 GDP 中。因此,家务劳动市场化程度比较高的发达国家和家务劳动市场化程度比较低的发展中国家的 GDP 并不完全可比。

4. GDP 并不能全面地反映人们的福利和公平的状况,人们的福利状况会由于收入的增加而得到改善

人均 GDP 的增加代表一个国家人民平均收入水平的增加,从而当一个国家的人均 GDP 增加时,这个国家的平均福利状况将得到改善。但是,也许由于收入分配的不平等,一小部分人得到了更多的收入,大多数人的收入并没有增加,或者增加得较少,因此他们的福利状况并没有得到改善,或者没有得到明显的改善。从人均 GDP 就看不出这种由于收入分配的差异而产生的福利的差异状况。

因此,要全面客观地看待 GDP 这一宏观经济指标,在强调它重要作用的同时,也要看到它的局限性;在看到它的不足时,同样不能苛求它,不能因为它的局限性而贬低它的作用,而应正确地理解和使用它。

克服国内生产总值指标的不足,一是要用社会指标作为补充;二是要引入绿色 GDP 概念;三是要制定单位 GDP 标准;四是要建立反映人们生活质量的考核指标体系。

第二节 国内生产总值的核算方法

在国民经济核算体系中有不同的计算国民生产总值的方法,人们可以从三种角度来核算国内生产总值。第一种是从生产角度出发,把一个国家在一定时期内所生产的全部产品和劳

务的价值总和减去生产过程中所使用的中间产品的价值总和，这种方法被称为生产法；第二种是从收入角度出发，因为所有产品都是通过货币计量的，并构成各生产单位所雇佣的各种生产要素的收入，这种方法被称为收入法；第三种是从支出的角度出发，因为所有最终产品都是提供给市场的，市场上的需求者购买这些最终产品就会有等量的支出发生，这种方法被称为支出法。从理论上讲，使用生产法、收入法和支出法计算出的 GDP 应该是一致的。

一、支出法

支出法核算 GDP，就是从产品的使用出发，把一年内购买的各项最终产品的支出加总而计算出的该年内生产的最终产品的市场价值。这种方法又称最终产品法、产品流动法。从支出法来看，国内生产总值包括一个国家（或地区）所有常驻单位在一定时期内用于最终消费、资本形成总额，以及货物和服务的净出口总额，它反映本期生产的国内生产总值的使用及构成。

如果用 Q_1、$Q_2\cdots Q_n$ 代表各种最终产品的产量，P_1、$P_2\cdots P_n$ 代表各种最终产品的价格，则使用支出法核算 GDP 的公式是：

$$\text{GDP}=Q_1P_1+Q_2P_2+\cdots+Q_nP_n$$

在现实生活中，产品和劳务的最后使用，主要是居民消费、企业投资、政府购买和出口。因此，用支出法核算 GDP，就是核算一个国家或地区在一定时期内居民消费、企业投资、政府购买和净出口这几方面支出的总和。

1. 居民消费（用字母 C 表示）

居民消费包括购买冰箱、彩电、洗衣机、小汽车等耐用消费品的支出，服装、食品等非耐用消费品的支出，以及用于医疗保健、旅游、理发等劳务的支出。建造住宅的支出不属于消费。

2. 企业投资（用字母 I 表示）

企业投资是指增加或更新资本资产（包括厂房、机器设备、住宅及存货）的支出。投资包括固定资产投资和存货投资两大类。固定资产投资是指新造厂房、购买新设备、建筑新住宅的投资。为什么住宅建筑属于投资而不属于消费呢？因为住宅像别的固定资产一样是长期使用、慢慢地被消耗的。存货投资是企业掌握的存货（或称成为库存）的增加或减少。如果年初全国企业存货为 2 000 亿美元而年末为 2 200 亿美元，则存货投资为 200 亿美元。存货投资可能是正值，也可能是负值，因为年末存货价值可能大于也可能小于年初存货。企业存货之所以被视为投资，是因为它能产生收入。从国民经济统计的角度看，生产出来但没有卖出去的产品只能作为企业的存货投资处理。

计入 GDP 中的投资是指总投资，即重置投资与净投资之和，重置投资也就是折旧。投资和消费的划分不是绝对的，具体的分类则取决于实际统计中的规定。

3. 政府购买（用字母 G 来表示）

政府购买是指各级政府购买物品和劳务的支出，它包括政府购买军火、军队和警察的服务、政府机关办公用品与办公设施、举办诸如道路等公共工程、开办学校等方面的支出。政府支付给政府雇员的工资也属于政府购买。政府购买是一种实质性的支出，表现出商品、劳务与货币的双向运动，直接形成社会需求，成为国内生产总值的组成部分。政府购买只是政府支出的一部分，政府支出的另一部分如政府转移支付、公债利息等都不计入 GDP。政府转移支付是政府不以取得该年生产出来的商品与劳务的作为报偿的支出，包括政府在社会福利、社会保险、失业救济、贫困补助、老年保障、卫生保健、对农业的补贴等方面的支出。政府转移支付是政府通过其职能将收入在不同的社会成员间进行转移和重新分配，将一部分人的收入转移到另一部分人手中，其实质是一种财富的再分配。有政府转移支付发生时，即政府付出这些支出时，并不相应得到什么商品与劳务，政府转移支付是一种货币性支出，整个社会的总收入并没有发生改变。因此，政府转移支付不计入国内生产总值中。

4. 净出口（用字母 $X-M$ 表示，X 表示出口，M 表示进口）

净出口是指进出口的差额。进口应从本国总购买中减去，因为进口表示收入流到国外，同时，也不是用于购买本国产品的支出；出口则应加进本国总购买量之中，因为出口表示收入从外国流入，是用于购买本国产品的支出，因此，净出口应计入总支出。净出口可能是正值，也可能是负值。

把上述四个项目加起来，就是用支出法计算 GDP 的公式：

$$\mathrm{GDP}=C+I+G+(X-M)$$

在中国的统计实践中，支出法计算的是国内生产总值划分为最终消费、资本形成总额及货物和服务的净出口总额，它反映了本期生产的国内生产总值的使用及构成。

最终消费分为居民消费和政府消费。居民消费除了直接以货币形式购买货物和服务的消费外，还包括以其他方式获得的货物和服务的消费支出，即所谓的虚拟消费支出。居民虚拟消费支出包括以下几种类型：(1)单位以实物报酬及实物转移的形式提供给劳动者的货物和服务；(2)金融机构提供的金融媒介服务；(3)保险公司提供的保险服务。

通过支出法计算的 GDP，我们可以计算出消费率和投资率。所谓消费率就是最终消费占 GDP 的比率，所谓投资率就是资本形成总额占 GDP 的比率。按照有关统计资料，最近几年以来，中国的消费率出现了比较明显的下降趋势，2005 年中国的消费率为 52.1%，投资率为 43.4%。同世界水平相比中国的消费率明显偏低。因此，当前和今后一段时期，宏观经济调控的一个重要内容就是要调整投资和消费的比例关系，扩大消费需求是扩大内需的重点。

二、收入法

收入法核算 GDP，就是从收入的角度，把生产要素在生产中所得到的各种收入相加来计算的 GDP，即把劳动所得到的工资、土地所有者得到的地租、资本所得到的利息以及企业家才能得到的利润相加来计算 GDP。这种方法又称要素支付法或要素成本法。

收入法核算的 GDP 应包括的项目有：

1. 工资、利息和租金等生产要素的报酬

工资从广义上讲应该包括所有工作上的酬金、津贴和福利费，还包括工资收入者必须缴纳的所得税和社会保险税。这里的利息是指公众给企业提供的货币资金在本期所获得的净利息收入，因为在此处考察的是企业成本，所以很显然，政府公债利息及消费信贷利息不应当在计算范围之内，而只能当作转移支付。租金则包括个人出租土地、房屋等租赁收入以及专利、版权等收入。

2. 非公司企业主收入

非公司企业主收入是指各种非公司型企业主（如医生、律师、会计师和农民等）的纯收入。这些企业主被自己雇用，使用自己的资金，其工资、利息、利润、租金常常混在一起，很难将它们准确地区分开来，因此，统计学家在核算国内生产总值时，把这种所有者兼经营者、劳动者甚至更多身份的各种收入合并为非公司企业主收入一项。

3. 公司税前利润

公司税前利润是收入法核算国内生产总值的重要内容，它主要包括公司所得税、社会保险税、股东红利以及公司未分配利润等。

4. 企业转移支付及企业间接税

在没有政府的简单经济中，企业的增加值即其创造的国内生产总值，就等于要素收入加上折旧，但当政府介入后，政府往往征收间接税，这时的GDP还应包括间接税和企业转移支付。企业转移支付是指企业对非营利的社会慈善组织的捐款和消费者呆账，它不是生产要素创造的收入，但要通过产品价格转移给消费者，故也应看作成本。间接税是对产品销售征收的税，它包括货物税、周转税。这种税收名义上是对企业征收，但企业可以把它计入生产成本之中，最终转嫁到消费者身上，故也应视为成本。

5. 资本折旧

资本折旧是资本的耗费，不是生产要素的收入，由于它包含在支出法的总投资中，所以应当计入国内生产总值。

按收入法计算的公式就是：

GDP＝工资＋利息＋利润＋租金＋间接税和企业转移支付＋折旧

也可看成是

GDP＝生产要素的收入＋非生产要素的收入

从理论上讲，用收入法计算出的GDP与用支出法计算出的GDP在量上是相等的。

三、生产法

用生产法核算GDP是指按提供物质产品与劳务的各个部门的产值来计算国内生产总值，又称部门法。这种计算方法反映了国内生产总值的来源。

运用这种方法进行计算时，各生产部门要把使用的中间产品的产值扣除，只计算所增加的价值。商业和服务等部门也按增值法计算。卫生、教育、行政、家庭服务等部门无法计算其增值，就按工资收入来计算其服务的价值。

按生产法核算国内生产总值，可以分为下列部门：农林渔业；矿业；建筑业；制造业；运输业；邮电和公用事业；电、煤气、自来水业；批发、零售商业；金融、保险、不动产；服务业；政府服务和政府企业。把以上部门生产的国内生产总值加总，再与国外要素净收入相加，考虑统计误差项，就可以得到用生产法计算的GDP了。

从理论上说，按支出法、收入法与生产法计算的GDP在量上是相等的，但实际核算中常有误差，因而要加上一个统计误差项来进行调整，使其达到一致。实际统计中，一般以国民经济核算体系的支出法为基本方法，即以支出法所计算出的国内生产总值为标准。

在中国的统计实践中，生产法计算GDP分为四项：

GDP＝劳动者报酬＋生产税净额＋固定资产折旧＋营业盈余

1. 劳动者报酬

劳动者报酬是指劳动者因从事生产活动所获得的全部报酬。包括劳动者获得的各种形式的工资、奖金和津贴，既包括货币形式的，也包括实物形式的；还包括劳动者所享受的公费医疗和医药卫生费、上下班交通补贴和单位支付的社会保险费等。

2. 生产税净额

生产税净额指生产税减生产补贴后的余额。生产税指政府对生产单位生产、销售和从事经营活动，以及因从事生产活动使用某些生产要素（如固定资产、土地、劳动力）所征收的各种税、附加费和规划费。生产补贴与生产税相反，是指政府对生产单位的单方面的收入转移，因此视为负生产税，包括政策亏损补贴、粮食系统价格补贴、外贸企业出口退税等。

3. 固定资产折旧

固定资产折旧是指一定时期内为弥补固定资产损耗按照核定的固定资产折旧率提取的固定资产折旧。它反映了固定资产在当期生产中的转移价值。

4. 营业盈余

营业盈余是指常驻单位创造的增加值扣除劳动报酬、生产税净额和固定资产折旧后的余额。它相当于企业的营业利润加上生产补贴。

从理论上说，生产法、收入法和支出法计算得出的国内生产总值应当是相等的，但在实际的核算中常有误差，使得三种方法核算出的结果不一致。国民经济核算体系以支出法为基本方法，就是以由支出法核算得到的国内生产总值为标准，所以还得对用其他方法核算得到的结果进行必要的误差调整，以保证最终结果一致。

四、国民收入核算中的恒等关系

从支出法、收入法与部门法所得出的国民生产总值的一致性，可以说明国民经济中的一个基本平衡关系。总支出代表了社会对最终产品的总需求，而总收入和总产量代表了社会对最终产品的总供给。因此，从国民生产总值的核算方法中可以得出这样一个恒等式：

总需求＝总供给

理论研究是从简单到复杂、从抽象到具体的。所以，我们从两部门经济入手研究国民经济的收入流量循环模型与国民经济中的恒等关系，进而研究三部门与四部门经济。

（一）两部门经济中的收入流量循环模型与恒等关系

两部门经济指由厂商和居民户这两种经济单位所组成的经济，也是一种最简单的经济。在这种经济中，居民户向厂商提供各种生产要素，得到相应的收入，并用这些收入购买与消费各种产品与劳务；厂商购买居民户提供的各种生产要素进行生产，并向居民户提供各种产品与劳务。这时，居民户与厂商之间的联系，即收入流量循环模型就如图 9－1 所示：

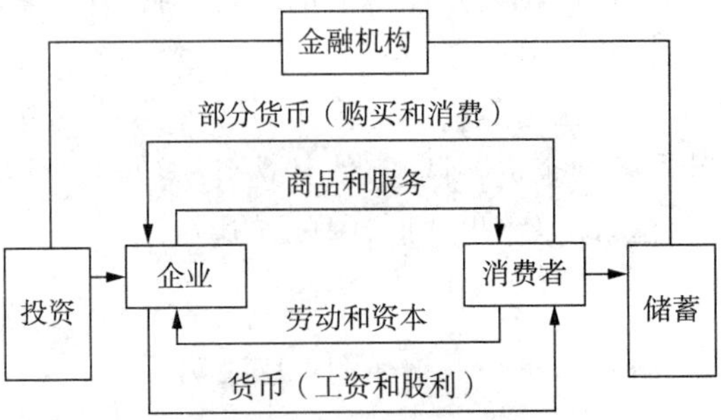

图 9－1　两部门经济国民收入流量循环模型

在这个循环中，只要居民户把他们出卖各种生产要素所得到的全部收入用于购买厂商生产出来的各种产品与劳务，即居民户出卖各种生产要素所得到的收入与厂商出卖各种产品与劳务所得到的收入相等，这个经济就可以以不变的规模运行下去。

如果居民户把一部分收入用来购买厂商生产的各种产品与劳务，把另一部分收入储蓄起来；如果厂商在居民户的消费支出之外又获得了其他来源的投资，那么，收入流量循环的模型如图9-1所示。如果通过金融机构把居民户的全部储蓄都转化为厂商的投资，即储蓄等于投资，这个经济仍然可以正常运行下去。

在包括居民户与厂商的两部门经济中，总需求分为居民户的消费需求与厂商的投资需求。消费需求与投资需求可以分别用消费支出与投资支出来代表，消费支出即为消费，投资支出即为投资。所以，

总需求＝消费＋投资

如果以 AD 代表总需求，以 C 代表消费，以 I 代表投资，则可以把上式写为：

$$AD=C+I$$

总供给是全部产品与劳务供给的总和，产品与劳务是由各种生产要素生产出来的，所以，总供给是各种生产要素供给的总和，即劳动、资本、土地和企业家才能供给的总和。生产要素供给的总和可以用各种生产要素相应地得到的收入的总和来表示，即用工资、利息、地租和利润的总和来表示。工资、利息、地租和利润是居民户所得到的收入，这些收入分为消费与储蓄两部分。所以：

总供给＝消费＋储蓄

如果以 AS 代表总供给，以 C 代表消费，以 S 代表储蓄，则可以把上式写为；

$$AS=C+S$$

总需求与总供给的恒等式就是：

$$AD=AS$$

或者

$$C+I=C+S$$

如果两边同时消去 C，则可以写为：

$$I=S$$

$I=S$ 说明企业投资要与居民储蓄相等，否则会出现供求不平衡。由于国内生产总值中包括了折旧，因此与之对应的投资是总投资。但在国民收入流量循环模型中，通常不考虑折旧。

（二）三部门经济中的收入流量循环模型与恒等关系

三部门经济是指由厂商、居民户与政府这三种经济单位所组成的经济。在这种经济中，政府的经济职能是通过税收与政府支出来实现的。政府通过税收与支出和居民户及厂商发生联系，这时收入流量循环的模型如图9-2所示。

三部门经济中的收入流量循环，即居民户、厂商与政府之间的经济联系。这时，经济要正常运行下去，不仅要储蓄等于投资，而且还要政府得自居民户与厂商的税收和向居民户与厂商的支出相等。所以：

总需求＝消费＋投资＋政府支出

如果以 G 代表政府支出，则可以把上式写为：

$$AD=C+I+G$$

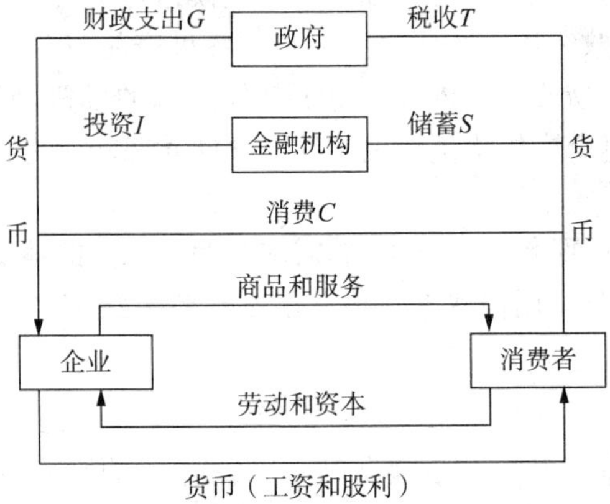

图 9－2　三部门经济国民收入流量循环模型

三部门经济的总供给中，除了居民户供给的各种生产要素之外，还有政府的供给。政府的供给是指政府为整个社会生产提供了国防、立法、基础设施等“公共物品”。政府由于提供了这些“公共物品”而得到相应的收入——税收。所以，可以用政府税收来代表政府的供给，即：

总供给＝消费＋储蓄＋税收

如果以 T 代表政府税收，则可以把上式写为：

$$AS=C+S+T$$

三部门经济中总需求与总供给的恒等式就是：

$$AD=AS$$

或者

$$I+G=S+T$$

因为 $I+G=S+T$，可得 $I-S=T-G$ 或者 $I=S+(T-G)$，其中 $T-G$ 是政府储蓄，投资等于居民储蓄加政府储蓄。当 $T>G$ 时，差额为预算盈余；当 $T<G$ 时，差额为预算赤字。

（三）四部门经济中的收入流量循环模型与恒等关系

四部门经济是指由厂商、居民户、政府和国外这四种经济单位所组成的经济。在这种经济中，国外的作用是：作为国外生产要素的供给者，向国内各部门提供产品与劳务，对国内来说，这就是进口；作为国内产品与劳务的需求者，向国内进行购买，对国内来说，这就是出口。这时，收入流量循环的模型如图 9－3 所示。

四部门经济中的收入流量循环，即居民户、厂商、政府与国外之间的经济联系。这时，经济要正常运行下去，不仅要储蓄等于投资，政府税收等于支出，而且要所有的出口与所有的进口都相等。

在四部门经济中，总需求不仅包括居民户的消费需求、厂商的投资需求与政府的需求，而且还包括国外的需求。国外的需求对国内来说就是出口，所以可以用出口来代表国外的需求，即：

总需求＝消费＋投资＋政府支出＋出口

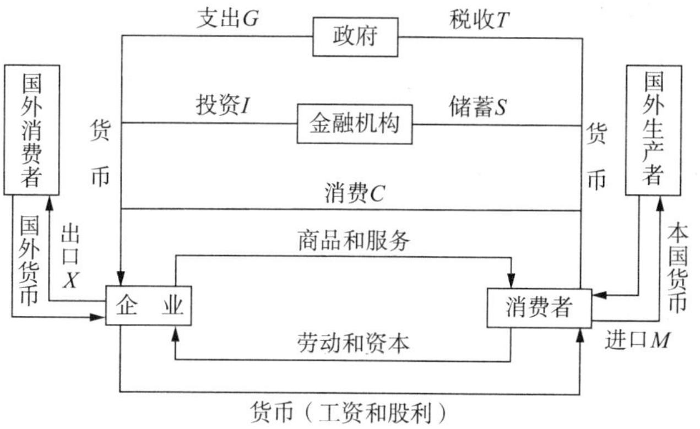

图 9－3　四部门经济国民收入流量循环模型

如果以 X 代表出口，则可以把上式写为：

$$AD=C+I+G+X$$

四部门经济的总供给中，除了居民户供给的各种生产要素和政府的供给外，还有国外的供给。国外的供给对国内来说就是进口，所以可以用进口来代表国外的供给，即：

总供给＝消费＋储蓄＋政府税收＋进口

如果以 M 代表进口，则可以把上式写为：

$$AS=C+S+T+M$$

四部门经济中总需求与总供给的恒等式是：

$$AD=AS$$

或者

$$I+G+X=S+T+M \text{ 或者 } I=S+(T-G)+(M-X)$$

在国民收入核算中，这种恒等式是一种事后的恒等关系，即在一年的生产与消费之后，从国民收入核算表中所反映出来的恒等关系。这种恒等关系，也是国民收入决定理论的出发点。但在一年的生产活动过程中，总需求与总供给并不总是相等的。有时总需求大于总供给，也有时总供给大于总需求。$I=S+(T-G)+(M-X)$表示国民经济均衡时，投资等于居民储蓄加政府储蓄和外国储蓄。

第二节　其他宏观经济指标

国民生产总值是国民收入核算中的最基本总量，但国民收入核算中还有其他总量。这些总量与国民生产总值有密切的关系，从不同的角度反映了整体经济的运行状况。本节则介绍这些总量及其与国民生产总值之间的关系。

一、国民收入核算中的几个基本总量

在国民收入核算中，除了国民生产总值之外还有另外几个重要的总量：国民生产净值、国内生产净值、国民收入、个人收入、个人可支配收入。这五个总量之间存在一定的关系。

1. 国民生产净值与国内生产净值

国民生产净值(NNP)又称国民净收入，是指一个国家在一定时期内国民经济各部门生产的最终产品和劳务价值的净值。一般以市场价格计算，它等于国民生产总值减去固定资产折旧后的余额。其计算公式为：

国民生产净值(NNP)＝国民生产总值(GNP)－资本折旧

国内生产净值(NDP)是指在国内生产总值(GDP)中扣除生产资本的消耗后得到的国内生产总值。国民生产净值与国内生产净值在内容上基本一致，但也存在区别：性质上国内生产净值是一个生产概念，而国民生产净值是一个收入概念。其计算公式为：

国民生产净值(NNP)＝国民收入(NI)＋(间接税－津贴)

二者之间的关系也可以用下面的公式来表示：

国民生产净值＝国内生产净值＋来自国外的原始收入－付给国外的原始收入

2. 国民收入

这里所说的国民收入是狭义的国民收入(NI)，是指一个国家的生产要素在一定时期内提供服务所获得的报酬的总和，即工资、利润、利息和租金的总和，是国民生产净值扣除间接税和企业的转移支付，再加上政府的转移支付之后的余额。这里的国民收入，实际上是按生产要素费用计算的国民净收入。它和国民生产总值、国内生产总值一样，都可以用作国民收入的一个度量。国民收入等于工资、利息、租金、业主收入和企业利润之和。其计算公式为：

国民收入＝国内生产净值－间接税
＝工资＋租金＋利息＋业主收入＋企业利润

3. 个人收入

个人收入(PI)指的是生产要素所有者在国民收入核算期间实际拿到手的收入，是个人从各种不同来源取得的实际收入的总和。国民收入不会全部成为个人收入，一方面，国民收入中有三个项目不会成为个人收入，这就是公司未分配利润、公司所得税和社会保险税；另一方面，政府转移支付(及公债利息)虽然不属于国民收入(生产要素报酬)，但都会成为个人收入。其计算公式为：

个人收入＝国民收入－公司未分配利润－企业所得税－社会保险税
＋政府给居民的转移支付＋政府向居民支付的利息

4. 个人可支配收入

个人收入不能全部归个人支配，从个人收入中减去个人税收和非税支付，就可以得到个人可支配收入(DPI)。个人税收包括个人收入税、个人财产税、遗产税和赠与税等。非税支付包括罚金和馈赠等。个人可支配收入一般也可以成为税后收入。其计算公式为：

PDI＝PI－个人所得税＝消费＋储蓄

在以上五个总量中，国民收入可以分为广义的国民收入与狭义的国民收入，前面所讲的是狭义的国民收入，广义的国民收入泛指这五个总量。这种国民收入也可以指国民生产总值。国民收入决定理论中所讲的国民收入就是指国民生产总值。

二、实际国内生产总值与名义国内生产总值

如前所述，国内生产总值是最终产品市场价值的总和。因此，国内生产总值还要受价格水平的影响。同样的最终产品量按不同的价格会计算出不同的国内生产总值。按当年价格计算的国民生产总值称为名义国内生产总值。按不变价格计算的某一年的国内生产总值，称为实际国内生产总值。不变价格是指统计时确定的某一年(称为基年)的价格。假设某国最终产品以苹果和猪肉为代表，两种商品 2010 年(现期)和 2000 年(基期)的价格和产量分别如表 9－2 所示。

表 9－2　　**名义 GDP 和实际 GDP**　　单位:万美元

	2000 年名义 GDP	2010 年名义 GDP	2010 年实际 GDP
苹果	10 万吨×1 美元/吨＝10	20 万吨×1.2 美元/吨＝24	20 万吨×1 美元/吨＝20
猪肉	5 万吨×10 美元/吨＝50	10 万吨×15 美元/吨＝150	10 万吨×10 美元/吨＝100
合计	60	174	120

由此可见，在同一时期生产销售同样数量的商品分别用现期价格和基期价格计算会得出不同的总产值，只有当现期价格与基期价格相等时，总产值才能相同，即名义 GDP 才能等于实际 GDP。

名义国内生产总值与实际国内生产总值之比，称为国内生产总值折算指数：

GDP 折算指数＝名义 GDP÷实际 GDP

实际 GDP＝名义 GDP÷GDP 折算指数

国民生产总值折算数是重要的物价指数之一，能反映通货膨胀的程度。按名义国内生产总值计算的增长率，实际是由于价格水平上升引起的，只有按实际国内生产总值计算的增长率，才反映了产量的变动情况。

三、国内生产总值与人均国内生产总值

国内生产总值有助于了解一国的经济实力与市场规模，而人均国内生产总值则有助于了解一国的富裕程度与生活水平。这两个概念都是很重要的。

在衡量一个国家的经济发达程度或者在比较各个国家的经济发展水平时，用实际国内生产总值是没有意义的，因为一个经济相对落后的大国的国内生产总值很可能比一个经济相对发达的小国的国内生产总值要多。因此，应该用人均国内生产总值来反映一个国家的经济发达程度。用同一年的人口数量，除当年的国民生产总值，则可以得出当年的人均国民生产总值。例如表 9－3 所示，将我国 2004～2012 年的国内生产总值、人均国内生产总值及国内生产总值增长率结合起来进行分析，就可以对我国的国内生产总值有一个较全面的认识。

表 9-3　2004～2012 年国内生产总值分析

年份	人均 GDP(元)	GDP 总量(亿元)	GDP 增长率%
2004	12 336	159 878	10.1
2005	14 185	184 937	11.3
2006	16 500	216 314	12.7
2007	20 169	265 810	14.2
2008	23 708	314 045	9.6
2009	25 608	340 903	9.2
2010	30 015	401 513	10.4
2011	35 181	472 882	9.2
2012	37 195	509 767	7.8

数据来源:国家统计局,中国石油经济技术研究院。

本章小结

1. 国内生产总值(GDP)是指一国(或地区)在一定时期内(通常是一年)在其领土范围内所生产的全部最终产品(包括产品与劳务)的市场价值的总和。它是反映经济活动的综合性指标,其增长率也就是经济增长率。国民生产总值(GNP)是指一国在一年内所生产的全部最终产品(包括产品和劳务)的市场价值的总和。

2. 国内生产总值和国民生产总值密切相关。国内生产总值和国民生产总值是两个既有联系又有区别的指标,它们都是核算社会生产成果和反映宏观经济的总量指标。它们都能全面反映全社会经济活动的总规模,是衡量一个国家或地区的经济实力、评价经济社会发展规模的重要综合指标,但因其计算口径不同,两者又有所区别。

3. 在国民经济核算体系中有不同的计算国民生产总值的方法,人们可以从三种角度来核算国内生产总值。第一种是从生产角度出发,称为生产法;第二种是从收入角度出发,称为收入法;第三种是从支出的角度出发,称为支出法。从理论上讲,使用生产法、收入法和支出法计算出的 GDP 应该是一致的。

4. 国民生产总值是国民收入核算中的最基本总量,但国民收入核算中还有其他总量。这些总量与国民生产总值有密切的关系,从不同的角度反映了整体经济的运行状况。

案例分析

GDP 不是万能的,但没有 GDP 是万万不能的

越来越多的人,包括一些非常著名的学者,对 GDP 衡量经济增长的重要性发生了怀疑。斯蒂格利茨曾经指出,如果一对夫妇留在家中打扫卫生和做饭,这将不会被列入 GDP 的统计之内,假如这对夫妇外出工作,另外雇人做清洁和烹调工作,那么这对夫妇和佣人的经济活动

都会被计入GDP。说得更明白一些，如果一名男士雇佣一名保姆，保姆的工资也将计入GDP。如果这位男士与保姆结婚，不给保姆发工资了，GDP就会减少。德国学者厄恩斯特魏茨察克和两位美国学者艾墨里·B.洛文斯、L.亨特·洛文斯在他们合著的《四倍跃进》中对GDP在衡量经济增长中的作用更是提出了诘难，他们生动地写道："乡间小路上，两辆汽车静静驶过，一切平安无事，它们对GDP的贡献几乎为零。但是，其中一个司机由于疏忽，突然将车开向路的另一侧，连同到达的第三辆汽车，造成了一起恶性交通事故。'好极了'，GDP说。因为，随之而来的是：救护车、医生、护士，意外事故服务中心、汽车修理或买新车、法律诉讼、亲属探视伤者、损失赔偿、保险代理、新闻报道，等等，所有这些都被看作是正式的职业行为，都是有偿服务。即使任何参与方都没有因此而提高生活水平，甚至有些还蒙受了巨大损失，但我们的'财富'——所谓的GDP依然在增加"。1998年湖北发了大水，遭了大灾，湖北的经济增长速度却提高到了13%。基于以上的分析，三位学者深刻地指出："平心而论，GDP并没有定义成度量财富或福利的指标，而只是用来衡量那些易于度量的经济活动的营业额"。需要进一步指出的是，国内生产总值中所包括的外资企业虽然在我们境内从统计学的意义上给我们创造了GDP，但利润却是汇回他们自己的国家的。一句话，他们把GDP留给了我们，把利润转回了自己的国家，这就如同在天津打工的安徽民工把GDP留给了天津，把挣的钱汇回了安徽一样。看来GDP只是一个"营业额"，不能反映环境污染的程度，不能反映资源的浪费程度，看不出支撑GDP的"物质"内容。在当今中国，资源浪费的亮点工程、半截子工程，都可以算在GDP中，都可以增加GDP。

尽管GDP存在着种种缺陷，但这个世界上本来就不存在一种包罗万象、反映一切的经济指标。在我们现在使用的所有描述和衡量一国经济发展状况的指标体系中，GDP无疑是最重要的一个指标。正因为有这些作用，所以我们说，GDP不是万能的，但没有GDP是万万不能的。

资料来源：五星文库，http://www.wxphp.com/wxd_24pad4k0yi35m4z30uuq_1.html，2015年1月15日下载。

根据案例回答问题：

1. 下面（　　）不是GDP的局限性。

A. 不能反映经济发展对资源环境所造成的负面影响

B. 不能准确地反映一个国家财富的变化

C. 全面地反映人们的福利和公平的状况

D. 不能反映某些重要的非市场经济活动

2. 下面不是GDP的核算方法的是（　　）。

A. 生产法　　B. 收入法　　C. 支出法　　D. 费用法

3. 您认为下列（　　）不是克服GDP的局限性的措施。

A. 引入绿色GDP概念

B. 要建立反映人们生活质量的考核指标体系

C. 不计算GDP

D. 采用社会指标作为补充

4. 1998年洪水使湖北的经济增长速度提高到了13%。这说明（　　）。

A. 洪水破坏的是过去的 GDP(所积累起来的财产)
B. 洪灾过后增加了当前的 GDP,扩大了当前的总需求
C. 洪水这种灾难,人类目前无法避免
D. “非典”这种灾难过后,也会增加当前的需求

5. 绿色 GDP 的核心是(　　)。
A. 减少 GDP 的总量　　B. 灾难 GDP 不计算在内
C. 科学发展观　　D. 和现在的 GDP 没有什么区别

职业技能训练

◇重要概念

1. 国民生产总值　2. 国内生产总值　3. 国民收入　4. 个人收入
5. 个人可支配收入

◇判断题

1. 国内生产总值中的最终产品是指有形的物质产品。(　　)
2. 今年建成并出售的房屋价值和去年建成而在今年出售的房屋价值都应计入今年的国内生产总值。(　　)
3. 用作钢铁厂炼钢用的煤和居民烧火用的煤都应计入国内生产总值。(　　)
4. 同样的服装,在生产中作为工作服穿就是中间产品,而在日常生活中穿就是最终产品。(　　)
5. 某人出售一幅旧油画所得到的收入,应该计入当年的国内生产总值。(　　)
6. 如果农民种植的粮食用于自己消费,则这种粮食的价值无法计入国内生产总值。(　　)
7. 国内生产总值减去折旧就是国内生产净值。(　　)
8. 一栋建筑物的销售额应加入国内生产总值中去。(　　)
9. 销售一栋建筑物的房地产经纪商的佣金应加到国内生产总值中去。(　　)
10. 作为衡量一国生活水平的指标,名义国内生产总值是可获得的最好的统计数据。(　　)

◇单项选择题

1. 下列四种产品中应该计入当年国内生产总值的是(　　)。
A. 当年生产的一辆汽车
B. 去年生产而今年销售出去的汽车
C. 某人去年收购而在今年转售给他人的汽车
D. 一台报废的汽车

2. 在下列四种情况中应该计入当年国内生产总值的是(　　)。
A. 用来生产面包的面粉　　B. 农民生产的小麦
C. 粮店为居民加工的面条　　D. 粮店为居民加工的面条消耗的电

3. 政府购买支出是指(　　)。
A. 政府购买各种产品和劳务的支出　B. 政府购买各种产品的支出
C. 政府购买各种劳务的支出　D. 政府的转移支付
4. 国内生产总值中的最终产品是指(　　)。
A. 有形的产品　B. 无形的产品
C. 既包括有形的产品,也包括无形的产品　D. 自产的可用的农产品
5. 按支出法,应计入私人国内总投资的项目是(　　)。
A. 个人购买的小汽车　B. 个人购买的游艇
C. 个人购买的服装　D. 个人购买的住房
6. 国民收入核算中,最重要的是核算(　　)。
A. 国民收入　B. 国内生产总值　C. 国民生产净值　D. 个人可支配收入
7. 国内生产净值与国民收入的差是(　　)。
A. 间接税　B. 直接税　C. 折旧　D. 公司未分配利润
8. 国内生产总值与国内生产净值之间的差是(　　)。
A. 间接税　B. 直接税　C. 折旧额　D. 个人所得税
9. 社会保障支出属于(　　)。
A. 政府购买支出　B. 转移支付　C. 税收　D. 消费
10. 对政府雇员支付的报酬属于(　　)。
A. 政府购买支出　B. 转移支出　C. 税收　D. 消费

◇填空题

1. 国内生产总值的核算方法有(　　　)、(　　　)和生产法。
2. 个人可支配收入分为(　　　) 和(　　　)。
3. 国民收入核算中最基本的总量是(　　　)　。
4. 国内生产总值是指一国一年内所生产的(　　　)的市场价值的总和。
5. 最终产品是指(　　　),中间产品是指(　　　)。
6. 国内生产总值扣除折旧后的产值是(　　　)。
7. 个人收入减去(　　　)等于个人可支配收入。
8. 名义 GDP 和实际 GDP 的比值称为(　　　)。
9. 国内生产总值等于国民生产总值(　　　)本国居民国外投资的净收益。
10. 消费是居民和个人用于物品和劳务的支出,包括(　　　)和(　　　)。

◇简答题

1. 在统计中,社会保险税增加对 GDP、NDP、NI、PI 和 DPI 这五个总量中哪个总量有影响？为什么？

2. 如果甲乙两国合并成一个国家,对 GDP 总和会有什么影响(假定两国产出不变)？

3. 为什么从公司债券得到的利息应计入 GNP,而人们从政府得到的公债利息不计入 GNP？

◇计算题

1. 假定一国有下列国民收入统计资料(单位:万美元):

国民生产总值:4 800　　总投资:800　　净投资:300
消费:3 000　　政府购买:960　　政府预算盈余:30

试计算:(1) 国内生产净值;(2) 净出口;(3) 政府税收减去转移支付后的收入;(4) 个人可支配收入;(5) 个人储蓄。

2. 某经济社会在某时期发生了以下活动:

(1) 一银矿公司支付7.5万美元工资给矿工,开采了50万磅白银卖给一银器制造商,售价10万美元。

(2) 银器制造商支付5万美元工资给工人,制造一批项链卖给消费者,售价40万美元。

a. 用最终产品生产法计算GDP;

b. 每个生产阶段生产了多少价值? 用增值法计算GDP。

c. 在生产活动中赚得的工资、利润共计分别为多少? 用收入法计算GDP。

3. 设一经济社会生产三种产品:房子、猪肉和青菜。它们在2000年和2006年的产量和价格分别如下表所示。

	2000年		2006年	
	数量	价格	数量	价格
房子(平方米)	100	1 000美元	110	1 050美元
猪肉(千克)	200	4美元	200	6美元
青菜(千克)	500	0.2美元	450	0.5美元

试计算:

(1) 2000年和2006年的名义国内生产总值;

(2) 如果以2000年作为基期,则2000年和2006年的实际国内生产总值为多少? 这两年实际国内生产总值变化了多少个百分点?

第十章

国民收入决定

学习目标

了解三部门均衡的条件，四部门均衡的条件。掌握乘数原理的概念和应用，国民经济均衡的概念，储蓄—投资法、总需求曲线与总供给曲线的含义。重点掌握消费函数的含义，投资函数的含义，二部门均衡的条件，消费函数与边际消费倾向的含义，消费和投资决定国民收入的理论。

导入案例

什么是投资？

初学宏观经济学的人有时弄不懂宏观经济学家如何以一些新而特殊的方式运用相似的词，一个例子是“投资”这个词。混淆的产生是因为在个人看来像投资的东西对整个经济来说并不是投资，一般规则是经济的投资并不包括仅仅在不同个人之间重新配置资产的购买，当宏观经济学家用投资这个词时，投资是创造新资本。

我们来考虑一些事例。假设我们观察到这两个事件：

斯密为自己购买了一所有100年历史的维多利亚式房子。

琼斯为自己建造了一所全新的现代房子。

这里什么是总投资？是两所房子，一所房子，还是没有？

在一个宏观经济学家看来，这两个交易中只有琼斯的房子算作投资。斯密的交易并没有给经济创造出新房子，它仅仅是对已有房子的重新配置。斯密的购买对斯密是投资，但对出售房子的人是负投资。与此相比，琼斯为经济增加了新房子，她的新房子算作投资。

同样，考虑这两个事件：

盖茨在纽约股票交易所购买了巴菲特500万美元的IBM股票。

通用汽车公司向公众出售了1 000万美元的股票,并用收入建立了一个新汽车厂。

在这里,投资是1 000万美元。在第一个交易中,盖茨投资于IBM股票,而巴菲特是负投资;经济中没有投资。与此相比,通用汽车公司用经济中一部分物品和劳务产出来增加自己的资本存量;因此,它的新工厂算作投资。

资料来源:[美]斯蒂格利茨,《〈经济学〉小品与案例》,王则柯译,中国人民大学出版社1998年版。

第一节 消费函数

一、基本假定

第一,假定折旧、间接税、企业转移支付、政府补助金、公司所得税和未分配利润等加减项目均为零,从而使得GDP、NDP、NI、PI在数量上相等。因此国民收入决定就是指国内生产总值的决定。

第二,国民经济只有两个部门组成:家庭和厂商。居民进行消费和储蓄,厂商进行生产和投资。经济活动不涉及政府和国外。

第三,需求约束。在短期宏观经济分析中,假定土地、劳动、资本以及技术等生产要素不会发生显著的变化,存在失业和资本未得到充分利用,只要总需求增加,产量应负增加。

第四,价格不变。社会需求变动,只会引起产量变动,使供求均衡,而不会引起价格变动。产品价格和生产要素价格都不变。

二、消费函数

国民经济的整体运行状况,取决于其各个组成部分如消费、储蓄和投资等经济变量之间的相互联系。通过分析消费、储蓄、投资的结构及关系,来说明它们对国民收入决定的影响。

(一) 消费

消费是指一个国家(或地区),一定时期内,居民个人(或家庭)为满足消费欲望,而用于购买消费品和劳务的所有支出。影响消费的因素很多,如持久收入、消费品价格水平、消费者预期、收入分配的平等程度、消费者偏好、消费信贷、利率水平、家庭财产状况、消费者年龄结构以及制度、风俗习惯等。凯恩斯认为,这些因素中有决定意义的是家庭收入。

(二) 消费函数

凯斯恩认为,随着收入的增加,消费也会增加,但是消费增加不及收入增加得多,消费和收入的关系称作消费函数。宏观经济学假定消费与收入水平存在着稳定函数关系。用公式表示:$C=f(y)$,其中C表示消费,Y表示收入。

在其他条件不变的情况下,消费随着收入的变动而同方向变动,即收入增加引起消费增加,收入减少使得消费减少,但它们之间并不一定按相同的比例变化。若消费与收入之间的函数是线性函数,可以用以下公式表示:$c=a+by(1>b>0)$。其中a是常数,是自发性消费:基本最低消费支出,不随收入变化而变动;by为诱致性消费,是消费中受收入水平影响的部分;b是常数,是边际消费倾向。

（三）消费倾向

消费与收入之间的关系可以用平均消费倾向来进一步说明。平均消费倾向（APC）是指消费总量在收入总量中所占的比例。其公式为：

$$APC=C\div Y$$

按上述公式计算的结果有三种：小于1，即消费总量<收入总量，这时会产生储蓄；等于1，把全部收入都用于消费，储蓄为零；大于1，消费总量大于收入总量即产生负债消费，会出现负储蓄。例：某人收入100元，其中80元用于消费，平均消费倾向 $APC=80\div100=0.8$。

（四）边际消费倾向

消费与收入之间的关系还可以用平均消费倾向（MPC）来进行分析。边际消费倾向是每增减1元国民收入所引起的消费变化。如果用 ΔC 表示消费增加量，ΔY 表示国民收入增量，则边际消费倾向的公式为：

$$MPC=\Delta C\div\Delta Y$$

当收入增量 Δy 趋于无穷小时，$MPC=dc\div dy$ 即 MPC 是消费曲线上任一点切线的斜率。不论 MPC 是常数还是变数，总是一个小于1的正数。有：$1>MPC>0$。例：收入由100元增加到120元，消费由80元增加到94元。

$MPC=(94-80)\div(120-100)=0.7$

（五）边际消费倾向递减规律

消费函数为非线性状态时，随着收入的增加，消费者消费的绝度量虽然一直在增加，但增加的速度越来越慢，并且消费增量与收入增量的比例随着收入的增加而逐渐减少，这就是所谓的边际消费倾向递减规律。消费函数为线性状态时，若 $a=0$，$c=ky$，$APC=MPC$，则不再随收入增加而递减。

假定某家庭的消费和收入如表10－1所示，用表中资料计算平均消费倾向和边际消费倾向。

表10－1　　某家庭消费函数

	收入（y）（元）	消费（元）	边际消费倾向（MPC）	平均消费倾向（APC）
1	90 000	9 110	—	1.01
2	10 000	10 000	0.89	1.00
3	11 000	10 850	0.85	0.99
4	12 000	11 600	0.75	0.97
5	13 000	12 240	0.64	0.94
6	14 000	12 830	0.59	0.92
7	15 000	13 360	0.53	0.89

表中计算结果显示平均消费倾向和边际消费倾向都是递减的。当消费函数为线性时，$APC>MPC$，$APC=\frac{c}{y}=\frac{a+by}{y}=\frac{a}{y}+b$，在这里 b 是 MPC，由于 c 和 y 都是正数，所以平均消费倾向等于边际消费倾向加一个正数，即 $APC>MPC$。随着收入增加，$\frac{c}{y}$ 的值越来越小，

说明 APC 逐渐接近 MPC。

三、消费曲线

根据线性的消费函数，可以作出消费函数的图形（如图 10－1）。图中横轴 Y 代表收入，纵轴 C 代表消费，45°线表示在这条线上任何一点都是收入与消费相等。$c=a+by$ 是消费函数曲线，其位置由消费 a 决定，斜率由边际消费倾向 b 决定。这条曲线向右上方倾斜说明消费随收入增加而增加。在消费函数曲线与 45°线相交之点 E，收入与消费相等。在 E 点之左，消费大于收入，有负储蓄，在 E 点之右，消费小于收入，有储蓄。

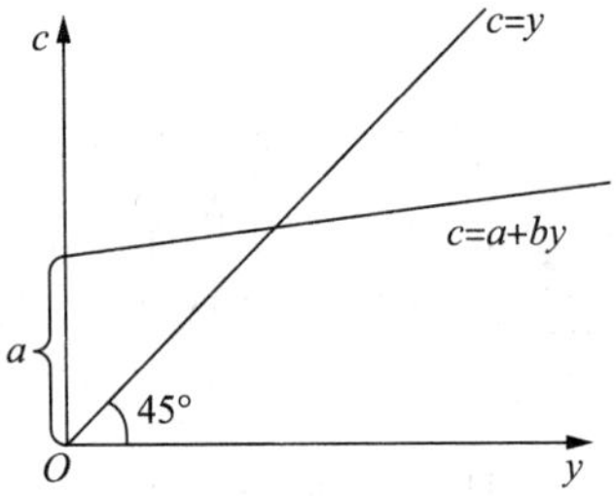

图 10－1　线性消费曲线

四、消费函数的稳定性

在长期中消费是相当稳定的，即消费在收入中所占的比例是固定的，边际消费倾向与平均消费倾向相等。例如，在美国边际消费倾向长期稳定在 0.67 左右。经济学家提出了许多理论来证明消费稳定性。其中最有影响的是美国经济学家莫迪利亚尼提出的生命周期假说和弗里德曼提出的持久收入假定。由于篇幅限制这里不作介绍。

消费函数稳定性的意义，第一，消费函数的稳定性保证了宏观经济的稳定性。总需求包括消费、投资、政府支出和出口，由于消费稳定，政府支出在一般情况下也是稳定的，净出口在国民经济中占的比重小，不足于引起经济的波动。只有投资是引起经济波动的原因。第二，刺激消费的政策作用十分有限。由于边际消费倾向是稳定的，增加消费的关键是增加收入，若一种政策不能增加收入，则无法刺激消费。以繁荣经济为目的的总需求政策不应以刺激消费为中心，而应以刺激投资为中心。

第二节　储蓄函数

一、储蓄函数

储蓄是一个国家或地区一定时期内，居民个人或家庭收入中未用于消费的部分。影响储蓄的因素很多，如文化传统、社会保障体系、实际利率水平、税收、收入、分配状况、消费习惯等，储蓄与决定储蓄的各种因素之间的依存关系就是储蓄函数。凯恩斯认为，影响储蓄的最重要的是收入水平。如果仅考察收入对储蓄的影响，可得到储蓄函数为：

$$s=f(y)$$

式中，s 表示储蓄，y 表示收入，说明储蓄是收入的函数，满足 $ds/dy>0$。在其他条件不变的情况下，储蓄与收入同方向变化，收入增加或减少，会引起储蓄相应的增加或减少。储蓄随着收入增加而增加，这种关系称为凯恩斯储蓄函数。

储蓄是收入减消费后的余额，即 $s=y-c$

式中，s 是储蓄，y 是收入，c 是消费，将 $c=a+by$，代入 $s=y-c$，整理后得到：

$$s=-a+(1-b)y\ (1>b>0)$$

二、平均储蓄倾向和边际储蓄倾向

储蓄与收入并不是按同一比例变化。储蓄与收入之间的关系可以用平均储蓄倾向和边际储蓄倾向来进一步说明。

平均储蓄倾向(APS)是指在某一收入水平上储蓄在收入中所占的比例,即储蓄总量与收入增量的比。其公式为:

$$APS=\frac{S}{Y}$$

例如,收入 100 元中,80 元用于消费,其余 20 元用于储蓄,平均储蓄倾向 $APS=20\div100=0.2$。

边际储蓄倾向(MPS)是指在增加的收入中用于储蓄部分所占的比例,即储蓄增量与收入增量的比,如果用 ΔS 表示储蓄增量,ΔY 表示收入增量,公式为:

$$MPS=\frac{\Delta S}{\Delta Y}$$

MPS 表示每增减 1 元国民收入所带来的储蓄的变化。当 ΔS 与 ΔY 趋于无穷小时,上式可以写成 $MPS=ds/dy$,MPS 是储蓄函数的一阶导数,储蓄曲线上任一点的切线斜率。

例如,收入由 100 元增加到 120 元,消费由 80 元增加到 94 元。$MPS=(26-20)\div(120-100)=0.3$,当储蓄函数为线性时,$MPS$ 为常数$(1-b)$,若储蓄函数为非线性函数时,MPS 有随收入递增趋势。MPS 和 APS 都递增,但是 $MPS>APS$。根据线性储蓄函数得到储蓄函数的图形如图 10－2 所示。

在图 10－2 中,横轴 Y 代表收入,纵轴 S 代表储蓄,$S=f(Y)$ 表示储蓄与收入之间的依存关系。Y_0点是储蓄曲线与横轴的交点,这时消费等于收入、储蓄为零;在 Y_0 点的左边,有负储蓄;在 Y_0点的右边,则有正储蓄。

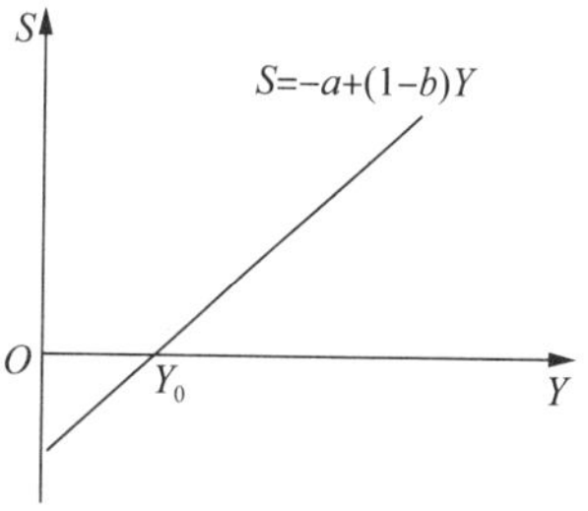

图 10－2　线性储蓄函数

在收入既定条件下,如果用于消费的支出多了,则储蓄减少;反之,用于消费的支出少了,则储蓄增加。根据消费与储蓄之间的关系,用消费函数可以推出储蓄函数。

假定某家庭的消费和收入如表 10－2 所示,用表中资料计算平均储蓄倾向和边际储蓄倾向。

表 10－2　　某家庭消费函数

	收入(y)(元)	消费(c)(元)	储蓄(s)(元)	MPS	APS	MPC	APC
1	9 000	9 110	−110	—	−0.01	—	1.01
2	10 000	10 000	0	0.11	0	0.89	1.00
3	11 000	10 850	150	0.15	0.01	0.85	0.99
4	12 000	11 600	400	0.25	0.03	0.75	0.97
5	13 000	12 240	760	0.36	0.06	0.64	0.94
6	14 000	12 830	1170	0.41	0.08	0.59	0.92
7	15 000	13 360	1640	0.47	0.11	0.53	0.89

三、消费函数与储蓄函数的关系

由于储蓄被定义为收入和消费之差，因此消费函数和储蓄函数互为补数，二者之和总是等于收入：$y=c+s$。式子两边同时除以 y，即 $(y\div y)=(c\div y)+(s\div y)$，所以有：$APC+APS=1$。

同理，有 $\Delta y=\Delta c+\Delta s$，两边同除 Δy，则 $(\Delta y\div\Delta y)=(\Delta c\div\Delta y)+(\Delta s\div\Delta y)$，即：$MPC+MPS=1$，推断：若 MPC 递减，那么 MPS 必然递增。

如表 10-2，当收入为 12 000 元时，平均消费倾向为 0.97，平均储蓄倾向为 0.03，两者之和等于 1；边际消费倾向为 0.75，边际储蓄倾向为 0.25，两者之和也等于 1。消费曲线与储蓄曲线存在着对应关系，即垂直相加为 45°线。在 a 点左方，消费曲线在 45°线上方，相对应的储蓄曲线在横轴的下方，存在负储蓄，即消费大于收入。在 a 点上，消费曲线与 45°线相交，储蓄曲线与横轴相交，储蓄为零，在 a 点右方，消费线在 45°线在横轴的上方，储蓄为正。

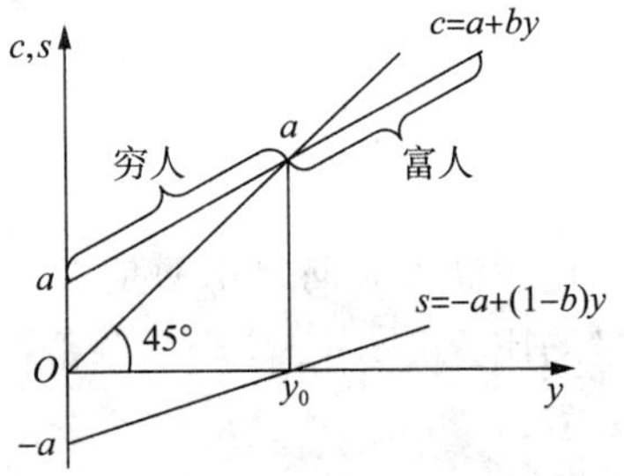

图 10-3 消费曲线与储蓄曲线的关系

第三节 投资函数

一、投资的概念与分类

(一) 投资的概念

投资也叫资本形成，是指在一定时期内社会的实际资本增加，包括厂房、机器设备、存货的增加，表现为生产能力的扩大。投资和资本是两个不同的概念，投资是流量，而资本则是存量。经济学的投资是指社会实际资本的增加，包括厂房、设备和存货，也就是资本存量的变动。不同于在日常生活中，某人用自己的收入去买各种有价证券、房产、设备、土地等，从社会的角度看仅仅是财产所有权的转移，全社会并没有增加资本。

(二) 投资的分类

1. 根据投资包括范围的不同，可以划分为重置投资（折旧的补偿）、净投资（实际资本的净增加）和总投资

重置投资是指用来补偿已耗费的资本设备的投资，即折旧，它决定于原有资本量和使用年限及构成。净投资是指为增加资本存量而进行的投资，是净资本形成或实际资本的净增加，如厂房、设备、存货的净增加。它决定于国民收入水平与变化情况。总投资＝重置投资＋净投资。从投资角度看，投资是对原有资本存量的追加或者扩大，取得资本资产。在现实经济活动中，重置投资与净投资在形态上总是结合在一起，但在性质上是不同的，这种区分在理论研究中有重要意义。

2. 按引起投资原因不同，投资分为自发投资与引致投资

自发投资是由独立的非经济因素或者外生变量所引起的投资，如新发明、新技术、人口、资源、心理、战争、政府政策等因素决定的投资，这种投资与国民收入或者消费无关，投资会保持一定水平。引致投资是指由于国民收入或者消费变化而引起的投资。引致投资与国民收入或

者消费水平存在依赖关系，国民收入或者消费水平较高，必将导致较多的投资。在理论上可以区分，但在现实经济生活中很难严格区分。一般认为政府投资多属自发投资，而私人投资多为引致投资。

3. 按投资者是否参与经营，投资可以分为直接投资与间接投资

投资者自己直接建立某种企业所进行的投资活动称为直接投资，如建厂房、购置设备等。间接投资有两种，一是投资者用资本购买政府或者企业发行的各种债券，从中获取利息，资金由政府或者企业运用支配，投资者不过问。二是投资者把资本借贷给其政府或者企业，仅按协议获得借贷利息。

4. 按投资内容分，投资分为非住宅固定投资、住宅固定投资和存货投资

非住宅固定投资是指厂商建新厂房、购置设备的投资，它占投资比重大，相对稳定，随经济周期变化而波动。住宅投资是指建造会议室和公寓的投资，受利率变动影响大。存货投资是指已经产出而没有销售的产品库存的增加，它在总投资中所占份额最小，但有易变特性，影响社会经济稳定。

二、资本边际效率与投资边际效率

（一）投资决策与投资函数

投资的动机和目的是为获取最大利润，做出投资决策必须考虑两个因素：投资的预期利润率和资本市场的利率。比较二者高低，投资的预期利润率高于资本市场利率是投资决策的基本原则。

从总体看，决定投资水平的主要因素有三个：社会投资需求、家庭储蓄供给和厂商投资品供给。投资函数严格地说就是投资需求函数。在宏观经济运行中，商品市场和货币市场同时存在，决定投资的最主要因素是国民收入和利率，投资函数为：$I=I(Y,r)$，投资需求与国民收入成正相关关系，与利率成负相关关系。如不考虑国民收入，投资函数可简写成：$I=I(r)$，投资同利率反方向变动。

（二）资本边际效率

资本边际效率（MEC）是凯恩斯提出的概念，是指资本的预期利润率，即增加一笔投资预期可以得到的利润率。资本边际效率等于一个贴现率（或折现率），用这个贴现率把投资的将来预期收益折成现值会正好等于该项资本品的供给价格（或成本）。假设 C_R 表示资本品的供给价格，也称重置资木；R_1、R_2、R_3…R_n 分别表示第一、第二、第三…第 n 年的预期收益；r 表示资本的边际效率。按照凯恩斯定义有如下关系：

$$C_R=\frac{R}{1+r_m}+\frac{R_2}{(1+r_m)^2}+\frac{R_3}{(1+r_m)^3}+\cdots+\frac{R_n}{(1+r_m)^n}$$

从资本边际收益公式可看出，资本边际效率 r_m 取决于投资品的供给价格与预期收益。在其他条件相同的情况下，供给价格越大，资本边际率越小；预期收益越大，资本边际效率越大。资本边际效率曲线方程可写为：$I=I(r_i)$。这就是投资利息率函数或投资函数，它表明投资与利息率成负相关关系，利息率越高，投资量越小；利息率越低，投资量越大。具体如图 10－4 所示。

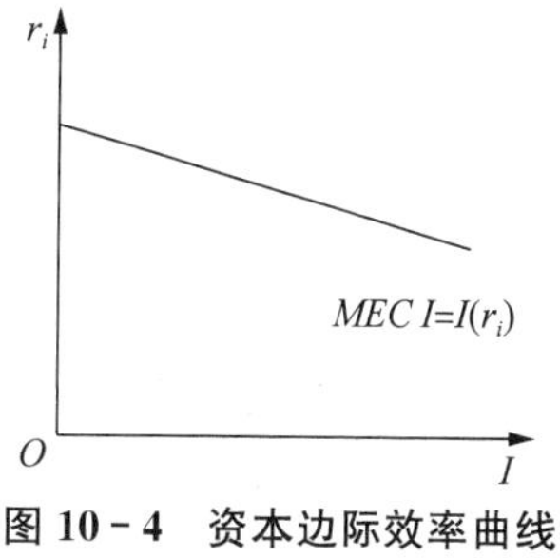

图 10－4　资本边际效率曲线

凯恩斯认为，资本边际效率会随着社会投资的不断增加而呈

现递减趋势。这是凯恩斯理论体系中的三大基本规律之一。为什么资本边际效率递减？从供给价格看，社会经济活动中投资越多，对资本设备的需求越多，资本设备的价格越高，为资本设备而付出的成本就越高。如果其他不变，投资的预期利润率必将下降；从预期收益看，随着投资的增加，生产规模扩大，产品的未来供给会越来越多，销售困难或者降价，投资的预期利润率降低。

资本边际效率递减规律在凯恩斯经济理论中有着特殊意义：资本边际效率递减，削弱了投资的吸引力和私人投资的信心；会引起对资本产品的需求不足。私人投资不足必须由国家承担起投资的责任，维持一定的有效需求，才能解决经济危机与失业问题。

资本边际效率曲线就是投资需求曲线，它强调了当利息率下降时要引起投资增加，结果势必提高资本产品的成本，各投资项目的资本边际效率会有所降低，因此，需要区分资本边际效率与投资边际效率（MEI）。资本边际效率是表示资本品价格不变时，投资与利息率的反比关系；而投资的边际效率是表示资本品价格变化，投资与利息率的反比关系。投资边际效率曲线如图 10－5 所示。

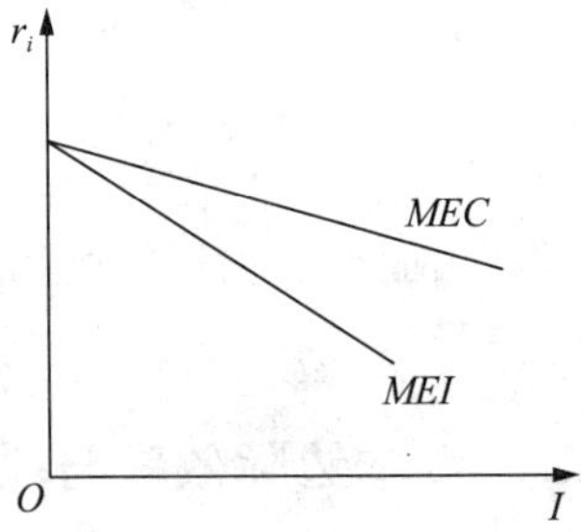

图 10－5　资本边际效率曲线 *MEC* 和投资边际效率曲线 *MEI*

在原点时，净投资为零，资本品供给价格不变，MEC 与 MEI 相等；随着净投资的增加，MEC 与 MEI 的差距越来越大。可以看出，根据投资边际效率曲线，利息率与投资量之间仍然存在着反方向关系，如果用一般公式表示这一关系，$I=I(r_i)$仍然使用，所不同的是，在使用投资边际效率曲线的情况下，利息率对投资量的影响较小，而在使用资本边际效率的情况下，影响则较大。

在同样预期收益的情况下，随着投资的增加，投资品的供给价格会越来越高，投资边际效率小于资本边际效率，而真正表示投资所能带来好处的是投资边际效率而不是资本边际效率。从图上看，投资边际效率曲线总在资本边际效率曲线之下，而且二者的差距也会越来越大。在说明投资量和利息率关系时，一般使用投资边际效率曲线。

三、影响投资的因素与投资方程

（一）决定投资的因素

1. 利率与投资反方向变动

利率是影响投资的首要因素。

2. 投资是为了获利，利润率必须高于利率

预期利润与投资同方向变动。

3. 折旧与投资同方向变动

折旧是现有设备、厂房的损耗，资本存量越大，折旧也越大，越需要增加投资以更换设备和厂房，因此，需折旧的量越大，投资也越大。

4. 要素价格、税率

要素价格高、税率高，生产成本就会提高，利润会降低，投资就减少。反之，则投资会增加。

5. 经济增长速度

经济增长速度越高，对投资的需求就多，相反就少。

6. 预期的通货膨胀率与投资同方向变动

在发生通货膨胀的情况下，短期内是对企业有利的，因为可以增加企业的实际利润总量，减少实际工资总量，因而在预期即将到来的通货膨胀，即预期价格即将上涨的情况下，企业会增加投资，反之亦然。

此外，实际利率＝名义利率－通货膨胀率，通货膨胀会使实际利率下降，因而会刺激投资。实际利率越低，越能刺激投资。

（二）投资方程

在简单收入模型中，只考虑产品市场，不涉及货币市场及利率因素，即假定利率不变，厂商投资不受收入水平影响。可以把意愿投资看作一个常数：$I=I_0$。

第四节　国民收入的决定理论

两部门的总需求用 AD 表示，它是指在一个国家（或地区）在一定时期内（通常是一年）由社会实际形成的最终产品（服务）总量，包括家庭消费与企业投资两部分：$AD=C+I$。总供给用 AS 表示，它是指在一个国家或地区在一定时期内（通常是一年）由社会生产活动提供给市场的最终产品的购买总量。由投入的要素数量和其组合效率决定。总供给转化为国民收入。分解为消费加储蓄，即 $Y=AS=C+S$。均衡收入是总供给与总需求相等时的国民收入。

一、两部门国民收入决定

（一）消费函数—投资决定国民收入

使用消费函数决定国民收入的方法称为收入—支出法。假设投资需求为自发投资，即不考虑利息率对投资的影响，设它为一个常数 $I=I_0$。由于个人可支配收入是国民收入减去净税收后的余额，而净税收在简单模型中等于零，所以可支配收入就等于国民收入，这样消费函数就可看成国民收入的函数。则两部门中国民收入决定的简单模型可表示为：$y=c+i$，$c=a+by$，联立方程可解得均衡收入为：

$$y=\frac{a+i}{1-b}$$

例：$c=1\,000+0.8y$，$i=600$，均衡国民收入：

$y-(1\,000+600)/(1-0.8)=8\,000$

$c=y-i=8\,000-600=7\,400$

$s=y-c=8\,000-7\,400=600$

储蓄与投资相等，即 $i=s$。

用图 10-6 表示。

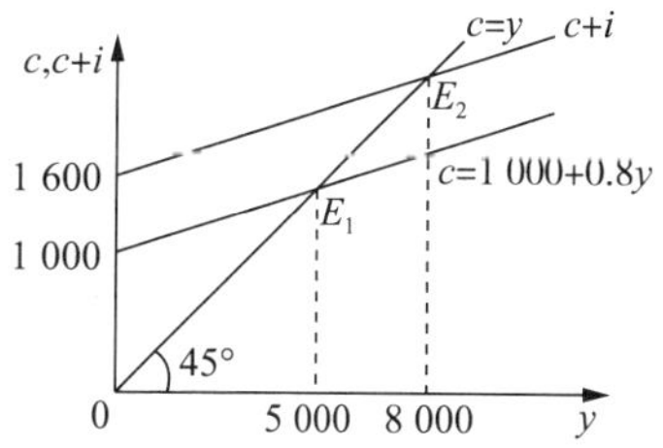

图 10-6　消费函数决定均衡收入

图 10-6 中，45°线到纵轴和横轴的距离相等，表示供给与需求相等。消费函数 $c=1\,000+0.8y$，没有投资时，消费曲线与 45°线相交于 E_1 点，均衡的国民收入为 5 000；若有自发投资 600 时，总需求曲线与 45°线相交于 E_2 点，此时的均衡的国民收入为 8 000。

（二）储蓄函数—投资决定国民收入

使用储蓄函数决定国民收入的方法又称为储蓄—投资法，该方法就是利用经济均衡点条件来求得均衡的国民收入，即用计划投资等于计划储蓄求均衡收入。同样假定投资为固定的，储蓄是收入的函数，联立方程，则有简单模型：

储蓄函数：$S=y-c=-a+(1-b)y$

计划投资等于计划储蓄：$i=S$

联立两个方程，得到均衡国民收入：

$$y=\frac{a+i}{1-b}$$

例如储蓄函数：$S=-1\,000+(1-0.8)y$，自发计划投资 $i=600$，均衡收入为

$y=(1\,000+600)/(1-0.8)=8\,000$

$S=i=600, y=8\,000$

$S=i=0, y=5\,000$

$c=a+by=1\,000+0.8\times 8\,000=7\,400$

$S=y-c=8\,000-7\,400=600$

$S=i=600$

当 $S=i=0$ 时，国民收入 $y=5\,000$。

国民经济处于均衡状态，可以用图 10－7 表示。

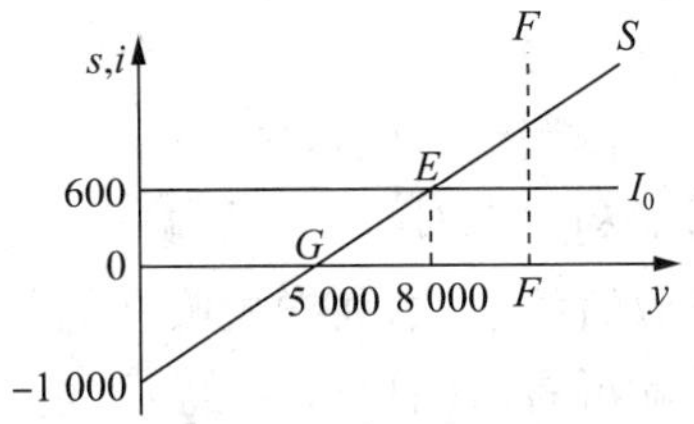

图 10－7　储蓄函数决定均衡收入

图 10－7 中，横轴表示收入，纵轴表示储蓄和投资，储蓄曲线为 S，储蓄是收入的增函数，S 向右上倾斜，投资为常数 I_0，是一条水平线，与收入无关，是自发投资。FF 曲线垂直于横轴表示充分就业的国民收入水平。储蓄曲线与横轴相交于 G 点，国民收入为 5 000 时，说明收入等于消费，储蓄等于0；S 与 I 相交于 E 点，决定均衡国民收入水平 8 000，离开 E 点的国民收入都是非均衡收入水平。经济不会永远停留在非均衡状态。可以从两个方面来分析：

第一，如果收入水平低于均衡收入水平，投资大于储蓄，这时厂商扩大生产有利可图，便会增加雇佣工人，增加生产，会使收入水平不断提高，一直到均衡收入水平为止。

第二，如果收入水平高于均衡收入水平，储蓄大于投资，这里出现生产过剩，厂商就要解雇工人，减少产量，使收入水平不断降低，一直到均衡收入水平为止。

在均衡收入水平上，储蓄等于投资，说明厂商生产出来的产品等于销售出去的产品，存货处于正常状态，因此，厂商会维持这一产量和就业水平。此时，整个经济体系就会保持在储蓄与投资的均衡点上，这一均衡具有稳定性。

（三）均衡收入形成的过程

国民收入不是一开始就是均衡状态，有一个不断调整的过程。如有消费函数 $C=100+0.8Y$，储蓄函数 $S=-100+(1-0.8)Y$，给定初始国民收入 $Y=300$，$I=100$，均衡收入形成的过程如表 10－3 所示。

表 10-3 均衡收入形成的过程

轮次	收入(Y)	消费(C)	储蓄(S)	I 与 S 比较	投资(I)	经济均衡状态
1	300	340	−40	<	100	失衡、复苏
2	440	452	−12	<	100	失衡、复苏
3	552	541	10.4	<	100	失衡、复苏
…	…	…	…	<	100	失衡、复苏
55	1 000	900	100	=	100	均衡

表中第一轮次资料：

收入 $Y=300$(初始值)

$C=100+300\times0.8=340$

$S=300-340=-40$

或者 $S=-100+(1-0.8)Y=-100+0.2\times300=-40$

储蓄−40 小于投资 100，经济处于失衡和复苏状态。

表中第二轮次资料：

$Y=340+100=440$

$C=100+440\times0.8=452$

$S=440-452=-12$，经济仍然处于失衡和复苏状态

经过 55 轮调整之后，储蓄与投资相等，经济处于均衡状态。

二、三部门国民收入决定

三部门经济是在两部门经济的基础上增加了政府部门。政府的经济行为和主要作用就是按章法征税(T)和通过预算进行政府支出活动(G)。政府支出是指对产品与劳务的购买、公共工程建设和转移支付，其中转移支付是不以换取产品与劳务为目的的支出。政府税收分为直接税和间接税。直接税是指对财产和收入的征税，由纳税人负担，无法转嫁出去。间接税是指对商品与劳务征税，不由纳税人承担，可以向前向后转嫁出去。

在存在家庭部门、厂商部门和政府部门情况下，模型中总需求与总供给公式是：总需求＝家庭消费＋企业投资＋政府支出，即 $AD=C+I+G$；总供给＝消费＋储蓄＋税收，即 $AS=C+S+T$。均衡条件是：

$$C+I+G=C+S+T$$

两边消去 C，再移项得：$I=S+(T-G)$。

公式的经济含义是，投资等于居民储蓄(S)与政府储蓄($T-G$)的和时经济处于均衡状态。

三部门经济中，消费者向国家纳税 $T=Ty$，消费函数：$C=A+b(1-t)Y$，$(1-t)Y$ 为收入减税收后的余额，为可支配收入。三部门均衡时的国民收入：$Y=C+I+G$

$$Y=AS=AD=C+I+G=A+b(1-t)Y+I+G$$

例:某国封闭经济自发性消费为 10 亿元,投资为 20 亿元,政府支出 30 亿元,消费倾向 0.5,税率 20%,求均衡国民收入。

$Y=10+0.5\times(1-20\%)Y+20+30$

$Y=10+0.5Y-0.1Y+20+30$

$0.6Y=60$

$Y=100$

$Y=AS=AD=C+I+G=50+20+30=100$

三部门国民收入决定模型也可用图形来说明,如图 10－8 所示。

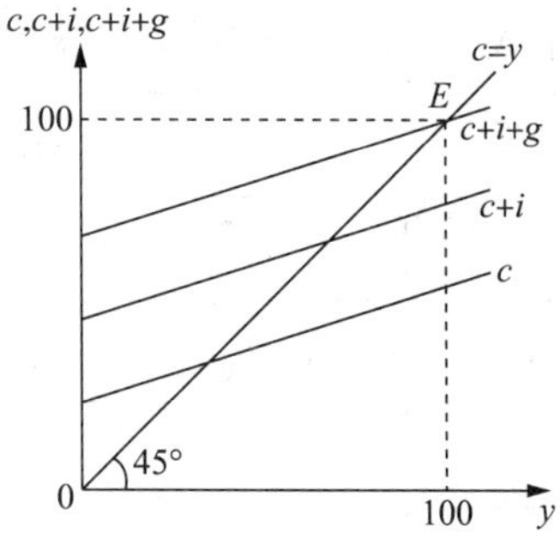

图 10－8 三部门均衡国民收入决定

三、四部门国民收入决定

四部门经济是开放的经济,在家庭、厂商、政府三个部门基础上引入对外经济关系,增加一个世界市场或者国外部门,构成了四部门的凯恩斯模型。模型中总需求 $AD=C+I+G+X$,总供给 $Y=C+S+T+M$。总需求(AD)有四个部分:消费(C)、投资(I)、政府支出(G)和出口(X)。总供给(Y)也是四个部分:消费(C)、储蓄(S)、税收(T)和进口(M)。

四部门凯恩斯的均衡收入是总需求等于总供给。均衡条件如下:

$$C+I+G+X=C+S+T+M$$

公式两边消去 C 后移项得到:$I=S+(T-G)+(M-X)$。

公式表明,投资等于家庭储蓄与政府储蓄和国外储蓄的和,国民经济处于均衡状态。或者移项得到:$I-S=+(T-G)+(M-X)$,即投资与储蓄的差额等于政府收支的差额加上进出口差额。这意味着在四部门凯恩斯模型若处于失衡状态,即出现通货膨胀或者经济萧条时,只要政府采用必要办法,调节好三个差额的关系,社会经济就能够达到均衡状态。

考察四部门简单凯恩斯模型的收入决定,同样可以用总支出曲线与 45°线的交点决定均衡收入水平。如图 10－9 所示。

图 10－9 中横轴表示总供给,纵轴表示总需求,总需求曲线与 45°线的交点 E 决定均衡收入水平。如果离开 E 点决定的收入水平,经济将处于失衡状态,不会保持下去,最终要回到 Y_E 的水平。

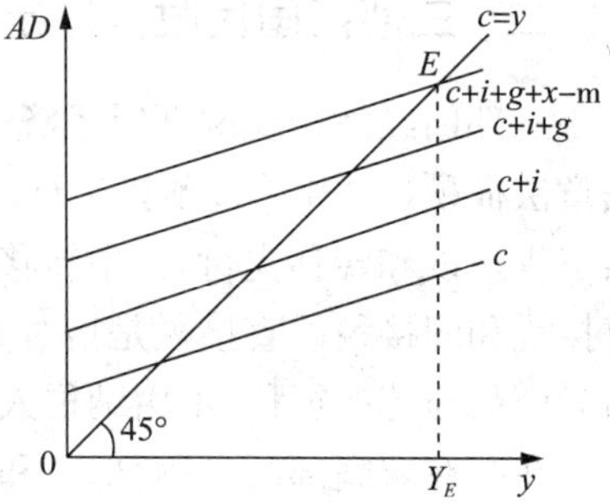

图 10－9 四部门均衡国民收入决定

第五节 乘数理论

一、乘数定义

乘数又称倍数,是因变量变动与自变量变动的比率。是自发总需求的增加所引起的国民收入增加的倍数。或者说是国民收入的增加量与引起这种增加的自发总需求增加量之间的比率。$K=\Delta Y/\Delta AD$。K 是乘数，ΔY 是国民收入的增加量，ΔAD 是自发总需求的增加量。在两部门经济中，两个自变量：自发消费和投资。现在举一个例子，增加对乘数的感性认识。

消费函数 $c=1\ 000+0.8y$，均衡收入方程：$y=(1\ 000+i)\div(1-0.8)$。

当 $i=600$ 时，$y=(1\ 000+600)\div(1-0.8)=8\ 000$；当 $i=700$ 时，$y=(1\ 000+700)\div(1-0.8)=8\ 500$；投资增 100，收入增 500，投资引起收入增加 5 倍。这个倍数就是乘数。用图 10－10 表示。

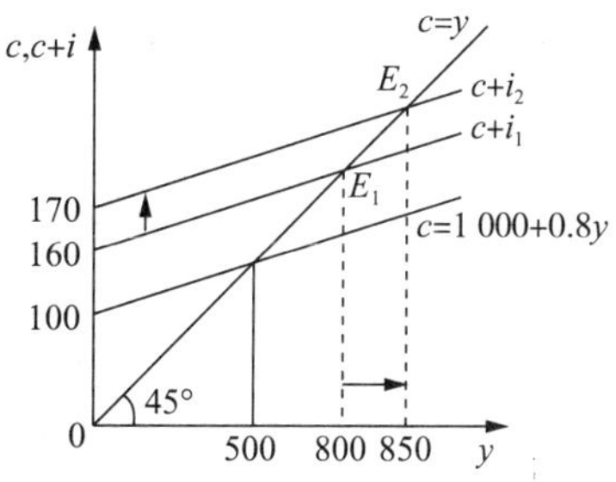

图 10－10　对乘数的感性认识

二、投资乘数

投资乘数就是国民收入的增量与投资的增量之间的比率。假设在某社会经济活动中，投资增加 100 万元，边际消费倾向是 0.8，当用这 100 万元购买投资品时，生产投资品部门就增加收入 100 万元。形成了社会收入的第一次增加。因为边际消费倾向是 0.8，增加的 100 万元收入中有 80 万元用来购买消费品，生产消费品部门的收入增加 80 万元，这是社会收入的第二次增加。同样，由于边际消费倾向是 0.8，增加的 80 万元收入中又会有 64 万元用于消费，社会的收入增加了 64 万元，这是第三次增加，依此类推。如表 10－4 所示。

表 10－4　收入增加情况

收入增加次数	每次收入增加数量	以 $b\Delta I$ 表示每次增量
第一次	100	ΔI
第二次	$100\times0.8=80$	$b\Delta I$
第三次	$100\times(0.8)^2=64$	$b^2\Delta I$
……		
第 n 次	$100\times(0.8)^{n-1}$	$b^{n-1}\Delta I$
收入增加合计	$100+100\times0.8+100\times(0.8)^2+\cdots$	$\Delta I+b\Delta I+b^2\Delta I+\cdots$

总收入增加量 $\Delta y=100+100\times0.8+100\times(0.8)^2+\cdots\approx500$

也可以用数学公式计算：

$$S_n-\frac{a_1(1-q^n)}{1-q}-\frac{a_1}{1-q}=\frac{100}{1-0.8}=500\qquad(q<1)$$

从上式可以看出，当投资增加 100 万元时，由此产生的收入增量为 500 万元，两者之比为 $k=\Delta Y/\Delta I=5$。它说明投资增加而导致收入增加的倍数。不论是投资还是消费，只要是增加 100 万元的初始需求，也是一样的效果。

如前所述，均衡国民收入：$y=(a+i)/(1-b)$。

令（自发的）总需求为投资 I，则

$$AD=I$$

$$Y=\frac{AD}{1-b}$$

$$\Delta Y=\frac{\Delta AD}{1-b}$$

$$\frac{\Delta Y}{\Delta AD}=\frac{1}{1-b}$$

用 K 表示乘数，$K=\frac{\Delta Y}{\Delta AD}=\frac{1}{1-b}=\frac{1}{1-MPC}=\frac{1}{MPS}$

从公式可以看出，乘数是 1 减边际消费倾向的倒数，或者是边际储蓄倾向的倒数。乘数的大小同边际消费倾向成正比，边际消费倾向越大，乘数越大；边际消费倾向越小，乘数越小。由于边际消费倾向与边际储蓄倾向之和恒等于 1，所以，乘数同边际储蓄倾向成负相关，边际储蓄倾向越大时，乘数越小，边际储蓄倾向越小时，乘数越大。对应关系如表 10－5 所示。

表 10－5　　　　MPC、MPS 与 K 的对应关系

MPC	0	0.5	2/3	3/4	4/5	9/10	99/100	1
MPS	1	0.5	1/3	1/4	1/5	1/10	1/100	0
K	1	2	3	4	5		100	∞

一般来说，边际消费倾向在 0 和 1 之间，即 $0<MPC<1$，所以乘数在无穷大与 1 之间，即 $1<K<\infty$。

三、其他乘数

（一）政府购买乘数

政府购买乘数也称政府支出乘数，是指收入的变动与引起这种变动的政府购买变动的比率，用 Δg 表示政府购买变动，Δy 表示收入变动，k_g 表示政府购买乘数。根据上述推导投资乘数计算公式的方法，可以求得政府购买乘数为：

$$k_g=\frac{\Delta y}{\Delta g}=\frac{1}{1-b}$$

（二）税收乘数

税收乘数是指收入变动与引起这种变动的税收变动的比率。税收乘数有两种：一种是税率变动对总收入的影响；另一种是税收绝对量的变动对总收入的影响，即定量税对总收入的影响。这里仅分析后一种情况。用 Δt 表示政府税收变动，Δy 表示国民收入的变动，k_t 表示税收乘数，则有：

$$K_t=\frac{\Delta Y}{\Delta T}=\frac{-b}{1-b}$$

显然，税收乘数为负值，这表示收入随税收的增加而减少，随税收的减少而增加。其原因在于，政府税收增加意味着人们可支配收入减少，从而消费支出会相应减少，在其他条件不变的情况下，会导致经济社会的总支出减少，进而导致产出或收入的减少，税收增加或减少将引起国民收入以倍数的形式减少或增加。例如，若边际消费倾向 b 为 0.8，则 $k_t=-\frac{0.8}{1-0.8}=-4$。因此，如果政府增税 100 元，则国民收入减少 400 元；若政府减税 100 元，则国民收入增加 400 元。

（三）政府转移支付乘数

政府转移支付乘数是指收入变动与引起这种变动的政府转移支付变动的比率。政府转移支付增加时，人们的可支配收入增加，从而消费会增加，总支出和国民收入会增加，因此政府转移支付乘数为正值，用 k_{tr} 表示政府转移支付乘数，tr 表示政府转移支付，则有：

$$k_{tr}=\frac{\Delta y}{\Delta tr}=\frac{b}{1-b}$$

由此可知，政府转移支付乘数为正值，它与税收乘数的绝对值相等，但符号相反。例如，边际消费倾向 b 为 0.8，则 $k_t=\frac{0.8}{1-0.8}=4$。因此，如果政府增加转移支付 100 元，则国民收入增加 400 元；转移支付减少 100 元，则国民收入减少 400 元。

（四）平衡预算乘数

平衡预算乘数是指政府收入和支出同时以相等的数量增加或减少时，国民收入变动与政府收支变动的比率。用 k_b 表示平衡预算乘数，用 Δy 表示政府购买和税收各增加同一数量（即 $\Delta g=\Delta t$）时的收入的变动量，能够推导出平衡预算乘数。

$$\Delta Y=K_g\Delta g+K_t\Delta T$$

$$\Delta Y=(K_g+K_t)\Delta g=(K_g+K_t)\Delta T$$

$$K_b=\frac{\Delta Y}{\Delta g}=\frac{\Delta Y}{\Delta T}=K_g+K_t=\frac{1}{1-b}+\frac{-b}{1-b}=1$$

假设 b 为 0.8，则 $K_g=5$，$K_t=-4$；若购买支出增加 100 亿元，税收也增加 100 亿元，政府预算平衡状况不会改变，但国民收入会因为 K_g 而增加 500 亿元，因 K_t 而减少 400 亿元，结果净增加 100 亿元，与政府收支变动量相同。

本章小结

1. 消费与决定消费的各种因素之间的依存关系称作消费函数。随着收入的增加，消费也会增加，但是消费增加不及收入增加得多。要注意理解与消费函数相关的内容有平均消费倾向、边际消费倾向、边际消费倾向递减规律、消费曲线，等等。

2. 储蓄与决定储蓄的各种因素之间的依存关系就是储蓄函数。储蓄是收入的增函数，注意理解与储蓄函数相关的平均储蓄倾向、边际储蓄倾向及与消费函数之间的关系。

3. 投资也叫资本形成，是指在一定时期内社会的实际资本增加，包括厂房、机器设备、存货的增加，表现为生产的扩大。投资函数是指投资和利率之间的关系就是投资函数。

4. 国民收入的决定。使用消费函数决定国民收入的方法称为收入—支出法。使用储蓄函数决定国民收入的方法称为储蓄—投资法。

5. 三部门国民收入决定。在存在家庭部门、厂商部门和政府部门的情况下，模型中总需求与总供给公式为：总需求＝家庭消费＋企业投资＋政府支出，即 $AD=C+I+G$；总供给＝消费＋储蓄＋税收，即 $AS=C+S+T$。均衡条件是：$C+I+G=C+S+T$。

6. 四部门国民收入的决定。四部门经济是开放的经济，包括家庭、厂商、政府和国外。四部门模型中总需求 $AD=C+I+G+X$，总供给 $Y=C+S+T+M$。均衡条件为：$C+I+G+X=C+S+T+M$。

7. 乘数又称倍数，是因变量变动与自变量变动的比率。它是自发总需求的增加所引起的国民收入增加的倍数。投资乘数就是国民收入的增量与投资的增量之间的比率。用 K 表示乘数，公式为：$K=\frac{\Delta Y}{\Delta AD}=\frac{1}{1-b}=\frac{1}{1-MPC}=\frac{1}{MPS}$。

案例分析

中美边际消费倾向比较

据估算，美国的边际消费倾向现在约为0.68，中国的边际消费倾向约为0.48。也许这种估算不一定十分准确，但是一个不争的事实是：中国的边际消费倾向低于美国。为什么会有这种差异呢？

有人认为这种差异在于中美两国的消费观念不同，美国人崇尚享受，今天敢花明天的钱。中国人有节俭的传统，钱总是省着花。经济学家认为消费观念属于伦理范畴，由经济基础决定。不同的消费观来自不同的经济基础。还要用经济与制度因素来解释中美边际消费倾向差别。

第一，收入。美国是一个成熟市场经济国家，尽管也经常发生经济周期性波动，但经济总体上是稳定的。经济的稳定决定了收入的稳定性。当收入稳定时，人们敢于消费，甚至敢于借贷消费。中国是一个转型中的国家，正在从计划经济转向市场经济，尽管经济增长速度快，但就每个人而言有下岗的危险，收入并不稳定。这样，人们就不得不节制消费，以预防可能出现的下岗及其他风险。

第二，制度。人们敢不敢花钱，还取决于社会保障制度的完善性。美国的社会保障体系较为完善，覆盖面广而且水平较高。失业有失业津贴，老年人有养老金，低于贫困线有帮助，上大学又可以得到贷款。这样完美的社会保障体系使美国人无后顾之忧，敢于消费。但中国过去计划经济下的社会保障体系被打破，新的市场经济条件下社会保障体系还没有完全建立起来，而且财政实力的限制也难以在短期内有根本性的改变，从而人们要为未来生病、养老、孩子上学等支出进行储蓄，消费自然少了。

第三，边际消费倾向还与收入分配状况相关。在总收入为既定时，收入分配越平等，社会的边际消费倾向越高，收入分配越不平等，社会的边际消费倾向越低。这是因为富人的边际消费倾向低于穷人的边际消费倾向。中国目前的收入不平等比美国严重，因此，边际消费倾向低也是正常的。

由以上分析可以看出，各国边际消费倾向由许多因素决定，在短期内不易改变。

资料来源：梁小民，《西方经济学》，中国广播电视大学出版社2003年版。

根据上述案例回答问题：

1. 边际消费倾向越大，乘数（　　）。

A. 就越大　　B. 就越小

C. 与边际消费倾向无关　　D. 与边际消费倾向有时有关有时无关

2. 美国人崇尚享受，中国人节俭。说明边际消费倾向的大小与消费习惯有关，（　　）。

A. 消费习惯与收入无关　　B. 消费习惯与收入的分配状况无关

C. 消费习惯与社会保障制度无关　　D. 以上都不对

3. 边际消费倾向（　　）。

A. 与边际储蓄倾向无关　　B. 是边际储蓄倾向的倒数

C. 边际储蓄倾向越大，乘数就大　　D. 以上都不对

4. 边际消费倾向(　　)。
A. 与稳定收入有关　　B. 与收入分配的公平程度有关
C. 与社会保障制度的完善程度有关　　D. 以上都对

职业技能训练

◇重要概念

1. 均衡产出或收入　2. 消费函数　3. 政府购买　4. 平均消费倾向
5. 边际储蓄倾向　6. 边际消费倾向　7. 投资乘数　8. 间接税
9.平均储蓄倾向　10. 政府购买

◇判断题

1. 自发消费随收入的变动而变动,它取决于收入和边际消费倾向。(　　)
2. 当经济处于均衡时,边际消费倾向必然等于边际储蓄倾向。(　　)
3. 在均衡公式 $S+T=I+G$ 中,储蓄一定等于投资,税收一定等于政府支出。(　　)
4. 税收和政府的转移支付都将由于它们对可支配收入的影响而影响消费。(　　)
5. 政府购买、税收和转移支付是通过它们对私人消费和投资的影响间接影响总需求。(　　)
6. 若消费函数为 $C=0.85Y$,则边际消费倾向是新增 1 美元收入中消费 85 美分。(　　)
7. 增加转移支付将增加国内生产总值。(　　)
8. 政府购买增加,储蓄增加。(　　)
9. 边际消费倾向上升将减少收入。(　　)
10. 在没有所得税条件下,增加政府购买同时减少等量的转移支付,将使国内生产总值增加与政府购买相同的量。(　　)

◇单项选择题

1. 在两部门经济中,均衡发生于(　　)之时。
A. 实际储蓄等于实际投资　　B. 实际的消费加实际的投资等于产出值
C. 计划储蓄等于计划投资　　D. 总支出等于企业部门的收入
2. 根据简单的国民收入决定模型,引起国民收入减少的原因是(　　)。
A. 消费减少　B. 储蓄减少　C. 消费增加　D. 投资减少
3. 从长期来说,当居民的可支配收入等于零时,则消费支出(　　)。
A. 可能大于零　　B. 可能小于零
C. 等于零　　D. 以上几种情况都有可能
4. 下列(　　)不是恒等式。
A. $Y=C+I+G$　B. $C+I=C+S$　C. $S+T=I+G$　D. $S=F(Y)$
5. 直线型消费函数表明平均消费倾向(　　)。
A. 大于边际消费倾向　　B. 小于边际消费倾向
C. 等于边际消费倾向　　D. 以上几种情况都有可能
6. 从短期来说,当居民的可支配收入等于零时,消费支出可能(　　)。

A. 大于零　　B. 等于零
C. 小于零　　D. 以上几种情况都有可能

7. 若一国可支配收入的92.2%用于消费支出，则(　　)用于储蓄。
A. 5.8%　　B. 6.8%　　C. 7.8%　　D. 8.8%

8. 消费函数的斜率取决于(　　)。
A. 平均消费倾向　　B. 与可支配收入无关的消费总量
C. 边际消费倾向　　D. 由于收入变化而引起的投资总量

9. 根据凯恩斯的消费函数，引起消费增加的因素主要是(　　)。
A. 价格水平下降　　B. 收入增加　　C. 储蓄增加　　D. 投资增加

10. 在两部门经济中，当投资增加100万元时，国民收入增加了1 000万元，那么此时的边际消费倾向为(　　)。
A. 100%　　B. 10%　　C. 90%　　D. 20%

◇填空题

1. 从短期来说，当居民的可支配收入等于零时，消费支出可能(　　　　)。
2. 两部门均衡的条件是(　　　　)。
3. 根据凯恩斯的储蓄函数，引起储蓄增加的因素是(　　　　)。
4. 在短期内，居民的(　　　　)有可能大于可支配收入。
5. 引致消费取决于(　　　　)。
6. 如果平均储蓄倾向为负，那么平均消费倾向(　　　　)。
7. 在一个私人部门($C+I$)模型中，收入的均衡水平发生在总供给(　　　　)总需求时。
8. 建造一座住宅在经济学上(　　　　)投资。
9. 边际消费倾向为0.75时，投资乘数是(　　　　)。
10. 假设总供给是540美元，消费是460美元，而投资是70美元，在该经济中(　　　　)中包含有非计划投资。

◇简答题

1. 如果甲乙两国合并成一个国家，对GDP总和会有什么影响(假定两国产出不变)?
2. 储蓄投资恒等式为什么并不意味着计划储蓄总等于计划投资?
3. 为什么在证券市场买债券和股票不能看作是经济学意义上的投资活动?

◇计算题

1. 假定一国有下列国民收入统计资料(单位:万美元):

国民生产总值:4 800，总投资:800，净投资:300，消费:3 000，政府购买:960，政府预算盈余:30。试计算:(1) 国内生产净值;(2) 净出口;(3) 政府税收减去转移支付后的收入;(4) 个人可支配收入;(5) 个人储蓄。

2. 假设国内生产总值是5 000，个人可支配收入是4 100，政府预算赤字是200，消费是3 800，贸易赤字是100(单位:万元)，试计算:(1) 储蓄;(2) 投资;(3) 政府支出。

3. 假设某经济社会的消费函数为$C=100+0.8y$，投资为50(单位:10亿元)。

(1) 求均衡收入、消费和储蓄。(2) 如果当时实际产出(即收入)为800，试求企业非意愿存货积累。(3) 若投资增至100，试求增加的收入。

第十一章

产品市场和货币市场的一般均衡

学习目标

了解 IS 曲线、LM 曲线、$IS-LM$ 模型的推导过程，财政与货币政策是如何调整 IS 与 LM 曲线的。掌握投资是如何决定的，投资与利率的关系，IS 曲线含义，IS 曲线方向、斜率、移动的原因，LM 曲线的意义和性质、LM 曲线方向、斜率及移动的原因，在两个市场同时达到均衡时利率和国民收入。重点掌握利率与投资和国民收入之间的关系，国民收入与货币供求、利率之间的关系，$IS-LM$ 模型的意义，$IS-LM$ 模型的均衡与非均衡的特征。

导入案例

中国储蓄水平的利率反应度

20 世纪 90 年代前半期，因为中国存在着通货膨胀，人民币的名义利率被确定在较高的水平上。而且为对付通货膨胀，在名义利率之外，政府还确定了一个鼓励居民储蓄的保值贴补率。到 1996 年 4 月，鉴于通货膨胀明显回落，又有 3 万多亿元的巨额储蓄存款躺在银行里，中央银行宣布停办保值储蓄业务，拉开了此后一系列降息大戏的序幕。

1996 年 5 月 1 日，中央银行第一次降息，存款利率平均下调 0.98 个百分点，同时取消了 1982 年开始的 8 年期储蓄存款。但降息后储户并不为所动，中央银行于 8 月 23 日第二次降息，存款利率平均下调 1.5 个百分点。

1997 年前 9 个月，由于通货膨胀压力继续缓解，1 年期存款实际利率达到 1990 年以来的最高水平。10 月 23 日，中央银行第三次降息，存款利率平均下调 1.1 个百分点。但这一年，全国城乡居民储蓄存款仍比上年净增两成，储蓄余额达 46 000 亿元。

1998 年前 2 个月，物价在上年仅 0.8%的涨幅的基础上继续下跌。3 月 25 日，中央银行第四次小幅降低利率。由于 2 月 20 日发行的国债利率较同期储蓄利率高得多，降息当日，很多储蓄所的国库券被抢购。

1998年7月1日，第五次降息，存款利率平均下调0.49个百分点。此时活期与3个月定期存款利率已创新中国成立以来的最低，但实际利率仍然超过8%，远高于实际平均水平。与两年前首次降息相比，中长期定期储蓄利率实际上已减少了一半以上，但当月末，居民存款余额却顽强地冲到50 000亿元。12月7日，第六次降息，1年期名义利率降到3.78%。由于全年通货膨胀率为−1.5%，实际利率仍达4%以上。

利率下降、存款猛增的状况很像西方经济学描述的"流动性陷阱"现象。之所以如此，原因有三：一是名义利率虽然下降，但实际利率并未下降多少；二是除了储蓄之外，其他投资渠道有限；三是中国住房制度、医疗制度、养老金制度、教育收费制度等同时面临改革，人们对未来预期的不确定性增强，因而储蓄倾向增强。

资料来源：甜梦文库，http://9512.net/read/278017a475732da33cca3991.html，2015年1月15日下载。

第一节　产品市场的均衡

一、*IS* 曲线的概念

IS 曲线是国民收入水平与利率水平各种可能组合所形成的一条曲线。或者理解为产品市场达到均衡状态时，利率和国民收入之间的对应关系。产品市场的均衡包括三个方程：I：投资；S：储蓄；C：消费。

对于两部门经济，产品市场的均衡条件 $C+S=C+I$ 或者 $S=I$，把储蓄全部转化为投资。已知储蓄函数 $S=S(Y)=-a+(1-b)Y$，即储蓄是收入 Y 的函数，投资函数 $I=I(r)=e-dr$，即投资是利率的函数，均衡条件 $S(Y)=I(r)$，表示在产品市场均衡的条件下，利息率 r 与国民收入 y 之间的函数。也可以根据总量$(C+I)$分析法：消费函数 $C=a+bY$，消费是收入的增函数，投资函数 $I=e-dr$，投资是利率的减函数，均衡条件 $Y=C+I$。它的经济含义：利率上升，引起投资减少，从而导致国民收入减少；利率降低，引起投资增加，从而导致国民收入增加。通过下面的例子获得 *IS* 曲线的感性知识。

例如，投资函数 $I=1\ 250-250r$，消费函数 $C=500+0.5Y$，

由消费函数得到储蓄函数 $S=y-(a+by)=-a+(1-b)y=-500+0.5Y$

由均衡条件 $I=S$ 得到：$1\ 250-250r=-500+0.5Y$，$Y=3\ 500-500r$。

或者：$Y=C+I=500+0.5Y+1\ 250-250r$，经过整理也可以得到 $Y=3\ 500-500r$。

当 $r=1$ 时，$Y=3\ 000$

当 $r=2$ 时，$Y=2\ 500$

当 $r=3$ 时，$Y=2\ 000$

当 $r=4$ 时，$Y=1\ 500$

当 $r=5$ 时，$Y=1\ 000$

……

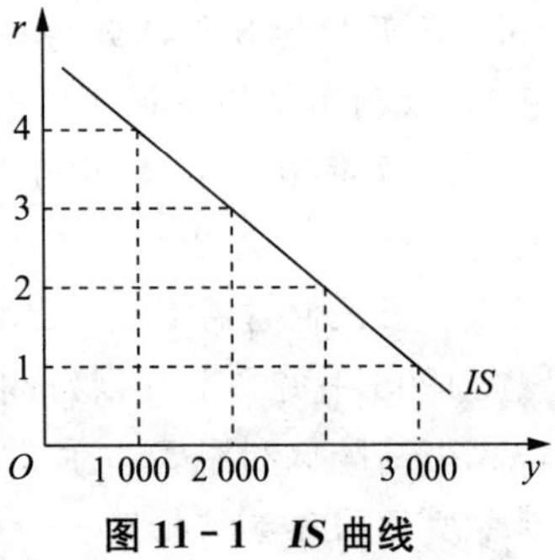

图 11-1　*IS* 曲线

由上述资料可以得到 *IS* 曲线（见图 11-1）。

IS 曲线是表示在投资与储蓄相等的产品市场均衡条件下，

利率与收入组合点的轨迹。在 IS 曲线上任何一点都代表一定的利率与收入的组合，在任何一个组合点上，投资与储蓄都相等，即产品市场是均衡的，故把这条曲线称作 IS 曲线。

二、IS 曲线的推导

1. 根据投资是利率的减函数 $i=i(r)=e-dr$，由给定的 r 计算出 i 值；

2. 由 $i=s$ 的这一前提条件，可算出 s 值；

3. 由储蓄是收入的增函数 $s=y-c(y)$，推出 y 值；

4. 将 r 值与 y 值在象限四中描出，就可以得到一个点。将无限个 r 值与 y 值联系起来，就得到在产品市场达到均衡($I=S$)时，利率 r 与国民收入 y 之间相互关系的曲线：$i(r)=y-c(y)$，并将这条曲线命名为 IS 曲线。通过图 11－2 来加以说明。

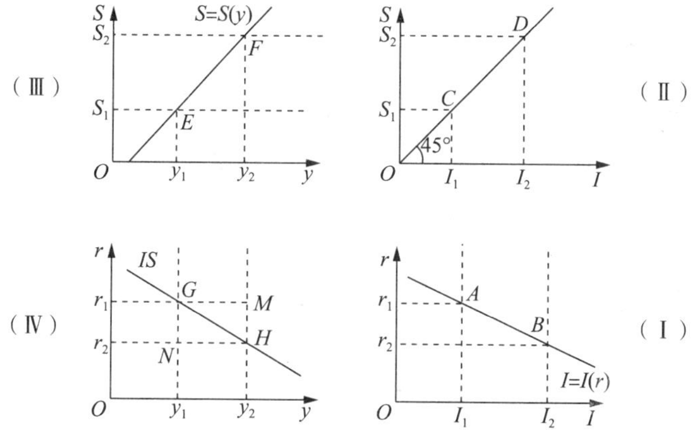

图 11－2　IS 曲线推导

在象限Ⅰ中，给投资函数 $i=i(r)=e-dr$ 中的 r 赋值 r_1，计算出投资 I_1，根据均衡的条件 $I=S$，通过象限Ⅱ 45°线的转换得到 S_1，因为45°线上任意点到横轴或者纵轴的距离相等，在象限Ⅲ中，根据储蓄是收入的增函数计算出 Y_1，在Ⅳ象限中，通过 r_1、Y_1 得到交点 G；再给投资函数 $i=i(r)=e-dr$ 中的 r 赋值 r_2，计算出投资 I_2，根据均衡的条件 $I=S$，通过象限Ⅱ中的45°线的转换得到 S_2，因为 45°线上任意点到横轴或者纵轴的距离相等，在象限Ⅲ中，根据储蓄是收入的增函数计算出 Y_2，在Ⅳ象限中，通过 r_2、Y_2 得到交点 H；连接 G 和 H 得到 IS 曲线。IS 曲线也叫投资—储蓄曲线，表明社会经济活动中，商品市场均衡的曲线。反映投资和储蓄相等时，利息率和国民收入之间的关系。IS 曲线向右下方倾斜，表明在物品市场上实现了均衡时，利息率与国民收入呈反向变动。利息率高时，筹资成本高，有的厂商经营中利润低甚至亏损，对投资的需求少，I 的值就小，总需求 $C+I$ 就小，国民收入就低，相反，利率低时，厂商筹资成本低，厂商经营中利润就多，对投资的需求大，I 的值就大，总需求 $C+I$ 就大，国民收入就高。投资是总需求的一部分，投资增加，总需求增加；投资少，总需求减少。总需求与国民收入同向变动。因此，利率与国民收入成反向变动。

三、IS 曲线的失衡

在图 11－2 的Ⅲ象限中，凡是在 IS 曲线上的任何点如 G 点和 H 点，都表示商品市场均衡，IS 曲线以外的所有点都表示商品市场非均衡。IS 曲线将整个象限分成了左上和右下两部分。在右上部分所有的点性质是相同的。以 M 点为例，从 M 点出发垂直向上延伸到Ⅲ象限

与储蓄曲线相交于 F 点，对应于数值较大储蓄 S_2；从 M 点出发平行向左延伸到Ⅰ象限与投资曲线相交于 A 点，对应于数值较小投资 I_1，即 $I_1<S_2$。在 M 点上，$I<S$，说明利率高，储蓄多，而投资比产品市场均衡状态时所要求的投资水平要少，从而引起总需求不足，总供给过剩，整个经济这时有降低利率的客观要求。IS 曲线右上方的所有点都代表商品市场供过于求。

在左下部分所有的点性质是相同的。以 N 点为例，从 N 点出发垂直向上延伸到Ⅲ象限与储蓄曲线相交于 E 点，对应于数值较小储蓄 S_1；从 N 点出发平行向左延伸到Ⅰ象限与投资曲线相交于 B 点，对应于数值较大投资 I_2，即 $I_2>S_1$。在 N 点上，$I>S$，说明利率低，储蓄少而投资比产品市场均衡状态时所要求的投资水平要多，从而引起总需求过剩，总供给不足，整个经济这时有提高利率的客观要求。IS 曲线左下方的所有点都代表商品市场供不应求。

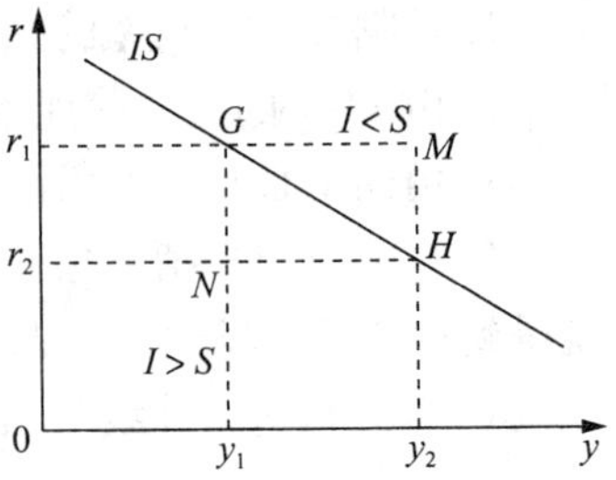

图 11-3　*IS* 曲线的失衡

四、*IS* 的斜率

在两部门经济中，均衡收入的代数表达式为：投资函数 $I=e-di$，消费函数 $C=a+bY$，均衡条件 $Y=C+I$，$Y=a+bY+e-dr$，整理得：

$$Y=\frac{a+e-dr}{1-b}$$

或者

$$r=\frac{a+e}{d}-\frac{1-b}{d}Y$$

式中 $-\frac{1-b}{d}$ 就是 IS 曲线的斜率，负号表示收入是利率的减函数，随着利率的变化而发生反方向变化。斜率的绝对值反映曲线的陡峭程度。斜率表示一定量的利率变动 Δr 引起的国民收入变动 Δy 有多大。斜率绝对值小，一定量的 Δr 引起的国民收入变动 Δy 越大；斜率绝对值大，一定量的 Δr 引起的国民收入变动 Δy 越小。

IS 曲线倾斜的程度，取决于下列两个因素：b 和 d。

b 是边际消费倾向。如果 b 大，意味着投资支出的乘数大，即投资较小的变动会引起收入较大的增加。当利率下降使投资成本降低，刺激投资量的增加时，通过乘数作用，总需求会大量增加，必然导致均衡收入的增加。在其他条件相同时，b 值越大，当一定量的 r 变动引起投资变动时，由于乘数大，均衡收入 y 将以较大幅度变动，故 IS 曲线比较平缓，IS 曲线的斜率较小。反之，b 越小，IS 曲线就越陡峭，IS 曲线的斜率较大。因此，IS 曲线的斜率与 b 负相关。

d 是投资对利率变动的反映程度，表示利率变动一定幅度时投资的变动程度。如果 d 较大，表示投资对利率反应比较敏感，即利率较小的变动引起投资较大的变动。在其他条件相同时，会引起收入的更多增加，IS 曲线就较平缓，IS 曲线的斜率就小。反之，d 较小，IS 曲线的斜率就大，IS 曲线较陡峭。所以，IS 曲线的斜率与 d 负相关。如图 11-4 所示。

五、*IS* 曲线的移动

从公式 $Y=\frac{a+e-dr}{1-b}$ 可看出，任何影响 Y 的因素都可以引起 IS 曲线的移动(除了 r 以

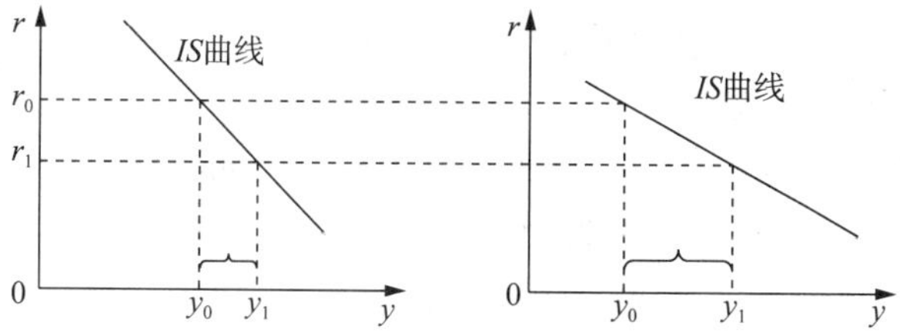

图 11-4　*IS* 曲线的斜率

外)。其中 b、d 引起 IS 非平行移动。

1. 投资需求的变动使 IS 曲线的移动

投资需求增加,IS 曲线就会向右上移动;若投资需求下降,IS 曲线向左下移动。

2. 储蓄需求的变动使 IS 曲线的移动

储蓄增加,IS 曲线就会向左移动;反之,就会向右移动。

3. 政府支出的变动使 IS 曲线的移动

增加政府购买性支出,会使 IS 曲线向右平行移动;反之,则使 IS 曲线向左平行移动。

4. 税收的变动使 IS 曲线的移动

增加税收,会使 IS 曲线向左移动;反之,则会使 IS 曲线向右移动。

IS 曲线分析的意义:分析财政政策如何影响国民收入变动:第一,扩张性财政政策,使 IS 曲线向右移动;紧缩性财政政策,使 IS 曲线向左移动。第二,I、G、X、S、T 和 M 中,任何一条或几条曲线移动,都会使 IS 曲线移动。如图 11-5 所示。

实行扩张性财政政策,$IS_1 \rightarrow IS_2$,投资增加,总需求增加。实行紧缩性财政政策,$IS_1 \rightarrow IS_3$,投资减少,总需求减少。

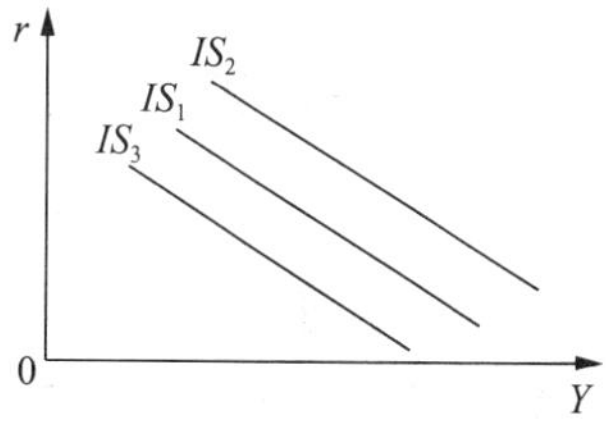

图 11-5　*IS* 曲线的移动

第二节　货币市场的均衡

一、利率决定于货币的需求和供给

两部门经济中,当 c 已定时,由 $y=c+i$ 可知:国民收入 y 取决于投资;投资 i 又取决于利率;然而,利率 i 本身取决于什么呢?

古典学派认为:投资和储蓄都与利率相关,投资是利率的减函数,即利率越高,投资越少,利率越低,投资越多;储蓄是利率的增函数,即利率越高,储蓄越多,利率越低,储蓄越少;投资与储蓄相等时,利率就确定下来了。

凯恩斯认为:利率不是由投资与储蓄决定的,利率是由货币的供给量与货币的需求量决定的。由于货币的实际供给量是由代表国家对金融运行进行管理的中央银行控制的,因而,实际供给量是一个外生变量,在分析利率决定时,只需分析货币的需求就可以了。

二、货币需求动机

货币需求是人们在不同条件下出于各种考虑对持有货币的需要。凯恩斯认为:人们需要货币是三类不同的动机：

(1) 交易动机。即个人和企业为了正常的交易活动而需要持有部分货币(作周转金)。此时，货币需要数量主要取决于收入。

(2) 谨慎动机。谨慎动机或预防性动机是指为预防诸如事故、疾病、失业等意外开支而需要事先持有一部分货币的动机。此时，货币需要数量主要取决于人们对意外事件的看法，但也和收入成正比。前两者统称为交易需求，用 L_1 表示。

(3) 投机动机。投机动机是指人们为了抓住有利的购买有价证券的机会而持有货币的动机。用 L_2 表示。

凯恩斯假定：第一，可供人们选择的金融资产只有两种：货币和债券；持有货币保存其价值，以便寻求更好的升值机会。投机性货币需求对利率的变动特别敏感。第二，人们心目中对于利率的看法都有一个正常值水平。如果市场上的实际利率低于这个正常值，人们会预期利率上升；如果实际利率高于这个正常值，人们会预期利率下降。

如果预期利率下降，意味着债券价格将上涨，人们会毫不保留地抛出货币买进债券，以期将来在债券价格上升时同时获得利息收入和资本溢价的双重收益。此时，货币的投机需求减少。

如果投机者预期利率上升，意味着债券价格将下跌，债券的资本损失可能超过债券的利息收入，他就会抛出债券而只持有货币，以避免损失和在将来债券价格下跌时再买进债券。此时，货币的投机需求增加。

三、货币需求函数

(一) 货币的交易需求函数

由于出于交易动机与预防性动机的货币需求量都取决于收入，可以把出于交易动机与预防性动机的货币需求量统称为货币的交易需求量，并用 L_1 来表示，用 y 表示实际收入，那么货币的交易需求量与收入的关系可表示为：

$$L_1=f(y)$$

具体表达式为：$L_1=ky$。

式中的 k 为货币的交易需求量对实际收入的反应程度，也可叫货币需求的收入弹性，可简单表达为：$k=\Delta L_1/\Delta y$。$L_1=ky$ 式反映出货币的交易需求量与实际收入的同方向变动关系。

(二) 货币的投机需求函数

货币的投机需求取决于利率，如果用 L_2 表示货币的投机需求，用 r 表示利率，则货币的投机需求与利率的关系可表示为：$L_2=f(r)$，具体表达式为：$L_2=-hr$。

式中的 h 为货币的投机需求量对实际利率的反应程度，可以称作货币需求的利率弹性，可简单表达为：$h=\Delta L_2/\Delta r$。$L_2=-hr$ 式反映出货币的投机需求量与实际利率的反方向变动关系。

(三) 货币的需求函数

对货币的总需求就是对货币的交易需求与对货币的投机需求之和，因此，货币的需求函数 L 就表示为：

$$L=L_1+L_2=L_1(y)+L_2(r)=ky-hr$$

货币需求函数可用图 11-6 来表示。图中 L_1 的变化与国民收入同向变动而与利率无关，

L_2 与利率反向变动，虚线是当收入增加后的货币需求曲线。

货币数量有名义货币量和实际货币量之分，M 为名义货币量，是不管其货币购买力，只计算其票面值的货币量；m 为实际货币量，是具有不变购买力的货币量。两者之间的换算关系为：$m=M/P$（P 为价格指数）。名义货币需求函数：$L=(ky-hr)P$。

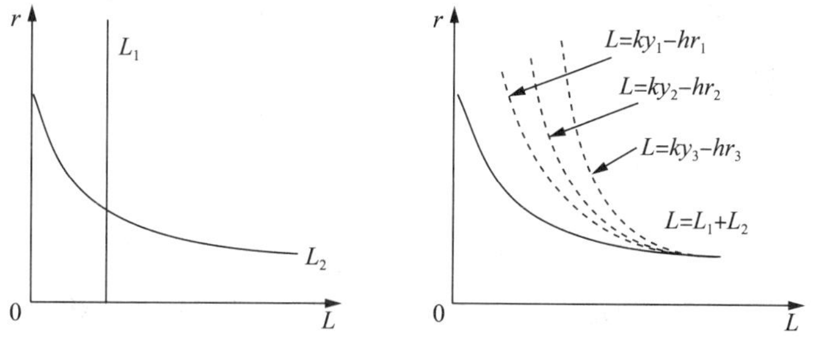

图 11－6　货币需求曲线

四、流动偏好陷阱

当利率极低时，人们会认为这时利率不大可能再下降，或者说有价证券市场价格不大可能再上升而只会跌落，因而会将所持有的有价证券全部换成货币。人们不管有多少货币都愿意持有手中，这种情况称为“流动偏好陷阱”。

货币供给曲线 m_1 与货币需求曲线 L 相交于 A 点，由此决定的均衡利率为 r_0。由于货币需求曲线 L 上的 A 点之右呈现水平状，当货币供给增加、货币供给曲线由 m_1 右移至 m_2 时，利率并没有降低，仍然是 r_0。货币需求曲线 L 上 A 点之右的水平区段，就是“流动偏好陷阱”。

当利率极高时，这时有价证券的价格极低，人们认为利率不可能再上升，有价证券的价格不可能再降低了，会将所持有的倾向全部换成有价证券，从而对货币的需求为 0。当利率极低时，这时有价证券的价格极高，人们认为利率不可能再下降，有价证券的价格不可能再上升了，会将所有的有价证券全部换成货币。这时，投机性倾向需求量对利率的弹性变得无穷大，投机性货币需求曲线为一条水平直线，货币需求进入流动偏好（或货币沉淀）。

有价证券的价格与利率成反比。利率高，企业筹资成本高，利润减少，投资有价证券（如股票）收益下降，人们就会卖出，有价证券的价格就会下降；反之则相反。另外市场利率提高，意味着无风险收益率提高，存入银行是无风险收益率，资金会从债券市场转到银行，这样卖债券的就多，价格就低了；反之，买债券的多，债券价格就会提高。

五、货币供给曲线

货币供给是一个存量的概念，它是一个国家在某一时点上所保持的不属于政府和银行所有的硬币、纸币和银行存款的总和。货币供给是一个外生变量，在图形上表现为一条垂直于横轴的直线，如图 11－7 所示。货币供给增加，货币供给曲线向右平行移动。

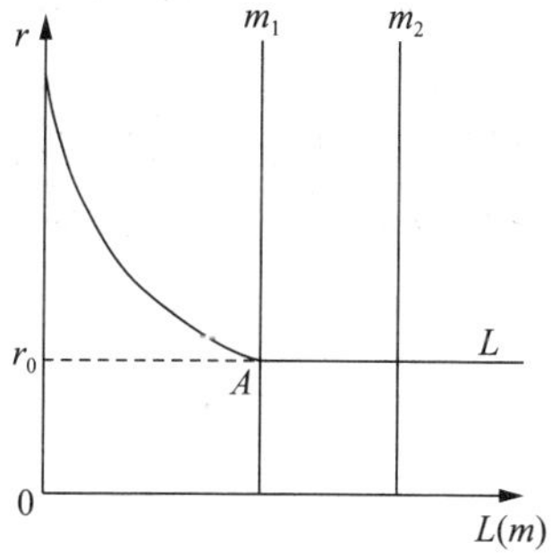

图 11－7　流动性陷阱

六、均衡利率的决定

均衡利率是指货币供给等于货币需求时的利率水平。结合图 11－8，我们发现货币需求

L_1 和货币供给 m_1 的交点 A，有均衡利率 r_0，货币需求不变，货币供给增加到 m_2 有交点 B，利率下降到 r_1；货币供给不变，货币需求增加时，有交点 C，此时利率上升到 r_2。

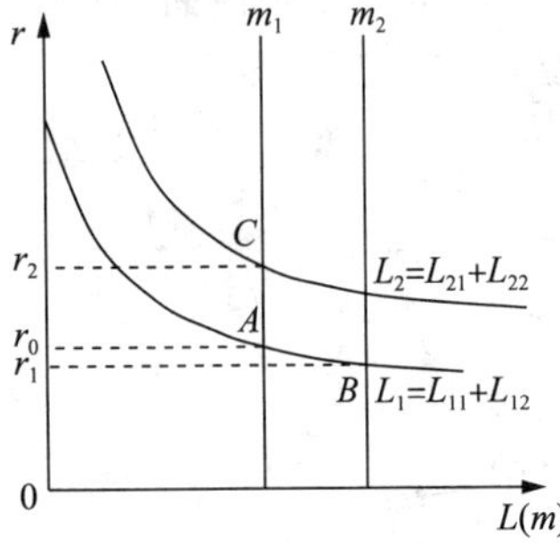

图 11－8　均衡利率决定

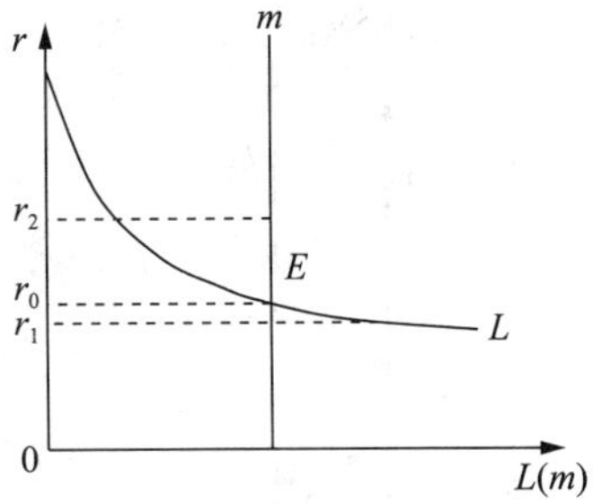

图 11－9　均衡利率形成

在 M 和 L 相交于 E 点，决定了均衡利率水平为 r_0，若利率在 r_0 以下，利率 r 太低，$M<L$，货币供不应求，此时持有货币成本低，这时债券价格高，有下降风险，人们选择卖出债券导致债券价格下跌，由于利率低，企业筹资成本低，会增加贷款，人们对持有货币的追逐，使利率 r 上升，导致 L_2 减少，最后使得供求平衡，即 $M=L$。相反，若利率在 r_0 以上，利率 r 太高，L_2 较小，造成货币供过于求，即 $M>L$，货币过多、利率高，持有货币成本高，这时债券价格低，有上涨可能，人们买入债券导致债券价格上升，同时利率高，企业筹资成本高，会减少贷款，存款会增加，会使利率 r 下降，利率下降增加 L_2，最后达到货币供求平衡，即 $M=L$。

七、LM 曲线

（一）LM 曲线的意义

利率由货币市场上的供给和需求的均衡决定。而货币供给是由代表政府的中央银行所控制，在货币供给量已经既定的情况下，货币市场均衡只能通过调节对货币的需求来实现。假定 m 代表实际货币供给量，则货币市场的均衡就是 $m=L=L_1+L_2=L_1(y)+L_2(r)=ky-hr$，当 m 为一定量时，L_1 增加时，L_2 就必须减少；L_1 减少时，L_2 就必须增加。否则就不能保持货币市场均衡。

货币市场的均衡条件：$L=ky-hr$，$m=L$，$m=\frac{M}{P}$，$r=-\frac{M}{Ph}+\frac{k}{h}y$

LM 曲线是指在货币市场均衡时的利率和国民收入组合的轨迹。经济含义：在其他条件不变下（m 给定，货币市场均衡，$m=ky-hr$），国民收入上升，货币交易需求将增加，要使货币市场保持均衡，市场利率必须相应上升，使投机需求减少；相反，国民收入减少，货币的交易需求会减少，市场利率必须下降，增加投票需求，以保证货币市场供求平衡。如图 11－10 所示。

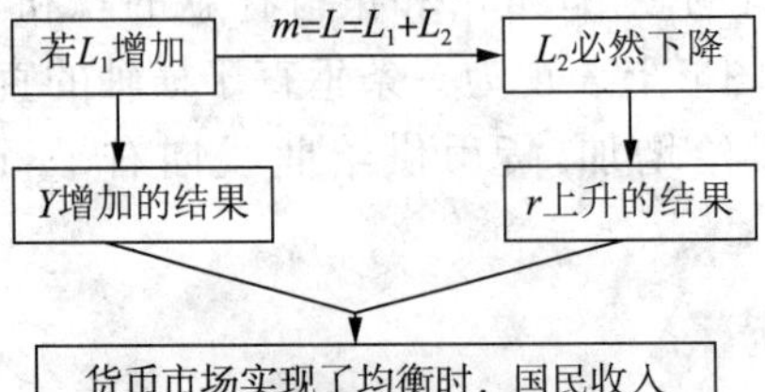

图 11－10　货币市场均衡时间 y 与 r 的关系

例如，假定 $L_1=0.5y$，$L_2=1\ 000-250r$，$m=1\ 250$（单位：亿美元）。则货币市场均衡条件为：

$1\ 250=0.5y+1\ 000-250r$

整理得：$y=500+500r$

当 $r=1$ 时，$y=1\ 000$

当 $r=2$ 时，$y=1\ 500$

当 $r=3$ 时，$y=2\ 000$

当 $r=4$ 时，$y=2\ 500$

当 $r=5$ 时，$y=3\ 000$

……

根据这些资料画出一条 LM 曲线，见图 11－11。

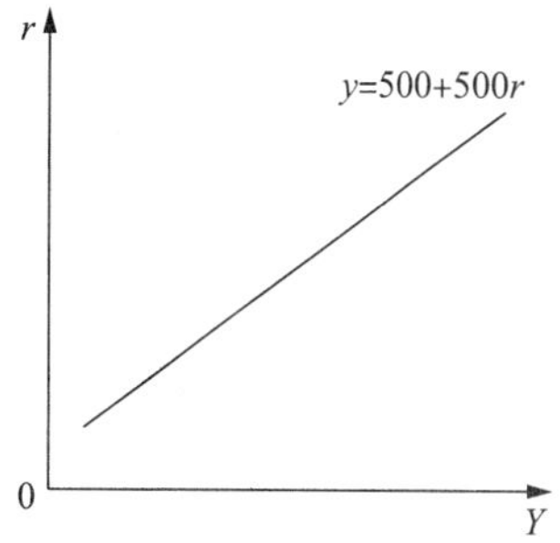

图 11－11　LM 曲线

（二）LM 曲线的推导

LM 曲线实际上是从货币的投机需求与利率的关系、货币的交易需求与收入的关系以及货币需求与供给相等三个关系中推导出来的。

均衡条件 $L=M$。

货币需求函数：$L=L_1(y)+L_2(r)=ky-hr$。

货币供给 $M=m_0$，即 $L_1(y)+L_2(r)=ky-hr=m_0$。$m_1=L_1(y)$，$m_2=L_2(r)$。

Ⅰ象限横轴表示投机货币需求 L_2，纵轴表示利率 r，L_2 是 r 的减函数，给定利率 r_1，计算出货币的投机需求 L_{21}；当利率下降到 r_2，投机的货币需求增加到 L_{22}，连接 A、B 两点，得到向右下倾斜的曲线是货币的投机需求曲线。当利率降到相当低时，投机需求无穷大。

Ⅱ象限横轴 m_2，纵轴 m_1。当货币供给一定时，$m=m_1+m_2$。货币需求等于交易性货币与投机性货币需求的和。L_1 和 L_2 互为余数，所以可用一条与纵轴与横轴成 45°的直线来表示。在Ⅰ象限过 L_{21} 作横轴的垂线并向上延伸到第Ⅱ象限，与45°线相交于 C 点，过 C 点作横轴平行线与第Ⅱ象限纵轴相交于 L_{11}；过 L_{22} 作垂线并向上延伸到第Ⅱ象限，与直角三角形的斜边相交于 D 点；过 D 点作横轴平行线与第Ⅱ象限纵轴相交于 L_{12}。

Ⅲ象限纵轴货币的交易需求 L_1，横轴收入 y。L 是 y 的增函数，代入Ⅱ象限确定的 L_{11}、L_{12} 计算出 y_1、y_2，曲线 E、F 为货币交易需求曲线，收入越多，货币的交易需求越多，两者同向变动。

Ⅳ象限纵轴是利率 r，横轴是收入。当利率为 r_1，收入为 y_1，交点为 G；当利率为 r_2，收入为 y_2，交点为 H，类似的利率与收入还有其他许多点，将这些点连接起来，就是一条表示货币均衡的 LM 曲线（见图 11－12）。LM 曲线上的任意点，都表示货币供给与货币需求相等。如图中的 G 点和 H 点。

（三）LM 曲线失衡

LM 曲线上的任意点，都表示货币市场的均衡，LM 曲线以外的任意一点都表示货币市场失衡状态。如图 11－12 中第Ⅳ象限所示，LM 曲线将整个象限分成左上和右下两部分。LM 曲线左上的所有点性质相同，以 T 点为例：向上对应于Ⅲ象限 F 点，代表的货币交易需求为 L_{12}，向右对应于Ⅰ象限 A 点，代表的货币投机需求为 L_{21}，两者的和小于 m，表明货币市场处于非均衡状态，需求小于供给，货币投机需求较小。说明此时利率水平较高，应适当降低利率，以增加货币投机需求，使供求平衡。所有 LM 左上方的点都代表货币供过于求。

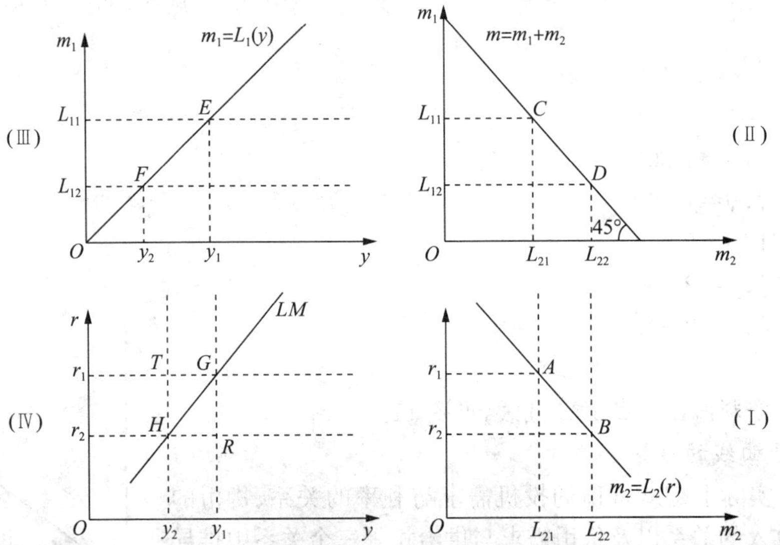

图 11－12 LM 曲线的推导

LM 曲线右下方的所有点性质相同，以 *R* 点为例：向上对应于Ⅲ象限 *E* 点，代表的货币交易需求为 L_{11}，向右对应于Ⅰ象限 *B* 点，代表的货币投机需求为 L_{22}，两者的和大于 m，表明货币市场处于非均衡状态，需求大于供给。说明此时利率水平较低，货币的投机需求大，应适当提高利率水平，以减少货币投机需求，使供求平衡。所有 *LM* 右下方的点都表示货币供不应求。

图 11－12 中 *LM* 曲线是一条具有正斜率的直线，这是最简单和最常见的 *LM* 曲线。事实上在不同的经济学流派中，*LM* 曲线的斜率有着明显的差别。经整合把 *LM* 曲线划分为三个区间：*LM* 曲线斜率为 0 的凯恩斯区间，*LM* 曲线税率为无穷大的古典区域，*LM* 曲线斜率介于 0 和 1 之间的中间区域或者综合区间。

LM 曲线水平状态处在凯恩斯区域，又称“萧条区域”，如果利率降低到这样低的水平，政府实施扩张性货币政策，增加货币供给，不能降低利率，也不能增加收入，因而货币政策无效，相反，扩张性财政政策会使利率在不提高的前提下，提高收入水平，所以财政政策有效果。*LM* 曲线垂直的区域称为“古典区域”，如果实行扩张性财政政策，只会提高利率而不会使收入增加，但如果实行扩张性货币政策，则不但会降低利率，还会提高收入水平。因此这时财政政策无效而货币政策有效。*LM* 曲线中连接凯恩斯区域和古典区域的区域称为中间区域，在中间区域货币政策和财政政策都有效。

第三节　商品市场与货币市场的同时均衡 *IS*－*LM* 模型

在知道了产品市场和货币市场各自均衡条件的情况下，可以求出两个市场同时达到均衡的总产出和利率，从而完成对国民收入决定理论的一般均衡分析。国民收入的一般均衡分析，

需要用 IS 曲线和 LM 曲线，因此，一般均衡分析又被称为 $IS-LM$ 分析。$IS-LM$ 模型的分析方法是 20 世纪 30 年代由希克斯最早提出的，但理论思想最先由凯恩斯提出。在产品市场和货币市场中，只要有一个市场没有实现均衡，国民收入就不会稳定。当产品市场和货币市场同时实现均衡时的国民收入才是均衡的国民收入。下面仅就两部门经济中的一般均衡进行分析。

一、均衡利率与均衡收入

将 IS 曲线和 LM 曲线结合在一起，就可以得到用几何图形表示的 $IS-LM$ 模型，交点 E 所代表的国民收入和利率组合（r_E、y_E）就能够同时使产品市场和货币市场实现均衡。如图 11－13所示。

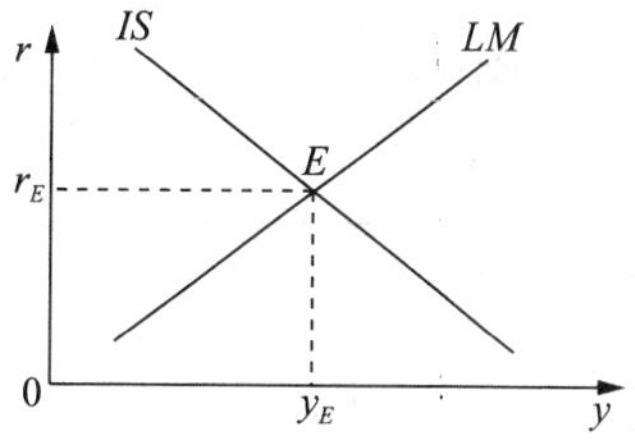

图 11－13　$IS-LM$ 模型

产品市场均衡的条件：$r=\frac{a+e}{d}-\frac{1-b}{d}Y$

货币市场均衡的条件：$r=-\frac{M}{Ph}+\frac{k}{h}y$

联立两个方程，可以解出两部门经济达到一般均衡时的收入，并简化整理：

$$y=\frac{Ph(a+e)+dM}{Pdk+Ph(1-b)}$$

把 y 代入货币市场均衡条件可以得到两部门达到均衡时的利率：

$$r=\frac{k}{h}\times\frac{Ph(a+e)+dM}{Pdk+Ph(1-b)}-\frac{M}{Ph}$$

由于上式复杂，很难运算，在研究问题时，直接用数据求 IS 曲线和 LM 曲线的方程，然后再联立进行求解。

例如，在两部门经济中，已知 $IS-LM$ 均衡模型分别为：

$I=1\ 250-250r$，$L=0.5Y+1\ 000-250r$，$S=-500+0.5Y$，$m=1\ 250$，$I=S$，$L=m$

IS：$Y=3\ 500-500r$

LM：$Y=500+500r$

令 $IS=LM$，得到均衡利率 $r=3$，均衡收入 $Y=2\ 000$

$L=0.5y+1\ 000-250r$

$\quad=1\ 250$

$m=1\ 250$

$m=L$

在 11－13 图中，IS 曲线与 LM 曲线的交点 E，是商品市场与货币市场的均衡点，该点决定均衡的收入水平 y_E 和均衡的利息水平 r_E，该点以外的均为非均衡点。

二、不均衡的几种情况

（一）不均衡的状态

从上面的分析可以看出，商品市场同时均衡时，其均衡点位于 IS 曲线和 LM 曲线的交点以上，因此任何偏离 E 点利率与收入的结合都是非均衡点。如图 11－14 所示。

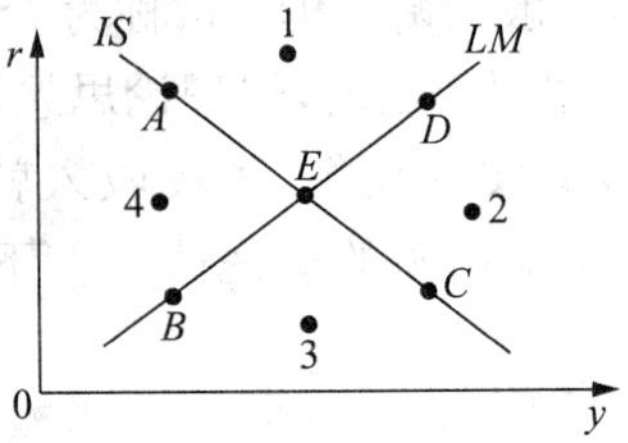

图 11-14 IS-LM 曲线不均衡状态

图 11-14 中，A～D 八个点表示八种各不相同的不均衡状态，现用表 11-1 表示：

表 11-1 各种不均衡状态

区域	商品市场状况	货币市场状况
1	$I<S$　商品供过于求	$L<M$　货币供过于求
2	$I<S$　商品供过于求	$L>M$　货币供不应求
3	$I>S$　商品供不应求	$L>M$　货币供不应求
4	$I>S$　商品供不应求	$L<M$　货币供过于求
A	$I=S$　商品供求平衡	$L<M$　货币供过于求
B	$I>S$　商品供不应求	$L=M$　货币供求平衡
C	$I=S$　商品供求平衡	$L>M$　货币供不应求
D	$I<S$　商品供过于求	$L=M$　货币供求平衡

（二）不均衡向均衡的调整

根据前面分析的结论：IS 曲线右上方的所有点都是商品供过于求；IS 曲线左下方的所有点都是商品供不应求；所有 LM 右边的点都是货币供不应求；所有 LM 左边的点都是货币供过于求。调整过程如图 11-15 所示。

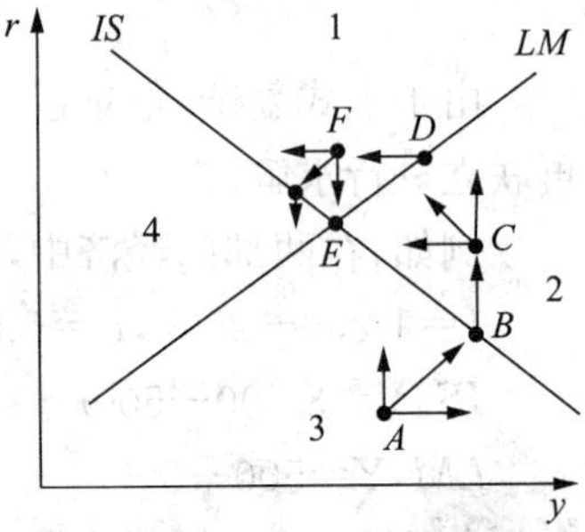

图 11-15 IS-LM 曲线的调整过程

A 点处于不均衡状态，在 3 区，IS 曲线的左下和 LM 曲线的右下，$I>S$，引起收入上升，从 A 点沿平行于横轴的箭头向右移动；$L>M$，此时利率低，投机需求多，而储蓄少，会引起利息提高，从 A 点沿平行纵轴的箭头向上移动。$I>S$，$L>M$ 共同作用，引起收入和利息率结合点 A 沿对角线箭头向右上方移动，最终到达 B 点。

B 点在 IS 曲线上，商品市场达到均衡，但货币市场不均衡，B 点在 $L-M$ 曲线的右边，$L>M$，导致利率进一步提高，B 点沿平行于纵轴的箭头向上方移动到 C 点。

C 点在 IS 曲线的右上方和 LM 曲线的右下方，$I<S$，商品供过于求，引起收入减少，平行于横轴向左移动，但 $L>M$，货币供不应求，引起 C 点平行于纵轴向上移动，$I<S$，$L>M$ 共同作用，使 C 点通过对角线移动，最后到 D 点。

D 点上，货币市场均衡，$L=M$，但产品市场不均衡，$I<S$，引起收入减少，D 点沿平行于横轴向左移动到 F 点。

再经过数次调整，最后移动到 E 点，最后实现两个市场的同时均衡。如图 11-16 所示。

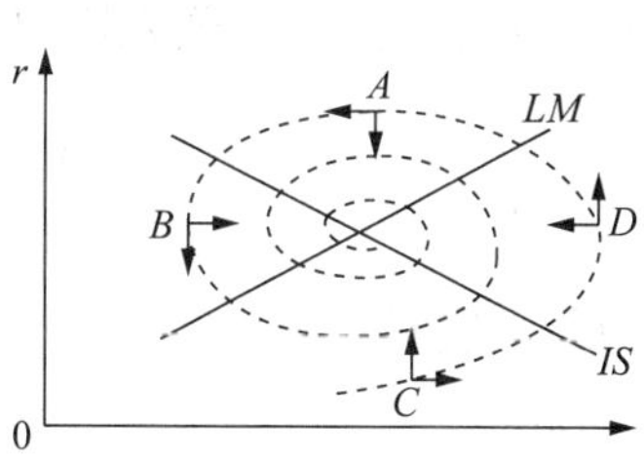

图 11-16　*IS*-*LM* 模型失衡状态

（三）均衡状态的变动

当影响商品市场和货币市场的因素发生变化时，*IS* 曲线或者 *LM* 曲线的位置会发生变动，从而决定均衡收入和均衡利率也会出现变动。

1. *IS* 曲线的移动

在 *LM* 曲线既定的条件下，储蓄、政府财政收入不变，如果投资增加，*IS* 曲线将会向右移动，同 *LM* 曲线在较高的位置相交，表示一个较高收入和较高利息庇护均衡组合；相反，投资减少，*IS* 曲线将会向左移动，同 *LM* 曲线在一个较低的位置相交，表示一个较低收入和较低利息率的均衡组合。

在简单的凯恩斯模型中，由于乘数的作用，投资的增加，将引起收入按某一位数增加。但存在货币市场，限制了乘数的作用。原因在于，货币供给一定条件下，投资增加在引起收入增加的同时，又引起利息率的提高，利息率提高将会阻碍投资的增加，也会阻碍收入的增加。如图 11-17 所示。

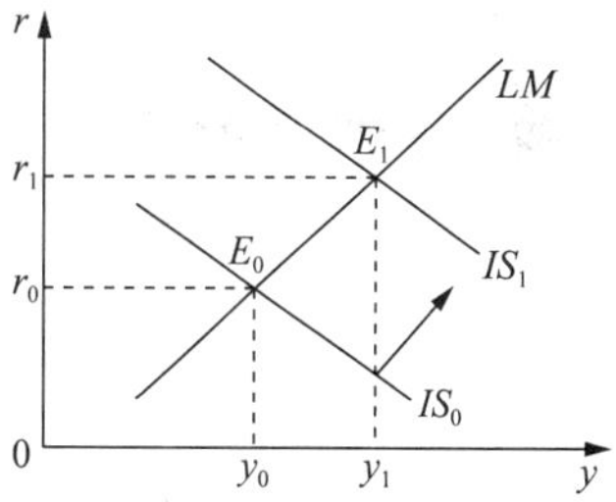

图 11-17　均衡收入和均衡利率的变动

2. *LM* 曲线移动

在 *IS* 曲线既定条件下，货币供给的增加，会使 *LM* 曲线向右方移动，同 *IS* 曲线在较低的位置相交，这个较低的均衡表示较高收入和较低利息率的双重均衡组合。货币供给减少，会使 *LM* 曲线向左移动，同 *IS* 曲线在较高的位置相交，这个较高的均衡点表示较低收入和较高利息率的双重均衡组合。

货币需求不变，货币供给增加使利率下降，引起投资增加，进而引起收入增加。收入增加，引起交易需求增加。但货币供给增加，利率降低，投机需求增加，又会减少交易需求。

货币供给一定，投机需求增加，限制交易需求的增加。

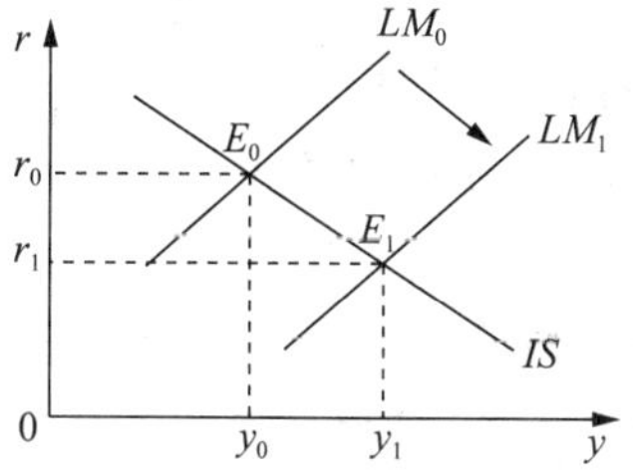

图 11-18　均衡收入和均衡利率的变动

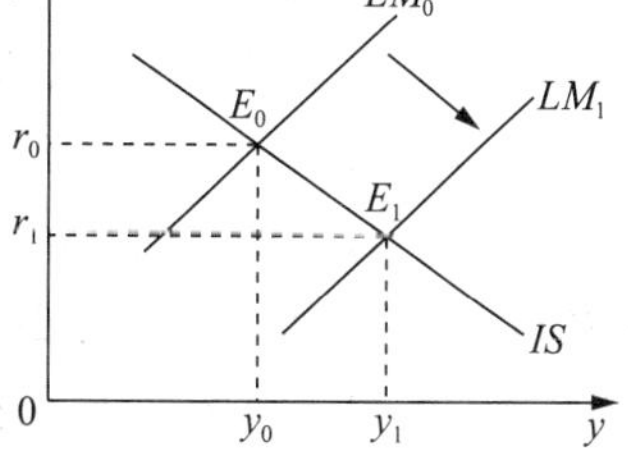

图 11-19　均衡收入和均衡利率的变动

3. *IS* 与 *LM* 的同时移动

IS 与 *LM* 可以同时向左、同时向右，也可以一个向左一个向右，而且移动的距离也可以相

同或不同。若同时向右,距离相同,结果是利息不变收入增加。

本章小结

1. IS - LM 模型是考虑到货币与利率对总支出和国内生产总值的影响,是凯恩斯主义以总需求分析为中心的宏观经济学的核心。

2. IS 曲线反映的是商品市场均衡时,利息率和国民收入之间的关系。

3. 人们出于交易动机、预防动机和投机动机而需要货币。货币需求取决于实际国内生产总值(收入)和利率。货币需求与实际国内生产总值成同向变动,与利率成反向变动。

4. 利率由货币市场的供求决定。货币需求增加,利率上升,货币需求减少,利率下降,货币供给增加,利率下降;货币供给减少,利率上升。

5. LM 曲线描述的是货币市场均衡时,利息率与国民收入之间的关系。

6. IS - LM 模型描述的是商品市场和货币市场双重均衡时间,利率与国民收入之间的关系。

7. 可以用 IS - LM 模型分析自发总支出变动或者货币供给量变动对利率和实际国内生产总值的影响。

案例分析

观察:房价调控实质是调整收入分配

房地产价格一路飙升,引发了对房地产市场的再度宏观调控。其实,房价不但是一个价格问题,而且是经济增长模式和收入分配方式等体制性障碍在房地产市场的集中体现。这与房地产的多重属性,如基本消费品、财产属性、投资品属性及衡量社会生活水平和社会保障状况的社会和政治属性有关。

自 1998 年后中国经济遭遇了生产过剩、消费不足、新增长点难觅等困扰后,由于房地产业的关联产业带动效应很强,对经济增长指标的促动作用非常明显,本身也创造大量就业,因而自然成为中国进入新一轮经济快速增长周期的领头羊。而活跃的房地产行业又吸引了经济飞跃过程中迅猛积累甚至泛滥的货币财富的大量涌进。

在这种产业增长背景下,房地产业容易形成价格虚高。首先,房地产是缺乏供给弹性的要素资本,随着社会总需求的增长,供给弹性越小的要素价格增长得越快。其次,房地产的真实需求往往比较稳定,但投机需求随预测而变化,极其不稳定,这种短期的投机行为加剧了房地产投资的非理性和"超前消费"倾向。

目前,房地产价格的上涨幅度已经远远地超出了社会平均劳动力价值的提升幅度,不仅低收入家庭买不起,连中等收入家庭也望而却步。高房价还产生了"挤出效应",导致居民的其他消费进一步萎缩。另外,收入分配差距的扩大以及房地产消费"散户时代"的到来,国内游资与海外热钱相互汇集,通过银行杠杆的放大效应,刺激了房地产市场上的追本逐利行为。由此,投资需求正取代自住需求而成为住房增量需求的主要力量。

一旦房价越来越脱离基于自住用途的购买力,就会给实际经济发出错误的信号,同时引起社会财富的重新分配，最终会导致总供给与总需求的错位。首先，房价高企意味着投资房地产会有更高的投资回报率。大量资金流向房地产业，导致银行贷款投向的区域、品种结构不合理，生产性企业缺乏足够的资金，或者说难以用正常的成本获得生产所必需的资金；其次，投资买房属于不真实的购房消费，经过炒作，进一步不合理地推高房价，对于最终的住房消费交易是有害而无益的；再次，房价泡沫使房产持有者与非房地产持有者、大都市圈与地方圈的资产差距越来越大，招致社会分配的不公，形成阶层对立。

目前，投资型占主导的市场现状反映了房地产的“市场失灵”。在任何体制下，住房都带有浓厚的社会性和政策性，原因在于住房可视为商业性与政策性的混合，其业务既有商业性经营部分，也包括政策性部分。政府应该自觉发挥在百姓安居中所要扮演的重要公共角色，调节房地产市场运行中的各种矛盾，实现各种市场行为的规范化，确保房地产业的政策性和商业性、保障性和市场性、经济拉动性和经济破坏性能够处在一个合理的博弈区间内。

在住房已成为居民财产结构中最重要资产的背景下，调控房价不是遏止房地产业的发展，也不是让房价一味下行，而是引导社会财富分配，缩小收入分配差距。同医疗、教育一样，住房也应该体现社会保障的应有含义，应该同改革收入分配制度和规范收入分配秩序结合起来。如同分蛋糕，不能因为富人坐的位置好，就通吃，穷人位置差，就吃不到。特别是，在我国物业税缺位的情况下，持有房地产意味着可以享受城市建设带来的增值而不支付任何费用。同时，住房供给结构应多样化，以满足不同收入阶层的需要，而不是将低收入者排斥在外。自住型购房力争限价，投机型购房力求限量。房地产市场的发展要实现“三个为主”的合理定位，即以居住为主、以市民消费为主、以普通商品住房为主。如果将资金投向市场需求潜力大的中、低档普通住宅，投资的结果既可以满足社会需求，又可以增进社会财富。反之，盲目地炒地、炒高档楼宇，表面上热闹，实际上供求关系严重失调，泡沫就不可避免了。

资料来源：上海证券报，《经济观察》，2006 年 6 月 26 日，http://news.xinhuanet.com/house/2006-06/26/content_4748100.html，2015 年 1 月 15 日下载。

1. 房地产有(　　)属性。

A. 基本消费品　　B. 财产　　C. 投资品　　D. 社会和政治

2. 人们对房地产的需求，使 IS 曲线(　　)。

A. 向左下移动　　B. 向右上移动

C. 向左上移动　　D. 向右下移动

3. 房地产需求或者投资的增加，会使国内生产总值(　　)。

A. 增加　　B. 减少　　C. 不变　　D. 都不对

4. 房价控制的实质是(　　)。

A. 让低收入者能买得起房　　B. 限制房地产投资

C. 改变财富的分配状况　　D. 控制物价

5. 高房价(　　)。

A. 使收入分配更加平等　　B. 使社会财富两极分化

C. 不会改变财富的分配状况　　D. 使收入分配有时平等，有时不平等

职业技能训练

◇**重要概念**

1. *IS* 曲线　2. 货币需求　3. 凯恩斯陷阱　4. *LM* 曲线
5. 灵活偏好(流动性偏好)　6. 交易动机　7. 谨慎(预防)动机
8. 投机动机　9. 货币的交易需求和投机需求　10. *IS*－*LM* 模型

◇**填空题**

1. 自发总支出的增加,会使 *IS* 曲线向(　　　)上方平行移动。
2. *IS* 曲线是一条向(　　　)下方倾斜的曲线。
3. *LM* 曲线是一条向(　　　)下方倾斜的曲线。
4. *IS*－*LM* 模型是说明(　　　)与(　　　)同时达到均衡时国内生产总值与(　　　)决定的模型。
5. 投机的货币需求与利率(　　　)变动。
6. 在物品市场上,投资与利率(　　　)变动,因此利率上升,投资(　　　)总需求(　　　),国内生产总值(　　　)。
7. 货币供给量增加,*LM* 曲线向(　　　)移动,货币供给量减少,*LM* 曲线向(　　　)移动。
8. 在 *LM* 曲线不变的情况下,自发总支出增加,*IS* 曲线向(　　　)移动,从而国内生产总值(　　　),利率(　　　);在 *IS* 曲线不变的情况下,货币量增加,*LM* 曲线向(　　　)移动,从而国内生产总值(　　　),利率(　　　)。
9. 根据凯恩斯主义的货币理论,货币需求包括(　　　)、(　　　)、(　　　)。
10. *LM* 曲线是描述货币市场达到均衡时,国内生产总值与利率之间存在着(　　　)变动关系的曲线。

◇**单项选择题**

1. *IS* 曲线是描述(　　)。
A. 产品市场达到均衡时,国民收入与利息率之间的关系
B. 货币市场达到均衡时,国民收入与利息率之间的关系
C. 货币市场达到均衡时,国民收入与价格之间的关系
D. 产品市场达到均衡时,国民收入与价格之间的关系

2. *LM* 曲线是描述(　　)。
A. 产品市场均衡时,国民收入与利息率之间的关系
B. 货币市场均衡时,国民收入与利息率之间的关系
C. 货币市场均衡时,国民收入与价格之间的关系
D. 产品市场均衡时,国民收入与价格之间的关系

3. 在 *LM* 曲线不变的情况下,自发总需求增加会引起(　　)。
A. 国民收入增加,利率上升　B. 国民收入增加,利率下降
C. 国民收入减少,利率上升　D. 国民收入减少,利率下降

4. 在 IS 曲线不变的情况下，货币量减少会引起(　　)。

A. 国民收入增加，利率下降　　B. 国民收入增加，利率上升

C. 国民收入减少，利率上升　　D. 国民收入减少，利率下降

5. 一般来说，位于 LM 曲线左方的收入和利率的组合，都是(　　)。

A. 货币需求大于货币供给的非均衡组合　　B. 货币需求小于货币供给的非均衡组合

C. 产品需求小于产品供给的非均衡组合　　D. 产品需求大于产品供给的非均衡组合

6. 政府支出增加使 IS 曲线(　　)。

A. 向左移动　　B. 向右移动　　C. 保持不动　　D. 以上说法均有可能

7. IS 曲线为 $Y=500-2\ 000r$，下列哪一个利率和收入水平的组合不在 IS 曲线上？(　　)。

A. $r=0.02$，$Y=450$　　B. $r=0.05$，$Y=400$

C. $r=0.07$，$Y=360$　　D. $r=0.10$，$Y=300$

8. 在 IS 曲线上存在储蓄和投资均衡的收入和利率的组合点有(　　)。

A. 一个　　B. 无数个

C. 一个或无数个　　D. 一个或无数个都不可能

9. 按照凯恩斯的货币理论，如果 r 上升，货币需求将(　　)。

A. 不变　　B. 下降　　C. 上升　　D. 均不对

10. 若 LM 曲线方程为 $Y=750+2\ 000r$，当货币需求与供给均衡时，利率和收入为(　　)。

A. $r=10\%$，$Y=750$　　B. $r=10\%$，$Y=800$

C. $r=10\%$，$Y=950$　　D. $r=10\%$，$Y=900$

◇判断题

1. 货币交易需求可由函数关系 $L_1=f(y)$ 来表述。(　　)

2. 按照凯恩斯的观点，人们需要货币是出于交易动机和投机动机。(　　)

3. 货币市场和产品市场同时均衡出现于各种收入水平和利率上。(　　)

4. 一般来说，位于 IS 曲线左方的收入和利率的组合，都是产品需求小于产品供给的非均衡组合。(　　)

5. 交易动机的货币需求取决于收入，并与之同方向变动。(　　)

6. 在货币市场上，货币需求增加使利率上升。(　　)

7. 投机动机的货币需求与利率反向变动。(　　)

8. IS 曲线上的任何一点都表示投资等于储蓄。(　　)

9. LM 曲线上的任何一点都表示货币市场均衡。(　　)

10. 根据 $IS-LM$ 模型，货币量的增加会引起国内生产总值增加。(　　)

◇简答题

1. 简述 IS 曲线的含义，用图表推导 IS 曲线。

2. 为什么在物品市场上 IS 曲线向右下方倾斜，利率与实际国内生产总值呈反方向变动？

3. 为什么在货币市场上 LM 曲线向右上方倾斜，利率与实际国内生产总值呈同方向变动？

4. 简述 LM 曲线的含义，用图表推导 LM 曲线。

5. 用 $IS-LM$ 模型说明投资变动对利率和国内生产总值的影响。

6. 用 $IS-LM$ 模型说明货币量的变动对利率和国内生产总值的影响。

7. 简述货币需求的三种动机。

◇计算题

1. 假定货币供给量用 M 表示，价格水平用 P 表示，货币需求用 $L=ky-hr$ 表示。

(1) 求 LM 曲线的代数表达式，找出 LM 等式的斜率的表达式。

(2) 找出 $k=0.20,h=10;k=0.20,h=20;k=0.10,h=10$ 时 LM 的斜率的值。

(3) 当 k 变小时，LM 斜率如何变化；h 增加时，LM 斜率如何变化，并说明变化原因。

2. 假设一个只有家庭和企业的两部门经济中，消费 $c=100+0.8y$，投资 $i=150-6r$，货币供给 $m=150$，货币需求 $L=0.2y-4r$（单位都是亿美元）。

(1) 求 IS 曲线和 LM 曲线；(2)求商品市场和货币市场同时均衡时的利率和收入。

3. 假定某经济中有：$C=100+0.75Y_d$，$I=125-600r$，$G=50$，$T=20+0.2Y$，$TR=0$。

(1) 推导 IS 方程；

(2) 求 IS 曲线斜率；

(3) 当 $r=15\%$ 时，Y 是多少？

第十二章

失业与通货膨胀

学习目标

了解失业和通货膨胀的含义，失业、通货膨胀的类型，失业现象和通货膨胀现象，通货膨胀率的计算方法。掌握失业的影响与奥肯定理，不同流派对菲利普斯曲线的解释，引起通货膨胀的其他原因，失业与通货膨胀交替关系。重点掌握周期性失业及原因，通货膨胀对经济的影响，需求拉动的通货膨胀，供给拉动的通货膨胀，菲利普斯曲线的意义，如何更好地提高就业能力，对经济生活中出现的新现象的分析能力。

导入案例

20 世纪 80 年代阿根廷的恶性通胀

20 世纪 80 年代，阿根廷年通胀率平均达到 450%，1990 年初之前的 12 个月，其通胀率更飙升至 20 000%。在这种情况下，经济活动的主要目的就是避免通胀吞噬一切。一位阿根廷商人约格这样描述道：

通胀使你终日战战兢兢。我们公司所在的产业只能给你 4～5 天的赊账。人们不再关心生产力乃至技术，保护你的流动资产比包括技术在内的长期目标更重要，尽管你希望两者兼顾。这是通货膨胀不可避免的恶果，即货币疾病。你的钱分崩离析，将像癌症。

你得过且过。当通货膨胀率超过每天 1%，你别无选择。你放弃计划，只要可以支撑到周末就会感到满足。然后我就会待在公寓里阅读有关古代板球比赛的书籍。

人均而言，目前我们比 1975 年贫穷 25%。真正的受害者是你看不见的穷人、老人和年轻人。他们被赶出大型火车站……那些人是阿根廷生活中的弃儿，像大海的浪花。阿根廷的高通胀终于出现一个充满希望的转机。1989 年，刚刚当选总统的梅内姆宣布了反通胀计划。此外，它还支持许多以市场为导向的经济改革，包括在 1991 年初任命由哈佛大学培养的经济学家卡瓦洛为经济大臣。到 20 世纪 90 年代初期，通胀已降为每年 30%左右。

资料来源：百度文库，http://wenku.baidu.com/view/8ac0a4affd0a79563c1e7212.html。

第一节　失业理论

一、失业的定义

失业是指在法律规定的年龄范围内，有工作能力愿意工作而没有工作，或正在找工作的一种无业状态。它必须具备四个条件：(1) 劳动年龄。世界大多数国家规定的劳动年龄是 16～65 岁，我国规定，男性为 16～60 岁、女性 16～55 岁，劳动年龄以外没有就业的人员不能算失业人员。(2) 有劳动能力。在劳动年龄以内，由于多种原因丧失劳动能力的人，如果没有就业不能算失业人员。(3) 愿意就业。劳动年龄以内有劳动能力，还必须有就业愿望，即在积极寻找工作，没有劳动愿望的人没有就业也不能算失业人员。(4) 没有工作。具备了前三个条件且没有工作的人，才能算失业人员。

二、失业率

失业率是失业人数占劳动力总数的百分比。失业率＝失业人数/总劳动人口。失业率越高，表示就业状况越差，通常认为失业率为 4%是比较能够接受的水平。

中国还没有真正意义的失业统计。中国使用的城镇登记失业率指标，由于强调“非农业户”和“在当地就业机构登记”，并不能反映失业的真实状况。城镇登记失业人口是指非农业人口、16～50(45)岁、有劳动能力、无业而要求工作、在当地就业服务机构登记求职的人。为了弥补城镇登记失业率的不足，2005 年底，我国开始统计“城镇调查失业率”，统计的对象包括 16 岁以上城镇常住人口(半年以上)、有劳动能力和劳动愿望、没有工作、调查时点前 3 个月内找过工作、有工作即可上班的人员。

三、失业类型

(一) 自愿失业

自愿失业是指人们不愿接受现行工资水平而形成的失业。如本科毕业要求起薪 6 000 元，在西部地区就不容易找到工作，这种失业人员就是自愿失业。如图 12－1 所示。当工资水平为 w^x 时，从 0 到 n_1 之间为就业人数，从 n_1 到 n^x 之间，由于人们不愿意接受较低的工资标准而不愿工作，这一部分失业人数就是自愿失业人员。

(二) 非自愿失业

人们愿意接受现行工资水平仍然找不到工作的失业叫非自愿失业。如图 12－2 所示，当工资水平为 w^x 时，从 0 到 n_1 之间为就业人数，从 n_1 到 n_2 之间，由于人们愿意接受工资标准 w^x 而找不到工作的人叫非自愿失业，而从 n_2 到 n^x 之间是不愿接受较低的工资标准而不愿工作，这一部分失业人数就是自愿失业人员。非自愿失业又分为以下几种：

1. 摩擦性失业

这是劳动者正常流动过程中产生的失业。这种失业是市场制度本身决定的，与劳动力供

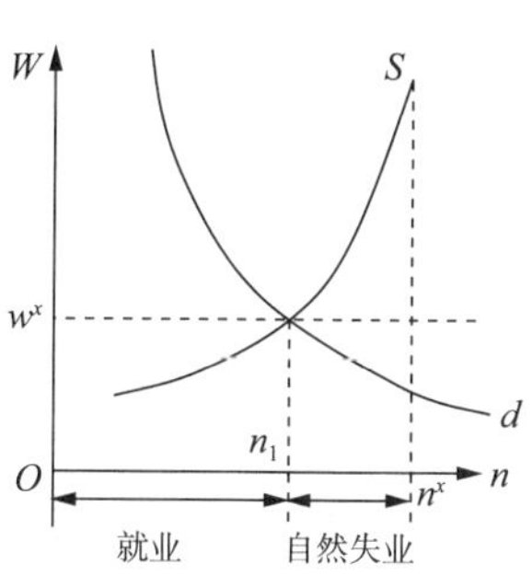

图 12－1　自愿与自愿失业

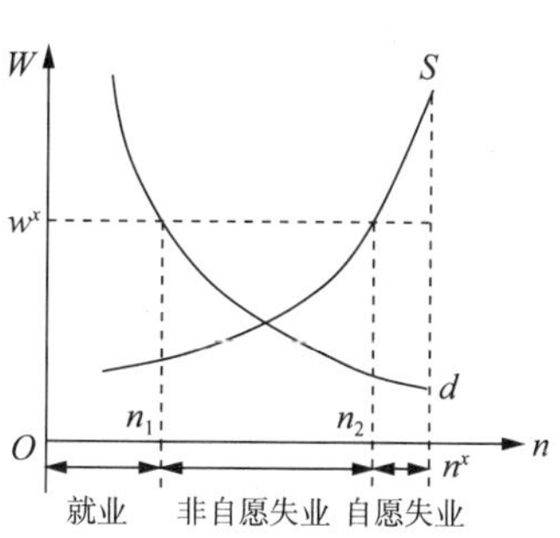

图 12－2　自愿失业与非自愿失业

求状态无关，即使充分就业也会有摩擦性失业。劳动者流动过程包括劳动者的新老交替、人们出于资源配置优化和判断的原因而转移就业职位等。如寻找更好的工作机会而辞职，但由于信息不畅，找工作需要时间，这段时间就是摩擦性失业。

自愿失业和摩擦性失业称为自然失业。

第二次世界大战期间美国的自然失业率为 1%；20 世纪 50 年代为 1.5%～2%；20 世纪 60 年代为 4%；20 世纪 70 年代为 5%；20 世纪 80 年代为 6%～7%，随时间推移，自然失业率在不断上升。

2. 结构性失业

这是由于经济结构的变化，劳动力的供给和需求在职业、技能、产业、地区分布等方面的不协调所引起的失业。结构性失业的特点是空缺职位与失业者并在，空缺职位要求的技能与失业者具备的技能不相同。如企业要求高级技术人才，失业人员只具备初级技术水平。结构性失业主要有以下几种情况：

(1) 经济结构调整。随着城市化发展、国家产业结构调整，第一产业和传统产业的劳动力不断减少，而第三产业与新兴产业对劳动者需求增加。不同产业对劳动者的需求不同。如下岗的纺织女工很难在短期成为电脑技术人才。一方面是大量的大学生和农民工找不到工作，一方面是北京、上海、青岛、福州、深圳等地出现技术工人短缺。

(2) 地区供给不对称。北京、上海、广东是应届毕业生愿意去的地方，其次是浙江、江苏。这些地方对人才的需求较多，但远远比不上供给量。国内的高校、海外留学生及外国毕业生都到这些地方求发展，而广大的中西部地区却人才匮乏。高素质的人才向东部地区流动，造成西部人才缺乏，而低素质的人才容易在经济发展过程中被淘汰。另外人口流动的限制也是一个原因。

(3) 技术进步。技术进步可以导致对劳动需求结构的变化。劳动者如果不能适应科技革命，无法跟上技术进步，就无法胜任新的工作，这部分劳动者必然会被抛入结构性失业的队伍当中。

3. 周期性失业

这是指劳动力总需求不足引起的失业。在经济周期波动中，复苏与繁荣期，各企业扩大生产，就业增加，衰退和萧条阶段，国民经济总需求或总产出下降，对商品和劳务的需求也会减少，失业增加。这种需求变化又会引起对劳动力的派生性需求的变化。在工资刚性的条件下，国民经济有效需求不足会排斥就业，形成周期性失业。

4. 季节性失业

有些行业或部门对劳动力的需求随季节的变动而变动，从而造成季节性失业。

四、失业的影响

(一) 社会影响

1. 家庭不稳定

当户主失去收入或者收入减少时，家庭的消费需求就得不到满足，家庭关系就会受到损害。据调查，未成年人犯罪嫌疑人中，30%的父母无业，33%的父母下岗，34%的父母在企业工作，只有3%的父母在国家机关工作。其中60%以上的父母没有固定职业和稳定收入。

2. 丧失信心

容易失业的人一是青年，二是45岁以上的低学历者和长期失业者，三是没有专业技能的妇女。这些人既承担失业的损失，本身又是市场的弱者，失业之后很容易被边缘化。心理研究表明，解雇造成的创伤不亚于亲友去世或学业失败，失业者因为失去收入或者收入降低，容易丧失社会影响力，地位上被边缘化，最终情感上遭受巨大打击，很容易对生活失去信心。

日本每年有3万人自杀，1998年金融危机期间，日本的自杀率相比前一年提高34%。1997年亚洲金融危机时，日本、韩国和中国香港地区男性自杀率提高40%，女性自杀率提高20%。

3. 影响社会稳定

大规模失业以及严重的贫困会使失业者和就业者之间的收入差距扩大，带来贫富两极分化，促使犯罪增加，影响社会稳定，带来一系列社会问题。

(二) 经济影响

美国经济学家奥肯发现失业率与实际国民生产总值之间存在着一种高度负相关关系，即奥肯定律。奥肯定律表明：失业率每高于自然失业率1%，实际GNP比潜在GNP低2.5%，即失业率提高1%，经济增长2.5%。

理解时应注意：(1) 它表明失业率与实际国民收入增长率之间是反方向变动的关系。(2) 失业率与实际国民收入增长率之间1∶2.5的关系只是一个平均数。20世纪60年代是1∶3；70年代是1∶2.5～1∶2.7；80年代是1∶2.5～1∶2.9。(3) 这一定理主要适用于没有实现充分就业的情况。在充分就业的情况下一般估算为1∶0.7。

例如，美国1983年失业率高达9.5%，超过公认的自然失业率6%的3.5个百分点，当年的GNP缺口为3.5×2.5%=8.75%，损失高达2 900亿美元。

五、扩大就业的措施

解决失业问题，政府除了采用宏观经济政策手段外，还可以采取以下措施：

第一，大力发展生产，促进经济持续、快速、稳定增长，以增加劳动力的需求量，这是解决就业问题的根本途径。

第二，在加快资金密集型、技术密集型产业发展的同时，积极促进和支持中小企业、非公有制企业特别是劳动密集型企业的发展。这些企业在促进经济发展、满足社会多方面需求、活跃城乡经济、创造就业机会、吸纳大量农村剩余劳动力等方面有重要作用。

第三，加强劳动者技能培训，提高劳动者本身的素质。加大基础教育、高等教育投入，培养高素质人才，以适应和促进科技产业的发展。同时，开展工人在职培训或因技术水平低而失业人员的培训，提高整体劳动者的受教育程度和技能水平，增强就业竞争能力。

第四，加强劳动力市场建设，使劳动力的供求双方能相互提供迅速、准确、完整的就业信息，以有效减少失业。

第五，逐步取消流动限制，逐步建立全国统一的劳动力市场，执行全国统一的劳动力市场政策、法规，为劳动提供公平的就业环境。

第二节　通货膨胀概述

一、通货膨胀的定义

通货膨胀是指一般物价水平在某一时期内，连续性地以相当的幅度上涨的状态。通货膨胀的产生必须具备两个条件：(1) 纸币流通。在贵金属货币流通条件下，不可能出现通货过多的现象。因为贵金属货币本身具有内在价值，它能通过储蓄手段的蓄水池作用自发调节货币流通，使之与商品流通相适应。(2) 一般物价水平的持续上涨。如果一般物价水平的上涨是一次性的或临时性的，或者只是某一种商品价格的上涨，这都不能算是通货膨胀。但要注意：①不能将通货膨胀与货币发行过多画等号。货币过多是相对于实现的商品总量来说的，不可否认，货币过多会引起通货膨胀，但依据马克思的货币流通规律公式，决定流通中货币量的不单是价格总额，还有货币流通速度。就是在商品总量和货币量相适应的情况下，如果货币流通速度加快，也会使流通中货币过多。所以不能将通货膨胀与货币发行过多画等号。②不能将通货膨胀与物价上涨画等号。通货膨胀通常会引起物价上涨，但绝不能反过来讲，凡是物价上涨都是通货膨胀引起的。另外，在一些采取程度不同的物价管制政策的国家，过多的货币供应并非都通过物价上涨表现出来。

二、通货膨胀的类型

通货膨胀按照不同的标准，可分为不同的类型：

(一) 按通货膨胀的程度不同划分

1. 温和的通货膨胀

温和的通货膨胀又称爬行的通货膨胀或不知不觉的通货膨胀。这种类型的通货膨胀发展缓慢，短期内不易察觉，但持续的时间很长。很多经济学家认为，通货膨胀率在2.5%以下的不能称为通货膨胀，达到2.5%的称为温和的通货膨胀。

2. 恶性通货膨胀

恶性通货膨胀又称极度通货膨胀或无法控制的通货膨胀。这种通货膨胀的特点是价格飞速上涨，货币贬值达到天文数字，正常的经济活动日趋紊乱，最后导致整个货币制度的崩溃。如第一次世界大战后，1923 年的德国，一个月物价上涨数十倍，最后，马克只相当于原来价值的万分之一。第二次世界大战后的旧中国，出现了 1937～1949 年长达 12 年之久的恶性通货膨胀，物价指数上升超过万亿倍。巴西 1986 年通货膨胀率达 234%，1989 年更猛增至 1 765%。

3. 跑马式通货膨胀

跑马式通货膨胀又称快步小跑式通货膨胀。通货膨胀率达到两位数字，这种情况下，人们不愿意存纸币，尽可能地储存实物，以避免遭受损失。

(二) 按通货膨胀的表现形式不同划分

1. 隐蔽的通货膨胀

隐蔽的通货膨胀又称压制型通货膨胀或被遏制的通货膨胀，其特点是国家控制物价，主要消费品价格基本保持人为平衡，表现为隐蔽性的一般物价水平普遍上涨：市场商品供应紧张、凭证限量供应商品、变相涨价、黑市活跃、商品走后门等。

2. 公开的通货膨胀

公开的通货膨胀又称开放式通货膨胀。其特点是商品价格是开放性的，随市场供求自由涨落，只要出现通货膨胀，其价格水平明显上升。因此物价指数的变化能反映通货膨胀的程度。

（三）按通货膨胀产生的原因不同划分

1. 需求拉上型

需求拉上型是单纯从需求角度寻求通货膨胀的根源的一种理论。这种理论产生于20世纪50年代以前，这种观点认为通货膨胀是由于"太多的货币追求太少的货物"。需求拉上型通货膨胀可通过两个途径产生：一是在货币需求量不变时，货币供给增加过快。多数人持这种观点。二是经济体系对货币需求大大减少，即使在货币供给无增长的条件下，原有的货币存量也会相对过多。

2. 成本推进型

成本推进型是指通货膨胀的根源在于总供给变化的一种理论假说。具体是指由于商品成本上升而使物价水平普遍上涨的一种货币现象。成本推进型通货膨胀可以归结为两个原因：一是工会力量对工资提高的要求；二是垄断行业中企业为追求利润而制定的垄断价格。

3. 结构型

结构型即物价的上涨是由于对某些部门的产品需求过多，虽然经济的总需求并不多，但最初由于某些经济部门的压力使物价和工资水平上升，于是便出现全面的通货膨胀。

4. 混合型

混合型即一般物价水平的持续上涨，既不能说是单纯的需求拉上，也不能归咎于单纯的成本推进，还不能笼统地概括为社会经济结构的原因，而是由于需求、成本和社会经济结构共同作用形成的一种一般物价水平持续上涨的货币经济现象。

5. 财政赤字型

财政赤字型本质上是属于需求拉上型通货膨胀，但它的侧重点是强调财政出现巨额赤字而滥发货币，从而引起的通货膨胀。

6. 国际传播型

国际传播型又称输入型，由于进口商品的物价上升、费用增加而使物价上涨所引起的通货膨胀。

三、通货膨胀的衡量指标

通货膨胀的严重程度是通过通货膨胀率这一指标来衡量的。通货膨胀率的计算公式为：

通货膨胀率＝（现期物价指数－基期物价指数）/基期物价指数×100％

通货膨胀率＝（现期物价水平－基期物价水平）/基期物价水平×100％

价格水平高低是通过各种价格指数来衡量的，世界上较为流行的价格指数有以下三种：

1. 消费物价指数

消费物价指数是根据家庭消费有代表性的商品和劳务的价格变动状况编制的。这一指数的优点在于资料容易收集，公布次数较频繁，因而能及时反映影响社会公众生活费用的物价趋势。缺点是包括的范围较窄，不能反映各种资本品、进出口商品和劳务的价格变动趋势。

2. 批发物价指数

批发物价指数是反映包括原材料、中间品和最终产品在内的各种商品的批发价格的变动状况的物价指数。其优点是能较灵敏地反映生产者和生产成本的变化情况，缺点是没有将各种劳务包括在内。

3. 国民生产总值的平减指数

该指数是按当年价格计算的国民生产总值与按固定价格计算的国民生产总值的比率。其优点是包括的范围广，除消费品和劳务外，还包括资本品和进出口商品等，因而它能较全面地反映一般物价水平的变动趋势。缺点是编制国民生产总值的物价平减指数需要收集大量资料，一般只能一年公布一次，因而不能及时反映物价的变动趋势。

以上三种物价指数是衡量通货膨胀的主要指标。由于这三种物价指数涉及的商品和劳务不同，计算口径也不同，因此即使在同一国家的同一时期，各种物价指数所反映的通货膨胀程度也是不同的。一般来说，在衡量通货膨胀时使用最普遍的是消费物价指数。

第三节　通货膨胀的形成原因

通货膨胀的成因和机理比较复杂，对此各国经济学家从不同的角度出发做出了各种分析，较为流行的有四种，即需求拉上说、成本推进说、供求混合推进说和结构学说。

一、需求拉上说

需求拉上说是西方经济学界出现较早的通货膨胀理论。该理论认为当经济中总需求扩张超出总供给增长时所出现的过度需求是拉动价格总水平上升、产生通货膨胀的主要原因。通俗的说法就是“太多的货币追逐太少的商品”，使得对商品和劳务的需求超出了在现行价格下可得到的供给，从而导致一般物价水平的上涨。需求拉上说的分析解释可从图 12 - 3 中得到说明。

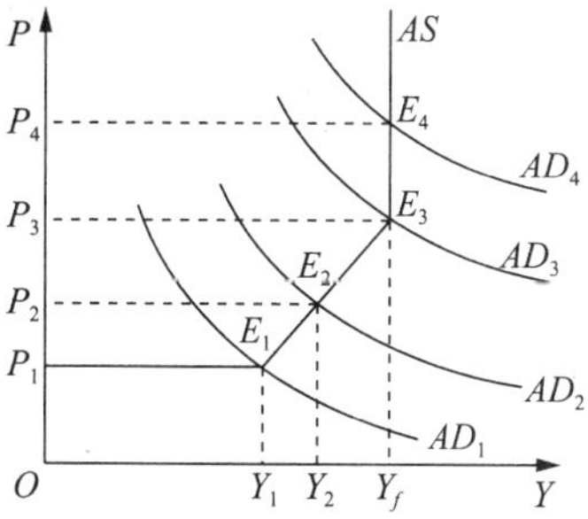

图 12 - 3　需求拉动型通货膨胀

在图 12 - 3 中，AS 表示总供给曲线，AD 表示总需求曲线的初值，产量从 O 增加到 y_1，价格水平始终稳定，总需求曲线 AD_1 与总供给曲线 AS 的交点 E_1，决定价格水平是 P_1，总产量水平是 y_1；当总需求曲线从 AD_1 到 AD_2，价格从 P_1 到 P_2，产量从 y_1 提高到 y_2。当总需求曲线从 AD_2 到 AD_3，价格从 P_2 到 P_3，产量从 y_2 提高到最大 y_f；价格从 P_2 到 P_3 时，称为“瓶颈式通货膨胀”，在产量达到 y_f 即经济达到充分就业后，需求继续增加，总供给不再增加，总供给曲线 AS 垂直于横轴，收入水平不再增长，总需求的增加几乎全部通过物价的上涨（提高）反映出来，即进入凯恩斯所谓的“真正的通货膨胀”。总需求的过度增长，可以来自消费需求、投资需求、政府需求、国外需求等，都会导致需求拉上型通货膨胀。需求方面的冲击主要包括财政政策、货币政策、消费习惯的突然改变，以及国际市场上需求的变动。

根据引起总需求增加的原因，需求拉上的通货膨胀又可分为三种类型：

(1) 自发性需求拉上型，其总需求的增加是自发性的而不是由于预期的成本增加；

(2) 诱发性需求拉上型，主要是由于成本增加而诱发了总需求的增加；

(3) 被动性需求拉上型，由于政府增加支出或采用扩张性货币政策增加了总需求，导致通货膨胀。

总需求由消费支出、投资支出和政府支出构成，总需求增加包括了消费需求增加、投资需求增加和政府需求增加。由于国民收入分配向消费倾斜，使居民可支配收入增长速度快于国民收入增长速度，同时消费品供给不能满足消费需求而引起的物价水平整体上涨，称为消费需求膨胀；由于积累率过高、投资规模扩大引起的需求膨胀，称为投资需求膨胀；由于政府过度支出而引起的需求膨胀，则称为政府需求膨胀。

从货币因素来看，需求拉上型通货膨胀主要产生于两个方面：

(1) 经济体系对货币的需求大大减少，即使货币供给不增长，货币存量也会相对增加，从而导致总需求相对增大。

(2) 货币需求量不变时，货币供给增加过快，也会导致总需求相对增大。货币供给过多造成需求膨胀与投资需求膨胀导致的物价上涨效果是相同的，但对利率的影响是不同的。投资需求膨胀会导致利率上涨，而货币供给过多会造成利率下降。

二、成本推进说

成本推进说认为通货膨胀的根源不在于总需求的过度，而是在于总供给方面产品成本的上升。因为在通常情况下，商品的价格是以生产成本为基础，加上一定的利润而构成。因此生产成本的上升必然导致物价水平的上升。如图 12-4 所示。

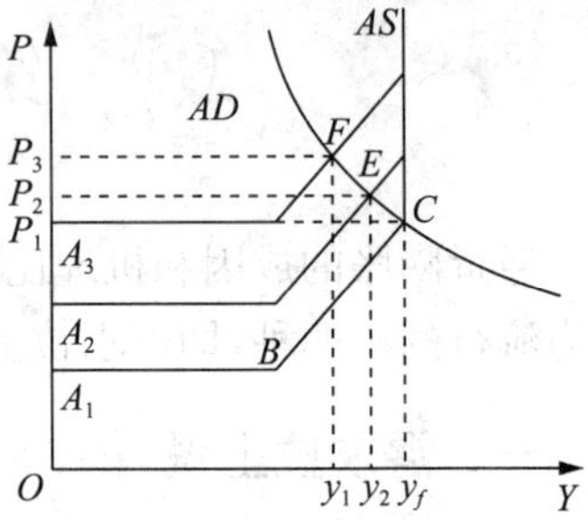

图 12-4　成本推进型通货膨胀

图 12-4 中，AD 表示总需求曲线，AS 表示总供给曲线，假定二者的交点为经济充分就业条件下供求均衡点，由此得到初始的价格水平 P_1 和收入水平 y_f。当成本增加时，企业会在同等产出水平上提高价格，或在同等价格水平上只提供较少的产出，因而总供给曲线会由 A_1—AS 向上移动至 A_2—AS，甚至 A_3—AS。当总需求不变时，价格水平则由 P_1 上升至 P_2，甚至 P_3，而收入水平则下降至 y_2，甚至 y_1。因此，成本推进学说认为，正是由于成本的上升推动了物价水平的上升，并导致了收入水平的下降。

成本推进说还进一步分析了促使产品成本上升的原因，指出在现代经济条件中，有组织的工会和垄断性大公司对成本和价格具有操纵能力，是提高生产成本并进而提高价格水平的重要力量。

1. 工资推动型

有强大的工会组织，工会要求提高工人的工资，迫使工资的增长率超过劳动生产率的增长率，企业则会因人力成本的加大而提高产品价格以转嫁工资成本的上升，而在物价上涨后工人又会要求提高工资，再度引起物价上涨，形成工资—物价的螺旋上升，从而导致“工资成本推进型通货膨胀”，形成“工资价格螺旋”。不是任何工资水平的提高，都会引起价格上涨，工资提高的幅度不超过劳动生产率提高的幅度，不会引起价格上升。即使工资提高的幅度大于劳动生产率提高的幅度，但不是工会发挥作用，也不是工资推动型，而是需求拉动型。

2. 垄断性大公司为了获取垄断利润也可能人为提高产品价格，由此引起“利润推进型通货膨胀”

垄断条件下，卖主可以操纵价格，价格上升的速度大于成本上升的速度，以赚取超额利润，这种行为达到一定程度，形成利润推动型通货膨胀。

通胀时，要达到均衡，条件只能是实际产出的下降，必然导致就业率下降，这种条件下的均衡是非充分就业的均衡。

此外，汇率变动引起进出口产品和原材料成本上升以及石油危机、资源枯竭、环境保护政策不当等造成原材料、能源生产成本的提高也会引起成本推进型通货膨胀。

三、供求混合推进说

需求拉上说撇开供给来分析通货膨胀的成因，而成本推进说则以总需求给定为前提条件来解释通货膨胀，二者都有一定的片面性和局限性。尽管理论上可以区分需求拉上型和成本推进型通货膨胀，但在现实生活中，需求拉上的作用与成本推进的作用常常是混合在一起的，即“推中有拉，拉中有推”，如过度需求导致价格上涨，涨价又促使工会要求涨工资，转化为成本推动型。因此人们将这种总供给和总需求共同作用下的通货膨胀称为供求混合推进型通货膨胀。如图 12－5 所示。

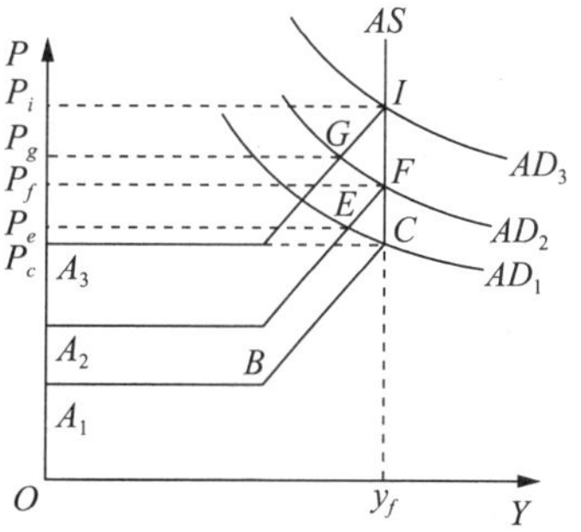

图 12－5　供求混合型通货膨胀

图 12－5 中，A_1—AS 和 AD_1 的交于 C 点，价格 P_c，物价水平上涨导致生产成本相应提高，必然使供给减少，总供给曲线由 A_1—AS 移至 A_2—AS，物价水平则上升至 P_e；为保持经济增长和充分就业，政府不得不增加支出，总需求增加，当总需求曲线 AD_1 移至 AD_2 时，物价水平由 P_e 上升到 P_f；物价的上涨导致生产成本的相应提高，必然会使总供给减少 A_3—AS，物价再次增加到 P_g，为保持经济增长和充分就业，政府不得不增加支出，总需求增加，当总需求曲线移至 AD_3，价格也上涨到 P_i，由此形成由需求冲击开始的物价螺旋式上升的通货膨胀。类似地也可能发生由供给冲击开始的通货膨胀。当发生一次性成本推进型的物价上涨时，如果需求并不增加，通货膨胀则不会持久。但如果供给的减少导致政府为避免经济下降和失业增加而扩大需求，则必然发生持续性的通货膨胀。

四、部门结构说

一些经济学家从经济部门的结构方面来分析通货膨胀的成因，发现即使整个经济中总供给和总需求处于均衡状态时，由于经济部门结构方面的变动因素，也会发生一般物价水平的上涨，即所谓“结构型通货膨胀”。部门结构说的基本观点是，由于不同国家的经济部门结构的某些特点，当一些产业和部门在需求方面和成本方面发生变动时，往往会通过部门之间的相互看齐的过程而影响到其他部门，从而导致一般物价水平的上升。这种结构型通货膨胀可分为三种情况：

(1) 需求转移型

由于经济各部门之间发展的不平衡，在总需求不变的情况下，一部分需求会转向其他部门，但劳动力和生产要素却不能及时转移，因此需求增加的部门因供给不能满足需求会使工资和产品的价格上涨。若需求减少的部门的产品价格和劳动力成本具有“刚性”特点，未能相应下跌的话，则物价总水平就会上升。

(2) 外部输入型

一国经济部门可分为开放性部门和非开放性部门。对于小国经济而言，外部通货膨胀会通过一系列机制传递到其开放性部门，使其通货膨胀率向世界通货膨胀率看齐，从而导致全面性通货膨胀。

(3) 部门差异型

一国不同的经济部门，如产业部门与服务部门、工业部门和农业部门之间的劳动生产率的提高总是有差异的，而各部门之间的货币工资的增长却存在互相看齐的倾向。当发展较快的经济部门因劳动生产率提高而增加货币工资时，其他部门由于向其看齐也会提高货币工资，从而引起成本推进的通货膨胀。尤其在一些发展中国家，传统农业部门和现代工业部门并存，在农业落后条件的制约下，政府为促进经济发展，往往不得不通过增加农业开支或提高农产品价格来促进农业的发展，从而引发价格总水平的上涨。

第四节　通货膨胀的影响

一、通货膨胀可以预期时，对经济带来的影响

(一) 皮鞋成本

通货膨胀时，购买力下降，人们为了避免这种损失就把更多的钱存入银行，从而必须多去几次银行。这种多去几次银行所花费的时间和精力，经济学家称为皮鞋成本(多磨点鞋底)。

(二) 菜单成本

根据通货膨胀调整价格必须付出的成本。

(三) 税收扭曲

税收标准是根据货币收入确定的。通货膨胀时，标准不变，名义收入增加实际收入不变时，税收实际增加了。例如，规定 1 000 元为起征点，1 000 以上部分征收 20%所得税，通货膨胀为 10%，为保证实际工资不变，名义工资从 1 000 提高到 1 100 元。1 000 元不缴税，而 1 100 要交 20 元的税，只有 1 080 元了。

(四) 固定收入者受损

一般来说，工资随预期的通货膨胀调增，影响不大。但依靠存款利息或固定收入生活的人，购买力下降，生活受苦。

二、通货膨胀不能预期时，对经济的影响

(一) 债权人和债务人之间，通货膨胀将有利于债务人

债务契约根据签约时的通货膨胀率来确定利率，发生通货膨胀后，债务契约无法改变，从而使债务人受益，债权人受损。例如，你借给张三 100 元钱，商定好一年后连本带息共还你 110 元。但是如果一年后物价水平上涨了 20%，则这 110 元的购买力还不如现在的 100 元，这样你就损失了一部分购买力，而张三却从物价水平上涨中得到了好处，其数量恰好等于你损失的那一部分购买力。再如，对大多数工薪阶层来讲，工资收入几乎就是他们的全部收入。在物价持续上涨时，且工资提高幅度往往低于物价上涨幅度，从而使其一部分应得收入被企业(或政府)无偿占有。这一点对于退休工人来讲最为明显。因此只要存在着工资对物价的调整滞

后，企业的利润就会增加，那些获取利润的人的收入就会增加。

一般来讲，在通货膨胀条件下，任何有固定支付合同的双方都不能对通货膨胀做出理性预期，那么支付双方之间就会发生这种财富和收入的再分配；如果双方能够对通货膨胀做出理性预期，那么这种再分配效应就不再存在。再用前例加以说明，如果在你借给张三 100 元钱时，你和张三就已经预期到未来一年的通货膨胀率将达到 20%，那么双方商定的利率就会是 30%，而不是 10%，此时再分配效应就不存在了。

（二）雇主与工人之间，不利于工人

在不可预期的通货膨胀下，工资不能迅速调整，名义工资不变或小幅上升，而实际工资下降，会使企业利润上升。

（三）恶性通货膨胀与经济社会危机

当物价水平的持续上涨超过一定限度时会形成恶性通货膨胀，使正常的生产经营难以进行——在物价飞涨时，产品销售收入往往不足以弥补必要的原材料；在物价迅速上涨的过程中，地区之间的上涨幅度不均衡是必然现象，这就会造成流通秩序的紊乱；迅速上涨的物价，使债务的实际价值下降，如果利息率的调整难以弥补由物价上涨所造成的货币债权损失，正常信用关系也会极度萎缩，引发经济社会危机。

恶性通货膨胀会引起突发性的商品抢购和挤兑银行风潮。它所造成的收入再分配和人民生活水准的急剧恶化则会导致阶级冲突的加剧，结果往往是政治动荡。

最严重的恶性通货膨胀会危及货币流通自身：纸币流通制度不能维持，金银贵金属会重新成为流通、支付的手段，经济不发达地区则会迅速向经济的实物化倒退。因此，各国政府在未遇特殊的情况下，总是把控制通货膨胀作为自己的施政目标。

三、三种观点

（一）有利论

认为温和的通货膨胀有利于经济发展。(1) 引起有利于雇主不利于工人的影响可以增加利润，从而刺激投资。(2) 引起的“通货膨胀税”可以增加政府税收，可以增加政府支出，刺激经济发展。(3) 加剧收入分配不平等，而富人的储蓄倾向大于穷人，可以增加储蓄。尤其利于穷国。

（二）不利论

理由是：(1) 市场经济中，使价格扭曲，无法反映社会供求状态，使价格失去调节经济的作用，经济无法正常发展。(2) 破坏正常的经济秩序，使投资风险增大，经济混乱，效率低下。(3) 通货膨胀所引起的通货紧缩政策会抑制经济发展。(4) 在固定汇率下，通货膨胀引起的货币贬值，不利于经济发展。

（三）中性论

认为通货膨胀与经济增长没有直接的联系。货币在经济中是中性的，从长期来看，决定经济增长的实际因素是劳动、资本、自然资源，而不是价格水平。长期中货币数量变动引起的通货膨胀不会影响经济。

第五节 菲利普斯曲线

一、菲利普斯曲线

菲利普斯曲线是用来表示失业与通货膨胀之间交替关系的曲线。新西兰经济学家菲利普斯提出，这条曲线表明，当失业率低时，货币工资增长率较高，反之，当失业率较高时，货币工资增长率较低，甚至是负数。1958 年菲利普斯用 1861～1957 年英国的资料证明了它的存在。1960 年萨缪尔森和索洛用美国的资料也证明了它的存在，并把该曲线解释为失业和通货膨胀之间的关系。

成本推动通货膨胀理论认为，货币工资增长率可表示为通货膨胀率。该曲线表明，失业率高，通货膨胀率低；失业率低，则通货膨胀率高。即失业率高表明经济处于萧条阶段，工资与物价都低，通货膨胀率低，反之，失业率低，表明经济处于繁荣阶段，工资与物价水平都高，从而通货膨胀率就高。失业率与通货膨胀率之间的反向变动关系，是因为通货膨胀使实际工资下降，从而刺激生产，增加劳动需求，减少失业。

图 12－6 中，gp 为通货膨胀率；ou 为失业率；pc 为菲利普斯曲线；b 表示通货膨胀率低；c 表示失业率低；a 表示通货膨胀率高。从图 12－6 中可以看出：

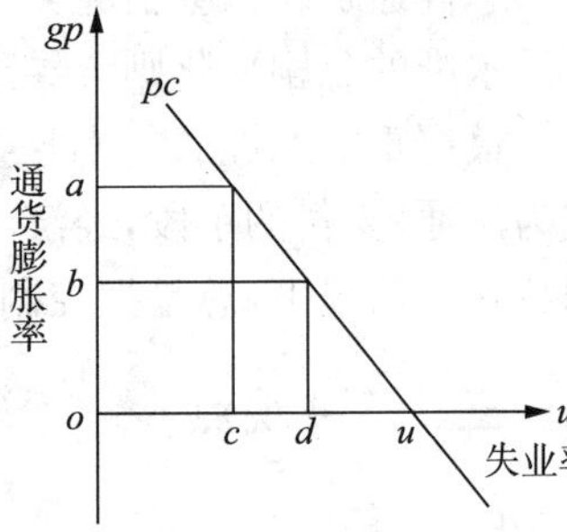

图 12－6 菲利普斯曲线

(1) 通货膨胀是由于工资成本推动所引起的，这就是成本推动通货膨胀理论。正是这一理论把货币工资增长率联系了起来。

(2) 它承认了通货膨胀与失业的交替关系。这就否定了凯恩斯关于失业与通货膨胀不会并存的观点。

(3) 当失业率为自然失业率 u 时，通货膨胀率为零。因此，也可以把自然失业率定义为通货膨胀率为零时的失业率。

根据菲利普斯曲线所表明的失业与通货膨胀的关系对经济进行微调。先确定社会临界点，如失业率与通货膨胀率均为 4%，在临界点内不调节。如果通货膨胀率高于 4%，根据菲利普斯曲线，失业率一定很低，这时可采用紧缩政策，提高失业率降低通货膨胀率。如果失业率高于 4%，根据菲利普斯曲线，通货膨胀率一定很低，这时可采取扩张性政策，以提高通货膨胀率，降低失业率。

二、附加预期的菲利普斯曲线

附加预期的菲利普斯曲线是引入了预期因素作出重新解释的菲利普斯曲线。

短期中，工人来不及调整通货膨胀预期，预期通货膨胀率可能低于以后实际发生的通货膨胀率。这样，工人所得到的实际工资可能小于预期的实际工资，从而使实际利润增加，刺激投资，就业增加，失业率下降。在此前提下，通货膨胀率与失业率存在交替关系。短期菲利普斯曲线，正是表明在预期的通货膨胀率低于实际发生的通货膨胀率的短期中，失业率与通货膨胀率之间存在交替关系的曲线。

例如，预期通胀 10%，实际 20%，工人实际工资低，成本低，利润高，投资增加，就业增加，失业下降。

长期中，工人根据实际发生的情况不断调整，工人预期的通货膨胀率与实际通货膨胀率相等，工人会要求增加名义工资，使实际工资不变，从而通货膨胀就不会起到减少失业的作用。长期菲利普斯曲线是一条垂线，表明失业率与通货膨胀率之间不存在交替关系。而且，长期中，经济实现充分就业，失业率是自然失业率。垂直的菲利普斯曲线表明无论通货膨胀率如何变动，失业率总是固定在自然失业率水平上。以引起通货膨胀为代价的扩张性财政政策与货币政策并不能减少失业。这就是宏观经济政策的长期失效。

如图 12－7 所示，开始时，自然失业率为 u_0，政府采取扩张性政策，发生了不可预期的通货膨胀，工人没有预期到通货膨胀率为 5%，没有要求提高名义工资。实际的通货膨胀率高于预期的通货膨胀率，工人的实际工资下降，企业利润增加，于是增加生产，失业减少为 u_1。这就形成了表示失业与通货膨胀之间替代关系的短期菲利普斯曲线 spc_1。

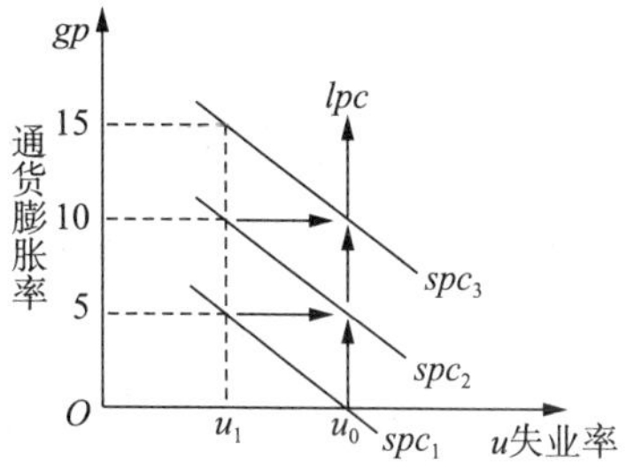

图 12－7 短期与长期菲利普斯曲线

但根据适应性预期假设，在工期中工人会调整自己的预期。当工人的通货膨胀率调整为 5%时，会要求增加名义工资 5%，于是实际工资回到了原来的水平，企业利润减少，企业又使生产回到了原有的水平，失业率又回到了原有水平 u_0。

政府又一次采用扩张性政策，又发生了不可预期的通货膨胀，工人预期的通货膨胀率为 5%，实际通货膨胀率 10%，工人的实际工资下降，企业利润增加，于是增加生产，失业又减少为 u_1。长期中，工人又把预期的通货膨胀率调整为 10%，这就形成了又一条菲利普斯曲线 spc_2。如此，短期的菲利普斯曲线不断上升。

短期中，工人不能及时调整预期，失业率与通货膨胀率之间存在着交替的关系，有 spc_1、spc_2、spc_3……条短期菲利普斯曲线。但随着工人预期通货膨胀的上升，短期菲利普斯曲线不断上升。

长期中，工人的预期与实际发生的通货膨胀率一致，企业不会增加就业，失业率不会下降。即失业与通货膨胀之间不会存在交替关系。长期菲利普斯曲线 lpc 是一条垂线。

因此可以得出结论：扩张性政策，可以在短期内减少失业，但代价是通货膨胀不断上升。长期扩张性政策不但不能降低失业率，还会使通货膨胀率不断上升。

三、理性预期学派对菲利普斯曲线的解释

理性预期的特征是预期值与以后发生的实际值是一致的。在这种假设之下，短期中不可能有预期的通货膨胀率低于以后的实际发生的通货膨胀率的情况，无论短期还是长期，预期的通货膨胀率与实际发生的通货膨胀率是一致的，所以无法以通货膨胀为代价来降低失业率。如果政府采用扩张性政策来刺激经济，工人便会正确地预期到通货膨胀率上升，从而要求增加名义工资，尽管扩张性政策引起通货膨胀，但名义工资也增加了，实际工资保持不变。企业利润不变，生产不会增加，就业不会增加，失业率不会下降。

由于工人能作出正确的预期，并采取对策，结果政府的扩张性政策起不到应有的作用。即使在短期，也不存在失业与通货膨胀的替代关系。即无论是短期还是长期中，菲利普斯曲线都是一条表示失业与通货膨胀之间没有替代关系的垂线。如图 12－8 所示。

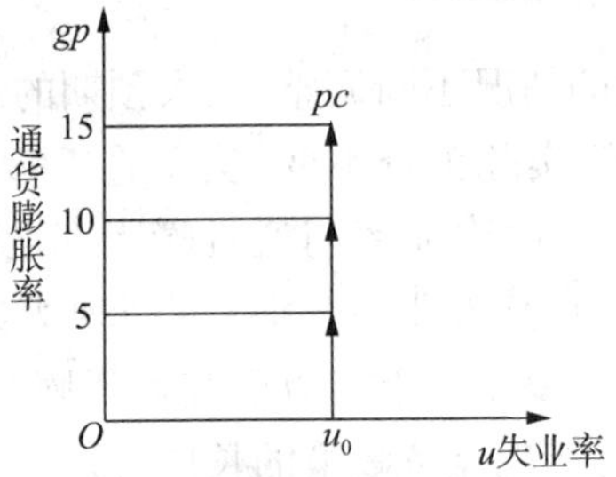

图 12-8 理性预期的菲利普斯曲线

四、新凯恩斯主义对菲利普斯曲线的解释

新凯恩斯主义用市场调节的信息不对称和不完全性来解释菲利普斯曲线。长期中，市场机制的调节作用是有效的，市场实现充分就业均衡，这时失业与通货膨胀没有交替关系。失业率为自然失业率，由制度、资源、技术进步等因素决定，通货膨胀率由货币供给增长率决定，两者之间决定机制不同，当然也就没有交替关系。

短期中，由于信息不对称，市场调节不完全有效，宏观经济会出现小于充分就业均衡或大于充分就业均衡。具体来说，在劳动市场上，由于信息不对称的工资黏性，使劳动市场不能实现供求平衡。在物品市场上，由于价格黏性，物品市场也不能实现供求平衡。在信贷市场上，由于信息不对称，利率不能起到完全的调节作用，银行采用配给制(信用好的多贷，信用差的少贷或不贷，不是完全由利率决定的)，供求也不能实现平衡。即在短期中市场机制的调节作用就受到限制。

当劳动市场存在工资黏性，即工资的调整慢于劳动供求关系的变动，发生通货膨胀时，名义工资并不增加，从而实际工资下降，这样，通货膨胀在短期内可以使企业实际利润增加，生产增加，就业增加，失业下降。

物品市场也存在价格黏性，即价格的调整慢于供求关系的变动，发生通货膨胀时，企业价格并不会立即上升，这是相对于整体物价水平而言的，但企业产品的相对价格下降。这种相对价格下降增加了产品销售量，从而企业也会增加生产，降低失业率。因此，在短期中，物价水平上升，即发生通货膨胀，仍然可以降低失业率。这样通货膨胀和失业之间就存在着交替关系。

由于短期内市场调节并不完全有效，就需要政府用政策进行调节，而且采用扩张性政策提高通货膨胀率还可以降低失业率。在长期中，市场机制是有效的，失业与通货膨胀并不存在交替关系，政府就没有必要进行调节了。

本章小结

1. 失业是指在法律规定的年龄范围内，有工作能力愿意工作而没有工作，或正在找工作的一种无业状态。失业率是失业人数占劳动力总数的百分比。失业率＝失业人数/总劳动人口。

2. 失业有自愿失业与非自愿失业之分，自愿失业是指工人不愿接受现行工资水平而形成的失业。工人愿意接受现行工资水平仍然找不到工作的失业叫非自愿失业。非自愿失业分为摩擦性失业、结构性失业、周期性失业、季节性失业。

3. 失业对社会影响表现为影响社会稳定、丧失信心、家庭不稳定。对经济的影响表现为失业率与实际国民生产总值之间存在着一种高度负相关关系。

4. 通货膨胀是物价水平普遍而持续的上升。根据严重程度可以分为温和的通货膨胀、跑马式的通货膨胀和恶性通货膨胀；按通货膨胀产生的原因不同划分为需求拉上型、国际传播型（又称输入型）、结构型、混合型、财政赤字型、成本推进型。

5. 可以预期的通货膨胀与不可以预期的通货膨胀对经济的影响不同。不可以预期的通货膨胀对经济的影响更为不利。

6. 菲利普斯曲线表示失业和通货膨胀之间存在替代关系。不同经济学流派对菲利普斯曲线作出了不同解释，得出了不同政策结论。

案例分析

600万第纳尔一个巧克力棒

在贝尔格莱德的卢纳商店，一个巧克力棒值600万第纳尔，至少这是经理Tihomir Nikolic在看到他老板夜晚发来的传真之前的情况。

短短的一则通告指示："物价提高90%。"这家店在世界其他地方只能算一个小本经营店，要不是店里的电脑不能处理三位数变动，物价甚至应该上升100%。

到现在为止这是Nikolic先生3天内第二次提高价格。他用拖把挡住门，以防止讨价还价的顾客进来。电脑在标签纸上打印出新价格。经理和两个助手忙着把纸撕下来并粘到货架上。他们以前是把价格直接贴到物品上，但物品上贴了这么多标签，让人很难弄清哪个是新标价。

4个小时之后，拖把从门口拿走了。顾客进来，揉揉眼睛看着标签，数上面有多少个零。当电脑打印出另一种商品价格时，Nikolic本人也看着，这是一台录像机。

他自言自语："是几十亿吗？"准确地说是20 391 560 223第纳尔。他指着自己的T恤衫，T恤衫上印着一个词"不可思议"，这是他曾经卖出的一种果汁的牌子。他指出，这句话是对塞尔维亚经济的绝妙写照。"这简直是疯狂"，他说。

除此之外你还能如何描述它呢？自从国际社会实行经济制裁以来，通货膨胀至少每天是10%。如果把这个数字换算成每年的比率，则会有15个零——高到没有任何意义了。在塞尔维亚，在凯悦酒店1美元换到1 000万第纳尔，在共和国广告上急需用钱的人要换1 200万第纳尔，而在贝尔格莱德地下社会控制的银行里要1 700万第纳尔换1美元。塞尔维亚人抱怨说，第纳尔和卫生纸一样不值钱。但至少在目前，卫生纸还很多。

据说隐蔽在贝尔格莱德一条道路后面公园中的政府印钞厂正在一天24小时印制第纳尔，力图与加速的通货膨胀保持一致，反过来无止境地印第纳尔又加速了通货膨胀。相信只要发钱就能安抚反对者的政府需要第纳尔来为关门的工厂和机关中不工作的工人发工资。它需要钱购买农民的农产品。它需要钱为走私掠夺和其他避开制裁的方法筹资，以便运进从石油到Nikolic店里的巧克力棒的每一种东西。它也需要支持兄弟的塞尔维亚人在波黑和克罗地亚战争。

那些手指感觉到纸张质量有问题的外汇交易者坚持认为，政府印钞厂应该承包给私人印刷厂来满足需求。"我们是专家，他们骗不了我们"，一位外汇交易者拿着500万张价值8亿第纳尔的钞票这样说。他信心十足地提到："这些钞票是刚印出来的。"他说，他从一家私人银行得到这些钞票，私人银行是从中央银行得到的，而中央银行得自于印钞厂——这是把黑市和财政部联系在一起的一条罪恶管道。"这是集体疯狂"，外汇交易者一边说，一边诡异地笑着。

资料来源：罗格尔·瑟罗，http://www.docin.com/p-221359777.html，2015 年 1 月 15 日下载。

1. 上述案例提到的是（　　）。

A. 温和的通货膨胀　　B. 恶性通货膨胀

C. 需求拉上型通货膨胀　　D. 跑马式通货膨胀

2. 按通货膨胀的程度不同划分，可以分（　　）。

A. 温和的通货膨胀　　B. 恶性通货膨胀

C. 跑马式通货膨胀　　D. 需求拉上型通货膨胀

3. 该种类型对经济的影响表现在（　　）。

A. 物价飞涨　　B. 债务的实际价值下降

C. 商品抢购和挤兑银行风潮　　D. 引起社会经济危机

4. 设原先的物价指数为 100，6 个月后物价指数为 102，则通胀率为（　　）。

A. 2%　　B. 4%　　C. 5%　　D. 12%

5. 可以称为爬行的（或温和的）通货膨胀的情况是指（　　）。

A. 通货膨胀率在 10%以上，并且有加剧趋势

B. 通货膨胀率以每年 5%的速度增长

C. 在数年之内，通货膨胀率一直保持在 2%～3%的水平

D. 通货膨胀率在三位数以上

职业技能训练

◇重要概念

1. 通货膨胀　　2. 需求拉上型通货膨胀　　3. 菲利普斯曲线

4. 成本推进型通货膨胀　　5. 失业率

◇填空题

1. 非自愿失业的类型包括（　　）、（　　）、（　　）、（　　）。

2.（　　）即物价的上涨，是由于对某些部门的产品需求过多，虽然经济的总需求并不过多，但最初由于某些经济部门的压力使物价和工资水平上升，于是便出现全面的通货膨胀。

3. 按通货膨胀的表现形式不同划分有（　　）、（　　）两种。

4. 在学术上，分析引起通货膨胀的原因主要有（　　）、（　　）、（　　）、（　　）四种。

5. 结构性通货膨胀可以分为（　　）、（　　）、（　　）三种情况。

6.（　　）是为衡量家庭消费有代表性的商品和劳务的价格变动状况编制的。

7.（　　　）是反映包括原材料、中间品和最终产品在内的各种商品的批发价格的变动状况的物价指数。

8.（　　　）是按当年价格计算的国民生产总值与按固定价格计算的国民生产总值的比率。

9. 用以衡量通货膨胀的指标是（　　　）。

10.（　　　　　　　　）是引入了预期因素作出重新解释的菲利普斯曲线。

◇选择题

1. 未预期到通货膨胀会使财富发生（　　）转移。

A. 从年轻一代到上一代　　B. 从穷人到富人

C. 从债权人到债务人　　D. 以上都不对

2. 结构性通货膨胀的主要原因有（　　）。

A. 需求结构的变化加上不易改变的工资和价格

B. 使价格上升的过度需求

C. 生产成本的增加

D. 大型企业的垄断

3. 成本推进型通货膨胀是指（　　）。

A. 工会和厂商把工资和产品的价格定在超出它们应有的价值水平上

B. 由于过多的政府支出所引起的价格上涨

C. 由于超额的总需求引起的价格上涨

D. 由于商品价格上涨而不是实际交易量的增加而引起的销售额的增加

4. “滞涨”是指（　　）。

A. 产出和一般物价水平的同时上涨

B. 产出和一般物价水平的同时下降

C. 一般物价水平上升，同时实际产出和就业下降

D. 一般物价水平下降，同时实际产出和就业增加

5. 需求拉上型通货膨胀（　　）。

A. 通常用于描述某种供给因素所引起的价格波动

B. 通常用于描述某种总需求的增长所引起的价格波动

C. 表示经济制度已调整过的预期通货膨胀率

D. 以上均不是

6. 通货膨胀的收入分配效应指（　　）。

A. 收入结构变化　　B. 收入普遍上升　　C. 收入普遍下降　　D. 债权人收入上升

7. 菲利普斯曲线说明（　　）。

A. 通货膨胀导致失业　　B. 通货膨胀是由行业工会引起的

C. 通货膨胀率与失业率之间呈负相关　　D. 通货膨胀率与失业率之间呈正相关

8. 长期菲利普斯曲线说明（　　）。

A. 政府需求管理政策无效　　B. 政府需求管理政策有效

C. 经济主体存在货币幻觉　　D. 自然失业率可以变动

9. 按照（　　）的观点，菲利普斯曲线所阐述的通货膨胀率和失业率之间的替代关系是不

存在的。

A. 凯恩斯主义　　B. 货币主义　　C. 供给学派　　D. 理性预期学派

10. 通货膨胀率怎样才能迅速下降？（　　）。

A. 一次严重但短暂的衰退　　B. 一次轻微而短暂的衰退

C. 一次大的经济复苏　　D. 以上都不对

◇判断题

1. 在任何经济中，只要存在通货膨胀压力，就会表现为物价水平的上升。（　　）

2. 如果通货膨胀率相当稳定，而且人们可以完全预期，那么通货膨胀对经济的影响就很小。（　　）

3. 需求拉上型通货膨胀理论认为价格上涨的原因是不断追逐利润的垄断厂商们对价格拥有决定权。（　　）

4. 当经济发生通货膨胀时，大家均受其害。（　　）

5. 通货膨胀发生时，退休金领取者、借款人和工资领取者是仅有的受害人。（　　）

6. 我们通常用物价指数来衡量通货膨胀率，所以，有多少种物价指数就会有多少种对通货膨胀的衡量。（　　）

7. 结构性通货膨胀理论认为某些部门的产品需求有所增加，就会发生通货膨胀。（　　）

8. 在通货膨胀时期，使用大量已有资本进行商业活动，要负担相对更多的税。（　　）

9. 需求拉上型通货膨胀和成本推进型通货膨胀实质上是同样的概念，因为都造成货币工资和物价的上涨。（　　）

10. 菲利普斯曲线的左移使得一个社会能够通过货币政策和财政政策的运用改进在通货膨胀率和失业率之间进行的相机抉择。（　　）

◇简答题

1. 简述可以扩大就业的措施。

2. 简述可预期的通货膨胀会对经济带来的影响。

3. 简述不可预期的通货膨胀会对经济带来的影响。

4. 为什么发生恶性通货膨胀时，人们宁愿坐出租车而不愿坐公交车？

◇计算题

若价格水平1950年为54，1960年为69，1970年为92，1980年为178，试求20世纪50年代、60年代和70年代的通货膨胀率。

第十三章

经济增长与经济周期

学习目标

了解经济周期和经济增长的相关概念，乘数—加速理论三大经济增长模型。掌握经济周期的类型，经济增长源泉及影响因素，经济增长的基本概念，加速原理。重点掌握经济周期的内因论与外因论，哈罗德—多马模型等经济增长模型，结合经济发展的不同现象对经济发展的经济周期进行分析。

导入案例

资本主义危机的现象和特点

在第二次世界大战前一个相当长的时期内，资本主义经济发展是在周期性经济危机中度过的。在经济危机到来时，一方面，大量的商品销不出去，甚至成批地毁掉，成千上万的企业倒闭，失业人数暴增，物价暴跌，信用破坏；另一方面，失业工人激增，在业工人实际工资下降，整个社会经济陷入了瘫痪和混乱的状态，使生产力受到极大的破坏。

以 1929～1933 年资本主义世界经济危机为例，它波及范围特别广，席卷了整个资本主义世界，持续时间从 1929 年到 1933 年，达 4 年之久。危机沉重地打击了各国工业生产，使资本主义世界工业生产下降了 40%以上。美国的工业生产指数 1933 年比 1929 年下降 39%。其中机床制造下降了 80%，生铁下降了 79.4%，炼钢下降了 75.8%，汽车下降了 74.6%，采煤下降了 40.9%。危机期间，世界贸易额急剧缩减。1933 年整个资本主义世界贸易总额比 1929 年缩小了 2/3，回到了 1919 年的水平。危机使各国大批工人失业，有的国家工人失业率达 50%，资本主义各国的失业工人达 3 000 多万。危机期间，各国先后爆发金融危机，大批银行倒闭。在美国，1929～1933 年共有 10 500 家银行破产，占全国银行的 49%。危机的破坏性特别大，造成的损失难以估量。

第二次世界大战以后，资本主义经济危机又产生了若干新的现象和特点，危机的周期和程度有了很大变化，社会经济生活中出现了一些“繁荣”的迹象。主要资本主义国家经济危机发生的次数多少不等，参差不齐，形成了同期性危机和非同期性危机交错发生的局面。经济周期有缩短趋势，形态上而言危机的冲击力减弱，危机的深度和广度大为减轻。以至于一部分西方研究者将经济危机改称为经济周期。非同期性经济危机比战前较为频繁，而从整个资本主义世界来看，世界性经济危机的周期则有所延长。

资料来源：玛雅论文网——《资本主义危机的实质与根源》改编。http://www.ecmaya.com/article/sort06/sort025/info-27452.html，2015 年 1 月 15 日下载。

第一节　经济周期理论

经济发展的历史表明，经济的增长方式从来都不是按部就班、一成不变的。一个国家可以享受好多年令人兴奋的经济繁荣，而接下来的也许就是一场经济衰退，甚至是一场金融危机。于是，经济的总产出下降，利润的实际收入减少，大批工人失业。当经济衰退逐渐落至谷底，便开始复苏，复苏的步伐可能快也可能慢，有可能恢复不到原先的经济状况，也有可能强劲得足以启动下一轮的经济扩张。简言之，经济在沿着经济发展的总体趋势的增长过程中，常常伴随着经济活动的上下波动，且呈现出周期性变动的特征。

一、经济周期的概念

经济周期又称商业循环，是指经济活动沿着经济发展的总体趋势所表现的有规律的扩张和收缩交替反复出现的过程。对这一概念的把握要注意以下几点：

(1) 经济周期是现代经济社会中不可避免的经济波动。经济活动水平扩展、收缩是有规律的。

(2) 经济周期是总体经济活动的波动。以产出量的长期趋势轨迹表现出来，常用实际 GDP 和其他宏观经济指标的波动来衡量。

(3) 一个经济周期可以分为繁荣、衰退、萧条和复苏四个阶段。

(4) 经济周期在经济活动过程中反复出现，但每个周期的时间长短并不完全一样。

二、经济周期的阶段

经济周期是经济活动的繁荣与萧条交替出现的周期性波动。

一个经济周期可以分为两个大的阶段：收缩阶段和扩张阶段。收缩阶段常短于扩张阶段，其振幅有三种：收敛性、发散性或稳定性。可以细分为繁荣、衰退、萧条和复苏四个阶段。繁荣和萧条是两个主要阶段，衰退和复苏是两个过渡阶段。衰退表现为绝对量的下降，只要增长率下降，即使其数值不为负数，也称为衰退。图 13 - 1 是一个典型的表示经济周期的曲线图。

经济周期的四个阶段各有其特点：

(一) 繁荣阶段

繁荣阶段是国内生产总值与经济活动高于正常水平的阶段，即经济活动扩张或向上的阶段。其表现主要有：需求不断增加，产品畅销，批发商和零售商存货减少，纷纷向生产厂商订

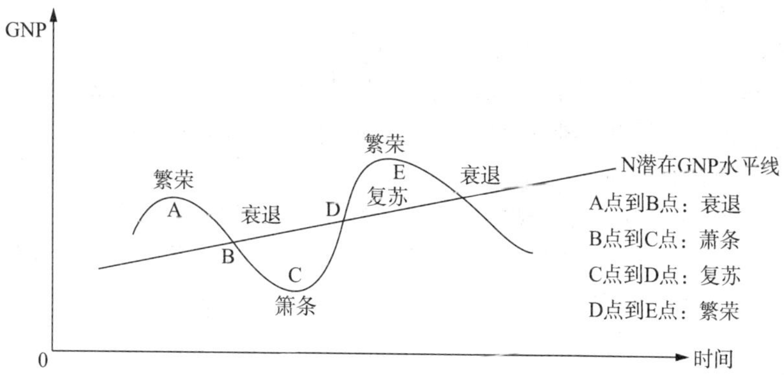

图 13-1　经济周期曲线及其阶段划分

货，厂商利润大大提高，从而刺激投资增加，就业率继续提高，工资和价格水平不断上涨，整个社会充满乐观气氛。繁荣是经济周期的高峰，是经济活动的鼎盛时期。一般为 1～2 个月。

在繁荣阶段，现有生产设备已充分利用，劳动力尤其是熟练劳动力已感缺乏，主要原材料面临缺乏。若不增加投资，扩大生产能力，便不能增加产量。由于极度乐观，所以会投资增产。但这时资金紧张，形成生产能力尚需时日，生产的增加满足不了需求的增加，价格上涨。生产上，生产要素价格上涨，成本增加，但价格不断上涨，仍有利可图。

（二）衰退阶段

衰退阶段是经济活动从扩张的顶峰向下跌落的阶段，即整个经济活动由繁荣转入萧条的过渡阶段。其表现主要有：生产急剧下降，投资减少，信用紧缩；需求下降，失业率上升；产品销售量下降，库存增加，物价水平下跌，利润减少，货币流通量或其增长率减少，利息率下跌。整个社会形成普遍的生产过剩，部分工厂倒闭。

（三）萧条阶段

萧条阶段又称谷底，是国内生产总值与经济活动低于正常水平的阶段。其主要表现有：生产继续向下并达到最低点，劳动者大量失业，许多工厂倒闭，价格水平很低，是经济活动最低谷阶段，也是萧条转向复苏阶段的开始。企业生产能力大量闲置，存货积压，利润下降甚至亏损。企业对经营前景缺乏信心，不愿冒险投资。一般为 1～2 个月。

（四）复苏阶段

复苏阶段是经济活动由萧条转为繁荣的过渡阶段。从谷底回升，仍未达到正常水平。其主要表现有：大量磨损的机器设备开始更新，生产就业增加，投资高涨，货币信贷扩张，物价上升，利润增加，收入消费支出上升，经济开始回升。当经济达到最低点时，也就是复苏开始之时。

进行经济分析，根据经济周期不同阶段的特点和经济统计资料，就可以确定经济处于周期的哪一个阶段，以便采用相应的政策来调节。

三、经济周期的分类

1825 年，世界上第一次生产过剩性危机发生于英国，此后经济学家开始注意并研究经济危机这个问题。起初，他们大多数把危机当作一个独立的事件来研究，后来才把它作为经济周期来研究。经过研究，他们发现一个完整的经济周期都包含一个经济扩张阶段和一个经济收缩阶段，但每个经济周期的时间长度却不一样。在研究经济周期时，经济学家们根据每个经济周期时间长短的不同而把经济周期划分为朱格拉周期、基钦周期、康德拉季耶夫周期、熊彼特周期和库兹涅茨周期。

（一）朱格拉周期

1860年，法国经济学家C.朱格拉在他的《论法国、英国和美国的商业危机及其发生周期》一书中提出，危机或恐慌不是一种独立的现象，而是经济中周期性波动的三个连续阶段——繁荣、危机和清偿三个阶段中的一个。这三个阶段在经济中按顺序反复出现，形成经济周期现象。他通过对较长时期工业经济周期的研究，并根据生产、就业人数、物价等指标，确定了经济中平均每个周期约为9～10年，也被称作中周期或中波。美国经济学家汉森把它称为“主要经济周期”，并根据美国1795～1937年的统计资料计算出这期间共有17个朱格拉周期，平均长度为8.35年。

（二）基钦周期

1923年，英国经济学家基钦（J. Kitchen）在《经济因素中的周期与趋势》一书中研究了1890～1922年间英国与美国的物价、银行结算和利率等指标，认为经济波动有大周期和小周期之分，小周期平均长度为40个月，一个大周期通常由两三个小周期构成，这种约40个月左右的周期被称为基钦周期或短周期，又称短波。美国经济学家汉森根据统计资料计算出美国1807～1937年间共有37个这样的周期，其平均长度为3.51年。

（三）康德拉季耶夫周期

1925年，苏联经济学家康德拉季耶夫在《经济生活中的长期波动》中研究了英、美、法等国的长期时间序列资料，认为资本主义社会存在一种为期50～60年，平均长度为54年左右的长期波动，这就是长周期，又称为康德拉季耶夫周期。

康德拉季耶夫根据英国、美国、法国100多年内批发物价指数、利率、工资率、对外贸易量等的变动，认为这三个国家从18世纪末期以后，经历了3个长周期。第一个长周期为1789～1849年，上升部分25年，下降部分35年，共60年。第二个长周期为1849～1896年，上升部分24年，下降部分23年，共47年。第三个长周期从1896年起，上升部分24年，1920年以后步入下降时期。

（四）熊彼特周期

奥地利经济学家熊彼特1939年出版的《经济周期》第一卷中，对朱格拉周期、基钦周期、康德拉季耶夫周期进行了综合。他认为这三种方法并不矛盾，长周期的不同阶段仍有中周期波动，中周期的不同阶段中还有短周期波动。每个长周期包括6个中周期，每个中周期包括3个短周期。短周期为40个月，中周期为9～10年，长周期为48～60年。他还把不同的技术创新期与不同的经济周期联系起来，以三次重大创新为标志，划分为三个长周期：第一个周期从18世纪到1842年，是“产业革命时期”，第二个周期是1842～1897年，是“蒸汽与钢铁时期”；第三个时期是1897以后，是“电气、化学和汽车时期”。

（五）库兹涅茨周期

美国经济学家库兹涅茨在1930年出版的《生产和价格的长期运动》中提出，存在一种与房屋和建筑业相关的经济周期，这种周期长度在15～25年之间，平均长度在20年左右。这是一种长周期，被称为库兹涅茨周期。这种波动在美国建筑业中特别明显，所以又称“建筑业周期”。

库兹涅茨主要研究了英国、美国、德国、法国、比利时等国从19世纪初或中叶到20世纪初60种工农业主要产品的产量和35种工农业主要产品的价格变动的长期时间数列资料。他剔除了其间短周期与中周期的变动，着重分析了有关数列资料中反映出的长期消长过程，提出在主要工业国家存在着长度从 15 年到 25 年不等、平均长度为 20 年的长周期。这种周期与人口增长而引起的建筑业增长与衰退有关，是由建筑业的周期性变动引起的。他指出，在工业国家中产量增长呈现出递减的趋势。

四、经济周期理论

（一）经济周期理论的历史回顾

西方经济学家研究经济周期已有两个世纪，提出了众多的经济周期理论，综合概括为两类：内生经济周期理论和外生经济周期理论。外生经济周期理论认为，经济周期的根源在于经济之外的某些因素的变动。例如，创新理论认为是创新引起了经济周期性波动。太阳黑子理论认为是太阳黑子的变化影响了农业生产与整个经济而引起了经济周期性波动。非货币投资过度理论认为是新领土开拓、技术发明或人口增加等所引起的投资过度导致了经济的周期性波动。政治性周期理论则认为政府出于政治目的（如选举等），周期性地制止爬行的通货膨胀或用通货膨胀来消灭失业引起了经济周期。此外，还有用战争、革命、移民、偶然事件等来解释经济周期的。这种理论并不否认经济中内在因素（如投资等）的重要性，但它们强调引起这些因素变动的根本原因在经济体系之外，而且，这些外生因素本身并不受经济因素的影响。

内生经济周期理论在经济体系内寻找经济周期自发地运动的因素。这种理论并不否认外生因素对经济的冲击作用，但它强调经济中这种周期性的波动是经济体系内的因素引起的。因此，每一次繁荣都为下一次萧条创造了条件。这些经济体系内的因素自发地运动就引起了周期性波动。例如，货币理论认为，经济周期是由于银行货币与信用交替地扩大与紧缩所引起的，而这种货币与信用的运动，又是一个经济本身所形成的自发过程。货币投资过度理论认为，是过度的投资引起了繁荣与萧条的交替，而投资过度的根源又在于货币与信用的扩张。心理理论认为，人的乐观或悲观的预期是周期性波动的原因，而引起这种心理预期变动的则是经济因素。消费理论则把经济周期，特别是生产过剩性危机的发生，归因于由于收入分配不平等而造成的消费不足，等等。

在凯恩斯主义出现之前的经济周期理论中，既有外生经济周期理论，也有内生经济周期理论。我们介绍几种重要的理论。

1. 内生经济周期理论

（1）纯货币周期理论

纯货币周期理论是一种用货币因素来解释经济周期的理论。这种理论由英国经济学家 R.霍特里提出，属于内生经济周期理论。

这种理论认为，经济周期是一种纯货币现象。经济中周期性的波动完全是由于银行体系交替地扩大和紧缩信用所造成的。

在发达的资本主义社会，流通工具主要是银行信用。商人运用的资本主要来自银行信用。当银行体系降低利率，扩大信用时，商人就会向银行增加借款，从而增加向生产者的订货。这样就引起生产的扩张和收入的增加，而收入的增加又引起对商品需求的增加和物价上升，经济活动继续扩大，经济进入繁荣阶段。但是，银行扩大信用的能力并不是无限的。当银行体系被迫停止信用扩张，转而紧缩信用时，商人得不到贷款，就减少订货，由此出现生产过剩的危机，经济进入萧条阶段。在萧条时期，资金逐渐回到银行，银行可以通过某些途径来扩大信用，促进经济复苏。根据这一理论，其他非货币因素也会引起局部的萧条，但只有货币因素才能引起普遍的萧条。

许多经济学家认为，货币在现代经济中是非常重要的，货币量的变动（即信用的扩大与缩小）对经济周期也有相当大的影响，但把引起经济周期的唯一原因归结为货币并不符合实际情况。

(2) 投资过度周期理论

投资过度周期理论是一种用生产资料的投资过多来解释经济周期的理论。

这种理论认为，无论是什么原因引起了投资的增加，这种增加都会引起经济繁荣。这种繁荣首先表现在对投资品（即生产资料）需求的增加以及投资品价格的上升上。这就更加刺激了对资本品的投资。资本品的生产过度发展引起了消费品生产的减少，从而形成经济结构的失衡。而资本品生产过多必将引起资本品过剩，于是出现生产过剩危机，经济进入萧条。属于这种观点的经济学家对最初引起投资增加的原因有不同的解释。奥地利经济学家 F.哈耶克和 L.密塞斯等人认为是货币量的增加引起投资增加。他们用货币因素来说明经济结构的失调，以及由此所引起的经济波动，称为货币投资过度理论。这种理论属于内生经济周期理论。瑞典经济学家 C.卡塞尔、威克塞尔，和德国经济学家 A.斯皮托夫等人认为是新发明、新发现、新市场开辟等因素引起了投资增加。他们用非经济因素（技术、领土、人口等）来说明经济结构的失调，以及由此所引起的经济波动，被称为非货币投资过度理论。这种理论属于外生经济周期理论。

(3) 消费不足理论

消费不足理论是一种历史悠久的理论，主要用于解释经济周期中危机阶段的出现以及生产过剩的原因，并没有成为解释经济周期整个过程的理论。这种理论的早期代表人物是英国经济学家马尔萨斯和法国经济学家西斯蒙第，近期代表人物是英国经济学家 J.霍布森。

这种理论认为，经济中出现萧条与危机是因为社会对消费品的需求赶不上消费品的增长，而消费品需求不足又引起对资本品需求不足，进而使整个经济出现生产过剩性危机。消费不足的根源则主要是由于国民收入分配不平等所造成的穷人购买力不足和富人储蓄过度。这种理论属于内生经济周期理论。在现代经济学中，属于左翼的激进政治经济学派和新马克思主义者中仍有人运用并发展了这种理论。

(4) 心理理论

心理理论强调心理预期对经济周期各个阶段形成的决定作用，主要代表人物是英国经济学家庇古和凯恩斯。

这种理论认为，预期对人们的经济行为有决定性的影响，乐观与悲观预期的交替引起了经济周期中繁荣与萧条的交替。当任何一种原因刺激了投资活动并引起其高涨后，人们对未来的预期的乐观程度一般总会超过合理的经济考虑下应有的程度。这就导致过多的投资，形成经济过度繁荣。而当这种过度乐观的情绪所造成的错误被觉察以后，又会变成不合理的过分悲观的预期。由此过度减少投资，引起经济萧条。凯恩斯认为，萧条的产生是由于资本边际效率的突然崩溃，而造成这种崩溃的正是人们对未来的悲观预期。因为这种理论强调了引起人们预期过分悲观或乐观的原因仍然是经济因素，所以，应该属于内生经济周期理论。

预期在经济中的确是十分重要的，现代的理性预期学派也从预期的角度来解释经济周期。但这两者所使用的预期概念并不一样。凯恩斯所强调的是预期的无理性，而理性预期学派强调了预期的合理性。所以，这两种经济周期理论并不一样。

2. 外生经济理论

外生经济理论认为，经济周期源于经济体系之外的因素——太阳黑子、战争、革命、选举、金矿或资源的发现、科学突破或技术创新。

（1）太阳黑子理论

太阳黑子理论用太阳黑子来解释经济周期，由英国经济学家杰文斯父子所提出并加以论证。

这种理论认为，太阳黑子的活动对农业生产影响很大，而农业生产的状况又会影响工业及整个经济。太阳黑子的周期性决定了经济的周期性。具体来说，太阳黑子活动频繁就使农业生产减产，农业的减产影响到工业、商业、工资、购买力、投资等方面，从而引起整个经济萧条。相反，太阳黑子活动的减少则使农业丰收，整个经济繁荣。他们用长期中太阳黑子活动周期与经济周期基本吻合的资料来证明这种理论。这种理论把经济周期的根本原因归结为太阳黑子的活动，是典型的外生经济周期理论。现代经济学家认为，太阳黑子对农业的影响是非常有限的，而农业生产对整个经济的影响更是非常有限的，因此，这种理论难以成立。

（2）创新理论

创新理论是一种用技术创新来解释经济周期的理论，由熊彼特提出，属于外生经济周期理论。

创新是指对生产要素的重新组合，例如，采用新生产技术、新的企业组织形式，开辟新产品、新市场等。这种理论首先用创新来解释繁荣和衰退。这就是，创新提高了生产效率，为创新者带来了盈利，引起其他企业仿效，形成创新浪潮。创新浪潮使银行信用扩大、对资本品的需求增加，引起经济繁荣。随着创新的普及、盈利机会的消失，银行信用紧缩，对资本品的需求减少，这就引起经济衰退。直至另一次创新出现，经济再次繁荣。

但经济周期实际上包括繁荣、衰退、萧条、复苏四个阶段。这种理论用创新引起的“第二次浪潮”来解释这一点。这就是说，在第一次浪潮中，创新引起了对资本品需求的扩大和银行信用的扩张。这就促进了生产资本品的部门扩张，进而又促进了生产消费品的部门扩张，这种扩张引起物价普遍上升，投资机会增加，也出现了投机活动。这就是第二次浪潮，它是第一次浪潮的反应，然而，这两次浪潮有重大的区别，即第二次浪潮中许多投资机会与本部门的创新无关。这样，在第二次浪潮中包含了失误和过度投资行为。这就在衰退之后出现了另一个失衡的阶段——萧条。萧条发生后，第二次浪潮的反应逐渐消除，经济转向复苏。要使经济从复苏进入繁荣还有待于创新的出现。

熊彼特根据这种理论解释了长周期、中周期与短周期。他认为，重大的技术创新（例如，蒸汽机、炼钢、汽车制造等）对经济有长期的影响，这些创新所引起的繁荣时间长，繁荣之后的衰退也长，从而所引起的经济周期就长，形成了长周期，中等创新所引起的经济繁荣及随之而来的衰退则形成中周期。那些属于不很重要的小创新则只能引起短周期。

熊彼特的创新周期理论有自己的特色，至今仍受重视。

（3）政治周期理论

政治周期理论把经济周期性循环的原因归于政府的周期性决策。政治周期的产生有三个基本条件：

① 凯恩斯国内生产总值决定理论为政策制定者提供了刺激经济的工具；

② 选民喜欢高经济增长、低失业以及低通货膨胀的时期；

③ 政治家喜欢连选连任。

大选来临，政治家为拉选票而实行扩张性政策来制造短暂的繁荣，大选过后，领导人将民众的要求放在一边，或从现实出发去收拾残局和处理经济短暂繁荣引起的后遗症。

（二）现代经济周期理论

现代经济周期理论是宏观经济学的一个组成部分，它是用国民收入决定理论来解释经济周期。现代经济周期理论也非常丰富。

1. 现代经济周期理论概况

现代宏观经济学有不同的流派，从而也就有不同的经济周期理论。

凯恩斯主义宏观经济学以国民收入决定理论为中心，所以，就把经济周期理论作为国民收入决定理论的动态化。凯恩斯主义学派的经济周期理论有这样几个特征。

第一，国民收入的水平取决于总需求，因而引起国民收入波动的主要原因仍在于总需求。以总需求分析为中心是凯恩斯主义经济周期理论的特征之一。

第二，在总需求中，消费占的比例相当大，但根据现代经济学家的理论与经验研究，消费在长期中是相当稳定的。消费中的短期变动，尤其是耐用品的消费变动，对经济周期也有影响，但并不是主要原因。政府支出是一种可以人为控制的因素，净出口所占的比例很小。这样，经济周期的原因就在于投资的变动。所以说，凯恩斯主义经济周期理论是以投资分析为中心的，都是要分析投资变动的原因及其对经济周期的影响。

凯恩斯主义的经济周期理论都是由凯恩斯关于国民收入决定的分析出发的，但分析的方法与角度不同，结论也不同。例如，英国经济学家 W.卡尔多从凯恩斯的储蓄—投资关系出发，分析了事前投资、事后投资、事先储蓄和事后储蓄之间的差异如何引起经济周期。美国经济学家 P.萨缪尔森的乘数—加速原理相互作用理论则分析了投资与产量之间的相互关系如何引起周期性波动，等等。

除了凯恩斯主义之外，货币主义与理性预期学派也提出了自己的经济周期理论。货币主义者强调了货币因素的作用，从货币量变动对经济的影响，解释了经济周期。理性预期学派则强调了预期失误是经济周期的原因。此外，激进政治经济学派、新自由主义者等都提出过经济周期理论。

这些经济周期理论之间尽管千差万别，但有两点是相同的。第一，强调了内生因素，即经济因素引起经济周期的关键作用。即使是外生因素给经济带来冲击，这些外生因素也要通过内生因素才能起作用。从这种意义上说，现代经济周期理论是内生经济周期理论。第二，强调了在市场经济中经济周期存在的必然性。

我们可以通过对乘数—加速原理相互作用的介绍来了解现代经济周期理论的这些特点。

2. 乘数—加速原理相互作用理论

乘数—加速原理属于内生经济周期理论。在对经济周期的解释中，凯恩斯主义经济学家把加速原理与乘数论结合起来，用以说明投资的变动对经济周期的影响。加速原理表明，随着收入的变化，投资将按着一定的加速数发生重大的变化；乘数论则表明，一项最初的投资增加量将按照一定的投资乘数使国内生产总值或总产出发生数倍于投资增量的变化。两者结合所发挥的作用，是构成经济向上或向下波动的经济周期的主要原因。

(1) 加速原理

在国民经济中，投资与国民收入是相互影响的。乘数原理说明了投资变动对国民收入变动的影响，而加速原理要说明国民收入变动对投资变动的影响。所以说，加速原理是论证投资取决于国民收入(或产量)变动率的理论。可用下列公式来说明加速原理：

$$I_t = I_o + D = a(Y_t - Y_{t-1}) + D。$$

在上式中，I_t 代表总投资，它分为净投资，即新增加的投资和重置投资，即折旧 D。和净投资 I_o 取决于加速系数 a 和本期收入 Y_t 与上期收入 Y_{t-1} 的差异。加速系数指产量增加一定量所需要增加的净投资量，即净投资量与产量增加量之比，它反映了社会的生产技术水平。例如，如果在一定的生产技术水平之下，增加 100 万元的产量需要增加的净投资为 200 万元，则加速系数为 2。与加速系数相关的另一个概念是资本—产量比率，即生产一单位产量所需要的资本量，或者资本量与产量之比。在技术不变的条件下，加速系数与资本—产量比率的数值是相同的。

为了进一步说明加速原理的含义，我们可以举一个例子，设 $a=2$（资本—产量比率为 2），折旧率为 10%，作出加速原理（见表 13 - 1）。

表 13 - 1　　加速原理

年	产量	资本量	净投资	重置投资	总投资
1	100	200	—	20	20
2	120	240	40	24	64
3	140	280	40	28	68
4	160	320	40	32	72
5	160	320	0	32	32
6	150	300	−20	30	10

根据表 13 - 1，我们可以说明加速原理的基本含义：

第一，投资是产量变动率的函数，而不是产量变动的绝对量的函数。这也就是说，投资的变动取决于产量变动率，而不是产量变动量。

第二，投资的变动大于产量的变动。当产量增加时，投资的增加率大于产量的增长率（在表 13 - 1 中，从第 1 年到第 2 年，产量增加 20%，而总投资增加 220%）。当产量减少时，投资的减少也大于产量减少（在表 13 - 1 中，从第 5 年到第 6 年，产量减少 6.25%，而总投资减少 68.75%），这就是加速的含义。投资的变动大于产量的变动是因为现代生产是一种"迂回生产"，即采用了大量的机器设备，这样，在开始时必然引起大量的投资。同样，在产量减少时，投资也会减少得更多。加速原理所反映的正是这种现代化大生产的特点。

第三，要使投资增长率保持不变，产量就必须维持一定的增长率（在表 13 - 1 中，第 2 年到第 3 年和第 3 年到第 4 年，要使净投资不变，产量的增长率应分别为 17% 和 14%）。如果产量维持原水平，投资一定要下降（在表 13 - 1 中，从第 4 年到第 5 年，产量没变，总投资减少了 56%）。这说明经济发展到一定阶段时，要再实现高增长率就是一件困难的事。

总之，加速原理说明了产量（即国民收入）水平的变动是影响投资水平变动的重要因素。还应该指出两点：其一，影响投资的因素不仅有产量，还有其他，诸如资本家的预期、风险、投资成本、利息率、技术进步，等等。加速原理没有考虑这许多因素，它实际是在假定这些因素不变的条件下，分析产量对投资的影响。其二，加速原理只适用于设备得到充分利用的情况，如果设备没有得到充分利用，则加速原理无法发挥作用。

（2）乘数与加速数交织作用

乘数与加速数两者是相互影响的。乘数原理和加速原理都是说明投资与产量之间的关系和相互变动的连锁反应。只是前者在于说明投资变动对产量变动的影响，后者在于说明产量变动对投资变动的影响。投资乘数表明增加一笔投资使国内生产总值造成数倍于这笔投资的增加，而国内生产总值的增加，按照一定的加速数，又促使投资增加。这种相互作用，推动经济做向上或向下的波动。

乘数与加速数的相互作用对经济周期波动的作用机制过程如下：假定经济处于萧条后的复苏阶段。这时，生产开始回升，投资增加，就业、收入增加，从而刺激该部门的消费需求增加，这又促使生产消费品部门增加投资，增加就业，通过加速过程，又增加对资本品的需求。在各个部门多余的生产能力都充分应用以后，便将整个经济进行大规模的设备投资，增添机器设备，推动整个经济收入增加。收入增加，通过加速过程，进一步刺激投资增加，投资增加，经过乘数作用，又使收入和就业增加。两者相互作用，促进经济走向繁荣。

繁荣后期，乐观转悲观，资本的边际效率突然崩溃，投资锐减，引起国内生产总值以向下的乘数下降。下降的收入，经过加速过程，又使投资(净投资)下降。下降的投资经过乘数效应，使收入和就业减少。经济在走向萧条的过程中，乘数与加速数相互作用，推动经济迅速下滑。

乘数—加速原理相互作用。举例如表 13 - 2 所示。

表 13 - 2 乘数—加速原理

t	G_t	C_t	I_t	Y_t
1	1	0	0	1
2	1	0.5	0.5	2
3	1	1.0	0.5	2.5
4	1	1.25	0	2.5
5	1	1.25	−1.25	2.25
6	1	1.125	−0.125	2
7	1	1.0	−0.125	1.875
8	1	0.937 5	−0.062 5	1.875
9	1	0.937 5	0	1.937 5
10	1	0.968 75	0.031 25	2
11	1	1	0.031 25	2.031 25
12	1	1.015 625	0.015 625	2.031 25
13	1	1.015 625	0	2.015 625
14	1	1.007 812 5	−0.007 812 5	2

表 13 - 2 中资料可以说明的问题：

第一，在经济中，投资、国民生产总值、消费相互影响，相互调节。

第二，具体过程，投资增加，通过乘数效应引起国民生产总值更大的增加，国民生产总值更大的增加，又通过加速效应引起投资更大的增加，经济出现繁荣。

产值达到一定水平后，社会需求与资源的限制无法再增加，由于加速原理的作用使投资减少，投资的减少，又由于乘数的作用，使国民生产总值继续减少。两者共同作用，使经济进入衰退。

第三，政府可以通过干预经济的政策来减轻经济周期的波动。前述 G、V、C 不变，政府通过运用经济政策，改变 G、V、C 这些变量，使经济周期的波动可以减轻，甚至消除。

五、经济周期的熨平

政府经济管理部门主要依靠以下三种方式：

1. 调节投资

经济的周期性波动是在自发投资不变的情况下发生的。如果政府及时变更政府支出或者采用影响私人投资的政策，就可以使经济的变动比较接近政府的意图。

2. 影响加速系数

假定不考虑收益递减的问题，加速系数与资本—产量比率是一致的。政府采取加速系数，就是影响资本—产量比率对提高投资的经济效果。

3. 影响边际消费倾向

通过适当的政策影响人们的消费在收入增量中的比例，从而影响下一期的收入。

第二节　经济增长理论

经济增长是经济发展的必然结果，是宏观经济的目标之一。为了实现经济增长，我们需要深刻认识其源泉，探索其途径，把握其规律。

一、经济增长的含义与特征

（一）什么是经济增长

经济增长是一种长期的经济现象，是指一国国民产出或经济生产能力的持续增加。美国经济学家 S.库兹涅茨提出了一种定义："一个国家的经济增长，可以定义为给居民提供种类日益繁多的经济产品的能力长期提升，这种不断增长的能力是建立在先进技术以及所需要的制度和思想意识之相应的调整的基础上的。"

这一定义包含了三层含义：

第一，经济增长的集中体现与结果为商品和劳务供给总量的不断增加，即国内生产总值的增加。如果考虑到人口的增加与价格的变动，经济增长就是人均国内生产总值的增加。这是经济增长的核心。值得注意的是，经济增长并不等于社会福利的增进或个人幸福的增加，因为国民收入增加虽然是社会福利或个人幸福增进的基础，但在某些情况下，经济增长并不一定能增加社会福利或个人幸福。如两个家庭的孩子都由父母来照看，虽然不会增加国民收入，但能增进社会福利或个人幸福，如果与别人交换照看孩子或是请保姆照看孩子，虽然能增加国民收入，但不会增进社会福利或个人幸福。

第二，技术进步是实现经济增长的必要条件。在影响经济增长的各种因素中，技术进步是最关键的，没有技术进步就没有现代经济增长。可以说，一部经济增长的历史就是一部技术进步的历史。

第三，经济增长的充分条件是制度与意识的相应调整。技术进步仅为经济增长提供了一种潜在的可能性，要使这种可能性变成现实，就必须有社会制度与意识形态的相应调整，才能使技术得到运用，才能有效地正确使用人类的创新，从而促进经济增长，否则就会阻碍技术进步，阻碍经济增长。

(二) 经济增长的基本特征

库兹涅茨根据美国、英国、法国等14个国家近百年的经济增长统计分析,总结出现代经济增长有六个基本特征:

(1) 人均GDP和人口加速增长的趋势。这一个特征在经济增长过程中是十分明显的。

(2) 技术进步使生产率不断提高。这里的生产率提高包括所有投入生产要素的产出率提高,例如,劳动生产率和其他要素生产率的迅速提高,也包括由于技术进步所引起的生产效率的提高。这也是在产量高增长率和人口增长迅速情况下人均产量高增长率的原因。

(3) 经济结构的迅速变革。这包括从农业转移到非农业以及从工业转移到服务业、生产单位生产规模的变化、劳动力职业状况变化、消费结构变化等。

(4) 社会结构与意识的迅速改变。例如,城市化以及教育与宗教的分离就是这个社会现代化的一个组成部分,也是经济增长的必然结果。再如,随着我国经济体制改革的逐步推进,人们的价值观、金钱观、就业观有很大转变,自主创业的观念也开始为人们所接受。

(5) 经济增长成为世界范围内各国共同追求的目标且迅速扩大。"千条理,万条理,发展才是硬道理"已成为各国政府的共识,各国政府都在努力使经济总量增加。

(6) 世界范围内经济增长呈现出不平衡性。从目前看,还有占世界3/4的国家是落后的,有的国家经济成就远远低于现代技术的潜力可能达到的最低水平。

这六个特征中,前两个数量特征属于总和的比率,中间两个属于结构的转变,后两个属于国际扩散,六个特征是密切相关的。

二、经济增长的源泉

不同的经济增长率能够造成经济发展水平的巨大差异,那么到底是什么促成了经济增长?为什么不同国家的经济增长率会不一样?为了解释这些问题,我们需要探讨经济增长的源泉。

虽然发展途径各不相同,但所有曾经快速发展的国家都有一些共同点。经济增长和经济发展的基本机制都是一样的,当初这成就了英国和日本,如今开始适用于中国和印度这样的发展中国家。事实上,研究经济增长的经济学家已经发现,无论是富国还是穷国,经济增长的发动机必须安装在相同的四个轮子上。这四个轮子,也就是经济增长的四个要素,分别是自然资源、人力资源、资本资源和技术进步状况。

(1) 自然资源。主要包括耕地、石油、天然气、森林、水力和矿产资源等。许多国家凭借其丰富的资源跻身于高收入国家之列,但自然资源的拥有量并不是经济发展取得成功的必要条件,比如对几乎没有自然资源的日本而言,通过大力发展劳动密集型产业和资本密集型产业,同样获得了经济发展。

(2) 人力资源。劳动力投入包括劳动力数量和劳动力的技术水平。很多经济学家认为,劳动力在接受教育和培训的过程中,积累了专门的知识、经验和技能,这样形成的人力资本可以极大地提高劳动生产率,人力资源是一国经济增长的最重要的因素。

(3) 资本资源。资本资源包括物质资本投资、基础设施建设、金融资本源等。资本资源对于经济增长至关重要,经济快速增长的国家一般都在新资本品上大量投资,在大多数经济高速发展的国家,10%～20%的产出都用于净资本的形成。此外,为新兴的私人投资部门提供基础设施的社会基础投资也在经济增长中发挥了重要的保障作用。

(4) 技术进步。除了上述三个传统因素以外,经济增长还有赖于第四个重要因素,即技术进步。历史上,增长从来不是一个简单复制的过程,使一国生产潜力获得巨大提高往往是发明和技术创新的涓涓细流。

三、经济增长模型

研究经济增长，除了分析影响经济增长的各种因素外，还应重点研究这样三个问题：(1) 在长期中是否存在一种稳定状态的增长？(2) 实现均衡稳定增长的条件是什么？(3) 这种均衡增长是否具有稳定性？这就需要建立经济增长模型，探索经济长期增长的途径。

经济增长模型是经济增长理论的概括表述，表明经济增长和有关变量之间的关系或规律。西方经济学以哈罗德—多马的研究为基础，形成了众多的经济增长模型。下面主要介绍哈罗德—多马经济增长模型、新古典经济增长模型和新剑桥经济增长模型。

(一) 哈罗德—多马经济增长模型

英国经济学家哈罗德在《关于动态理论的一篇论文》(1939)和《走向动态经济学》(1948)中将凯恩斯的短期宏观经济分析动态化、长期化，几乎与此同时，美国经济学家多马在《资本扩张、增长率和就业》(1946)和《扩张和就业》(1947)中独立地提出了与哈罗德经济增长模型相似的经济增长模型，因此将这两个模型合称为哈罗德—多马模型。哈罗德—多马模型奠定了现代经济增长理论的基本框架，也标志着经济增长理论研究在主流经济学中的复兴。

1. 哈罗德—多马模型的基本假设

哈罗德—多马模型是以一系列假设条件为前提的，这些假设条件有：

(1) 全社会只生产一种产品，这种产品既可以作为消费品，也可作为资本品。

(2) 储蓄 S 是国民收入 Y 的函数，即 $S=sY$(s 代表这个社会的储蓄比例，即储蓄在国民收入中所占的份额。)

(3) 生产过程中只使用两种生产要素，即劳动力 L 和资本 K。这两种生产要素之间相互不能替代，每单位产量所需要的生产要素保持不变。

(4) 不存在技术进步，也不存在资本折旧问题。

(5) 劳动力按照一个固定不变的比率增长。

(6) 生产规模报酬不变，即生产任何一单位产品所需要的资本和劳动的数量都是固定不变的。

(7) 不存在货币部门，且价格水平不变。

2. 哈罗德—多马模型的基本公式

哈罗德—多马模型的基本方程为：$G=\frac{\Delta Y}{Y}=\frac{s}{v}$

式中，G 表示国民收入增长率 $\Delta Y/Y$(即经济增长率)，s 表示储蓄率 S/Y，v 表示边际资本—产量比率 $\Delta K/\Delta Y$(假定边际资本—产量比率等于资本—产量比率 K/Y)，且 $v=I/\Delta Y$。根据这一模型的假设，资本与劳动的配合比例是不变的，从而资本与产量的比率也是不变的，这样经济增长率就取决于储蓄率。也就是说，在资本—产量比率 v 不变的条件下，储蓄率高，则经济增长率高；储蓄率低，则经济增长率低。可见，这一模型强调的是资本增加对经济增长所起的作用，分析的是资本增加与经济增长之间的关系。

3. 经济长期稳定增长的条件

哈罗德—多马模型还用实际增长率(G_A)、有保证的增长率(G_W)和自然增长率(G_N)来分析经济长期稳定增长的条件和波动的原因。

(1) 实际增长率 G_A

指在一定储蓄比例之下由资本的实际变化量与国民收入的实际变化量的比率 v 导出的国民收入增长率,即 $G_A=s/v$。

(2) 有保证的增长率 G_W

式中,s_d 为合意的储蓄率(假设既定),v_r 为企业家意愿中所需要的资本—产量比率。所谓"有保证的增长率"是指与企业家意愿中所需求的资本—产量比率 v_r 相适应的国民收入增长率,即指能满足投资等于储蓄的稳定的增长率。其公式为:

$$G_W=\frac{s_d}{v_r}$$

这一公式表明,当既定的合意储蓄率(符合居民意愿储蓄需求)和合意资本—产量比率(符合企业家意愿投资需求)所决定的增长率是有保证的增长率时,经济可以实现稳定的增长。在此增长率下,企业家预期的投资需求恰好等于本期的储蓄供给。

(3) 自然增长率 G_N

动态分析中实现充分就业条件下均衡增长的要求为:

$$G_A=G_W=\frac{s}{v}=\frac{s_d}{v_r}=n=G_N$$

式中,G_A 是由有效需求决定的实际增长率,G_W 是 s_d 除以 v_r 所得的有保证的增长率,n 是一国的人口增长率,G_N 是指人口增加和技术进步所容许的增长率,即自然增长率。

(4) 均衡增长路径的存在性问题和稳定性问题

哈罗德—多马模型需要解决这两个问题:第一个问题是经济沿着均衡途径增长的可能性是否存在,或者就具体的经济活动来说,是否存在一条均衡增长途径。这个问题又被称为"存在性问题"。第二个问题是,经济活动一旦偏离了均衡增长途径,其本身是否能够自动地趋向于均衡增长途径,这个问题又被称为"稳定性问题"。

① 存在性问题

哈罗德认为,实现充分就业均衡增长的可能性是存在的。但由于储蓄比例,实际资本—产量比和劳动力增长率分别是由各不相同的若干因素独立地决定的,因此,除非偶然的巧合,这种充分就业的均衡增长是不会出现的。于是,哈罗德认为,虽然 $G_N=G_A=G_W$ 这种理想的充分就业均衡增长途径是存在的,但是,一般来说,实现充分就业均衡增长的可能性是极小的,也就是说,在一般情况下,经济很难按照均衡增长途径增长。

② 稳定性问题

哈罗德的"不稳定原理":根据达到均衡增长要求的公式变形 $G_Av=G_Wv_r=s$,经济活动一旦偏离了均衡增长途径,即实际增长率与有保证的增长率之间一旦发生了偏差,经济活动不仅不能自我纠正,而且还会产生更大的偏离。

具体分析过程如下:如果 G_A 大于(或小于)G_W,那么 v 就会小于(或大于)v_r,企业的固定资产和存货就会少于(或多于)企业家所需要的数量,进而促进企业家增加(或减少)订货,增加(或减少)投资,从而使实际产量水平进一步提高(或降低),最终使实际增长率 G_A 与有保证的增长率 G_W 之间出现更大的缺口,经济发展不是连续上升,就是连续下降,呈现出剧烈波动的状态。

（二）新古典经济增长模型

新古典经济增长模型是由美国经济学家 R.索洛等人在批判哈罗德—多马模型的基础上提出来的。他们认为：哈罗德—多马模型假定资本与劳动比例固定，资本—产出比率不变，在一定的储蓄率条件下，经济增长率职能有唯一值，条件苛刻，难以实现均衡增长。他们吸收了新古典学派的一些基本原理，即假定劳动力和资本可相互替代，配合比例可变，在此条件下分别提出了自己的增长模型。由于该模型反映了微观经济学的某些特征，于是称为新古典经济增长模型。

1. 新古典经济增长模型的基本假设

(1) 全社会只生产一种产品，既可做消费之用，又可做投资之用。

(2) 生产中只有两种生产要素：资本与劳动。而且这两种要素可以相互替代，故劳动和资本的配合比例是可变的，即资本—产出比率是可变因素，这与哈罗德—多马模型有重要区别。

(3) 劳动和资本的收益取决于各自的边际生产力，而且对每一个生产函数来说，规模报酬不变。

(4) 经济在完全竞争条件下运行，由于要素和商品价格灵活变动，资本和劳动得以充分利用。

2. 新古典经济增长模型的基本公式

新古典经济增长模型认为，经济增长率取决于准资本、劳动和技术知识增长的速率，用公式表示为：

$$G=a(\Delta K/K)+b(\Delta L/L)+\Delta A/A$$

式中 $\Delta K/K$ 代表资本增加率；$\Delta L/L$ 代表劳动增加率；$\Delta A/A$ 代表技术进步率；a 代表经济增长中资本所做的贡献比例；b 代表经济增长中劳动所做的贡献比例；a 与 b 之比就是资本—劳动比率。

这一模型的含义是：

(1) 决定经济增长的因素是资本、劳动的增加和技术进步。

(2) 资本—劳动比率是可变的，从而资本—产量的比率也是可变的。这就是哈罗德—多马模型的重要修正。

(3) 资本—劳动比率的改变是通过价格的调节来进行的。如果资本量大于劳动量，则资本的相对价格下降，劳动的相对价格上升，从而就使生产中较多地利用资本，较少地利用劳动，通过资本密集型技术来实现经济增长。反之，如果资本量小于劳动量，则资本的相对价格上升，劳动的相对价格下降，从而使生产中较多地利用劳动，较少地利用资本，通过劳动密集型技术来实现经济增长。这样，通过价格的调节，资本与劳动都得到充分利用，经济得以稳定增长。因为这一模型强调了价格对资本—劳动比率的调节作用，与新古典经济学的观点相似，所以被称为新古典模型。

3. 经济长期稳定增长的条件

新古典模型从资本—产量比率的角度探讨了经济长期稳定增长的条件。这一模型认为，在长期中实现均衡的条件是储蓄全部转化为投资。如果储蓄倾向不变，劳动增长率不变，则长期稳定增长的条件就是经济增长率与资本存量增长率必须相等，即 $\Delta Y/Y=\Delta K/K$。如果 $\Delta Y/Y>\Delta K/K$，这就意味着收入的增长快于资本存量的增长，从而资本生产率提高，就会刺激厂商用资本代替劳动。使用的资本量的增加使资本边际生产率下降，资本价格上升，最终又会使厂商减少资本的使用量，最后达到 $\Delta Y/Y=\Delta K/K$。所以，通过市场调节，会使经济在长期中保持 $\Delta Y/Y=\Delta K/K$，从而实现经济的稳定增长。

（三）新剑桥经济增长模型

新剑桥经济增长模型也是建立在哈罗德—多马模型基础上的一种经济增长理论，但它和新古典经济增长模型不同，强调通过调整储蓄率来实现充分就业和均衡的经济增长。它是由剑桥大学经济学家罗宾逊和卡尔多以及意大利经济学家帕西内蒂提出的，为与旧的剑桥学派相区分，故称为新剑桥经济增长模型。

1. 新剑桥经济增长模型的基本假设

(1) 资本—产量比率保持不变，即常数。

(2) 社会成员分为工资收入者（工人）和利润收入者（资本家），两者的储蓄率都是固定的。

(3) 利润收入者的储蓄率大于工资收入者的储蓄率。

2. 新剑桥经济增长模型的建立

新剑桥经济增长模型的基本公式为：

$$G=S/C=[(P/Y)S_p+(W/Y)\ S_w]/C$$

在上式中，C 是资本—产出比率，P/Y 是利润在国民收入中所占的比例，W/Y 是工资在国民收入中所占的比例（国民收入分为利润和工资两部分，$P/Y+W/Y=1$），S_p 是利润收入者的储蓄倾向（即储蓄在利润中所占的比例），S_w 是工资收入者的储蓄倾向（即储蓄在工资中所占的比例）。根据假设，利润收入者的储蓄倾向大于工资收入者的储蓄倾向，即 $S_p>S_w$，且 S_p 与 S_w 是既定的。

3. 经济长期稳定增长的条件

新经济增长模型的含义是：充分就业的均衡增长率由利润率高低和利润收入者、工资收入者的储蓄率大小决定。在 S_p 与 S_w 既定的情况下，储蓄率的大小取决于国民收入分配的状况，即利润与工资在国民收入中所占的比例。模型假定 $S_p>S_w$，利润在国民收入中所占比例越大，则储蓄率越高；相反，工资在国民收入中所占比例越大，则储蓄率越低。这个模型把哈罗德—多马模型中的储蓄因素具体化，从更深层次上分析决定储蓄的各种因素，并试图通过调节这些因素，改变社会的储蓄倾向，实现长期充分就业的稳定增长。它强调了储蓄率变动对实现理想增长的决定作用。

按照新剑桥经济增长模型，提高经济增长率，必然使利润收入者的收入比例提高，而工资收入转让的收入比例降低。因此，其经济增长是以加剧收入分配的不平等为前提的。经济增长的结果也必然加剧收入分配的不平等。这就是新剑桥经济增长模型的重要结论。

本章小结

1. 经济周期又称商业循环，是指经济活动沿着经济发展的总体趋势所表现的有规律的扩张和收缩交替反复出现的过程。一个经济周期有收缩和扩张两个部分，且前者常短于后者，三种振幅：收敛性、发散性和稳定性，四个阶段：繁荣、衰退、萧条和复苏。繁荣和萧条是两个主要阶段，衰退和复苏是两个过渡阶段。

2. 经济学家们把经济周期划分为朱格拉周期、基钦周期、康德拉季耶夫周期、熊彼特周期和库兹涅茨周期。

3. 乘数—加速原理相互作用理论认为，经济周期是由于投资与国内生产总值相互作用而产生的。外生经济周期理论认为经济周期产生于外部冲击。

4. 经济增长是一种长期的经济现象，是指一国国民产出或经济生产能力的持续增加。衡量经济增长的指标通常有实际国民生产总值和人均国民生产总值。

5. 现代经济增长有六个基本特征：人均 GDP 和人口加速增长的趋势、技术进步使生产率不断提高、世界范围内经济增长呈现出不平衡性、社会结构与意识的迅速改变、经济增长成为世界范围内各国共同追求的目标且迅速扩大、经济结构的迅速变革。

6. 经济增长的四个要素，分别是自然资源、人力资源、资本资源和技术进步状况。经济增长模型是经济增长理论的概括表述，表明经济增长和有关变量之间的关系或规律。

7. 形成了众多的经济增长模型。包括哈罗德—多马经济增长模型、新古典经济增长模型和新剑桥经济增长模型。

8. 西方经济学以哈罗德—多马的研究为基础，哈罗德模型的基本公式：$G=\frac{\Delta Y}{Y}=\frac{s}{v}$，长期中实现经济稳定增长的条件是实际增长率、有保证增长率与自然增长率相一致。

9. 新古典模型认为，一国的经济增长主要取决于资本、劳动和技术进步三个因素，其基本模型：$G=a(\Delta K/K)+b(\Delta L/L)+\Delta A/A$。

10. 新剑桥模型强调国民收入分配对经济增长的影响，其基本模型：$G=S/C=[(P/Y)S_p+(W/Y)S_w]/C$。

案例分析

改革开放前后经济周期波动特征比较

根据“波谷—波谷”这一经济周期划分的常用标准，新中国成立以来，从 1953 年起开始大规模的工业化建设至今，经济增长率的波动共经历了 10 个周期。而改革开放前后经济波动的周期性特征更有比较意义。

1. 改革开放前经济周期波动特征

第一，改革开放前，我国的经济周期属于古典型经济周期，在经济周期的下降阶段出现负增长，导致经济增长率正负交替。第二，波动的强度和深度较大。改革开放前经济经历了 5 个周期。在 5 个周期中有 3 次经历了“大起大落”，每次“大起”经济增长率都在 20% 左右，每次“大落”经济增长率都很低，有两次甚至出现了负增长。第三，波动的幅度较高。增长速度的谷峰落差相当大，5 个周期峰谷落差均超过 10 个百分点，均值为 21.3 个百分点，第 2 个周期甚至达到了 48.6 个百分点，波动标准差也达到 10.71 个百分点。

2. 改革开放后经济周期波动特征

第一，波动的峰位理性下降。每个周期经济增长率的高峰从改革开放前的 20% 左右，回落到 20 世纪 80 年代的 15% 左右，20 世纪 90 年代和 21 世纪初的 14% 左右，5 个周期峰位均值为 13.4%，比改革开放前 5 个周期回落 3.3 个百分点。第二，波动的谷位显著提高。每个周期经济增长率的低谷在改革开放前几个周期经常为负增长，而改革开放之后，每次经济调整时，经济增长率的低谷均为正增长，5 个周期的均值为 6.7%，比改革开放前 5 个周期提高 11.6

个百分点。第三,波动的幅度趋于缩小。每个周期经济增长率的峰谷落差由改革开放前的最大值 48.6 个百分点,降至改革开放后的最大值 7.8 个百分点,改革开放后 5 个周期波幅均值为 6.5%,比改革开放前回落 14.9 个百分点,第 10 个周期,峰谷落差仅为 5.1 个百分点,这期间的波动标准差仅为 2.76 个百分点,经济波动性下降 74.2%。第四,波动的持续时间明显延长。第 9 个经济周期持续了 11 年,当前处于第 10 个周期波动中,已经持续了 9 年,扩展为一种中周期。

3. 最近一轮经济周期波动的新态势

2002 年,经济增长率回升到 9.1%,开始进入了新一轮经济周期,2003～2007 年连续五年经济增长率保持在 10%以上。2007 年为本轮经济周期的高点,GDP 增长率达到 14.2%,2002 年为本轮经济周期的低点,GDP 增长率为 9.1%,最近一轮经济周期出现了新的波动态势。

资料来源:搜狐资讯,张前荣,《改革开放前后经济周期波动特征比较》,http://roll.sohu.com/20110901/n317964824.shtml。

1. 从 1953 年到现在,我国经济增长率的波动共经历了(　　)个周期。

A. 7　　B. 8　　C. 9　　D. 10

2. 经济周期不可避免,一般来说波幅(　　)。

A. 大起大落好　　B. 波幅大好　　C. 波幅小好　　D. 都不对

3. 改革开放后经济周期波动的幅度与改革开放前相比,(　　)。

A. 大　　B. 小　　C. 相等　　D. 不确定

4. 我国最近的经济周期是一个(　　)周期。

A. 长　　B. 短　　C. 中　　D. 基钦

5. 经济周期划分的常用标准是(　　)。

A. 波峰到波峰　　B. 波峰到波谷　　C. 波谷到波谷　　D. 波谷到波峰

职业技能训练

◇重要概念

1. 经济增长　　2. 经济周期　　3. 扩张　　4. 衰退　　5. 加速数

◇判断题

1. 新古典增长模型中,均衡点是指实际增长率等于有保证的增长率,等于自然增长率。(　　)

2. 经济增长从谷底水平扩张到顶点水平称为繁荣阶段。(　　)

3. 经济增长从谷顶水平收缩到谷底水平称为萧条阶段。(　　)

4. 扩张阶段的主要特征是投资减少、产品积压。(　　)

5. 衰退阶段的主要特征是消费者的购买下降,企业的利润下降。(　　)

6. 英国经济学家杰文斯的太阳黑子周期学说认为太阳黑子周期性爆发导致气候变化,使得农业出现丰歉之年,从而使得经济相应地出现繁荣与萧条的波动。(　　)

7. 乘数—加速数模型认为，经济中假定政府支出为一固定量时，靠经济本身的力量自行调节，就会自发形成经济周期。（　　）

8. 哈罗德—多马模型认为经济活动自身可以自动趋向于均衡增长途径。（　　）

9. 新古典增长模型假设劳动和资本是可以相互替代的。（　　）

10. 消费不足论是凯恩斯的经济周期理论。（　　）

◇**单项选择题**

1. 朱格拉周期是一种(　　)。

A. 短周期　B. 中周期　C. 长周期　D. 不能确定

2. 根据经济统计资料，经济周期性波动最大的一般是(　　)。

A. 资本品的生产　B. 农产品的生产

C. 日用消费品的生产　D. 没有一定的规律

3. 加速原理断言(　　)。

A. GNP 的增加导致投资数倍增加　B. GNP 的增加导致投资数倍减少

C. 投资的增加导致 GNP 数倍增加　D. 投资的增加导致 GNP 数倍减少

4. 经济之所以会发生周期性波动，是因为(　　)。

A. 乘数作用　B. 加速数作用

C. 乘数和加速数的交织作用　D. 外部经济因素的变动

5. 当国民收入在乘数和加速数的作用下趋于扩张时，其增加将因下列(　　)因素而放慢。

A. 加速系数下降　B. 边际消费倾向提高

C. 失业的存在　D. 充分就业

6. 当国民收入在乘数和加速数的作用下趋于下降时，其减少将受下列(　　)因素而放慢。

A. 失业增加　B. 边际消费倾向下降

C. 加速系数上升　D. 总投资降为零

7. GDP 是衡量经济增长的一个极好指标，是因为(　　)。

A. GDP 以货币表示，易于比较

B. GDP 的增长总是意味着已发生的实际经济增长

C. GDP 的值不仅可以反映一国的经济实力，还可以反映一国的经济福利程度

D. 以上说法都对

8. 在一个达到均衡增长的经济中(　　)。

A. 没有资本品的生产　B. 净投资不可能为零

C. 净投资超过总投资　D. 重置投资超过总投资

9. 下列各项中(　　)属于生产要素供给的增长。

A. 劳动者教育年限的增加　B. 实行劳动专业化

C. 规模经济　D. 电子计算机术的迅速应用

10. 如果国民收入在某个时期内保持稳定，则净投资很可能(　　)。

A. 为零　B. 持续增加　C. 持续下降　D. 不稳定

◇填空题

1. 每一个经济周期都要经历(　　　)、(　　　)、(　　　)、(　　　)四个阶段。

2. 在哈罗德—多马模型中,经济增长率等于储蓄率与(　　　)之比。

3. 新古典模型的公式是(　　　)。

4. 朱格拉周期大约是(　　　)年。

5. 当合意的资本—产出比率大于实际的资本—产出比率时,厂商将(　　　)投资。

6. 根据哈罗德的分析,如果有保证的增长率 G_w 大于自然增长率 G_n,经济将长期(　　　)。

7. 在乘数加速数模型中,如果国民收入在某时期增加,但增长率趋于下降,则说明其净投资持续(　　　)。

8. 经济周期的外部因素论主要有(　　　)、(　　　)、(　　　)等。

9. 新剑桥模型的基本公式是(　　　)。

10. 新剑桥模型的结论是,经济增长是以(　　　)为前提的,经济增长的结果是(　　　)。

◇简答题

1. 简述政府可以如何采取措施对经济波动实行控制。

2. 经济波动为什么会有上限和下限的界限?

3. 均衡增长率、实际增长率和自然增长率的含义是什么?三者不相等的社会经济将出现什么情况?

◇计算题

1. 假定人均资本以2%的速度增长,再假定资本的收入份额为35%,技术进步速度为1.1%。试求人均产量增长速度。

2. 已知资本—产量比率为4,假设某国某年的国民收入为1 000亿美元,消费为800亿美元。按照哈罗德—多马增长模型,要使该年的储蓄全部转化为投资,第二年的增长率应该为多少?

第十四章

宏观经济政策

学习目标

了解财政政策的概念,财政政策的目标及财政政策、货币政策的局限性。掌握宏观经济政策的自动稳定器的内容及作用,货币主义的货币政策。重点掌握财政政策、货币政策的内容,在不同情况下财政政策和货币政策的运用,财政政策与货币政策的配合,进行简单的宏观经济分析。

导入案例

牛奶为什么倒入下水道

2010 年 3 月 5 日上午,西南乳业老大——成都市华西乳业公司重现中学政治经济学课本中提及的 20 世纪 30 年代美国经济萧条时的一幕:工人把成吨的鲜牛奶倒入下水道,以避免巨额的损失。很快,和其有合同关系的奶牛养殖户也不得不把部分牛奶倒入下水道。而 2011 年春节前后,南京多家遭奶站拒收的奶农就已经开始倒掉多余的牛奶了。市场经济发展到今天,中国人也逐步对这样的事情不太吃惊了,不会像过去一样问出“弱势群体还买不起牛奶,你们却把它倒掉,怎么可以?”这样对市场经济完全陌生的问题了。

牛奶为什么要倒掉?其实原因很简单:因为养奶牛毕竟不是做服装,对市场感应并不会太灵敏。4 年前,成都地区乳业发展看好,所以很多企业(在政府的鼓励下)纷纷投资乳业,奶源偏紧,曾经出现鲜奶短缺。市场调节(加上政府鼓励)的结果是,奶牛养殖户增加,仁青、新都等地不少农民开始养奶牛。现在,大大小小奶牛饲养户加起来,1 天的产奶量便达 1 000 吨。其中,80 吨鲜奶潮水般涌进了四川乳业三强之一的华西乳业有限公司。4 年后的今天,在大大小小各家乳业公司的参与下,市场这个蛋糕在目前的技术水平已经被挖到极致,换句话说,市场根本就没有消化这么多牛奶的能力。反映在华西乳业公司,只能按照每天处理 60 吨鲜奶的规模运作,中间整整差了20吨。这20吨怎么处理是很容易想到的。一方面,和奶农订的合同是长期合同,不能随便毁约,否则就会丧失奶源,无论是降价收购还是拒绝收购都会断掉未来的业务联系。在如今乳业诸强以规模优势争夺市场和资源的时候,如此做法,就是把自己的货源拱手送出。另一方面,增加生长能力,卖出更多的牛奶只会加剧市场供应量,导致价格整体下滑,最后的损失不是倒掉这些牛奶能比拟的。即便倒了部分牛奶,市场也有了反应,300毫升的华西奶售价已从春节前的2.3元骤降至1.5元;每件华西奶也由50多元降至39元,比可乐、中档纯净水还要便宜。

虽然在消费能力尚弱的当今中国,出现这样季节性和地区性的生产过剩是一件比较正常的事情,但从中也能反映出当地政府在产业政策上有所失误。地方政府特别是农村,政府部门过分干预农民投资和养殖决定,为了"增加农民收入",通过行政命令,强行调整农业产业结构,出台鼓励措施发展养殖业,奶源快速增长。如某市政府对每头牛补贴3 000元、每建一个挤奶站补贴30万元,使今年该地区奶牛存栏迅速突破10万头。

另一方面,地方政府部门过分干预企业运作,特别是干预国企的运作,在市场、资金、管理尚不能达到要求的时候,往往以迎接WTO的名义,鼓励企业做大规模。然而让此类没有根基的大集团强行"入世",是否能抵抗市场风险和外省外地外国公司抵抗呢?其前景令人担忧。

美国20世纪30年代的大萧条是由于缺乏政府宏观调控,无政府经营的恶果。那么,中国造成倾倒牛奶这一现象是不是政府管得太多了呢?

资料来源:中华文本库,http://www.chinadmd.com/file/uuxocswatpc333asocuawopr_1.html,2015年1月15日下载。

第一节 宏观经济政策目标

经济政策是指国家或政府为了增进社会经济福利而制定的解决经济问题的指导原则和措施,它是政府为了达到一定目的在经济事务中有意识的活动。任何一项经济政策的制定都以一定的经济目标为指针,以一定的理论为指导,以某些工具为手段。

一般来说,政府制定宏观经济政策追求的目标主要有4个:充分就业、价格稳定、经济增长和国际收支平衡。在每一个特定时期,政府的政策目标有所侧重,但也要顾及总体目标的实现。宏观经济政策则是围绕着特定目标制定的一系列政策措施。

一、经济增长

经济增长是指一定时期内经济的持续均衡增长,即在一个时期内经济社会所生产的人均产量或者人均收入的增长。通常用一定时期内实际国内生产总值年均增长率来衡量。经济增长往往与就业相互联系。通常认为,经济增长与就业目标是相互一致的。

关于经济增长,实际上存在两个互相联系、不可或缺的内容:一是促使经济基础快速增长,二是保持宏观经济增长的可持续性。前者考虑需要,后者考虑可能。

二、充分就业

充分就业是指包含劳动在内的一切生产要素都能以愿意接受的价格参与生产活动的状

态。但由于测量各种经济资源参与经济活动的程度非常困难，因此西方经济学家通常以劳动的就业和失业状况作为衡量充分就业的尺度。

充分就业不是指所有劳动者都能就业的状态，在充分就业状态下可能存在失业。首先，年龄在 16 周岁以上的人口中包括就业者、失业者和不属于劳动力的人。就业者是指有职业的人；没有职业但在寻找职业的人是失业者；没有职业而不寻找职业的人不属于劳动力，其中包括退休（比如 65 周岁以上）的老年人、丧失劳动能力的人和有劳动能力但丧失寻找工作信心的人。就业者与失业者构成了劳动力。失业人数在劳动力总数中所占的比重就是失业率。

有就业意愿但正在寻找工作的人就处于失业状态。按照西方统计，失业一般分为 4 类：季节性失业、摩擦性失业、结构性失业和周期性失业。季节性失业是指随着季节变换而出现的失业；摩擦性失业是指正处于从一个工作到另一个工作过渡之中的劳动力；结构性失业是指由于劳动力供求结构变动所产生的失业；周期性失业则是指由于劳动力需求下降而导致的失业。通常认为，前三种失业是短期、局部性失业，而政府关心的是周期性失业。因此，政府的宏观经济政策的充分就业目标也就是围绕着降低周期性失业来制订的。

根据上述分析，充分就业目标并不意味着百分之百就业，并不排除像季节性、摩擦性、结构性等方面的失业。大多数西方经济学家认为存在 4%～6%的失业率是正常的，此时社会经济处于充分就业状态。

三、物价稳定

作为政策目标所说的物价稳定是指价格总水平在一定时期内保持稳定。物价总水平持续上涨称为通货膨胀，价格总水平持续下降称为通货紧缩。无论是通货膨胀还是通货紧缩都会扰乱价格体系，扭曲资源配置，导致分配秩序和经济秩序的混乱，引起人们生活水平的下降，进而破坏社会的稳定，阻碍经济的正常发展。因此，物价稳定是一国的经济生活和社会生活得以持续稳定发展的必要保证。

四、国际收支平衡

国际收支是指一个国家在一定时期内与其他国家经济往来的全部货币收支状况。国际收支不平衡有两种状况：一是收入大于支出，表现为国际收支顺差；二是支出大于收入，表现为国际收支逆差。国际收支平衡是指收入与支出相等或收入略大于支出。随着世界经济的一体化，一国与他国的经济往来日益广泛，国内外两个市场的联系越来越密切。因此，保持国际收支平衡成为一国经济稳定发展的重要条件。一国的国际收支处于失衡状态，必然对其国内经济形成冲击，影响国内经济增长、就业状况和价格水平，同时也会通过国际传导机制对他国经济造成一定程度的冲击。

这四个经济目标之间是存在矛盾的。充分就业和物价稳定是矛盾的。因为要实现充分就业，就必须运用扩张性财政政策和货币政策，而这些政策又会由于财政赤字的增加和货币供应量的增加而引起通货膨胀。充分就业与经济增长有一致的一面，也有矛盾的一面。这就是说，经济增长一方面会提供更多的就业机会，有利于充分就业；另一方面经济增长中的技术进步又会引起资本对劳动的替代，相对地缩小了对劳动的需求，使部分工人，尤其是文化技术水平低的工人失业。充分就业与国际收支平衡之间也有矛盾。因为充分就业的实现引起国民收入增加，而在边际进口倾向既定的情况下，国民收入增加必然引起进口增加，从而使国际收支状况恶化。此外，在物价稳定与经济增长之间也存在矛盾。因为经济增长过程中，通货膨胀是难以避免的。

宏观经济政策目标的矛盾，就要求政策制定者或者确定重点政策目标，或者对这些政策目标进行协调。政策制定者在确定宏观经济政策目标时，既要受自己对各项政策目标重要程度的理解，考虑国内外各种政治因素，又要受社会可接受程度的制约。不同流派的经济学家，对政策目标表现不同的理解。例如，凯恩斯主义经济学家比较重视充分就业与经济增长，而货币主义经济学家则比较重视物价稳定。这些对政策目标的确定都有相当的影响。从第二次世界大战以后美国的实际情况来看，不同时期也有不同的政策目标偏重，例如在20世纪50年代政策目标是兼顾充分就业与物价稳定，在60年代政策目标是充分就业与经济增长，在70年代后则强调物价稳定和四个目标的兼顾。

第二节　财政政策

财政政策是政府干预经济运行的必要手段之一。财政政策是指为促进充分就业、减轻经济波动、防止通货膨胀而对政府支出、税收和借债等进行的调节，或对政府收入和支出所作的决策。

一、财政政策的内容

财政政策主要由财政收入、财政支出、公债、预算等政策组成。因此，政府在财政领域对宏观经济的调控，主要体现在税收、公债、政府购买、转移支付等工具的运用上。

（一）财政收入政策

财政收入政策主要是指税收政策。税收是政府收入的主要组成部分，在国民生产总值中占相当大的比重。在现代社会中税收已不仅仅是维持政府职能的手段，而且已成为政府财政政策的有力手段。税收政策的改变将对居民的收入和消费，企业的投资、生产和销售产生重大影响。一般来说，政府降低税率、减少税收会导致居民消费和企业投资增加，从而使社会总需求和总产出增长。相反，如果提高税率、增加税收则会减少居民的收入和消费，使社会投资减少，从而引起社会总需求和总产出下降。因此，政府在经济萧条时可以采取减税措施来抑制衰退，而在经济高涨时可以采取增税措施来抑制通胀。

（二）财政支出政策

财政支出政策是政府资金的分配和使用政策。政府支出包括政府购买和转移支付两部分内容。

政府购买是指政府在市场上对商品和劳务的购买，包括国家安全支出、国家机关的办公设施及用品、政府雇员的劳动报酬、公共工程的支出等。政府购买是一种实质性支出，有商品和劳务的实际交易，直接形成社会需求和购买力，因而政府购买影响国民收入的大小，它对社会总支出具有调控作用。当经济过热时，政府可以通过减少购买来降低社会总需求，以此抑制通胀；在经济过冷时，政府可以通过增加购买来增加社会总需求，以此抑制经济衰退。

转移支付是指政府的社会福利支出、保险支出以及政府津贴，如养老保险、失业救济、残疾补贴、贫困救济，还包括政府对农业和部分企业的津贴等支出。转移支付仅仅是政府对现有收入的一种再分配，它本身并没有增加收入。与政府购买不同，它只是作为一种单方面的价值转移。但这部分支出在消费者和厂商的手中会形成购买力，而购买力的大小视边际消费倾向而定。通常政府的转移支付会对国民收入形成一定的影响，因为穷人的边际消费倾向要高于富人。

（三）公债政策

政府发行的债券称为公债，公债是政府对公众的债务，是政府税收不足时，为了弥补支出缺口，利用国家信誉等筹集资金的特殊形式。公债是财政政策的重要组成部分，政府通过发行债券取得收入，以增加政府财力。公债和税收有很大的区别，税收具有强制性和无偿性，而公债则是以政府信用形式取得收入，到期必须还本付息，因此政府在发行公债时就要考虑到归还的期限和能力。公债可由中央政府发行，也可由地方政府发行，中央政府发行的债务称为国债。国债的发行并不仅仅限于国内，也可在境外。在国内发行的称为内债，国外发行的称为外债。外债多为外国政府持有，其比重通常小于内债。政府公债一般有短期、中期和长期三种形式。中长期债券随时间的延伸风险增大，由于风险和收益成正比，因此中长期债券利息较高，是资本市场上主要的金融工具。公债的发行，不但可以为政府筹集财政资金，影响财政收支，还能通过对金融市场的调控影响货币供求，从而调节社会总需求。

二、自动稳定器效应

自动稳定器又称内在稳定器，它源于财政制度本身。政府的一些制度具有自动调整的灵活性，它有助于经济的稳定，即经济系统本身存在着一种机制，在宏观经济不稳定时能自动发挥作用，使其趋向稳定。当经济出现波动时，财政制度会做出反应，自行发挥调节作用，而不需要政府采取干预行动。财政制度的自动稳定器作用主要表现在三个方面。

（一）比例所得税

比例所得税，尤其是累进的所得税是最主要的自动稳定器。累进的个人所得税和公司所得税，对经济活动的变化反应相当敏感。个人所得税有固定的起征点，并且具有累进的性质，当经济进入繁荣期时，人们的税收水平会普遍提高，有更多人达到起征点，也有一部分人进入更高的税率档次。这时，政府税收会自动增加，并且税收的增长速度要高于收入的增长速度，使人们税后的可支配收入减少，从而在一定程度上抑制了消费需求的增长，有助于减轻由于需求过大而引起的通货膨胀，对经济扩张起到限制作用。相反，当经济萧条时，由于个人收入减少，在税率不变的条件下，有一些人的收入降低至起征点以下，也有一部分人退回到较低的税级，政府税收自动减少，这使税后的可支配收入下降的幅度比收入下降的幅度要小一些，从而消费支出下降也会小一些，有助于减轻萧条的程度。公司所得税不具有累进的性质，但随着经济的涨落，税额也会发生较大变化，因为公司利润和经济状况密切相关，而税收是对公司所得利润而征收的。当经济处于高涨期时，公司利润会大幅度提高，必然导致税收的迅速增加，有助于抑制经济增长。相反当经济衰退时，税收迅速减少，有助于阻止经济衰退。

（二）政府的转移支付

政府的转移支付包括政府发放的失业救济金和其他福利支出，有其固定的发放标准，会随着经济的起伏而自动增减。如果经济繁荣，就业机会增多，失业人数和需要补助的人数相对减少，失业救济金和其他福利支出自然减少，从而抑制了可支配收入和消费的过度扩张；当经济衰退或萧条时，失业人数增加，这时有条件领取失业救济金和其他福利费的人数就会增加，政府的转移支付会自动增加，这将减缓总需求的下降幅度，从而减轻经济的衰退速度。

（三）农产品价格维持制度

为了维护农民利益和保护农业生产，政府通常对农产品价格实行补贴或限制。在经济不景气时，价格水平一般呈下降趋向，政府按照农产品的价格维持制度，以支持价格收购农产品，可使农民的收入和消费维持在一定水平上。当经济繁荣时，农产品价格上升，政府就会减少对农产品的收购并抛售以往收购的农产品，可以抑制农产品价格和农民收入的上升，在一定程度上限制了总需求的扩张。

虽然这些内在稳定器自动地发挥着作用，但它们调节经济的能力十分有限。自动稳定机制只能够减缓经济波动，但不能改变经济变动的总趋势。因此，政府仅靠自动稳定机制很难实现宏观经济的均衡和稳定，自动稳定机制只能起到配合作用，而不能代替财政政策。因此，政府仍需要采取必要的政策来调节经济。

总的来看，一国财政制度越完善、越合理，自动稳定机制就越能缓解经济的波动。发达国家经济波动幅度较小，而发展中国家的经济容易大起大落正说明了这一问题。

三、斟酌使用的财政政策

由于社会供求经常不能在充分就业水平上达到均衡，而自动稳定器的作用有限，因此，就需要政府进行宏观调控，以消除通货紧缩缺口和通货膨胀缺口，使之接近物价稳定的充分就业。

运用政府开支与税收调节总需求，以控制失业和通货膨胀，并实现经济稳定增长的措施被称为斟酌使用的财政政策，它与政府日常的或常规的财政收支变动不同，它是为实现经济稳定所采取的特殊手段。斟酌使用的财政政策分为扩张性和紧缩性两种。

当经济处于萧条时期时，政府就要通过扩张性财政政策来刺激总需求，使总支出增加，以弥补通货紧缩缺口，实现充分就业均衡。政府为扩大总支出所实施的财政措施，有减税、增加转移支付和扩大政府购买等。减免税可以使个人可支配收入和企业利润增加，刺激消费和投资需求，转移支付的增加也有类似的效果。政府公共工程与购买直接增加总支出，刺激经济增长。这些政策通过乘数效应会带来国民收入的成倍增加，从而克服经济衰退。

在经济繁荣时期，总需求大于总供给，出现严重的通货膨胀缺口时，政府通过紧缩性财政政策来压抑总需求，以保持经济稳定。紧缩性财政政策包括减少政府支出与增税。增税或削减转移支付可以降低个人可支配收入和企业利润，从而抑制消费和投资，这样就会压抑总需求；而减少政府购买可直接减少总支出。总支出的下降通过乘数效应，数倍地减少国民收入以此来稳定物价。

这种交替使用的扩张性和紧缩性财政政策，被称为补偿性财政政策。什么时候采取何种政策，必须由政府分析权衡、斟酌使用。根据凯恩斯的“需求管理”理论，要“逆经济风向行事”，才能取得好的效果。

四、功能财政

在凯恩斯理论出现以前，人们普遍奉行财政预算平衡原则，政府应收紧支出以适应有限的收入。历史上预算平衡思想大致经历了三个阶段：第一阶段强调年度预算平衡，即主张每年预算应力求平衡；第二阶段强调周期平衡预算，在经济衰退时产生预算赤字，在经济繁荣时产生预算盈余，以盈余弥补赤字，从整个周期来看，预算是平衡的；第三阶段是充分就业平衡预算，认为政府应当使支出保持在充分就业条件下所达到的净税收水平。而凯恩斯的功能财政的基本思想是：政府不能以平衡预算为目标，而应当追求无通货膨胀的充分就业，为实现这一目标，预算可以是盈余，也可以是赤字，政策的制定应注重对经济形势的考虑，从反经济周期的需要来利用预算赤字和盈余。

衰退时，政府有义务实施扩张性财政政策以实现充分就业。如果起初预算是赤字，政府可允许有更大的赤字。如果坚持年度预算平衡，那么为减少赤字，只有减少政府支出或提税，结果会加深衰退；反之，当经济处于通货膨胀时，政府应实行紧缩性财政政策，不管财政起初是盈余还是赤字。

五、公债理论

由于经济通常存在通货紧缩缺口，按照功能财政的思想，扩张性政策更为普遍，因而财政赤字不可避免，而且还有累积增大的趋势。当一个国家财政年度出现赤字时，弥补的方法有两个：一是通过中央银行增发货币，但这种方式的结果是引发通货膨胀；二是凭借国家信用，发行政府公债，这是西方国家弥补赤字最常用的方法，也是实施宏观经济政策的重要工具。

然而，对于公债的利弊得失，人们的看法不一。传统的平衡预算理论认为，公债虽然是政府的债务，但归根到底都是由纳税人负担的。公债要还本付息就必须用征税和多发行货币的办法来解决，负担最终还是落在公众身上。而凯恩斯主义的经济学家认为，对于公债应当区分内债和外债。内债是政府对本国居民、企业和金融机构的借款。对于公众而言，作为公债的购买者，他们拥有债权，作为纳税人，又欠下自己的债务。在这样的基础上，虽然资金会在不同的人群之间转移，但不会增加本国公众的债务负担。而外债则不同，它是政府向国外的借款，外债的本息必须依靠本国的资源来偿还，因此是一种真正的负担。

传统经济学家还认为，由于政府举债的收入主要用于当代人，而偿债则成为下一代人的负担，由此将导致代际间的收入分配不公。而凯恩斯主义认为，不同于单个家庭，政府活动具有连续性，只要保证按时付息，完全可以用发行新债偿还旧债，不存在一次性偿还债务的压力。即使政府债务非常庞大，债务对后代的影响要视债务的性质而定。如果政府债务纯粹是为了反衰退、填补私人部门的缺口，那么债务意味着相应的资源从闲置转向充分利用。由于来自债务的政府支出刺激了投资和生产，后代人会继承更多的物品和资本存量，因而扩大了经济福利。实践表明，虽然公债的绝对值随着时间的推移会急剧增加，但经济总量也在不断增大，只要公债占国内生产总值的比例不变，那么债务就是安全的。

六、财政政策的局限性

财政政策在实行过程中会受到种种因素制约，这些限制因素主要有三个方面：

（一）挤出效应

挤出效应是指政府支出增加所引起的私人消费减少或投资降低的抵消作用。在一个充分就业的经济中，当政府支出增加或税收减少时，市场上购买产品或劳务的竞争会加剧，物价就会上涨，人们的消费也随之减少；在货币名义供给量既定的情况下，实际货币供给量会因价格上涨而减少，进而使可用于投资的货币量减少，市场利率上升，私人部门的投资会受到抑制，产生政府支出挤占私人投资的状况。显然，挤出效应的大小关系到财政政策效果的大小，而影响挤出效应的因素有：第一，货币需求的利率弹性。货币需求的利率系数越小，说明货币需求稍有变动，就会引起利率大幅变动，导致挤出效应很大，财政政策效果很小；反之，财政政策效果就很大。第二，私人投资需求对利率变动的敏感度。投资的利率系数越大，即利率上升时投资大幅度减少，挤出效应越大，财政政策效果就越小。此外，货币需求对产出的敏感程度、支出乘数等都会影响挤出效应，大家可以自己分析。

（二）政策时滞

一项政策从提出方案到产生效果，需要一定时间。其中包括认识时滞，如分析形势、预测未来、提出政策建议等；制定政策时滞，一项政策要经过反复讨论论证，才能最后确定下来；最后，还有见效时滞，即从政策实施到产生效果还需一定时间。由于存在时间滞后，根据经济形势所实施的逆向调节政策会因形势变化而失效，甚至产生与预期相反的效果，加剧了经济波动。

（三）预期影响

对政府将要实施的政策，人们会根据对形势的判断和对政策的预期，事先做出有利于自己的调整，抵消政策作用。在经济面临衰退时，政府试图通过减税刺激私人部门支出，如果家庭预期物价水平将下降，可能持币待购，则减税并不会增加消费；而企业则会因预期收益下降不愿投资，故总支出并不必然扩大。在面临通胀压力时，即使政府减少开支，也会由于家庭预期物价上涨前购买、企业预期收益扩大增加投资而大大降低政策的效率。

第三节 货币政策

货币政策是国家干预和调节经济的主要政策之一，它在宏观经济政策中的作用不断加强。凯恩斯认为货币政策的效果有限，宏观经济政策的重点在于财政政策。但20世纪60年代后，美国的凯恩斯主义经济学家却强调货币政策与财政政策同样重要，主张双管齐下。70年代后，随着“滞胀”局面的出现，各国纷纷采用了货币主义所主张的控制货币供给量的政策。

一、凯恩斯主义的货币政策

（一）货币政策的机制

凯恩斯主义的货币政策就是通过对货币供给量的调节来调节利息率，再通过利息率的变动来影响总需求的货币政策。其货币政策的机制可表述为：

货币量⟶利率⟶总需求

要了解凯恩斯主义货币政策的机制，需弄清以下两个问题：

第一，货币量如何影响利率。货币量之所以能够调节利息率，是与凯恩斯所作的假设分不开的。凯恩斯假定人们的财富只有货币与债券两种形式，债券是货币的唯一替代物。人们在保存财富时只能在货币与债券之间做出选择。持有货币无风险，但也没有收益。持有债券有收益，但也有风险。人们在保存财富时总要使货币与债券之间保持一定的比例。如果货币供给量增加，利息率下降，人们就要以货币购买债券，债券的价格就会上升；反之，如果货币供给量减少，人们就要抛出债券以换取货币，债券的价格就会下降。用公式来表示就是：

$$\text{债券价格}=\frac{\text{债券收益}}{\text{利息率}}$$

可见，债券价格与债券收益的大小成正比，与利息率的高低成反比。因此，货币量增加，债券价格上升，利息率就会下降；反之，货币量减少，债券价格下降，利息率就会上升。

第二，利率如何影响总需求。利息率的变动之所以会影响总需求是因为：(1) 利息率的变动会影响投资需求。利息率下降会降低投资者贷款所付的利息，从而降低投资成本，增加投资的收益。同时，利息率的下降也会使人们更多地购买股票，从而股票价格上升，而股票价格的上升有利于刺激投资。(2) 利息率下降会影响消费者需求。利息率的下降会鼓励人们更多地消费，减少储蓄。相反，利息率的上升会减少投资和消费需求。

(二) 货币政策的运用

在不同的经济形势下，中央银行要运用不同的货币政策来调节经济。在萧条时期，总需求小于总供给，为了刺激总需求，就要运用扩张性货币政策。即在公开市场上买进有价证券，降低贴现率并放宽贴现条件，降低准备率等，这样就可以增加货币供给量，降低利息率，刺激总需求。在繁荣时期，总需求大于总供给，为了抑制总需求，就要运用紧缩性货币政策。即在公开市场上卖出有价证券，提高贴现率并严格贴现条件，提高准备率等，这样就可以减少货币供给量，提高利息率，抑制总需求。

二、货币主义的货币政策

货币政策的手段与运用，是以凯恩斯主义理论为依据的。但是，由于凯恩斯主义经济政策对解决经济"滞胀"失灵，所以 20 世纪 70 年代以后，货币主义得以迅速发展。在弗里德曼的领导下，货币主义者向凯恩斯主义宏观经济学提出了挑战，他们反对凯恩斯主义的财政政策，强调货币政策在稳定宏观经济方面的重要性。现在国家在制定和推行货币政策时也部分地采纳了这个学派的主张。货币主义货币政策的主要内容有以下几个方面。

(一) 货币供给增长是决定名义 GDP 增长的主要因素

货币主义认为，名义总需求主要受货币供给量变动的影响。虽然财政政策对于某些变量，如 GDP 中国防支出或个人消费的比重影响较大，但主要的宏观经济变量，如总产出、就业人数和物价水平却基本上是受货币的影响。也就是说，货币主义认为，货币供给量是影响名义国民收入与价格水平的决定性因素。

那么，货币主义者根据什么认为货币是第一位的呢？在分析这个问题时，他们做了两个核心假设：(1) 货币周转率具有一种非同一般的稳定性；(2) 货币需求量对利率完全不敏感。

所谓货币周转率即货币流通速度，是指名义 GDP 与货币存量的比率。用公式表示就是：

$$V=\frac{GDP}{M}=\frac{PQ}{M}$$

式中，V 代表货币周转率，P 代表平均价格水平，Q 代表实际 GDP。

在这个公式中，因为 V 是稳定的，所以影响 PQ 的唯一因素就是 M。由于价格和工资是相对灵活的，因此，在短期内，货币既可以影响名义 GDP 和实际 GDP，也可以影响价格。但是，在长期内，由于经济趋向于充分就业，所以货币供给量的变动，只能影响一般价格水平和以货币表示的其他变量，而不能影响实际 GDP。

(二) 货币政策的主要目标是保持物价稳定

货币主义的理论依据是现代货币数量论。货币主义的货币政策在传递机制上与凯恩斯主义的货币政策不同。他们认为，直接影响国民收入与价格水平的不是利息率而是货币量，这是由人们对财富形式的选择所决定的。人们的财富有多种形式，如货币、债券、股票、住宅、珠宝、耐用消费品等，人们在保存财富时可以在各种形式中进行选择。这样，货币供给量的变动主要并不是影响利息率，而是影响各种形式的财富的相对价格。如果货币供给量增加，则各种财富的价格上升，从而直接刺激生产，使国民收入增加，并使整个价格水平上升。

货币主义者反对把利息率作为货币政策的目标，他们认为物价稳定相当重要，因为通货膨胀不仅会导致市场功能消失，而且会破坏自由经济的正常发展。因此，弗里德曼认为政府应集中精力制止通货膨胀，实现物价稳定。

（三）实行简单规则的货币政策

货币主义者认为，如果实行自由放任，则私人经济是趋于稳定的。宏观经济波动主要是由于政府行为——特别是货币供给的无规律变动造成的。货币主义者虽然赞成运用货币政策，但却反对斟酌使用的货币政策，其理由在于经济政策的滞后性。弗里德曼认为，从发现经济制度中存在的问题，到针对问题采取政策而产生效果之间，需要一定的时间才能完成。而经济政策的时间滞后不但使它不能起到熨平宏观经济波动的作用，反而会加剧经济波动。因此，他不赞成对宏观经济运行进行"微调"。货币主义者建议实行固定的货币增长率，即根据经济增长的需要，每年按一固定比率增加货币供给量。货币主义者主张的这一政策通常被称为"简单规则的货币政策"。

三、货币政策的局限性

实行货币政策常常是为了稳定经济、减少波动，但在实践中也存在一些局限性，需要加以关注和克服。

（一）外部时滞

任何政策从制定到取得效果，必然会经过一段时间，成为时滞。如果收效太迟或难以确定时间，则会影响政策效果。政策的时滞由经济环境和金融条件决定。中央银行变动货币供给量，要通过影响利率来影响投资，进而影响就业和国民收入，因而货币政策要经过相当长一段时间才会充分发挥作用。市场利率变动以后，投资规模并不会马上发生相应变动。利率下降以后，厂商扩大生产规模，需要一个过程；利率上升以后，厂商缩小生产规模，更不是一件容易的事，已经在建的工程难以下马，已经雇用的职工要解雇也不容易。不仅如此，当政策效果显现时，经济情况可能已经发生逆转。比如经济衰退时，中央银行扩大货币供给，但未到政策效果显现，经济就转入繁荣，物价开始上升，则扩张性货币政策将不是遏制衰退，而是加剧通货膨胀。

（二）货币流通速度

从货币市场均衡的情况看，增加或减少货币供给要影响利率的话，必须以货币流通速度不变为前提。在经济繁荣时期，中央银行为抑制通货膨胀需要紧缩货币供给，然而那时，公众的货币支出会增加；并且物价上升越快，公众越不愿意持有货币，从而货币流通速度会加快，这无疑在流通领域增加了货币供给量。此时即使中央银行减少货币供给，也无法使通货膨胀率降下来；相反当经济衰退时，货币流通速度下降，这时中央银行增加货币供给对经济的影响，可能被货币流通速度下降所抵消。

（三）微观主体的预期

当货币政策实施时，微观经济主体会根据各种信息预测政策的后果很快地做出对策，这样政府的政策可能归于无效，甚至有害。如果政府拟采取长期的扩张政策，人们预期社会总需求会增加，物价可能上涨，工人将通过工会与雇主谈判，要求提高工资。企业预期工资成本会提高，而不愿扩展生产经营，结果只能是物价上涨而没有产出增长，政策效果难以实现。

（四）反衰退作用微弱

在通胀时期，紧缩的货币政策效果比较明显；在衰退时期，扩张的货币政策效果却不明显。

因为衰退时期，由于普遍的悲观预期，即使央行银根松动、降低利率，投资者仍然心有疑虑，不愿意贷款，而银行为了安全起见，也不愿意放贷。

本章小结

1. 宏观经济政策目标是充分就业、物价稳定、减少经济波动与经济增长和国际收支平衡。其中心是稳定。

2. 财政政策有财政收入政策、财政支出政策、公债政策。

3. 自动稳定器是经济系统本身存在着一种机制，在宏观经济不稳定时能自动发挥作用，使其趋向稳定，其作用主要表现为比例所得税、政府的转移支付、农产品价格维持制度。

4. 财政政策是用政府税收与支出来调节经济，以实现稳定。繁荣时采用增加税收、减少支出的紧缩性财政政策，衰退时采用减少税收、增加支出的扩张性财政政策。

5. 财政政策有挤出效应、政策时滞等局限性。

6. 凯恩斯主义货币政策是通过货币量影响利率，通过利率影响总需求。增加货币供给降低利率是扩张性货币政策，减少供给提高利率是紧缩性货币政策。

案例分析

1997 年，亚洲金融危机迅速蔓延，世界国际增势减缓，对我国的外来投资和出口贸易影响重大。1997 年下半年以来我国零售物价指数开始全面持续下跌，居民消费价格指数从 1998 年 3 月开始全面、持续下跌，存在“通货紧缩趋势”。为此，中国人民银行采取了一系列货币政策措施予以应对。

根据上述资料，回答问题(每题有一个或一个以上的正确答案)：

1. 中央银行为实现特定的经济目标而采取的各种控制、调节货币供应量的方针、政策、措施的总称是(　　)。

A. 财政政策　　B. 信贷政策　　C. 货币政策　　D. 货币工具

2. 中央银行可采取的稳健性货币政策措施是(　　)。

A. 下调利率　　B. 上调利率　　C. 回收贷款　　D. 再贷款

3. 下列中国人民银行采取的措施中属于运用一般性货币政策工具的是(　　)。

A. 运用中央银行再贷款　　B. 调整利率

C. 改革存款准备金制度　　D. 启动消费者信用工具

4. 货币政策四大最终目标之间的关系是比较复杂的，其中，货币政策最终目标之间基本统一的是(　　)。

A. 充分就业与经济增长　　B. 经济增长与国际收支平衡

C. 经济增长与物价稳定　　D. 物价稳定与充分就业

5. 货币政策的局限性主要体现在(　　)。

A. 外部时滞　　B. 货币流通速度

C. 微观主体的预期　　D. 反衰退作用微弱

职业技能训练

◇重要概念

1. 宏观经济政策　2. 财政政策　3. 货币政策
4. 挤出效应　5. 货币乘数　6. 法定准备率

◇判断题

1. 政府购买的增加易导致出现“挤出效应”。（　　）
2. 货币政策在短时间内可收到实施效果。（　　）
3. 内需不足时可通过紧缩性财政政策拉动经济增长。（　　）
4. 充分就业是指失业率为零。（　　）
5. 政府税收不具有自动稳定经济的作用。（　　）
6. 当经济衰退时，一国货币当局应提高再贴现率，在公开市场上买进政府债券，降低法定准备率。（　　）
7. 当政府在公开市场上购买政府债券时，货币供给量减少。（　　）
8. 增加税收和增加政府支出都属于扩张性财政政策。（　　）
9. 在经济繁荣时，政府支出的自动变化具有自动稳定经济的作用。（　　）
10. 当要减少货币供给量时，中央银行应降低再贴现率。（　　）

◇单项选择题

1. 下列（　　）不是宏观经济政策的四项主要目标之一。
A. 政府预算盈余　B. 充分就业
C. 价格稳定　D. 经济增长和国际收支平衡
2. 再贴现是指（　　）。
A. 商业银行之间的借款　B. 商业银行给厂商的贷款
C. 中央银行给商业银行的贷款　D. 商业银行给居民户的贷款
3. 目前中央银行控制货币供给的最重要工具是（　　）。
A. 控制法定准备率　B. 调节再贴现率　C. 公开市场业务　D. 道义劝告
4. 中央银行降低再贴现率，会使商业银行准备金（　　）。
A. 增加　B. 减少
C. 不变　D. 以上几种情况都可能
5. 下列（　　）是商业银行的负债。
A. 库存现金　B. 贷款　C. 证券　D. 活期存款
6. 属于内在稳定器的项目是（　　）。
A. 政府购买　B. 政府转移支付　C. 政府公共支出　D. 以上均不对
7. 公开市场业务是指（　　）。
A. 商业银行的信贷活动
B. 商业银行在公开市场上买进或卖出政府债券
C. 中央银行增加或减少对商业银行的贷款

D. 中央银行在金融市场上买进或卖出政府债券

8. 紧缩性货币政策的运用会导致(　　)。

A. 减少货币供给量,降低利率　　B. 增加货币供给量,提高利率

C. 减少货币供给量,提高利率　　D. 增加货币供给量,降低利率

9. 挤出效应越接近100%,财政支出政策(　　)。

A. 使支出乘数的作用受到微弱的限制　　B. 使支出乘数的作用不受影响

C. 越有效　　D. 越无效

10. 在(　　)情况下,中央银行应该停止实行收缩货币的政策。

A. 国民收入处于均衡状态　　B. 经济出现衰退的迹象

C. 经济出现过热的迹象　　D. 利率已下降到较低的水平

◇填空题

1. 物价总水平持续上涨称为(　　　),价格总水平持续下降称为(　　　)。

2. 斟酌使用的财政政策分为(　　　)和(　　　)两种。

3. 财政支出政策是政府资金的分配和使用政策,政府支出包括(　　　)和(　　　)两部分内容。

4. 政府支出增加引起私人消费或投资降低被称为财政政策的(　　　)。

5. 法定准备金率越小,货币乘数越(　　　)。

6. 货币的职能主要有四种,即(　　　)、(　　　)、(　　　)、(　　　)。

7. 商业银行的业务可分为三类:(　　　)、(　　　)和(　　　)。

8. 债券价格与债券收益的大小成(　　　),与利息率的高低成(　　　)。

9. (　　　)是目前中央银行控制货币供给最重要也是最常用的工具。

10. 货币需求对利率越敏感,财政政策效果越(　　　)。

◇简答题

1. 什么是财政政策?这一政策是如何调节经济运动的?

2. 什么是自动稳定器?具有自动稳定器功能的财政政策有哪些?

3. 中央银行的货币政策工具主要有哪些?如何运用?

4. 什么是公开市场操作?这一货币政策工具有哪些优点?

◇计算题

当法定准备金率为20%,商业银行最初吸收的存款为100 000元时,银行所能创造的货币总量是多少?

参考文献

[1] 梁小民. 西方经济学[M]. 北京:中央广播电视大学出版社,2003.
[2] 王花球. 西方经济学概论[M]. 北京:经济科学出版社,2007.
[3] 童光荣,胡放之,张健威. 宏观经济学[M]. 上海:上海财经大学出版社,2008.
[4] [美]斯蒂格利茨.《经济学》小品与案例[M]. 王则柯译. 北京:中国人民大学出版社,1998.
[5] 何晖,吴义能. 西方经济学[M]. 武汉:武汉大学出版社,2010.
[6] 刘日星,赵亚芬. 经济学基础[M]. 北京:北京邮电大学出版社,2013.
[7] 何璋. 西方经济学[M]. 3版. 北京:中国财政经济出版社,2009.
[8] 魏小文. 西方经济学[M]. 北京:北京理工大学出版社,2009.
[9] 吴伶. 经济学基础[M]. 成都:西南财经大学出版社,2009.
[10] 童光荣,王学梅. 经济学基础[M]. 重庆:重庆大学出版社,2011.
[11] 蒋家胜. 经济学原理[M]. 成都:西南财经大学出版社,2006.
[12] 金立其. 经济学原理[M]. 2版. 杭州:浙江大学出版社,2009.
[13] 邱景忠,韩燕雄. 经济学基础[M]. 北京:北京交通大学出版社,2008.
[14] 魏文静,杨昀,李军. 西方经济学[M]. 上海:上海财经大学出版社,2012.
[15] 陈承明. 简明西方经济学[M]. 3版. 上海:上海财经大学出版社,2011.